Unterkapitalisierungsnormen

FREIBURGER STEUERFORUM

Herausgegeben von Wolfgang Kessler

Band 15

PETER LANG
Frankfurt am Main · Berlin · Bern · Bruxelles · New York · Oxford · Wien

Daniel Knörzer

Unterkapitalisierungs-normen

Eine *konsequent*-steuerwissenschaftliche Untersuchung für die Bundesrepublik Deutschland

PETER LANG
Internationaler Verlag der Wissenschaften

Bibliografische Information der Deutschen Nationalbibliothek
Die Deutsche Nationalbibliothek verzeichnet diese Publikation in der Deutschen Nationalbibliografie; detaillierte bibliografische Daten sind im Internet über http://dnb.d-nb.de abrufbar.

Zugl.: Freiburg (Breisgau), Univ., Diss., 2011

Gedruckt auf alterungsbeständigem,
säurefreiem Papier.

D 25
ISSN 1617-917X
ISBN 978-3-631-62208-7

www.peterlang.de

Vorwort

Vorliegende Arbeit wurde im Sommersemester 2011 von der Wirtschafts- und Verhaltenswissenschaftlichen Fakultät der Albert-Ludwigs-Universität Freiburg i.Br. als Inaugural-Dissertation angenommen. Sie geht auf meine Tätigkeit als Assistent am dortigen Lehrstuhl für Betriebswirtschaftliche Steuerlehre zurück. Mit ihrem konsequent-steuerwissenschaftlichen Ansatz steht die Untersuchung in der staatswissenschaftlichen Tradition der *Freiburger Schule*. Deren Forschungsprogramm beschrieb bereits 1933 die Habilitationsschrift von Prof. Dr. Franz Böhm, ehedem Freiburger Ordinarius für Handels-, Wirtschafts-, Arbeits- und Bürgerliches Recht, als Versuch, „das Lehrgebäude der Nationalökonomie in die Sprache der Rechtswissenschaft zu übersetzen." Den wissenschaftlichen Wert einer solchen Übersetzungsarbeit für den kleinen Bereich der steuerlichen Unterkapitalisierungsnormen herauszuarbeiten, stellt das zentrale Anliegen vorliegender Untersuchung dar. Insbesondere möchte sie deutlich machen, dass sich die Argumente der einzelnen Teildisziplinen der Steuerwissenschaften nur dann voll entfalten können, wenn sie nicht isoliert voneinander betrachtet werden, sondern interagieren dürfen. Methodisch vertraut diese Dissertationsschrift darauf, dass das für wissenschaftliche Arbeiten unabdingbare Abstraktionsniveau nicht nur mittels elaborierter Rechentechnik erreicht werden kann, sondern ebenso *expressis verbis*. Damit öffnet sich der Weg zu konkreten, gesetzesbezogenen Handlungsempfehlungen, den innerhalb der Steuerwissenschaften insbesondere die *Kölner Schule* der Betriebswirtschaftlichen Steuerlehre beschreitet.

Eine wissenschaftliche Arbeit ist niemals nur das Werk eines einzelnen, einsamen Autors, sondern geht in gleichem Maße auf einen weiten Personenkreis zurück, welcher das Œuvre mit Hingabe befruchtet und gefördert hat. Für vorliegende Arbeit ist an erster Stelle mein verehrter akademischer Vater, der Direktor des Betriebswirtschaftlichen Seminars und Ordinarius am Freiburger Lehrstuhl für Betriebswirtschaftliche Steuerlehre, StB Prof. Dr. Wolfgang Kessler, zu nennen. Ihm schulde ich persönlich aufrichtigsten Dank für die wissenschaftliche Freiheit und Förderung, welche er mir zu Teil werden ließ. Seine akademischen Wurzeln in der *Kölner* wie *Freiburger Schule* haben sich tief in diese Arbeit hinein gegraben. Gleichzeitig war seine Habilitationsschrift und ihr beeindruckendes Abstraktionsniveau ein steter Leitfaden zur Dissertation in der nun vorgelegten Form. Ebenfalls besonderer Dank gilt Prof. Dr. Wolf-Dieter Hoffmann und Prof. Dr. Stefan Köhler. Ersterer hat mich während vieler gemeinsamer Lehrveranstaltungen in die disziplinunabhängige Kunst eines logischen Untersuchungsaufbaus eingeführt. Letzterer hat mich in seiner Beratungspraxis die Möglichkeiten und Grenzen der betriebswirtschaftlichen Steuerplanung gelehrt. Weiterhin hat sich der derzeitige Dekan der Wirtschafts- und Verhaltenswissenschaftlichen Fakultät, seine Spektabilität Prof. Dr. Dieter K. Tscheulin, mit der freundlichen Übernahme des Zweitgutachtens um vorliegende Arbeit verdient gemacht. Prof. Dr. Heinz Rehkugler, Emeritus des Lehrstuhls für Finanzwirtschaft und Banken, sowie Prof. Dr. Bernd Raffelhüschen, Direktor und Inhaber des Ordinariats am Institut für Finanzwissenschaft I, haben dankenswerter Weise die mündlichen Prüfungen im weiteren Laufe des Promotionsverfahrens übernommen.

Mit den Kolleginnen und Kollegen am Lehrstuhl für Betriebswirtschaftliche Steuerlehre verbindet mich eine weit über vorgelegte Arbeit hinausgehende Freundschaft. Dessen ungeachtet hat auch diese Untersuchung von der stets motivierenden und kreativ-lockeren Zusammenarbeit mit ihnen profitiert. Hierfür sei Dipl.-Vw./RRef Michael Beyer, Dipl.-Vw. Fabian Blum, Dipl.-Vw. Marie-Louise Dietrich, RA Dr. Rolf Eicke, Attorney-at-Law (Athens, Greece) Georgios Filioussis, Dipl.-Vw. Bogdan Hinz, StB Dr. Melanie Jehl, Dipl.-Vw. Frank Kautzmann, Dipl.-Vw. Jörg Lindemer, Dipl.-Vw. Falk Mehlhorn, Dipl.-Vw. Bastian Schmidt, Dipl.-Vw. Ulrich Scholz-Görlach, Dipl.-Vw./Dipl.-Finw. (FH) Andreas Pfuhl, Dipl-Kffr. (FH)/RRef Britta Tilgner und Dipl.-Vw. Lemme Treufeldt-Kis herzlichst gedankt. Neben den Vorgenannten war insbesondere Dr. Philipp Seidel eine wertvolle Hilfe beim letzten Feinschliff. Weiterer besonderer Dank gilt meiner Familie. Meine Eltern Dipl.-Vw. Ingrid Knörzer und Dipl.-Vw. Franz Knörzer, meine Geschwister B. Eng. Markus Knörzer und RSL Julia Knörzer sowie meine Großmutter Maria Knörzer haben mich von familiären Verpflichtungen frei gehalten und stets unterstützt. Meiner Frau, Dipl.-Vw. Silvia Knörzer, gebührt indes der größte Dank. Sie hat die vorgelegte Arbeit bedingungslos unterstützt. Ihre tiefe, unerschütterliche Liebe zu mir war und ist ein steter Quell von Lebensfreude und Zuversicht. Die vorliegende Schrift mit dem Rechtsstand 01.01.2011 sei daher ihr gewidmet.

Freiburg, im Dezember 2011

Inhaltsverzeichnis

Abkürzungsverzeichnis

a.A.	anderer Ansicht
a.F.	alte Fassung
ABl. EG	Amtsblatt der Europäischen Gemeinschaften
ABl. EU	Amtsblatt der Europäischen Union
ABS	Asset-Backed-Securities
Abs.	Absatz
AfA	Absetzungen für Abnutzung
AEUV	Vertrag über die Arbeitsweise der Europäischen Union
AO	Abgabenordnung
Art.	Artikel
AStG	Gesetz über die Besteuerung bei Auslandsbeziehungen
BB	Betriebs-Berater (Zeitschrift)
BFH	Bundesfinanzhof
BFH/NV	Sammlung nicht veröffentlichter Entscheidungen des Bundesfinanzhofes (Zeitschrift)
BfuP	Betriebswirtschaftliche Forschung und Praxis (Zeitschrift)
BGB	Bürgerliches Gesetzbuch
BGBl.	Bundesgesetzblatt
BGH	Bundesgerichtshof
BGHZ	Amtliche Sammlung der Entscheidungen des Bundesgerichtshofes in Zivilsachen
BMF	Bundesministerium der Finanzen

BR-Drs.	Bundesrats-Drucksache
BStBl.	Bundessteuerblatt
BT-Drs.	Bundestags-Drucksache
BVerfG	Bundesverfassungsgericht
BVerfGE	Amtliche Sammlung der Entscheidungen des Bundesverfassungsgerichts
BverwG	Bundesverwaltungsgericht
CCCTB	Common Consolidated Corporate Tax Base
CESifo	Center for Economic Studies - ifo-Institut
CFC	Controlled Foreign Corporation
DB	Der Betrieb (Zeitschrift)
DBA	Abkommen zur Vermeidung der Doppelbesteuerung auf dem Gebiet der Steuern vom Einkommen und vom Vermögen
DBW	Die Betriebswirtschaft (Zeitschrift)
dergl.	dergleichen
Diss.	Dissertationsschrift
DStJG	Deutsche Steuerjuristische Gesellschaft
DStR	Deutsches Steuerrecht (Zeitschrift)
DStZ	Deutsche Steuerzeitung (Zeitschrift)
EBIT	Earnings before Interest and Taxes
EBITDA	Earnings before Interest, Taxes, Depreciation and Amortization
EFG	Entscheidungen der Finanzgerichte (Zeitschrift)
Einf.	Einführung
EMRK	Europäische Menschenrechtskonvention

EStG	Einkommensteuergesetz
ET	European Taxation (Zeitschrift)
EuGH	Europäischer Gerichtshof
EUV	Vertrag über die Europäische Union
EuZW	Europäische Zeitschrift für Wirtschaftsrecht (Zeitschrift)
EWR	Europäischer Wirtschaftsraum
EWS	Europäisches Wirtschafts- und Steuerrecht (Zeitschrift)
Fed. Reg.	Federal Register
ff.	fortfolgende
FG	Finanzgericht
FGO	Finanzgerichtsordnung
FMStFG	Gesetz zur Errichtung eines Finanzmarktstabilisierungsfonds
Fn.	Fußnote
FR	Finanzrundschau (Zeitschrift)
FS	Festschrift
FVG	Finanzverwaltungsgesetz
GA	Generalanwalt
GAAP	General Accepted Accounting Principles
gem.	gemäß
GewStÄndG	Gesetz zur Änderung des Gewerbesteuergesetzes und anderer Gesetze
GewStDV	Gewerbesteuer-Durchführungsverordnung
GewStG	Gewerbesteuergesetz

GewStR	Gewerbesteuer-Richtlinie
GG	Grundgesetz
GmbHG	Gesetz betreffend die Gesellschaften mit beschränkter Haftung
GmbHR	GmbH-Rundschau (Zeitschrift)
GmbH-StB	GmbH-Steuerberater (Zeitschrift)
GoB	Grundsätze ordnungsgemäßer Buchführung
GrS	Großer Senat
h.M.	herrschende Meinung
Habil.	Habilitationsschrift
HBeglG	Haushaltsbegleitgesetz
HGB	Handelsgesetzbuch
Hs.	Halbsatz
i.d.F.	in der Fassung
i.S.d.	im Sinne des/der
i.V.m.	in Verbindung mit
IFRS	International Financial Reporting Standards
InsO	Insolvenzordnung
IRC	Internal Revenue Code
IstR	Internationales Steuerrecht (Zeitschrift)
IWB	Internationale Wirtschaftsbriefe (Zeitschrift)
JbFSt	Jahrbuch der Fachanwälte für Steuerrecht (Buch)
JStG	Jahressteuergesetz
JW	Juristische Wochenschrift (Zeitschrift)

JZ	Juristenzeitung
KÖSDI	Kölner Steuerdialog (Zeitschrift)
KStG	Körperschaftsteuergesetz
KStR	Köperschaftsteuer-Richtlinie
KWG	Gesetz über das Kreditwesen
MaßnahmenpaketG	Gesetz zur Umsetzung steuerrechtlicher Regelungen des Maßnahmenpakets „Beschäftigungssicherung durch Wachstumsstärkung"
MoMiG	Gesetz zur Modernisierung des GmbH-Rechts und zur Bekämpfung von Missbräuchen
MTRL	Mutter-Tochter-Richtlinie
NBER	National Bureau of Economic Research
NJW	Neue Juristische Wochenschrift (Zeitschrift)
No.	Nummer
NWB	Neue Wirtschaftsbriefe (Zeitschrift)
OECD	Organisation for Economic Cooperation and Development
OECD-MA	OECD-Musterabkommen zur Vermeidung der Doppelbesteuerung auf dem Gebiet der Steuern vom Einkommen und vom Vermögen
OECD-MK	Musterkommentar zum OECD-Musterabkommen zur Vermeidung der Doppelbesteuerung auf dem Gebiet der Steuern vom Einkommen und vom Ver mögen
öVfGH	Verfassungsgerichtshof der Republik Österreich
öVfGHE	Sammlung der Erkenntnisse und Beschlüsse des Verfassungsgerichtshofes der Republik Österreich
PE	Permanent Establishment

PIStB	Praxis Internationale Steuerberatung (Zeitschrift)
RefE	Referentenentwurf
RegE	Regierungsentwurf
ReichsGewStG	Reichsgewerbesteuergesetz
REIT	Real Estate Investment Trust
REITG	Gesetz über deutsche Immobilienaktiengesellschaften mit börsennotierten Anteilen
RFH	Reichsfinanzhof
RGBl.	Reichsgesetzblatt
RStBl.	Reichssteuerblatt
RG	Reichsgericht
RIW	Recht der Internationalen Wirtschaft (Zeitschrift)
Rs.	Rechtssache
Rz.	Randziffer
SEStEG	Gesetz über steuerliche Begleitmaßnahmen zur Einführung der Europäischen Gesellschaft und zur Änderung weiterer steuerrechtlicher Vorschriften
Slg.	Amtliche Sammlung der Rechtsprechung des Europäischen Gerichtshofes
SolVV	Verordnung über die angemessene Eigenmittelausstattung von Instituten, Institutsgruppen und Finanzholding-Gruppen
SolZ	Solidaritätszuschlag
StandOG	Gesetz zur Verbesserung der steuerlichen Bedingungen zur Sicherung des Wirtschaftsstandorts Deutschland im Europäischen Binnenmarkt
Stbg	Die Steuerberatung (Zeitschrift)

StbJb	Steuerberater-Jahrbuch (Buch)
StEntlG	Steuerentlastungsgesetz
StHBekG	Gesetz zur Bekämpfung der Steuerhinterziehung
StRefG	Steuerreformgesetz
StRO	Die Steuerrechtsordnung (Buch)
StSenkG	Gesetz zur Senkung der Steuersätze und zur Reform der Unternehmensbesteuerung
StuB	Steuern und Bilanzen (Zeitschrift)
StuW	Steuern und Wirtschaft (Zeitschrift)
StVergAbG	Gesetz zum Abbau von Steuervergünstigungen und Ausnahmeregelungen
SWI	Steuer & Wirtschaft International (Zeitschrift)
TIEA	Tax Information Exchange Act
Ubg	Die Unternehmensbesteuerung (Zeitschrift)
UmwStG	Umwandlungssteuergesetz
UntStRefFG	Gesetz zur Fortsetzung der Unternehmensteuerreform
UntStRefG	Unternehmensteuerreformgesetz
v.	versus
vE	verdeckte Einlage
v.H.	von Hundert
vGA	verdeckte Gewinnausschüttung
Vol.	Volume
VZ	Veranlagungszeitraum
WaBeschG	Gesetz zur Beschleunigung des Wirtschaftswachstums

Wpg	Die Wirtschaftsprüfung (Zeitschrift)
WRV	Verfassung des Deutschen Reiches
WTO	World Trade Organization
ZEW	Zentrum für Europäische Wirtschaftsforschung
ZfB	Zeitschrift für Betriebswirtschaft (Zeitschrift)
zfbf	Zeitschrift für betriebswirtschaftliche Forschung (Zeitschrift)
ZHR	Zeitschrift für das gesamte Handels- und Wirtschaftsrecht (Zeitschrift)
ZLRL	Zins- und Lizenzgebührenrichtlinie

Tabellenverzeichnis

Kapitel 1: Grundlegung

A. Problemstellung

Die Kreditwirtschaft hat ausgehend vom Mesopotamien der Jahre 3000 v. Chr. einen globalen Siegeszug angetreten.[1] Regelmäßig wiederkehrend werden seit ihren Anfängen aber auch Versuche unternommen, die diesem System inhärenten Zinszahlungen zu begrenzen. Der mesopotamische *Codex Hammurapi* gilt als ältestes Beispiel hierfür.[2] Eine noch prägendere Wirkung konnte der alttestamentarische Zinsbann[3] entfalten. Mit der Reformation des Abendlandes haben christliche Einwände gegen Zinszahlungen zwar an Kraft verloren[4], doch zeugt das Phänomen des *Islamic Finance*[5] davon, dass andere Kulturkreise weiterhin derartige Beschränkungen der Kreditwirtschaft kennen.

Freilich vermochte sich auch der christlich-abendländische Kulturkreis nicht in jeder Hinsicht von der Idee des Zinsbanns zu lösen. So wirkt dessen moralischer Impetus bis in die Steuergesetzgebung der Moderne nach.[6] Allerdings geht es im nun existenten Steuerwettbewerb nicht mehr um einen Schutz *für* die Schuldner, sondern um den als ebenso moralisch empfundenen Schutz *vor*

---

1 Vgl. *Homer*, History, 1977, 17; vgl. für eine Typologie der mesopotamischen Kreditarten *Garfinkle*, Journal of the Economic and Social History of the Orient 2004, Vol. 47, No. 1, 1, 3ff.

2 Vgl. *Silver*, Journal of Economic History 1983, Vol. 43, No. 4, 795, 828; vgl. zum mehr als tausend Jahre konstanten Zinssatz von 1/60 pro Monat als frühe Form der Rechtssicherheit *Hudson*, Journal of the Economic and Social History of the Orient 2000, Vol. 43, No. 2, 132, 142.

3 Vgl. insbesondere Deuteronomium 23:20: „Du darfst von deinem Bruder keine Zinsen nehmen: Weder Zinsen für Geld noch Zinsen für Getreide noch Zinsen für sonst etwas, wofür man Zinsen nehmen kann.“; vgl. für weitere testamentarische Nachweise *Roser*, Journal of Law and Religion 1993, Vol. 10, No. 1, 157, 167ff.

4 Vgl. zur Rolle von *Luther*, *Zwingli* und *Calvin* ausführlich *Ramp*, Zinsproblem, 1949, 102ff.; *Ulrich*, Zinsnehmen, in: Vollkommer, Recht, Wirtschaft und Ethik, 1989, 53, 63ff.

5 Vgl. zum islamischen Zinsverbot und dem Islamic Finance als Reaktion hierauf *Vogel/Hayes*, Islamic Finance, 1998, 201ff.; *Kula*, Kyklos 2008, Vol. 61, No. 1, 45, 46ff.; *Pohlhausen/Beck*, IStR 2010, 225, 225ff.

6 Vgl. darüber hinaus zu Elementen des alttestamentarischen Verbotes von Wucherzinsen im modernen Zivilrecht *Roser*, Journal of Law and Religion 1993, Vol. 10, No. 1, 157, 167ff.; vgl. zu Parallelen zwischen Zinsbann und moderner Wachstumstheorie *Seyfert*, Zins, 1985, 8ff.

ihnen.[7] Das Bedürfnis hierzu resultiert nach Ansicht der modernen Steuergesetzgeber aus der Rolle, welche Zinszahlungen bei konzerninternen Gewinnverlagerungen spielen können.[8] Als „Schutz"-Maßnahme für die staatliche Ordnung greifen sie auf Unterkapitalisierungsnormen zurück.

Ordnungen und Ordnungsmängel zu erklären, beschreibt *Hayek*[9] in seinen *Freiburger Studien* als „das Kernproblem der Sozialtheorie". Nach *Vanberg*[10] „[kann] ein Ordnungsmangel [auch] in dem Versäumnis liegen, das Trittbrettfahrerproblem zu beheben, das aus den Anreizen für mobile Ressourcen erwächst, aus Standortleistungen Nutzen zu ziehen, ohne dafür zu bezahlen." Soweit dieses Trittbrettfahrerproblem die Gestalt von Gewinnverlagerungen annimmt, ist es innerhalb der Sozialtheorie Aufgabe der Steuerwissenschaften, einen derartigen Ordnungsmangel sowie Unterkapitalisierungsnormen als ordnungsstiftende „Schutz"-Maßnahme zu rezipieren.

Entsprechend der Begriffsbestimmung von *Rose*[11] handelt es sich bei den Steuerwissenschaften jedoch um „keine einheitliche Disziplin [...], sondern nur [um] eine durch gemeinsame Interessen verbundene Gruppierung verschiedener Wissenschaften [...]." Als selbständige Fachbereiche unterscheidet er die Staatsrechtswissenschaft, die Steuerrechtswissenschaft, die Finanzwissenschaft und die Betriebswirtschaftliche Steuerlehre.[12] Jede dieser Teildisziplinen bietet

---

7 Vgl. *Kessler/Knörzer*, Tax Notes International 2008, Vol. 50, 427, 427; zustimmend *Hoffmann*, Zinsschranke, 2008, VIII.; vgl. ebenfalls zum Zusammenspiel von Religion und steuerlicher Behandlung von Zinsaufwand *Pohlhausen/Beck*, IStR 2010, 225, 225.

8 Vgl. exemplarisch BT-Drs. 16/4841, 30: „Da Fremdkapitalzinsen und interne Verrechnungspreise die beiden wichtigsten Instrumente der Konzerne sind, um Steuersubstrat ins Ausland zu transferieren, muss auch bei den Kapitalentgelten gegengesteuert werden. Nichthandeln würde zu einer weiteren Erosion der deutschen Steuerbasis führen."

9 *Hayek*, Freiburger Studien, 1969, 32.

10 *Vanberg*, Standortwettbewerb und Demokratie, in: Frick/Penz/Weiß, Der freundliche Staat, 2001, 15, 72; vgl. analog *Vanberg*, Constitutional Political Economy 2000, Vol. 11, No. 1, 87, 107: „Constitutional deficiencies at the national level can arise from the failure to prevent problems of free-riding, due to incentives for mobile resources to extract benefits from jurisdiction-services without paying for them."

11 *Rose*, Steuerberatung und Wissenschaft, in: Thoma/Zacharias/Niemann, StbJb 1969/1970, 1970, 31, 54.

12 Vgl. *Rose*, DStZ 1976, 174, 174; *Rose*, Betriebswirtschaftliche Steuerlehre, 1992, 21; demgegenüber ordnet *Wöhe*, Betriebswirtschaftliche Steuerlehre I/1, 1988, 30 die Staatsrechtswissenschaft zwar den Steuerwissenschaften zu, betrachtet diese aber nicht als eigenen Teilbereich; vgl. ebenso *Elschen*, StuW 1991, 99, 99.

eine Fülle von Untersuchungen zu Gewinnverlagerungen über Finanzierungsentscheidungen und den vermeintlich Ordnung stiftenden Unterkapitalisierungsnormen. Hervorzuheben unter den diesbezüglichen Dissertationen jüngeren Datums sind die Arbeiten von *Obser*[13] (Staats- bzw. Steuerrechtswissenschaft), *Hemmelgarn*[14] (Finanzwissenschaft) sowie *Düll*[15] und *Bohn*[16] (jeweils Betriebswirtschaftliche Steuerlehre).

Allerdings fehlt es bislang vollständig an Beiträgen, welche die Erkenntnisse aller Teildisziplinen der Steuerwissenschaften zusammenführen und (darauf aufbauend) fortschreiben. Der resultierende Forschungsbedarf erscheint umso dringlicher, als mit *Rose*[17] davon auszugehen ist, dass „viele Besteuerungsprobleme einer Lösung nur mit den Methoden eines einzigen Fachs gar nicht zugänglich sind." Vorliegende Arbeit stellt sich für Unterkapitalisierungsnormen beschriebenem Problem einer nur partiellen, mithin also *inkonsequenten* Entfaltung der Steuerwissenschaften. Hierzu spürt sie dem Zusammenhang zwischen Steuerwettbewerb einerseits sowie Gewinnverlagerungen über Finanzierungsentscheidungen andererseits nach, analysiert (darauf aufbauend) die gesetzgeberischen Reaktionen und leitet schließlich Handlungsempfehlungen ab. Mithin strebt sie nach einer *konsequent*-steuerwissenschaftliche Ausrichtung.

---

13 Vgl. *Obser*, Gesellschafter-Fremdfinanzierung im europäischen Konzern, 2005.

14 Vgl. *Hemmelgarn*, Multinationale Unternehmen, 2007, insbesondere 35ff.

15 Vgl. *Düll*, Gesellschafter-Fremdfinanzierung, 2005.

16 Vgl. *Bohn*, Zinsschranke, 2009.

17 *Rose*, Steuerberatung und Wissenschaft, in: Thoma/Zacharias/Niemann, StbJb 1969/1970, 1970, 31, 54; noch vehementer *Elschen*, StuW 1991, 99, 99: „Der reinrassige Adel der einzelnen Steuerdisziplinen schaut – so scheint es – noch immer auf den dilettierenden Bastard herab, der auf der Suche nach geistiger Befruchtung auch die Niederungen der anderen Steuerdisziplinen durchforscht. Und dieser Adel tut dies trotz schwerer Erbkrankheiten, die sich infolge des geistigen Inzests in seiner Disziplin zwangsläufig zeigen (werden)." Dass die Potenziale interdisziplinärer Untersuchungen innerhalb der Steuerwissenschaften noch lange nicht ausgeschöpft sind, folgern auch *Hundsdoerfer/Kiesewetter/Sureth*, ZfB 2008, Vol. 78, No. 1, 61, 106 aus ihrer Bestandsaufnahme der Forschungsergebnisse der Betriebswirtschaftlichen Steuerlehre.

B. Forschungsfragen

Die Globalisierungs-Kontroverse hat den Steuerwettbewerb zum Gegenstand vielfältiger wissenschaftlicher Untersuchungen gemacht. Die Auseinandersetzung mit staatswissenschaftlichen, steuerrechtswissenschaftlichen, finanzwissenschaftlichen und betriebswirtschaftlichen Einzelaspekten vermochte bislang aber kein schlüssiges Gesamtbild zu zeichnen. Zu Beginn der Untersuchung stellt sich daher folgende **Forschungsfrage 1:**

- *Wie sieht die Anatomie des Steuerwettbewerbs aus? Auf welchen Ebenen des deutschen Staatsaufbaus sind bei einem interdisziplinären Gesamtbild Gewinnverlagerungen grundsätzlich denkbar?*

Insbesondere im finanzwissenschaftlichen Schrifttum wird regelmäßig eine einfache Ursache-Wirkungs-Beziehung zwischen Steuerwettbewerb und Gewinnverlagerungen über Finanzierungsaufwand unterstellt. Die Realität fällt jedoch differenzierter aus. Daher stellt sich folgende **Forschungsfrage 2:**

- *Welche steuerrechtspolitischen Grundsatzentscheidungen bereiten den Weg von der grundsätzlichen zur tatsächlichen Möglichkeit, Gewinne über Finanzierungsentscheidungen zu verlagern? Auf Konzerne welcher geographischen Ausdehnung und welcher Rechtsform erstreckt sich die Wirkung dieser Entscheidungen?*

Das damit erworbene, positivistische Wissen um die Natur von Gewinnverlagerungen provoziert folgende **Forschungsfrage 3:**

- *Wie sind Gewinnverlagerungen über Finanzierungsentscheidungen vor dem Hintergrund der Anatomie des Steuerwettbewerbs und der steuerrechtspolitischen Grundsatzentscheidungen zu bewerten? Wie können sie eingeordnet und nach ihrer Technik systematisiert werden?*

Der Gesetzgeber hat sich zu einer Begrenzung von Gewinnverlagerungen über Finanzierungsentscheidungen entschlossen. Gleichzeitig führte der interdisziplinäre Ansatz vorliegender Untersuchung bereits im Zusammenhang mit den Forschungsfragen 2 und 3 zur Erkenntnis, dass weit verbreitete Forschungsbeschränkungen hinsichtlich der Geographie (international), der Rechtsform (kapitalistisch) und teilweise auch der Technik der Gewinnverlagerungen (Gesellschafter-Fremdfinanzierung) aufgehoben werden müssen. Entsprechend stellt sich nicht nur die Frage nach der *ratio* gesetzgeberischen Handelns. Vielmehr bedarf es für eine *konsequent*-steuerwissenschaftliche Analyse dieses Handelns auch einer anderen Begriffsbestimmung von Unterkapitalisierungsnormen als bislang üblich. **Forschungsfrage 4** lautet daher wie folgt:

- *Inwiefern stellen Unterkapitalisierungsnormen eine notwendige gesetzgeberische Reaktion auf Gewinnverlagerungen dar? Wie lautet eine der geographischen, rechtsformmäßigen und technischen Vielfältigkeit der Gewinnverlagerungen angemessene Definition von Unterkapitalisierungsnormen? Wie können diese Normen systematisiert werden, um sie trotz der breiten Definition einer Analyse zugänglich zu machen?*

Die Breite der Definition von Unterkapitalisierungsnormen erfordert auch eine Alternative zu den bisher im Schrifttum verwendeten Beurteilungsmaßstäben. Daher kann **Forschungsfrage 5** folgendermaßen formuliert werden:

- *Welche erkenntnistheoretischen Vorgaben sind an Beurteilungsmaßstäbe für Unterkapitalisierungsnormen zu richten? Welcher Beurteilungsmaßstab lässt sich unter Berücksichtigung dieser Vorgaben aus den Steuerwissenschaften destillieren?*

Zur Verknüpfung der Untersuchung mit den im Schrifttum bereits vorliegenden Beurteilungen von Unterkapitalisierungsnormen schließt sich **Forschungsfrage 6** an:

- *In welchem Verhältnis steht der hier entwickelte, steuerwissenschaftliche Beurteilungsmaßstab zu den bisher verwendeten, disziplinspezifischen Kriterien?*

Aufbauend auf die *konsequent*-steuerwissenschaftliche Definition von Unterkapitalisierungsnormen (Forschungsfrage 4) und dem ebenfalls *konsequent*-steuerwissenschaftlichen Beurteilungsmaßstab (Forschungsfrage 5) kann die Arbeit erstmals einen „innerstaatlichen Rechtsvergleich" vornehmen. Damit gibt sie eine Antwort auf folgende **Forschungsfrage 7:**

- *Welche Unterkapitalisierungsnormen weist das deutsche Steuerrecht auf? Wie sind diese jeweils für sich genommen aus der Perspektive des hier entwickelten, steuerwissenschaftlichen Beurteilungsmaßstabes zu bewerten?*

Weil die Antwort auf Forschungsfrage 7 offenbart, dass das deutsche Steuerrecht durch eine Vielzahl inhomogener und teilweise inkonsistenter Unterkapitalisierungsnormen gekennzeichnet ist, müssen im Gegensatz zu den singulären, disziplinspezifischen Betrachtungen der bisherigen Literatur auch Interdependenzen Berücksichtigung finden. Dies führt zu **Forschungsfrage 8:**

- *Welche Interdependenzen können sich zwischen Unterkapitalisierungsnormen ergeben? Wie sind diese aus Perspektive des hier entwickelten, steuerwissenschaftlichen Beurteilungsmaßstabes zu beurteilen?*

Die bis dato abstrakt-theoretische Untersuchung kann auch praktische Erkenntnisse für die Steuerplanung bieten. **Forschungsfrage 9** lautet:

- *Welche steuerplanerischen Entscheidungshilfen lassen sich aus vorliegender Untersuchung kondensieren?*

Die Antwort auf Forschungsfrage 4 hat die Notwendigkeit angemessener Unterkapitalisierungsregelungen verdeutlicht. Entsprechend konzentriert sich vorliegende Untersuchung nicht nur auf steuerplanerische Handlungsempfehlungen, sondern widmet sich abschließend auch folgender **Forschungsfrage 10:**

- *Welche steuerrechtspolitischen Entscheidungshilfen lassen sich aus vorliegender Untersuchung kondensieren?*

C. Gang der Untersuchung und Forschungsbeitrag

Die *konsequent*-steuerwissenschaftliche Analyse von Unterkapitalisierungsnormen erfordert zehn Arbeitsschritte, deren Reihenfolge sich chronologisch-strikt an den Forschungsfragen orientiert:

- Im **ersten Arbeitsschritt** [Forschungsfrage 1; Kap. 2] gilt es, die Anatomie des Steuerwettbewerbs nachzuzeichnen. Ein interdisziplinärer Ansatz kristallisiert sich als zentrale Bedingung heraus, um theoretische Vorhersagen und empirische Erkenntnisse in Einklang zu bringen. So kann mittels Rückgriff auf *Schumpeters*[18] methodologischen Individualismus auch der Gewerbesteuerwettbewerb als *yardstick competition* erstmals theoretisch begründet werden. Dieser Forschungsbeitrag erscheint umso wichtiger, als ein Teil des finanzwissenschaftlichen Schrifttums die Hebesatzkonkurrenz der Gemeinden negiert. Darüber hinaus erlaubt die erstmalige Anwendung des Konzeptes der monopolistischen Konkurrenz auf die steuererhebenden Akteure, zwischen Preis- und Produktwettbewerb zu trennen. Weil der Preiswettbewerb die für Gewinnverlagerungen relevante Dimension des Steuerwettbewerbs darstellt, kann der Untersuchungsbereich auf die Bundes- und Gemeindeebene eingegrenzt werden. Schließlich findet im Fall der Bundesrepublik Deutschland nur dort Preiswettbewerb statt.

- Der **zweite Arbeitsschritt** [Forschungsfrage 2; Kap. 3] schlägt die Brücke vom Steuerwettbewerb und Gewinnverlagerungen im Allgemeinen zu den Gewinnverlagerungen über Finanzierungsentscheidungen im Besonderen. Dabei können die Isolation von Bemessungsgrundlagen, die Maßgeblichkeit zivilrechtlicher Wertungen sowie die disparate Behandlung von Fremd- und Eigenkapitalfinanzierung als Wegbereiter für künstliche Kapitalstrukturen identifiziert werden. Im Gegensatz zu bisherigen Analysen wird freilich offenbar, dass keine dieser steuerrechtspolitischen Grundsatzentscheidungen ein Spezifikum bestimmter Ebenen des Steuerwettbewerbs oder bestimmter Rechtsformen darstellt. Im Einklang mit dem ersten Arbeitsschritt kann vielmehr davon ausgegangen werden, dass Gewinnverlagerungen über Finanzierungsentscheidungen grundsätzlich auch interkommunal sowie innerhalb von Personengesellschafts-

18 Vgl. *Schumpeter*, Nationalökonomie, 1908, 88ff.

oder Betriebsstättenkonzernen stattfinden können. Mithin liegt der Forschungsbeitrag dieses Arbeitsschrittes darin, die vorherrschende Beschränkung der Literatur auf grenzüberschreitende Gewinnverlagerungen bei Kapitalgesellschaften zu lockern. Die ersten rechtsformübergreifenden Überlegungen von *Kessler/Teufel*[19] werden auch in ihrem innerstaatlichen Charakter konsequent fortgeschrieben.

- Der **dritte Arbeitsschritt** [Forschungsfrage 3; Kap. 4] lenkt den Blick von der gesamtwirtschaftlichen zur einzelwirtschaftlichen Ebene. Das Verhalten der Steuerpflichtigen wird auf seine Legitimität hin untersucht, in den Kanon der betrieblichen Steuerplanung eingeordnet und systematisiert. Forschungsrelevanz gewinnt dieser Arbeitsschritt insbesondere durch seine Unterscheidung zwischen Generierungs- und Allokationsstrategien. Diese Dichotomie vermag die höchst heterogenen Kategorisierungen des Schrifttums auf zwei empirisch robuste Techniken der Steuergestaltung mit Finanzierungsentscheidungen zu reduzieren.

- Für den **vierten Arbeitsschritt** [Forschungsfrage 4; Kap. 5] wandert der Fokus dann wieder zurück zum Gesetzgeber. Unterkapitalisierungsnormen werden als notwendige Maßnahme gegen Gewinnverlagerungen eingeführt. Gleichzeitig wird eine Definition dieser Vorschriften entwickelt. Diese trägt den steuerrechtspolitischen Grundsatzentscheidungen als Wegbereiter für Gewinnverlagerungen (zweiter Arbeitsschritt) ebenso Rechnung wie der dichotomen, steuerplanerischen Umsetzung (dritter Arbeitsschritt). Durch die damit erreichte Allgemeingültigkeit kann die Beschränkung der bisherigen Literatur auf eine isolierte Betrachtung einzelner Unterkapitalisierungsnormen gelöst werden. Indem der nur punktuell[20] erforschte Weg zu einer Gesamtschau dieser Vorschriften konsequent zu Ende gegangen wird, versucht vorliegende Untersuchung auch eine Antwort auf die Kritik von *Hey*[21] zu geben, dass normenübergreifende Untersuchungen zu Missbrauchsvermeidungsvorschriften „rar" seien.

---

19 Vgl. *Kessler/Teufel*, DB 2001, 1955, 1958ff.

20 Vgl. *Striegel*, IStR 2008, 530, 533ff.; *Prinz*, FR 2009, 593, 596f.; *Prinz*, Finanzierungsfreiheit, in: Kessler/Förster/ Watrin, FS Herzig, 2010, 147, 151f.

21 *Hey*, StuW 2008, 167, 168.

- Der **fünfte Arbeitsschritt** [Forschungsfrage 5; Kap. 6] identifiziert die treffsichere Bekämpfung von Gewinnverlagerungen als erkenntnistheoretisch zulässigen Beurteilungsmaßstab für Unterkapitalisierungsnormen. Bei der weiteren Operationalisierung kann auf die genaue Begriffsbestimmung des Steuerwettbewerbs (erster Arbeitsschritt) zurückgegriffen werden. Über das bisherige Schrifttum hinausgehend macht sich vorliegende Arbeit die dortige Differenzierung zwischen den Gegenständen des Wettbewerbs nutzbar, um analog zum ökonometrischen *difference-in-difference approach* einen steuerwissenschaftlich fundierten Detektionsmechanismus für Gewinnverlagerungen zu abstrahieren. Dieser wird weiter zum Realinvestitionskriterium verdichtet.

- Der **sechste Arbeitsschritt** [Forschungsfrage 6; Kap. 7] legt zunächst dar, welche überwiegend staats- und steuerrechtswissenschaftlichen Maßstäbe die Literatur bislang herangezogen hat, um Unterkapitalisierungsnormen zu bewerten. Darauf aufbauend werden erste Zugänge zu betriebswirtschaftlichen und finanzwissenschaftlichen Kriterien erschlossen. In der Gesamtschau zeigt sich allerdings, dass das im fünften Arbeitsschritt entwickelte Realinvestitionskriterium bereits insofern der Mehrheit dieser Maßstäbe überlegen ist, als es zur Bewertung aller Typen von Unterkapitalisierungsnormen herangezogen werden kann.

- Im **siebten Arbeitsschritt** [Forschungsfrage 7; Kap. 8] werden die Erkenntnisse der vorangegangenen Schritte zusammengeführt. Aufbauend auf die Definition wie Systematik der Unterkapitalisierungsnormen werden die entsprechenden deutschen Regelungen jeweils für sich (*stand alone)* dargestellt und am Realinvestitionskriterium gemessen. Die im Rahmen dieses „innerstaatlichen Rechtsvergleiches“ zu beobachtenden Inhomogenitäten, mitunter sogar Inkonsistenzen, stellen einen zentralen Forschungsbeitrag vorliegender Arbeit dar.

- Der **achte Arbeitsschritt** [Forschungsfrage 8; Kap. 9] beleuchtet systematisch die Interdependenzen zwischen Unterkapitalisierungsnormen. Der normenübergreifende Ansatz vorliegender Arbeit macht dies erstmals möglich. Dabei wird offenbar, dass derartige Interdependenzen die Wirkung der Vorschriften auf *stand alone*-Basis umkehren oder verstärken können.

- Im **neunten** [Forschungsfrage 9; Kap. 10] und **zehnten** [Forschungsfrage 10; Kap. 11] **Arbeitsschritt** werden aus den erzielten Erkenntnissen steuerplanerische und steuerrechtspolitische Entscheidungshilfen abgeleitet. Um deren Aussagekraft nicht durch eine Vielzahl an Annahmen einzuschränken, geschieht dies auf rein qualitativer Basis.[22] Dem Zensiten erlaubt der *konsequent*-steuerwissenschaftliche Ansatz vorliegender Untersuchung eine doppelte Komplexitätsreduktion seines Planungsproblems. An den Zensor können erstmals Handlungsempfehlungen gerichtet werden, welche über Reformoptionen für einzelne Regelungen hinausgehen.

D. Einordnung der Untersuchung

Ihrem *konsequent*-steuerwissenschaftlichen Charakter folgend, weist vorliegende Untersuchung Elemente aller vier Sparten der Steuerwissenschaften [vgl. Kap. 1.A.] auf. Die jeweiligen Disziplinen können dabei in der Arbeit wie folgt verortet werden:

- Die **Staatsrechtswissenschaft** nimmt sich der rechtlichen Ordnung des Staates an.[23] Bezüge dazu schafft der erste Arbeitsschritt, welcher die Anatomie des Steuerwettbewerbs auf Grundlage von Gesetzgebungs- und Verwaltungshoheiten nachzeichnet. Darüber hinaus stehen auch weite Teile des sechsten Arbeitsschrittes im Zeichen der Staatsrechtswissenschaft. Dort werden die bislang von der Literatur herangezogenen Beurteilungsmaßstäbe betrachtet. Diese Kriterien stellen überwiegend darauf ab, inwiefern sich Unterkapitalisierungsnormen in die rechtliche Ordnung des Staates einfügen. Als konkretes Vehikel dient dabei die Frage nach der Vereinbarkeit mit Verfassungs-, EU- und Völkervertragsrecht.

---

22 Eine weiterführende Quantifizierung der steuerplanerischen Entscheidungshilfen müsste insbesondere auf die Teilsteuerrechnung zurückgreifen, vgl. grundlegend *Rose*, Betriebswirtschaftliche Steuerlehre, 1992, 38ff.; vgl. exemplarisch für Teilsteuerrechnungen zu Gewinnverlagerungen durch Finanzierungsentscheidungen *Fritzmann*, Internationale Konzernfinanzierung, 2003, 107ff.; vgl. zur Bedeutung von Teilsteuerrechnungen in der Betriebswirtschaftlichen Steuerlehre *Hundsdoerfer/Kiesewetter/Sureth*, ZfB 2008, Vol. 78, No. 1, 61, 73ff.

23 Vgl. *Bayer*, Steuerlehre, 1998, 1, welcher allerdings einer anderen Einteilung folgt.

- Die **Steuerrechtswissenschaft** befasst sich nach *Tipke*[24] mit der „rechtlichen Ordnung der Besteuerung, [...] und zwar de lege lata und de lege ferenda." Hierauf greift die Untersuchung insbesondere im zweiten Arbeitsschritt zurück. Dort werden steuerrechtspolitische Grundsatzentscheidungen dargestellt, die den Weg vom Steuerwettbewerb zu Gewinnverlagerungen über Finanzierungsentscheidungen bereiten. Darüber hinaus stellt auch die Darstellung der Unterkapitalisierungsnormen im siebten Arbeitsschritt einen Anwendungsfall der Steuerrechtswissenschaft dar.

- In seinem klassischen Werk beschreibt *Musgrave*[25] die **Finanzwissenschaft** als „complex of problems that center around the revenue-expenditure process of government". *Wagner*[26] wies aber schon im Jahre 1986 darauf hin, dass „von Seiten der [deutschen] Finanzwissenschaft weitgehender Verzicht hinsichtlich der Untersuchung von Steuerwirkungen auf einzelwirtschaftliche Entscheidungen geübt [wird]". Mithin konzentrierte sich diese Teildisziplin der Steuerwissenschaften über lange Zeit[27] auf die gesamtwirtschaftlichen Auswirkungen der Besteuerung. Den deutlichsten Einfluss auf vorliegende Untersuchung übt die Finanzwissenschaft im zweiten Arbeitsschritt aus. So wird die Anatomie des Steuerwettbewerbs auch mit Hilfe finanzwissenschaftlicher Erkenntnisse nachgezeichnet. Weil der sechste Arbeitsschritt hieraus einen Beurteilungsmaßstab ableitet, kann ihr Einfluss aber auch dort verortet werden.

---

24 Vgl. *Tipke*, StRO - Band I, 2000, 10.

25 *Musgrave*, The Theory of Public Finance, 1959, 3; vgl. breiter *Blankart*, Öffentliche Finanzen in der Demokratie, 2008, 7: „Finanzwissenschaft ist ökonomische Analyse des Staates."

26 *Wagner*, Finanzarchiv 1986, 32, 33; vgl. ähnlich *Schneider*, Ökomische Analyse des Steuerrechts, in: Fischer, FS Scherpf, 1983, 21, 21: „[Die ökonomische Analyse des Steuerrechts] wird [...] den einzelwirtschaftlichen Pfad ausbauen, den früher die Finanzwissenschaft angebahnt, inzwischen aber weitgehend verlassen hat, um sich überwiegend auf die Untersuchung makroökonomischer Abhängigkeiten zu beschränken [...]."; vgl. ebenfalls ähnlich *Tipke*, StRO - Band I, 2000, 19: „Bei der Darstellung der Steuern pflegen Finanzwissenschaftler sich im allgemeinen auf das grand design zu beschränken [...]."

27 Vgl. aber zu neueren Entwicklungen im Grenzgebiet zwischen Finanzwissenschaft und Betriebswirtschaftslehre *Shackelford/Shevlin*, Journal of Accounting and Economics 2001, Vol. 31, No. 1-3, 321, 321ff.; *Hines*, National Tax Journal 1999, Vol. 52, No. 2, 305, 308ff.

- Die **Betriebswirtschaftliche Steuerlehre** beschäftigt sich im Gegensatz zu weiten Teilen der Finanzwissenschaft schon seit ihren Anfängen mit den einzel- *und* gesamtwirtschaftlichen Auswirkungen der Besteuerung.[28] Das Interesse an gesamtwirtschaftlichen Fragestellungen spiegelt sich bereits in der ersten Formulierung ihres Forschungsprogramms durch *Findeisen*[29] wider. Demnach kommt der Betriebswirtschaftlichen Steuerlehre die Aufgabe zu, „nach der zweckmäßigsten Form der Besteuerung der Unternehmung zu forschen und vergleichend und kritisch die gegenwärtige Art der Besteuerung der Unternehmung und deren Rückwirkung auf die gesamte Betriebswirtschaft darzustellen." *Rose*[30] unterscheidet dabei zwischen der Betriebswirtschaftlichen Steuerwirkungslehre, der Betriebswirtschaftlichen Steuerplanungslehre[31] und der wertend-normativen Betriebswirtschaftlichen Steuerlehre[32]. Die Vielfalt der Bezüge vorliegender Untersuchung zur Betriebswirtschaftlichen Steuerlehre ist nicht zuletzt

---

28 Entsprechend erscheinen *Schneider*, Ökomische Analyse des Steuerrechts, in: Fischer, FS Scherpf, 1983, 21, 34 für die Betriebswirtschaftliche Steuerlehre sowohl die "Mikroökonomie als Entscheidungslogik" als auch „das Denken in Marktgleichgewichtsbedingungen und Marktprozessen [...] für gesellschaftliche Organisationsregeln" sinnvoll.

29 *Findeisen*, Unternehmung und Steuer, 1923, III; vgl. zur Einordnung in die allgemeine Betriebswirtschaftlehre *Wöhe*, Aufgaben der Betriebswirtschaftlichen Steuerlehre, in: Fischer, FS Scherpf, 1983, 5, 5ff.

30 Vgl. *Rose*, Betriebswirtschaftliche Steuerlehre, 1992, 16ff.; *Wöhe*, Betriebswirtschaftliche Steuerlehre I/1, 1988, 24ff. differenziert inhaltlich weitgehend deckungsgleich zwischen der Steuerwirkungslehre, der Steuergestaltungslehre und der Steuerrechtsgestaltungslehre, fügt jedoch als vierten Aufgabenbereich der Betriebswirtschaftlichen Steuerlehre noch die Untersuchung des Einflusses der Besteuerung auf das betriebliche Rechnungswesen hinzu; *Hundsdoerfer/Kiesewetter/Sureth*, ZfB 2008, Vol. 78, No. 1, 61, 63ff. trennen zwischen der Steuerbelastungsmessung mit dem Unterfall der quantifizierenden Steuerwirkungslehre, der modellgestützten Steuerplanungslehre sowie der Steuerrechtsgestaltungslehre und fügen als inhaltlich neuen Teilbereich die empirische Steuerwirkungslehre hinzu; vgl. kritisch zu dieser Erweiterung *Schmiel*, ZfB 2009, Vol. 79, No. 10, 1193, 1195.

31 Vgl. zur Legitimität der Betriebswirtschaftlichen Steuerplanungslehre *Wagner*, Finanzarchiv 1986, 32, 37ff.; vgl. kritisch zur Nützlichkeit *Schneider*, Ökomische Analyse des Steuerrechts, in: Fischer, FS Scherpf, 1983, 21, 31.

32 Vgl. zur Frage, ob normativ-wertende Aussagen zum Forschungsbereich der Betriebswirtschaftlichen Steuerlehre gehören *Schneeloch*, Stand und Selbstverständnis, in: Siegel/Kirchhof/Schneeloch/Schramm, FS Bareis, 2005, 251, 256ff.; a.A. *Swoboda*, zfbf 1967, 1, 4: „Durch die Abgabe von Werturteilen, die betriebliche Interessen widerspiegeln, setzt man sich [...] dem berechtigten Vorwurf aus, Gruppeninteressen fördern zu wollen [...]."

dieser Breite des Forschungsprogramms geschuldet. So beleuchtet der dritte Arbeitsschritt als klassische Anwendung der Betriebswirtschaftlichen Steuerwirkungslehre die Reaktion der Steuerpflichtigen auf Anreize zu Gewinnverlagerungen. Auch der siebte Arbeitsschritt rekurriert auf dieses Teilgebiet der Betriebswirtschaftlichen Steuerlehre. Ausgehend von ihrer Wirkungsweise werden dort Unterkapitalisierungsnormen identifiziert und klassifiziert. Gleichzeitig werden im siebten und achten Arbeitsschritt aber auch bedingte Werturteile formuliert. Damit weisen diese Teile der Untersuchung Züge der normativ-wertenden Betriebswirtschaftlichen Steuerlehre auf. Gleiches gilt für den zehnten Arbeitsschritt, welcher sich den steuerrechtspolitischen Handlungsempfehlungen verschrieben hat. Im vorangehenden neunten Arbeitsschritt werden steuerplanerische Handlungsempfehlungen formuliert. Folglich ist er der Betriebswirtschaftlichen Steuerplanungslehre zuzuordnen. Im Ergebnis sind alle Teildisziplinen der Betriebswirtschaftlichen Steuerlehre in vorliegender Untersuchung vertreten.

E. Prämissen der Untersuchung

Die *konsequent*-steuerwissenschaftliche Untersuchung der (deutschen) Unterkapitalisierungsnormen wird durch folgende sieben Prämissen begrenzt:

- Der Steuerwettbewerb stellt ein vielschichtiges Phänomen dar. Räumlich kann er zwischen Jurisdiktionen gleicher Ebene des jeweiligen Staatsaufbaus (horizontal) oder ebenenübergreifend (vertikal) stattfinden.[33] Für Zwecke vorliegende Arbeit soll nur die **horizontale Konkurrenz** eine Rolle spielen. Dies vermeidet komplexe Modellierungen von mehrstufigen Entscheidungssituationen des jeweiligen Steuergesetzgebers.[34] Sachlich kann der Steuerwettbewerb in höchst unterschiedlichen Bereichen des

33 Vgl. *Wilson/Wildasin*, Journal of Public Economics 2004, Vol. 88, No. 6, 1065, 1067; *Bellak/Leibrecht*, Scope, in: Andersson/Eberhartinger/Oxelheim, National Tax Policy, 2007, 11, 13.

34 Vgl. zur Komplexität der Modellierung des vertikalen Steuerwettbewerbs *Wilson*, National Tax Journal 1999, Vol. 52, No. 2, 269, 290f.; vgl. exemplarisch *Hoyt/Jensen*, Regional Science and Urban Economics 1996, Vol. 26, No. 5, 481, 486ff.

Steuerrechts stattfinden.[35] Hier soll nur die Besteuerung von **Unternehmungen** im *Gutenberg'schen* Sinne[36] betrachtet werden. Diese Prämisse erscheint insofern gerechtfertigt, als mit *Plümper/Schulze*[37] davon ausgegangen werden kann, dass „das Politikfeld, das unter dem stärksten Anpassungsdruck [der Globalisierung] steht, die Steuerpolitik ist, vor allem die Unternehmensbesteuerung." Innerhalb der Besteuerung von Unternehmungen kann sachlich noch weitergehend insbesondere zwischen einem Wettbewerb um Realinvestitionen und einem Wettbewerb um Gewinnverlagerungen differenziert werden.[38] Hier sollen nur unternehmerische **Gewinnverlagerungen** betrachtet werden. Während für die Konkurrenz um Realinvestitionen die Effektivsteuersätze[39] maßgeblich sind[40], kommt es beim Wettbewerb um Gewinnverlagerungen nur auf die Nominalsteuersätze an.[41]

---

35 Vgl. zum Wettbewerb im Bereich der Umsatzsteuer *Sinn*, European Economic Review 1990, 489, 491ff.; vgl. zu verschiedenen Teilbereichen des Wettbewerbs um Kapital *Avi-Yonah*, Harvard Law Review 2000, Vol. 113, 1575, 1579ff.; vgl. allgemein *Fuest*, Steuerwettbewerb, in: Lüdicke, Internationales Steuerrecht, 2009, 1, 5.

36 Vgl. *Gutenberg*, Grundlagen der Betriebswirtschaftslehre, 1951, 332ff.

37 *Plümper/Schulze*, Politische Vierteljahresschrift 1999, 445, 445.

38 Vgl. *Schreiber/Overesch*, DB 2007, 813, 813; *Kessler/Knörzer*, Tax Notes International 2008, Vol. 50, 427, 427. *Sinn*, Jahrbücher für Nationalökonomie und Statistik 1997, Vol. 216, No. 6, 673, 676ff. unterscheidet weitergehend zwischen Wettbewerb um Realinvestitionen, Finanzkapital, Bemessungsgrundlagen, Verkaufsniederlassungen und Menschen.

39 Das Konzept der Effektivsteuersätze geht zurück auf *King/Fullerton*, The Taxation of Income from Capital, 1984, 7ff. Da die von den beiden Autoren ermittelten Grenzbelastungen von hypothetischen Realinvestitionen weniger relevant sein dürften als der entsprechende Durchschnittswert, haben insbesondere *Jacobs/Spengel*, European Tax Analyzer, 1996, 167ff. und *Devereux/Griffith*, The Institute for Fiscal Studies Working Paper 1999, No. W98/16 das Modell in diese Richtung weiter entwickelt; vgl. zu weiteren Ansätzen *Lammersen*, Steuerbelastungsvergleiche, 2005, 134ff. und *Hundsdoerfer/Kiesewetter/Sureth*, ZfB 2008, Vol. 78, No. 1, 61, 74.

40 Allerdings kann *Overesch*, National Tax Journal 2009, Vol. 62, No. 1, 5 empirisch nachweisen, dass Gewinnverlagerungen auch einen positiven Einfluss auf Realinvestitionen im „Abfluss-Land" haben. Implizit spielt der bloße Nominalsteuersatz damit auch eine Rolle für Realinvestitionen.

41 Vgl. *Plümper/Schulze*, Politische Vierteljahresschrift 1999, 445, 450; *Esser*, Vorteile und Gefahren, 2004, 12; *Schreiber/Overesch*, DB 2007, 813, 814; *U.S. Department of Treasury*, Competitiveness, 2007, 33; *Devereux*, Oxford Review of Economic Policy 2008, Vol. 24, No. 4, 625, 631f.; *Kessler/Knörzer*, Tax Notes International 2008, Vol. 50, 427, 427.

- Wirtschaftsaktivitäten können zu positiven wie negativen monetären Ergebnissen führen. Hier sollen nur **Gewinnsituationen** betrachtet werden. Terminologisch schlägt sich dies in der Verwendung des Begriffes Gewinnverlagerung statt Ergebnisverlagerung nieder. Insbesondere entzieht diese Prämisse die indirekte Verlustkompensation[42] dem Untersuchungsbereich.

- In der Regel differenziert das Schrifttum[43] bei Gewinnverlagerungen zwar nach der Technik, geht darüber hinaus aber sachlich und personell von einem einheitlichen Phänomen aus. Bei näherer Betrachtung besitzen Gewinnverlagerungen jedoch auch diesbezüglich mehrere Dimensionen. Sachlich kann zwischen intertemporalen und interjurisdiktionellen Gewinnverlagerungen unterschieden werden. Personell ist zwischen konzerninternen Gewinnverlagerungen und solchen zu konzernaußenstehenden Anteilseignern zu trennen. Vorliegende Arbeit folgt der Begriffsbestimmung von *Kormann*[44]. Dieser präzisiert das Phänomen der Gewinnverlagerungen dahingehend, dass „[o]hne Veränderung des realen Güter-, Leistungs- und Kapitalverkehrs innerhalb der Unternehmung [...] allein der buchmäßige Gewinnausweis auf niedrig besteuerte Einheiten

---

42 *Kröner*, Verrechnungsbeschränkte Verluste, 1986, 401 subsumiert unter die indirekte Verlustkompensation alle „Mechanismen [...], deren eine Wirkungskomponente in der Kompensation des verrechnungsbeschränkten Verlusts und deren andere Wirkungskomponente in der Erzeugung eines korrespondierenden bemessungsgrundlagenmindernden Abzugs außerhalb der die Verlustverrechnung beschränkenden Saldensphäre besteht."; vgl. allgemein *Köhler*, Konzernstruktur, in: Kessler/Kröner/ Köhler, Konzernsteuerrecht, 2008, 303, 317; vgl. im Zusammenhang mit Finanzierungsentscheidungen *Grotherr*, Unterkapitalisierungsregelungen, in: Piltz/ Schaumburg, Unternehmensfinanzierung, 1995, 49, 51; *Jacobs*, StuW 1996, 26, 33.

43 Vgl. *Blumenberg*, Gesellschafter-Fremdfinanzierung, 1997, 80, Fn. 90; *Huizinga/Laeven*, Journal of Public Economics 2008, Vol. 92, No. 5-6, 1164, 1165; *Bohn*, Zinsschranke, 2009, 1f.; ähnlich differenziert *Grotherr*, Grundlagen, in: Grotherr, Handbuch der internationalen Steuerplanung, 2003, 1, 22 zwischen Verrechnungspreisen, Konzernumlagen, Finanzierungsentscheidungen und Sachkapitalüberlassungen als Aktionsparameter für sachverhaltsgestaltende Steuerplanung in der kurzen Frist. *Jacobs*, Internationale Unternehmensbesteuerung, 2007, 856 unterscheidet bei der „Steuerung von Bemessungsgrundlagen" zwischen Techniken wie „u.a. die Finanzierungspolitik, die Verrechnung des innerbetrieblichen Lieferungs- und Leistungsverkehrs (Verrechnungspreise), die Nutzung von Qualifikationskonflikten oder auch die optimale Allokation betrieblicher Funktionen und Risiken im Gesamtkonzern."

44 *Kormann*, Steuerpolitik, 1970, 148.

verlagert [wird].“ Folglich werden hier nur **interjurisdiktionell-konzerninterne Gewinnverlagerungen** analysiert. Dies erscheint insofern gerechtfertigt, als der Gesetzgeber insbesondere dieser Spielart der Gewinnverlagerung mit Unterkapitalisierungsnormen entgegen zu treten versucht. Demgegenüber fördert er intertemporale Gewinnverlagerungen mit Regelungen wie § 7g EStG explizit[45] und Gewinnverlagerungen zu konzernaußenstehenden Anteilseignern durch § 32d EStG zumindest implizit[46].

- Konzerneinheiten sind regelmäßig als Kapitalgesellschaft, Personengesellschaft oder Betriebsstätte organisiert.[47] Innerhalb eines „Misch“-Konzerns werden unterschiedliche Typen zusammengeführt. Um systematische Aspekte zu verdeutlichen, unterstellt vorliegende Untersuchung nur **puristische Kapitalgesellschafts-, Personengesellschafts- oder Betriebsstättenkonzerne**. Weiterhin soll auf zusammengesetzte Rechtsformen[48] und Doppelgesellschaften[49] nur punktuell eingegangen werden. Soweit ein Kapitalgesellschaftskonzern vorliegt, sehen die meisten Staaten zumindest bei rein nationaler[50] Ausprägung Sonderregelungen vor, welche unter engen Voraussetzungen der wirtschaftlichen Einheit des Konzerns Rechnung tragen.[51] Derartige **Organschaftskonzerne** sollen ebenfalls nicht in die Untersuchung einfließen.

---

45 Vgl. BT-Drs. 16/4841, 51: „Die Inanspruchnahme von § 7g Abs. 1 [EStG] führt zu einer Steuerstundung […].“; vgl. ebenfalls unter Verweis auf eine „legitime Gewinnverlagerung“ *Lambrecht* in: Kirchhof, EStG, § 7g, Rz. 6.

46 Vgl. zu entsprechenden Gestaltungsüberlegungen *Homburg*, DStR 2007, 686, 687ff.

47 Vgl. *Risse*, Rechtsformen, in: Kessler/Kröner/Köhler, Konzernsteuerrecht, 2008, 87, 87f.

48 Vgl. zu zusammengesetzten Rechtsformen *Rose/Glorius-Rose*, Unternehmensformen und -verbindungen, 1995, 85ff.

49 Vgl. zur Betriebsaufspaltung nicht als Vorgang, sondern als Doppelgesellschaft *Kessler*, Typologie der Betriebsaufspaltung, 1989, 1; vgl. zur Bedeutung unter gegenwärtiger Rechtslage *Strahl*, Betriebsaufspaltung, in: Spindler/Tipke/Rödder, FS Schaumburg, 2009, 493, 493ff.

50 Vgl. aber zu grenzüberschreitenden Gruppenbesteuerungssystemen *Endres*, Konzernbesteuerung, in: Herzig, Organschaft, 2003, 461, 479, 493ff.; *Kessler*, Gruppenbesteuerungssysteme, in: Wiesner/Kirchmayr/Mayr, Praxiskommentar Gruppenbesteuerung, 2008, 491, 494ff.; *Wittkowski*, Verlustverrechnung, 2008, 111ff.; vgl. insbesondere zur Situation in Dänemark *Kessler*, IStR 1993, 303, 303ff; vgl. zur Situation in Österreich *Kessler/Jepp*, DB 2010, 2737, 2737ff.

51 Vgl. *Kessler*, Euro-Holding, 1996, 46ff.; vgl. zur betriebswirtschaftlichen Rechtfertigung dieser „Abmilderung“ auch *Kröner*, Verrechnungsbeschränkte Verluste, 1986, 160.

- Gewinnverlagerungen über Finanzierungsentscheidungen können technisch sowohl durch die Höhe der Fremdkapitalausstattung als auch über die Höhe des dafür vereinbarten Entgeltes bewirkt werden.[52] Vorliegende Untersuchung konzentriert sich auf die **Kapitalstruktur**. Damit werden insbesondere Fragen nach einer möglichen vGA[53] und nach dem angemessenen Verrechnungspreis[54] ausgeklammert.

- Eine von Gewinnverlagerungen zu trennende Technik der Steuergestaltung stellt die Erschließung von Qualifikationskonflikten[55] dar. Folglich geht die Arbeit von einer **jurisdiktionsübergreifend einheitlichen Einordnung** von Kapitalüberlassungen aus. Darüber hinaus kann die Einordnung von Kapitalüberlassungen nicht nur je nach Jurisdiktionen, sondern auch innerhalb einer Jurisdiktion je nach Unterkapitalisierungsnorm verschieden ausfallen.[56] Die Untersuchung widmet sich auch diesen Unterschieden im **Zinsbegriff** nicht näher.

- Auf Finanzierungsentscheidungen wirkt die Besteuerung laufender wie aperiodischer Geschäftsvorfälle ein. Für diese Untersuchung soll nur die **Besteuerung laufender Geschäftsvorfälle** betrachtet werden.

---

52 Vgl. *Kormann*, Steuerpolitik, 1970, 195ff.

53 Vgl. aber zu Kombinationsfällen von vGA und Unterkapitalisierungsregelungen *Wehrheim/Haussmann*, StuW 2009, 269, 269ff.; vgl. zu vGA bei Darlehensverhältnissen *Häußermann* in: Ernst & Young, vGA/vE, Fach 4, Darlehen, Rz. 1ff.

54 Vgl. zum angemessenen Verrechnungspreis bei Darlehensverhältnissen *Borstell/Wellens* in: Vögele/Borstell/ Engler, Handbuch der Verrechnungspreise, Rz. Q 50 ff.

55 Vgl. zu Qualifikationskonflikten bei Kapitalüberlassungen *Köhler*, Hybride Finanzierungen, in: Piltz/Schaumburg, Internationale Unternehmensfinanzierung, 2006, 137, 143ff.; *Briesemeister*, Hybride Finanzinstrumente, 2006, 393ff.; *Heurung/Seidel*, Typisch stille Beteiligungen, in: Brähler/Lösel, FS Djanani, 2008, 313, 313ff.

56 Vgl. exemplarisch die tabellarische Übersicht zur Einordnung von Kapitalüberlassungen unter der Zinsschranke und § 8 Nr. 1a GewStG *Köhler/Hahne*, DStR 2008, 1505, 1507.

Kapitel 2: Anatomie des Steuerwettbewerbs

A. Begriffsbestimmung

I. Gemeinsamkeiten der Literatur

Um zu erkunden, auf welchen Ebenen des Staatsaufbaus die Anatomie des Steuerwettbewerbs Gewinnverlagerungen grundsätzlich denkbar erscheinen lässt, bedarf es zunächst einer Begriffsbestimmung dieser Konkurrenz. Allen Teildisziplinen der Steuerwissenschaften ist dabei gemein, unter Steuerwettbewerb explizit oder implizit eine Situation strategischer Interaktion zu verstehen.[57] Dieser spieltheoretische Ansatz soll auch für vorliegende Untersuchung gelten. Dabei beeinflussen sich die steuererhebenden Zensoren nicht nur gegenseitig, sondern stehen auch mit den Zensiten in einem Wechselspiel. Weil mit diesem Teil der Begriffsbestimmung noch keine geographische Einschränkung einher geht, kann der Steuerwettbewerb grundsätzlich nicht nur auf Ebene ganzer Staaten ausgetragen werden, sondern auch die Form einer innerstaatlichen Konkurrenz von Bundesländern oder Gemeinden annehmen. Im Unterschied zum sog. Standort- oder Fiskalwettbewerb bleibt dabei regelmäßig die Ausgabenseite der staatlichen Budgets unberücksichtigt.[58]

II. Unterschiede der Literatur

a) Ziele der Wettbewerbsakteure

Während es als steuerwissenschaftlicher Konsens gelten darf, die Jurisdiktionenkonkurrenz als strategische Interaktion zu betrachten [vgl. Kap. 2.A.I.], herrscht weitgehende Uneinigkeit darüber, wie dieses Wechselspiel abläuft. Insbesondere unterscheiden sich die Sparten der Steuerwissenschaften in ihren Annahmen zu den Zielen der Akteure. Diese Differenzen haben große Bedeutung für die Frage, auf welchen Ebenen des jeweiligen Staatsaufbaus Gewinnverlagerungen zu erwarten sind. Gleichzeitig betreffen

---

57 Vgl. exemplarisch für die finanzwissenschaftliche Sichtweise insbesondere *Wilson/Wildasin*, Journal of Public Economics 2004, Vol. 88, No. 6, 1065, 1067, aber auch den Überblick von *Janeba*, International Tax Competition, 1997, 13ff.; vgl. für die staats- und steuerrechtswissenschaftliche Sichtweise *Rodi*, StuW 2008, 327, 327; vgl. für die betriebswirtschaftliche Sichtweise *Schreiber/Overesch*, DB 2007, 813, 813.

58 Vgl. zur Unterscheidung zwischen Einnahmen- und Ausgabenseite auch *Märkt*, Steuern als Preise, 2003, 159.

sie aber weniger die Zensiten. So wird den Steuerpflichtigen disziplinübergreifend ein strenges Eigennutzkalkül unterstellt. Die Betriebswirtschaftliche Steuerlehre hat dies dahingehend konkretisiert[59], dass die Steuerpflichtigen versuchen, durch Wahl einer geeigneten Gebietskörperschaft ihren relativen Steuerbarwert zu minimieren.[60] Weil die Idee der Konzernsteuerquote trotz aller Kritik[61] große Akzeptanz in der Praxis gefunden hat, geht die Literatur auch teilweise von der Reduktion dieser Verhältnisgröße als Zielfunktion der Steuerpflichtigen aus.[62] Für den Zusammenhang zwischen Gewinnverlagerungen und Steuerwettbewerb können diese Differenzen jedoch vernachlässigt werden.[63]

Im Gegensatz zu den Annahmen über die Ziele der Zensiten fehlt es in Bezug auf die Ziele der Zensoren an einem disziplinübergreifenden Konsens. Insbesondere die staats- und steuerrechtswissenschaftliche Literatur[64] sowie der wohlfahrtsökonomische Teil der Finanzwissenschaft[65] übertragen das Eigennutzkalkül der Steuerpflichtigen nicht auf die steuererhebenden Akteure. Sie gehen von einem benevolenten Verhalten der Zensoren aus. I.S.d. Konsistenz

---

59 Vgl zur Vorreiterrolle der Betriebswirtschaftlichen Steuerlehre bei der Konkretisierung von Zielsystemen *Wagner*, StuW 1992, 2, 5f.

60 Vgl. *Wacker*, Steuerplanung, 1979, 39f.; *Haberstock*, BFuP 1984, 260, 266f.; *Rödder*, Gestaltungssuche, 1991, 48ff.; *Kessler*, Euro-Holding, 1996, 73ff.; nach *Schneeloch*, DStR 1990, 96, 98 würde absolute Steuerbarwertminimierung dazu führen, „dass der Unternehmer entweder alle betrieblichen Aktivitäten einstellt oder aber willentlich tatsächliche – und nicht nur buchmäßige Verluste erwirtschaftet."; vgl. zu alternativen Zielsystemen *Hundsdoerfer/Kiesewetter/Sureth*, ZfB 2008, Vol. 78, No. 1, 61, 66f.

61 Vgl. *Herzig/Dempfle*, DB 2002, 1, 4f.; *Hannemann/Peffermann*, BB 2003, 727, 733; *Becker/Fuest/Spengel*, zfbf 2006, 730, 732ff.; *Montag*, Krise, in: Kessler/Förster/Watrin, FS Herzig, 2010, 555, 571ff.

62 Vgl. *Herzig/Dempfle*, DB 2002, 1, 5ff.; *Becker/Fuest/ Spengel*, zfbf 2006, 730, 731; *Kröner/Benzel*, Konzernsteuerquote, in: Kessler/Kröner/Köhler, Konzernsteuerrecht, 2008, 1091, 1117ff.; *Sureth/Halberstadt/Bischoff*, StuW 2009, 50, 62.

63 *Becker/Fuest/Spengel*, zfbf 2006, 730, 735f. weisen für Realinvestitionen allerdings nach, dass die Standortwahl unter Verwendung der Konzernsteuerquote ganz anders ausfallen kann als bei relativer Steuerbarwertminimierung.

64 Vgl. exemplarisch *Selling*, IStR 2000, 225, 225; *Kirchhof*, ORDO 2005, Vol. 56, 39, 39ff.; *Nawrath*, DStR 2009, 2, 2ff.

65 Bereits ganz am Anfang der wohlfahrtsökonomischen Theorie des Standortwettbewerbs stand die Annahme, dass Gemeinden mit benevolenter Absicht in die Konkurrenz um neue Einwohner eintreten, damit die Durchschnittskosten der Bereitstellung öffentlicher Güter gesenkt werden können, vgl. *Tiebout*, Journal of Political Economy 1956, No. 4, 416, 419f.

soll sich vorliegende Untersuchung dagegen an *Schumpeters*[66] methodologischem Individualismus orientieren.[67] Demnach sind Aussagen über gesellschaftliche Strukturen oder Prozesse nur aus individuellen Verhaltensmustern ableitbar. Die sich daraus ergebende Annahme eigennutzorientierter Zensoren entspricht der Perspektive des politökonomischen Teils der Finanzwissenschaft und stellt zugleich eine konsequente Fortschreibung betriebswirtschaftlicher Ansätze dar.

Bei eigennutzbestimmtem Verhalten der steuererhebenden Akteure könnte zunächst davon ausgegangen werden, dass Steuerwettbewerb auf gar keiner Ebene stattfindet. Schließlich sind die Zensoren an einer Kartelllösung interessiert, in der sich durch Privilegienvergabe persönliche Interessen leichter durchsetzen lassen.[68] Allerdings sind sich die Bürger bei der Wahl der Regelordnung[69] nicht sicher, wer zu den Profiteuren einer Abschottungspolitik gehören würde.[70] Weil sie jedoch um die Gesamtvorteile einer offenen Wirtschaftsordnung wissen, werden sie nach der konstitutionenökonomischen Logik von *Brennan/Buchanan*[71] die steuererhebenden Akteure in einen Wettbewerb zwingen. Dadurch kann ein Zustand erreicht werden, den *Eucken*[72] für die *Frei-*

---

66 Vgl. *Schumpeter*, Nationalökonomie, 1908, 88ff.; vgl. zur Urheberschaft für den Begriff des „methodologischen Individualismus" *Vanberg*, Die zwei Soziologien, 1975, 86, Fn. 4.

67 Vgl. zu den unterschiedlichen Perspektiven von Wohlfahrtsökonomik und Neuer Politischer Ökonomie *McLure*, National Tax Journal 1986, Vol. 39, No. 3, 341, 344ff.; *Fuest*, Jahrbuch für Wirtschaftswissenschaften 1997, Vol. 48, 174, 174ff.; *Avi-Yonah*, Harvard Law Review 2000, Vol. 113, 1575, 1614.

68 Vgl. *Vanberg*, Constitutional Political Economy 2000, Vol. 11, No. 1, 87, 93ff.; vgl. für eine Modellierung der Privilegienvergabe an Beschäftigte im öffentlichen Dienst und die Folgen des Steuerwettbewerbs *Eggert/Sorensen*, Journal of Public Economics 2008, Vol. 92, No. 5-6, 1142, 1145ff.

69 Für die Unterscheidung zwischen Regelordnung und nachgeordneter Handelnsordnung wird häufig auf den Unterschied zwischen Spielregeln und davon abhängigen Spielzügen zurückgegriffen, vgl. zur Rechtfertigung dieser sog. Spielmetapher bereits *Böhm*, ORDO 1966, 75, 101, Fn. 5.

70 Vgl. grundlegend zum sog. Schleier der Ungewissheit *Rawls*, A theory of justice, 1971, 136; vgl. erweiternd zu dessen Eigenschaften *Neumärker*, Finanzverfassung und Staatsgewalt, 1995, 43ff.

71 Vgl. *Brennan/Buchanan*, The Power to Tax, 1980, 171ff.

72 *Eucken*, Grundsätze der Wirtschaftspolitik, 1952, 247; vgl. auch *Vanberg*, Bürgersouveränität, in: Goldschmidt/Wohlgemuth, Wettbewerb und Regelordnung, 2008, 117, 142; vgl. zum Verhältnis der Konstitutionenökonomik zur Freiburger Schule *Vanberg*, Freiburger Diskussionspapiere zur Ordnungsökonomik 2004, No. 04/11, 18.

burger Schule mit dem Terminus „Leistungswettbewerb" vom „Behinderungs- oder Schädigungswettbewerb" abgrenzt.

Die Annahme eines aufgezwungenen Wettbewerbs mit eigennutzorientierten Zensoren hat große Bedeutung für die Frage, auf welcher Ebene eine solche Konkurrenzsituation stattfinden kann. So ist es keine Voraussetzung für Steuerwettbewerb mehr, dass die Finanzsituation der Gebietskörperschaft oder die Wohlfahrt der dort ansässigen Bürger verbessert wird. Vielmehr kommt es nur darauf an, ob die Wahlchancen der beteiligten Politiker dadurch gesteigert werden. Unternehmungen sind selbst zwar nicht stimmberechtigt, doch als Folge der *rational ignorance*[73] orientieren sich Wähler bei ihre Stimmabgabe an kostengünstigen *information short cuts*[74]. Während das grundlegende Werk von *Downs*[75] noch politische Ideologien als bedeutsamsten *information short cut* identifiziert, hat das klassische Rechts-Links-Schema mittlerweile an Bedeutung eingebüßt. Analog zu den rigorosen[76] wie empirischen[77] Untersuchungen

---

73 Vgl. zum Konzept der *rational ignorance* grundlegend *Downs*, Economic Theory of Democracy, 1957, 245: „Although we cannot make a priori predictions of just how small this incentive [to acquire political information before voting] is, it seems probable that for a great many citizens in a democracy, rational behavior excludes any investment whatever in political information per se. No matter how significant a difference between parties is revealed to the rational citizen by his free information, or how uncertain he is about which party to support, he realizes that his vote has almost no chance of influencing the outcome."

74 Vgl. exemplarisch zur Funktionsweise von *information short cuts* die Untersuchung von *Lupia*, American Political Science Review 1994, Vol. 88, No. 1, 63, 63ff. zum Wählverhalten bei einer Volksabstimmung über komplexe Fragen der KFZ-Versicherung im U.S.-Bundesstaat Kalifornien.

75 *Downs*, Economic Theory of Democracy, 1957, 98: „With this short cut a voter can save himself the cost of being informed upon a wider range of issues."

76 *Biglaiser/Mezzetti*, Journal of Public Economics 1997, Vol. 66, 425, 428ff. zeigen rigoros auf, dass erfolgreiche Gewerbeansiedlungen von Wählern als Signale ökonomischer Kompetenz gedeutet werden und damit die Wiederwahlchancen des Amtsinhabers erhöhen. Unter Verweis auf die steuerlich induzierte Ansiedlung einer Mercedes-Benz Fabrik in Alabama im Jahre 1993 gehen die Autoren davon aus, dass die Förderung von Gewerbeansiedlungen regelmäßig über das wohlfahrtsoptimale Maß hinaus geht. Die Analyse regionaler Ansiedlungspolitik geht auf *Black/Hoyt*, American Economic Review 1989, Vol. 79, No. 5, 1249, 1249ff. zurück. Dort wird allerdings von benevolenten Lokalpolitikern ausgegangen, welche die Auswirkungen des *bidding for firms* auf ihre Wiederwahlchancen nicht berücksichtigen.

77 *Besley/Case*, American Economic Review 1995, Vol. 85, No. 1, 25, 36ff. weisen mit Hilfe einer Regressionsanalyse nach, dass die Arbeitslosenquote eines U.S.-Bundesstaates

für U.S.-Bundesstaaten kann vielmehr davon ausgegangen werden, dass sich die Wähler nicht zuletzt am Abschneiden der Politiker im Steuerwettbewerb orientieren. Im Ergebnis begründet die Annahme eigennutzorientierter Zensiten wie Zensoren einen Wettbewerb im Bereich der Unternehmungsbesteuerung und mithin die grundsätzliche Möglichkeit zur Gewinnverlagerung unabhängig von den Auswirkungen dieser strategischen Interaktion auf die Finanzsituation der jeweiligen Jurisdiktion oder die Wohlfahrt ihrer Bürger.

b) Struktur des Wettbewerbs

Um abschätzen zu können, auf welchen Ebenen des Staatsaufbaus Gewinnverlagerungen zu erwarten sind, kommt den Annahmen über die Struktur des Wettbewerbs genauso große Bedeutung zu wie jenen über die Ziele der Akteure. Regelmäßig beziehen steuerwissenschaftliche Beiträge hierzu allerdings keine Stellung. Implizit wird jedoch meist vollkommene Konkurrenz[78] unterstellt, in der zwischen den Jurisdiktionen nur ein *Preis-*, aber kein *Produkt*wettbewerb stattfindet. Dies gilt für weite Teile der Staats- und Steuerrechtswissenschaft[79] ebenso wie für die Mehrzahl finanzwissenschaftlicher Beiträge[80]. Soweit über die Besteuerung hinausgehende Standortfaktoren ausgeklammert bleiben, führt dann eine im Vergleich zu Konkurrenzjurisdiktionen nur marginal höhere Effektivsteuerbelastung zum Wegzug sämtlicher Unternehmungen.

---

einen signifikanten Einfluss auf die Wiederwahlchancen des jeweiligen Gouverneurs hat.

78 Vgl. kritisch zu den Annahmen der vollkommenen Konkurrenz *Knieps*, Wettbewerbsökonomie, 2008, 68f.

79 Vgl. exemplarisch *Avi-Yonah*, Harvard Law Review 2000, Vol. 113, 1575, 1575: „The mobility of capital has resulted in international tax competition, in which sovereign countries aim to attract both portfolio and direct investment through lowering their tax rates on income earned by foreigners."; ähnlich *Kirchhof*, ORDO 2005, Vol. 56, 39, 44; anders *Lang*, Steuergerechtigkeit, in: Spindler/Tipke/ Rödder, FS Schaumburg, 2009, 45, 54: „Die Wettbewerbsfähigkeit eines Steuersystems erschöpft sich nicht in niedrigen Steuersätzen; sie lebt ebenso [...] von materieller Steuergerechtigkeit, Einfachheit, Transparenz, Planungssicherheit und ökonomischer Effizienz."

80 Vgl. ebenso *Slemrod*, Journal of Economic Perspectives 1990, Vol. 4, No. 1, 157, 167; *Baldwin/Krugman*, European Economic Review 2004, Vol. 48, No. 1, 1 sowie die Übersicht von *Kind/Knarvik/Schjelderup*, Journal of Public Economics 2000, Vol. 78, No. 3, 253, 253f.

Nicht zuletzt als Folge der Neuen Ökonomischen Geographie[81] sind in jüngerer Zeit aber einige finanzwissenschaftliche Beiträge[82] zu verzeichnen, welche im Zusammenhang mit dem Steuerwettbewerb auf das Konzept der monopolistischen Konkurrenz zurückgreifen. *Chamberlin*[83] grenzt in seinem grundlegenden Beitrag diese Wettbewerbssituation wie folgt von der vollkommenen Konkurrenz ab: „Under pure competition, the individual seller´s market being completely merged with the general one, he can sell as much as he pleases at the going price. Under monopolistic competition, however, his market being separate to a degree from those of his rivals, his sales are limited and defined by three new facors: (1) his price, (2) the nature of his product, and (3) his advertising outlays." Mithin ist unter monopolistischer Konkurrenz zwischen *Preis*- und *Produkt*wettbewerb zu differenzieren. *Knieps*[84] charakterisiert die sich daraus ergebende Marktsituation folgendermaßen: „Eine Preiserhöhung führt [unter monopolistischer Konkurrenz] nicht zum Verlust der gesamten Nachfrage, wie dies bei einer perfekt elastischen Nachfrage [entsprechend dem Modell der vollkommenen Konkurrenz] der Fall wäre, weil ein Teil der Konsumenten das Produkt trotzt gestiegenem Preis weiterhin anderen Angeboten vorzieht."

Die Standorttheorie der Betriebswirtschaftslehre weist deutliche Parallelen zum Konzept der monopolistischen Konkurrenz auf. So vermögen auch dort außersteuerliche Standortqualitäten die Steuern als Teil der standortabhängigen Aufwendungen zu kompensieren.[85] Bestätigend geht *Herzig*[86] davon aus,

---

81 Als bedeutsamste Wegmarke der Neuen Ökonomischen Geographie gilt *Krugman*, Geography and Trade, 1991, 14ff. sowie *Krugman*, Journal of Political Economy 1991, Vol. 99, No. 3, 483, 483ff.

82 Vgl. die Übersichten von *Haufler/Wooton*, Journal of Public Economics 1999, Vol. 71, No. 1, 121, 122f. und *Kind/ Knarvik/Schjelderup*, Journal of Public Economics 2000, Vol. 78, No. 3, 253, 253f.; in der deutschen Literatur stellen *Gerken/Märkt/Schick*, Internationaler Steuerwettbewerb, 2000, 154 und *Blankart*, Öffentliche Finanzen in der Demokratie, 2008, 258 einen Zusammenhang zwischen Steuerwettbewerb und monopolistischer Konkurrenz her.

83 *Chamberlin*, Monopolistic Competition, 1933, 71; vgl. ebenfalls wegweisend *Robinson*, Imperfect Competition, 1933, 4f.; vgl. darauf aufbauend zur Perspektive der Nachfrager insbesondere *Dixit/Stiglitz*, American Economic Review 1977, Vol. 67, No. 3, 297, 298ff.

84 *Knieps*, Wettbewerbsökonomie, 2008, 185.

85 Vgl. *Rose*, Betriebswirtschaftliche Steuerlehre, 1992, 75; vgl. speziell zur Unterscheidung zwischen standortbedingten Erträgen und standortabhängigen Aufwendungen *Wöhe*, Allgemeine Betriebswirtschaftslehre, 2008, 273; vgl. speziell zur internationalen Standortwahl *Kormann*, Steuerpolitik, 1970, 61ff.

dass „sich in einem Wettbewerb der Systeme trotz unterschiedlicher Definitivsteuerbelastungen ein einheitlicher Markt ohne regionale Präferenzen von Anbietern und Nachfragern bilden [kann]". Vorliegende Untersuchung soll die Unterscheidung zwischen *Preis-* und *Produkt*wettbewerb übernehmen, weil sie zu wesentlich realitätsnäheren Ergebnissen führt als die Alles-oder-Nichts-Dogmatik der vollkommenen Konkurrenz. Allerdings kann dabei auf keine homogene Anwendung des Konzeptes der monopolistischen Konkurrenz zurückgegriffen werden. Teile der Finanzwissenschaft[87] unterstellen, dass sich die steuerpflichtigen Unternehmungen und eben nicht die steuererhebenden Jurisdiktionen in einer solchen Marktposition befinden. Soweit einzelne Beiträge[88] das Konzept der monopolistischen Konkurrenz auf die steuererhebenden Jurisdiktionen anwenden, wird davon ausgegangen, dass sich der Produktwettbewerb nur auf der Ausgabenseite der staatlichen Budgets abspielt. Um bestimmen zu können, auf welchen Ebenen des Staatsaufbaus Gewinnverlagerungen denkbar sind, erscheint eine darüber hinausgehende Sichtweise angezeigt. Unter Rückgriff auf das Konzept der monopolistischen Konkurrenz soll hier erstmals theoretisch fundiert auch von der Möglichkeit eines Produktwettbewerbs auf der Einnahmeseite der staatlichen Budgets ausgegangen werden.

Dass die *Fisci* über die Qualität ihrer Steuersysteme konkurrieren, überrascht bei formaler Betrachtungsweise nur wenig. Schließlich hängt der *dead-weight loss of taxation*[89] nicht nur von der jeweiligen Steuerbelastung ab, sondern ebenfalls von den Befolgungskosten[90] sowie von der genauen Ausgestal-

---

86 *Herzig*, Wettbewerb der Systeme, in: DStJG, Steuerrecht im Europäischen Binnenmarkt, 1996, 121, 143.

87 Vgl. zu solchen Modellen *Auerbach/Hines*, NBER Working Paper 2001, No. 8138, 2ff.; *Baldwin/Krugman*, European Economic Review 2004, Vol. 48, No. 1, 1, 7ff.

88 Vgl. *Gerken/Märkt/Schick*, Internationaler Steuerwettbewerb, 2000, 154; *Blankart*, Öffentliche Finanzen in der Demokratie, 2008, 258; *Konrad*, International Tax and Public Finance 2008, Vol. 15, No. 4, 395, 399ff.; *Esser*, Vorteile und Gefahren, 2004, 47 nimmt keinen Bezug zur Wettbewerbsökonomie, meint aber mit seinem „Nischenwettbewerb" wohl Ähnliches.

89 Vgl. grundlegend zur Messung der Zusatzlast der Besteuerung *Hotelling*, Econometrica 1938, Vol. 6, No. 3, 242, 245ff. sowie *Harberger*, Welfare, in: NBER, Direct and Indirect Taxes, 1964, 25, 33f. und in allgemeiner Form *Harberger*, American Economic Review 1964, Vol. 54, No. 3, 58, 60ff.

90 Der Zusammenhang von Befolgungskosten und *dead-weight loss* wurde erstmals formal dargelegt von *Heller/Shell*, American Economic Review 1974, Vol. 64, No. 2, 338; vgl. auch *Kaplow*, National Tax Journal 1996, Vol. 49, No. 1, 135, 139f.

tung des jeweiligen Steuersystems. Auch wenn über die Besteuerung hinaus gehende Standortfaktoren ausgeklammert bleiben, führt deshalb ein höherer „Steuerpreis" als an Standorten mit vergleichbaren staatlichen Leistungen nicht automatisch zum Wegzug sämtlicher Unternehmungen. Vielmehr kann dieser Nachteil über eine bessere „Steuerqualität" kompensiert werden.

Im Gegensatz zum Preiswettbewerb ist der Produktwettbewerb allerdings auf bestimmte Gegenstände beschränkt [vgl. Tab. 1]. So dürfte sich dieser insbesondere um Realinvestitionen drehen. Bspw. kann ein positives Steuerklima[91] die negativen Wirkungen einer relativ hohen Effektivsteuerbelastung zumindest teilweise ausgleichen. Auch wird eine einmalige, für den Preiswettbewerb relevante Verringerung der Effektivsteuerbelastung wohl weniger Wirkung auf Realinvestitionen entfalten als der den Produktwettbewerb betreffende Ruf einer Jurisdiktion, steuerliche Planbarkeit zu gewährleisten.[92] Demgegenüber sind interjurisdiktionell-konzerninterne Gewinnverlagerungen vom Produktwettbewerb weitgehend unberührt. Mit verantwortlich hierfür dürfte sein, dass Steuerbefolgungskosten in keinem linearen oder gar überproportionalen Zusammenhang zur Höhe des ausgewiesenen Gewinns stehen. Zudem handelt es sich bei Gewinnverlagerungen um ein buchhalterisches Phänomen, dessen Auftreten klar von der Höhe der Nominalsteuersätze und weniger von der genauen Ausgestaltung des Steuersystems abhängt.

Tabelle 1: Zusammenhang zwischen Struktur und Gegenständen des Steuerwettbewerbs

Auswirkung auf...	**...Realinvestitionen**	**...Gewinnverlagerungen**
Preiswettbewerb	X	X
Produktwettbewerb	X	-

91 Vgl. zum Steuerklima als Standortfaktor *Rose*, Betriebswirtschaftliche Steuerlehre, 1992, 81f.; *Köhler*, Steuerpolitik, 1994, 7.

92 Vgl. zu dieser Argumentation in Bezug auf Holdinggesellschaften *Herzig/Watrin*, StuW 2000, 378, 381; *Kessler/Eicke*, Tax Notes International 2008, Vol. 50, No. 8, 687, 691.

B. Theoretisch vorhersagbare Anatomie des Steuerwettbewerbs

I. Bundesebene

Als Ausfluss des völkerrechtlichen Souveränitätsprinzips kann jeder Staat über den Steuerpreis und die Steuerqualität grundsätzlich frei entscheiden.[93] Dabei weist das deutsche GG dem Bund eine gänzlich dominierende Rolle zu.[94] Konkret verleiht Art. 105 Abs. 2 GG der Zentralebene das Recht zur konkurrierenden Gesetzgebung, wenn dieser das Aufkommen der jeweiligen Steuer zumindest teilweise zusteht.[95] Gleiches gilt, wenn eine einheitliche Gesetzgebung nach der sog. Erforderlichkeitsklausel[96] in Art. 72 Abs. 2 GG angezeigt ist. Als Vorhersage zur Anatomie des Steuerwettbewerbs kann somit festgehalten werden, dass sich die strategische Interaktion auf Bundesebene als Preis- wie Produktwettbewerb abspielen wird. In Bezug auf die Gegenstände des Wettbewerbs [vgl. Kap. 2.A.II.b)] wird sie daher um Realinvestitionen und Gewinnverlagerungen gleichermaßen stattfinden.

Die Vorhersage eines Wettbewerbs um Realinvestitionen und Gewinnverlagerungen gilt unabhängig von den Annahmen über die Ziele der steuererhebenden Akteure. Wird entsprechend der hier entwickelten Begriffsbestimmung [vgl. Kap. 2.A.II.a)] das betriebswirtschaftliche Eigennutzkalkül auf aggregierter Ebene fortgeschrieben, haben die Bundespolitiker zwar keinen Anreiz zur Teilnahme am internationalen Steuerwettbewerb. Doch nicht zuletzt das höherrangige Recht ändert ihre Anreizstruktur weg von der protektionistischen

---

93 Entsprechend formuliert *Graetz*, Tax Law Review 2001, Vol. 54, 261, 279: „Tax policy decisions, including decisions regarding a country's tax treatment of international income, should be, and inevitably are, decided based on a nation's capacity, culture, economics, politics, and history."

94 Vgl. *Hey*, Steuerwettbewerb in Deutschland, in: Kirchhof/Lambsdorff/Pinkwart, FS Solms, 2005, 35, 37; *Lang*, Grundlagen, in: Tipke/Lang, Steuerrecht, 2010, 1, 6 .

95 Nach Art. 106 Abs. 3 GG stehen das Aufkommen aus Einkommen-, Körperschaft- und Umsatzsteuer teilweise dem Bund zu (sog. Gemeinschaftsteuern). Zu den Steuern, deren Aufkommen ganz dem Bund zusteht, gehören nach Art. 106 Abs. 1 GG insbesondere der Solidaritätszuschlag und die nicht unter Art. 106 Abs. 3 GG fallenden Verbrauchsteuern.

96 Nach der sog. Erforderlichkeitsklausel des Art. 72 Abs. 2 GG hat der Bund auch ohne Beteiligung am Aufkommen das Gesetzgebungsrecht, „wenn und soweit die Herstellung gleichwertiger Lebensverhältnisse im Bundesgebiet oder die Wahrung der Rechts- oder Wirtschaftseinheit im gesamtstaatlichen Interesse eine bundesgesetzliche Regelung erforderlich macht."

Privilegienvergabe hin zu einem möglichst erfolgreichen Abschneiden im Preis- und Produktwettbewerb.[97] Aber auch soweit mit der Staats- und Steuerrechtswissenschaft sowie dem wohlfahrtsökonomischen Teil der Finanzwissenschaft keine eigennutzorientierten Bundespolitiker unterstellt werden, ist von einem Wettbewerb um Realinvestitionen und Gewinnverlagerungen auszugehen. Schließlich werden die benevolenten Zensoren versuchen, die Vorteile internationaler Verflechtung zu realisieren. Die klassische Außenhandelstheorie verweist hier auf das *Ricardo*-Theorem[98] und die darin enthaltenen Vorhersagen über Effizienzgewinne durch komparative Vorteile. Die Neue Außenhandelstheorie sieht zusätzliche Gewinne durch interne wie externe Skaleneffekte.[99] Untrennbar mit der Realisierung dieser Globalisierungsvorteile[100] verbunden ist für benevolente Bundespolitiker die Teilnahme am Steuerwettbewerb.

Der Preiswettbewerb auf Bundesebene ist Gegenstand einer großen Zahl steuerwissenschaftlicher Untersuchungen. Insbesondere die Staats- und Steuerrechtswissenschaft sowie der wohlfahrtsökonomische Teil der Finanzwissenschaft sehen hier Schwierigkeiten, die Besteuerung weiterhin am Leistungsfähigkeitsprinzip zu orientieren. Ihre Vertreter befürchten vielmehr ein *race-to-the-bottom*.[101] Demgegenüber blieb der Produktwettbewerb auf Bundesebene bislang weitgehend unbeachtet. Ursächlich für dieses Schattendasein mag sein,

---

97 Vgl. *Brennan/Buchanan*, The Power to Tax, 1980, 168; *Gerken/Märkt/Schick*, Internationaler Steuerwettbewerb, 2000, 136.

98 Vgl. *Ricardo*, Principles, 1817, 8ff.

99 Vgl. zu internen Skaleneffekten das viel zitierte Modell von *Krugman*, Journal of International Economics 1979, Vol. 9, No. 4, 469, 470ff.; vgl. zu externen Skaleneffekten bereits *Graham*, Quarterly Journal of Economics 1923, Vol. 37, No. 2, 199, 203ff. und unter den Vertretern der Neuen Außenhandelstheorie insbesondere *Helpman/ Krugman*, Market Structure and Foreign Trade, 1985, 36ff.

100 *Cox/Harris*, Journal of Political Economy 1985, Vol. 93, No. 1, 115, 132 schätzen für Kanada die dortigen Globalisierungsvorteile auf 8,6% des Realeinkommens.

101 Der formale Nachweis, dass Steuerwettbewerb auch eine Unterversorgung mit öffentlichen Gütern zur Folge haben kann, geht zurück auf die gleichzeitig entstandenen Arbeiten von *Zodrow/Mieszkowski*, Journal of Urban Economics 1986, Vol. 19, 356, 358ff. und *Wilson*, Journal of Urban Economics 1986, Vol. 19, 296, 298ff.; vgl. zu den finanzwissenschaftlichen Befürchtungen insbesondere *Sinn*, Perspektiven der Wirtschaftspolitik 2002, 391, 399ff.; vgl. zu entsprechenden Befürchtungen aus staats- und steuerrechtswissenschaftlicher Sicht *Kirchhof*, ORDO 2005, Vol. 56, 39, 39ff.; vgl. zu den Wohlfahrtswirkungen des Steuerwettbewerbs unter verschiedenen Besteuerungssystemen das Modell von *Eggert*, European Journal of Political Economy 2001, Vol. 17, No. 3, 517, 519ff.

dass dieser Aspekt der Staatenkonkurrenz nur unter der bislang unüblichen Prämisse monopolistischer Konkurrenz einer Analyse zugänglich wird.

II. Länderebene

Im Gegensatz zum Steuerwettbewerb auf Bundesebene wird die entsprechende Konkurrenz auf Länderebene nur als Produktwettbewerb und folglich [Kap. 2.A.II.b)] nur um Realinvestitionen stattfinden. Ursächlich dafür sind einerseits die weitgehenden Befugnisse der Länder im Bereich der Steuerverwaltung und andererseits ihre sehr eng bemessene Gesetzgebungshoheit für den Bereich der Unternehmensbesteuerung. Im Rahmen der konkurrierenden Gesetzgebung kann der Bundesrat zwar seine Zustimmung verweigern, doch gem. Art. 76 Abs. 1 GG erlangen die Länder auch über den dann oftmals einberufenen Vermittlungsausschuss kein Gesetzesinitiativrecht. Die Rechtsprechung des BVerfG[102] betreffend die ersatzlose Streichung des § 12 Abs. 2 S. 4 UmwStG a.F. im Zuge des Vermittlungsverfahrens zum UntStRefFG[103] unterstreicht die Bedeutung dieses sog. Parlamentsvorbehalts.[104] So können die Länder *in praxi* auch nicht über die „Hintertür Vermittlungsausschuss" Gesetzgebungsinitiative entfalten. Im Ergebnis stellt das in Art. 105 Abs. 2a S. 2 GG verbriefte Recht, den Satz der Grunderwerbsteuer festzulegen, eine der wenigen Kompetenzbereiche der Länder dar. Darüber hinaus erhalten sie durch den Rückgriff des Art. 140 GG auf Art. 137 Abs. 6 WRV noch Zuständigkeiten im Bereich der Kirchensteuer. Regelmäßig kein Gebrauch wird von der Befugnis gemacht, die örtlichen Verbrauch- und Aufwandsteuern zu regeln, zumal diese bundesgesetzlich normierten Steuern nicht gleichartig sein dürfen.[105]

Die Gesetzgebungshoheit der Länder bleibt nicht nur juristisch weit hinter jener des Bundes zurück, sondern hat auch ökonomisch nur eine geringe Be-

---

102 Vgl. BVerfG, Beschluss vom 15.01.2008, 2 BvL 12/01, BVerfGE 120, 56, 76ff.

103 Gesetz zur Fortsetzung der Unternehmensteuerreform vom 29.10.1997, BGBl. I 1997, 2590, 2592.

104 Allerdings blieb die Norm zunächst gültig, da nach Ansicht des BVerfG der Verfassungsverstoß zum Zeitpunkt des Gesetzgebungsverfahrens „nicht evident" war, vgl. BVerfG, Beschluss vom 15.01.2008, 2 BvL 12/01, BVerfGE 120, 56, 79; vgl. zur analogen Debatte um das HBeglG *Wissenschaftlicher Beirat des Fachbereichs Steuern der Ernst & Young AG*, BB 2004, 695, 695ff. sowie *Schenke*, FR 2004, 638, 641ff. und die Replik von *Höninger/Levedag*, FR 2004, 739, 741ff.

105 Die Länder delegieren dieses Recht oftmals an die Gemeinden, vgl. *Lang*, Grundlagen, in: Tipke/Lang, Steuerrecht, 2010, 1, 61f.

deutung. Unter Berücksichtigung ihres Anteils an den Gemeinschaftsteuern beliefen sich im Kalenderjahr 2008 die Steuereinnahmen der Länder auf 207.086 Mio. €.[106] Davon entfielen aber nur 5.278 Mio. € auf die Grunderwerbsteuer als unternehmerisch noch bedeutsamste Abgabe in der Gesetzgebungshoheit der Länder.[107] Soweit die örtlichen Verbrauch- und Aufwandsteuern überhaupt von den Ländern erhoben werden, sind sie auf Überwälzung auf den Endverbraucher angelegt.[108] Die Kirchensteuer hat ebenso wenig Bedeutung für den hier betrachteten Wettbewerb um Unternehmungen. So fehlt es bei Kapitalgesellschaften an der Religionszugehörigkeit, während die Mitunternehmer von Personengesellschaften zwar möglicherweise der Kirchensteuerpflicht unterliegen, der Satz dann aber von der jeweiligen Religionsgemeinschaft festgelegt wird[109], soweit es sich dabei um rechtstreue Körperschaften des öffentlichen Rechts handelt[110]. Zusammenfassend kann es zumindest durch Steuer*gesetzgebung* zu keinem Wettbewerb auf Ebene der Bundesländer kommen. Den Zensoren auf Landesebene fehlt es an den hierfür nötigen Gesetzgebungsbefugnissen.

Im Bereich der Steuer*verwaltung* ergibt sich ein gänzlich anderes Bild. Nach Art. 108 Abs. 1 GG konzentriert sich die Bundesfinanzverwaltung auf Zölle und bundesgesetzliche Verbrauchsteuern. Demgegenüber verwalten die Finanzbehörden der Länder alle übrigen Steuern, weitgehend im Auftrag des Bundes nach Art. 108 Abs. 3 GG, zum Teil aber auch direkt ermächtigt durch Art. 108 Abs. 2 GG. Unabhängig davon, ob die hier vorgeschlagene Prämisse eines eigennutzorientierten Verhaltens der steuererhebenden Akteure Verwendung findet, kann aus der Verwaltungshoheit eine strategische Interaktion der Bundesländer begründet werden. Wird dem Bild der Staats- und Steuerrechtswissenschaft sowie des wohlfahrtsökonomischen Teils der Finanzwissenschaft gefolgt, versuchen benevolente Beamte durch erfolgreiche Teilnahme am Steuerwettbewerb, die Wohlfahrt ihres Bundeslandes zu steigern. Als konsequente Fortschreibung betriebswirtschaftlicher Denkansätze weist hingegen

---

106 Vgl. *Bundesministerium der Finanzen*, Steuereinnahmen, 8.4.2009.

107 Vgl. *Bundesministerium der Finanzen*, Steuereinnahmen, 8.4.2009.

108 Vgl. im Sinne dieses finanzwissenschaftlichen Kriteriums auch BVerfG, Urteil vom 10.05.1962, 1 BvL 31/58, BVerfGE 14, 76, 96; BVerfG, Beschluss vom 28.01.1970, 1 BvL 4/67, BVerfGE 27, 375, 384; BVerfG, Urteil vom 07.05.1998, 2 BvR 1991/95 u.a., BVerfGE 98, 106, 124; allerdings stellt die Überwälzbarkeit keine zwingende Voraussetzung dar, vgl. jüngst zum hanseatischen Spielgerätesteuergesetz BVerfG, Beschluss vom 04.02.2009, 1 BvL 8/05, BVerfGE 123, 1, 18.

109 Vgl. zu den Kirchensteuersätzen 2008 *o.V.*, NWB 2008, Fach 12, 1159, 1159ff.

110 Vgl. zur Beschränkung des Besteuerungsrechts auf rechtstreue Körperschaften des öffentlichen Rechts *Lang*, Kirchensteuer, in: Tipke/Lang, Steuerrecht, 2010, 417, 418.

Niskanen[111] auf die eigennutzbestimmte Zielfunktion der Verwaltung hin. Analog zu Politikern auf Bundesebene verstrickt das Streben nach Verwaltungsmasse und Fortkommen die Landesbeamten in einen eigentlich ungewollten Wettbewerb.

Anders als bislang durch Teile der Literatur[112] und den Bundesrechnungshof[113] vertreten, handelt es sich bei der strategischen Interaktion der Steuerverwaltungen aber nicht (mehr) in erster Linie um einen Preiswettbewerb über laxen Vollzug. Schließlich sind einem erhebungstechnischen *race-to-the-bottom* insbesondere durch Art. 3 Abs. 1 GG[114], Art. 20 Abs. 3 GG[115] sowie die Weisungs- und Kontrollbefugnisse des Bundes nach § 21a FVG i.d.F. des FödBeglG[116] enge Grenzen gesetzt. Hinzu kommt die Rechtsprechung des BVerwG[117] zu § 21 Abs. 3 FVG. Für den Fall einer Betriebsprüfung besitzen die kommunalen Steuerprüfdienste demnach zwar keine gegen den Steuerpflichtigen gerichteten Ansprüche, aber die jeweilige Landesfinanzverwaltung „hat der Gemeinde die Teilnahme [an Außenprüfungen] zu ermöglichen und muß ihr die damit verbundenen Informationsbefugnisse sichern." Damit soll sicher gestellt werden, dass gewerbesteuerliche Sachverhalte auch tatsächlich aufgegriffen werden.[118]

Die Definition des Steuerwettbewerbs als monopolistische Konkurrenz [vgl. Kap. 2.A.II.b)] erlaubt es trotz enger Schranken für den Preiswettbewerb,

---

111 Vgl. grundlegend *Niskanen*, American Economic Review 1968, Vol. 58, No. 2, 293, 297; vgl. bereits zuvor mit einem vielfältigeren Zielbündel der Verwaltung *Downs*, American Economic Review 1965, Vol. 55, No. 1-2, 439, 441ff.

112 Vgl. ausführlich *Vogel*, Ungleichheiten beim Vollzug von Steuergesetzen, 2000, 70ff.; *Schick*, Zur Notwendigkeit regulierender Spielregeln für den Fiskalwettbewerb, in: Seiler/Dallmann, Standortwettbewerb und Standortmarketing, 2007, 93, 105f.; *Drüen*, StuW 2007, 112, 117f.; differenzierter *Drüen* nach *Welling/Richter*, FR 2007, 261, 262 und *Drüen*, FR 2008, 295, 300.

113 Vgl. *Bundesrechnungshof*, Probleme beim Vollzug von Steuergesetzen, 2006, 117ff.

114 Vgl. zum Gleichheitsgrundsatz beim Steuervollzug *Vogel*, Ungleichheiten beim Vollzug von Steuergesetzen, 2000, 274ff.; *Drüen* nach *Welling/Richter*, FR 2007, 261, 261.

115 Vgl. zum Rechtstaatprinzip beim Steuervollzug *Tipke*, StRO - Band I, 2000, 131ff..

116 Föderalismusreform-Begleitgesetz vom 05.09.2006, BGBl. I 2006, 2098, 2102; vgl. zum ebenfalls neuen Mitwirkungsrecht des Bundes bei Außenprüfungen in § 19 Abs. 4, 5 FVG *Drüen*, FR 2008, 295, 299f.

117 BVerwG, Urteil vom 27.01.1995, BVerwG 8 C 30.92, BStBl. II 1995, 522, 525; vgl. zur praktischen Umsetzung *Suck*, DStZ 2009, 402, 404ff.; *Seer* in: Tipke/Kruse, AO/FGO, § 21 FVG, Rz. 2.

118 Vgl. *Suck*, DStZ 2009, 402, 404ff.

eine weitreichende strategische Interaktion der Bundesländer vorherzusagen. Anders als unter der Annahme vollständiger Konkurrenz bleibt den Finanzverwaltungen nämlich noch die Möglichkeit, ihren Wettbewerb über Produktdifferenzierung auszutragen. Schließlich wird insbesondere der *Compliance*-Aufwand stark vom Verhalten der Administration determiniert. Entsprechend der Abgrenzung der Wettbewerbsarten [vgl. Kap. 2.A.II.b)] kann damit zwar nicht von einem Preiswettbewerb der Bundesländer um Gewinnverlagerungen, wohl aber von einem Produktwettbewerb um Realinvestitionen ausgegangen werden.

III. Gemeindeebene

Bislang hat die Anatomie des Steuerwettbewerbs zwei verschiedene Konstellationen offenbart: Entweder es findet Preis- und Produktwettbewerb statt (Bundesebene) oder nur Produktwettbewerb (Länderebene). Mit dem Steuerwettbewerb auf Gemeindeebene tritt nun die dritte denkbare Ausprägung hinzu: Es findet nur ein Preiswettbewerb statt. Im Gegensatz zur Bundes- und Länderebene kommt dabei aber der Annahme eines eigennutzorientieren Verhaltens der steuererhebenden Akteure große Bedeutung zu.

Einen staatsrechtswissenschaftlichen Ausgangspunkt für die Anatomie des kommunalen Steuerwettbewerbs bildet Art. 105 GG. Nach dessen abschließender Regelung steht den Gemeinden gar keine eigene Steuergesetzgebungshoheit zu. Auch verwehrt der Bund ihnen bislang einen Zuschlag auf die Einkommensteuer, obwohl Art. 106 Abs. 5 S. 3 GG die Ermächtigung hierzu enthält.[119] Nach Art. 106 Abs. 6 S. 2 GG können die Gemeinden derzeit nur ein Hebesatzrecht auf Grund- und Gewerbesteuer ausüben. Damit ist einer steuerlicher Produktdifferenzierung zwar der Weg verbaut, gleichzeitig aber bereits die Saat für einen Preiswettbewerb gestreut. Mit *Rose*[120] kann davon ausgegangen werden, dass eine solche Konkurrenz um Realinvestitionen und Gewinnverlagerungen eher über den *Gewerbe*- als den *Grund*steuerhebesatz ausgetragen wird.

---

119 Vgl. kritisch *Maunz* in: Maunz/Düring, GG, Art. 106, Rz. 86; *Hey*, Steuerwettbewerb in Deutschland, in: Kirchhof/Lambsdorff/Pinkwart, FS Solms, 2005, 35, 40. Bereits die Enquete-Kommission des Deutschen Bundestags zur Verfassungsreform erörterte in ihrem Schlussbericht vom 09.12.1976 die Möglichkeit einer Änderung des Art. 106 Abs. 5 S. 3 GG. Insbesondere aus Furcht vor dem kommunalen Steuerwettbewerb wurde es letztlich nicht befürwortet, einen Zuschlag der Gemeinden zur Einkommensteuer obligatorisch zu machen, vgl. BT-Drs. 7/5924, 206f.

120 Vgl. *Rose*, Betriebswirtschaftliche Steuerlehre, 1992, 80f.

Schließlich ist die Grundsteuer materiell weniger bedeutsam[121] und entfällt - im Gegensatz zur Gewerbesteuer - auch nur zum Teil auf Unternehmungen.

Voraussetzung für einen Gewerbesteuerwettbewerb ist allenfalls, dass der Steuerpflichtige durch eine Ersparnis in dieser Steuerart auch tatsächlich den relativen Barwert seiner Gesamtsteuerbelastung verringern kann. Nach dem UntStRefG 2008[122] gilt dies mehr denn je für Kapitalgesellschaften.[123] Aber auch im Falle von Personenunternehmungen kann es insbesondere bei Hebesätzen ab 401% zu ersatzlos verfallenden[124] Anrechnungsüberhängen kommen.[125] Damit ist die mäßigende Wirkung des § 35 EStG auf den kommunalen Steuerwettbewerb ausgehebelt. Paradoxerweise bremst § 35 EStG gerade dann die Wettbewerbsrelevanz der Gewerbesteuer nicht, wenn die Steuerpflichtigen aus der strategischen Interaktion der Gemeinden besondere Vorteile ziehen können, nämlich bei einem hohen Hebesatz. Unabhängig von der Rechtsform wird bei grenzüberschreitend tätigen Konzernen die Voraussetzung für einen Gewerbesteuerwettbewerb noch häufiger erfüllt sein. Ursächlich hierfür ist die in der Praxis nicht gegebene Möglichkeit, ausländische Steuern auf die Gewerbesteuer anzurechnen[126].

Bei der Frage, ob die Saat des kommunalen Steuerwettbewerbs aber tatsächlich aufgeht, kommt im Gegensatz zur Konkurrenz auf Bundes- und Länderebene den Annahmen über die Ziele der steuererhebenden Akteure [vgl. Kap. 2.A.II.a)] entscheidende Bedeutung zu. Anlass hierfür gibt die nach

---

121 Nicht zuletzt ursächlich hierfür mag sein, dass das Aufkommen an Gewerbesteuer im Jahre 2007 mit etwas über 40 Mrd. € mehr als vier Mal so viel betrug wie jenes der Grundsteuer von ca. 10 Mrd. €, vgl. *Institut Finanzen und Steuern*, Entwicklung der Realsteuerhebesätze, 2008, 24ff.

122 Unternehmensteuerreformgesetz 2008 vom 14.08.2007, BGBl. I 2007, 1912, 1912ff.

123 Vgl. *Herzig*, DB 2007, 1541, 1541ff.; zustimmend mit Beispielrechnungen *Hoffmann/Rüsch*, DStR 2007, 2079, 2079.

124 Vgl. zur Verfassungsmäßigkeit des fehlenden Vortrags von Anrechnungsüberhängen BFH, Urteil vom 23.04.2008, X R 32/06, BStBl. II 2009, 7, 9.

125 Vgl. *Herzig/Lochmann*, DB 2007, 1037, 1039f.; *Bergemann/Markl/Althof*, DStR 2007, 693, 695; *Förster*, DB 2007, 760, 760f. (vom SolZ abstrahierende Betrachtung, daher Anrechnungsüberhänge bereits ab einem Hebesatz von 380%); *Levedag* in: Herrmann /Heuer/Raupach, Jahresband 2008, Rz. J 07-4.

126 Vgl. kritisch *Wassermeyer* in: Debatin/Wassermeyer, DBA, Art. 23A, Rz. 104; *Köhler*, Unternehmensteuerreform, in: Lüdicke, Steuerstrategien, 2008, 145, 160f.; *Lüdicke*, DBA-Politik, 2008, 108f.; *Kessler/Jüngling/Pfuhl*, Ubg 2008, 741, 742; *Schmidt/Boller*, PIStB 2008, 270, 277; *Heurung/Seidel*, IWB 2009, Fach 5, Gruppe 3, 75, 75ff.

Büttner[127] positive Elastizität der Kommunalhaushalte in Bezug auf Steuersatzerhöhungen. Dieser positive Zusammenhang zwischen Haushaltsmitteln und Besteuerung bedeutet, dass „nicht etwa das Senken, sondern das Anziehen der [Gewerbe-]Steuerschraube für eine durchschnittliche Gemeinde [...] geeignet [ist], die Einnahmesituation zu verbessern."[128] Aufbauend auf die Annahme benevolenter Lokalpolitiker bestreiten Teile der finanzwissenschaftlichen Literatur[129] daher die Existenz eines - wenn auch regional begrenzten - Gewerbesteuerwettbewerbs.

Der Anreiz zu hohen Hebesätzen[130] überrascht umso mehr, als für dieselben Kommunen eine Elastizität der Bemessungsgrundlage in Bezug auf den lokalen Steuersatz von -1,34 ermittelt werden konnte.[131] Dies bedeutet, dass eine Hebesatzsenkung mittelfristig zu einer größeren Bemessungsgrundlage führen würde.

Die Finanzsituation einer Kommune bestimmt sich aber nicht ausschließlich über Gewerbesteuereinnahmen, sondern richtet sich ebenso nach verschiedenen fiskalischen Transfers. Diese können die Form von Gewerbesteuerumlage, Kreisumlage oder Schlüsselzuweisungen annehmen.[132] Beschriebenes Paradoxon, dass eine Gemeinde durch Hebesatzsenkungen zwar mittelfristig die Bemessungsgrundlage verbreitern, ihre gesamte Finanzsituation dadurch aber nicht verbessern kann, liegt hierin begründet. Je höher die aggregierte Bemes-

---

127 Vgl. *Büttner*, Jahrbuch für Regionalwissenschaft 2005, 27, 40; vgl. für eine Würdigung dieses Beitrags *Enß/ Schwager*, Universität Göttingen Discussion Paper 2006, No. 127, 3.

128 *Büttner*, Jahrbuch für Regionalwissenschaft 2005, 27, 41; vgl. bestätigend *Schmitz*, Gemeindefinanzreform, 2004, 128; *Köthenbürger*, Hebesatzpolitik der Gemeinden, in: Napp, FS Rahmann, 2005, 171, 183, *Blankart*, Öffentliche Finanzen in der Demokratie, 2008, 256.

129 Vgl. exemplarisch *Egger/Köthenbürger/Smart*, CESifo Working Paper 2007, No. 1955, 25, die das Fehlen eines Gewerbesteuerwettbewerbs auf den kommunalen Finanzausgleich zurückführen. *Köthenbürger*, Hebesatzpolitik der Gemeinden, in: Napp, FS Rahmann, 2005, 171, 173 spricht sogar von einem „race-to-the-top".

130 *Büttner*, Journal of Public Economics 2006, Vol. 90, No. 3, 477, 488ff. schätzt auf Grundlage einer Regressionsanalyse über 185 kreisfreie baden-württembergische Gemeinden, dass die mittlere Gewerbesteuerbelastung in den Jahren 1980 bis 2000 ohne den kommunalen Finanzausgleich nicht 16,29%, sondern zwischen 1,5% und 1,8% weniger betragen hätte.

131 Vgl. *Büttner*, Jahrbuch für Regionalwissenschaft 2005, 27, 36.

132 Vgl. zu Einzelheiten *Zimmermann*, Kommunalfinanzen, 2009, 237ff.

sungsgrundlage einer Kommune, desto niedriger fallen nämlich auch die fiskalischen Transfers aus.[133]

Dargestellte Untersuchung von *Büttner*[134] hat zwar nur baden-württembergische Gemeinden zum Gegenstand, tendenziell vergleichbare Ergebnisse konnten jedoch für Niedersachsen[135], das Saarland[136] und Nordrhein-Westfalen[137] gewonnen werden. Soweit ersichtlich, liegen für die übrigen Bundesländer keine empirischen Untersuchungen vor. Angesichts der Parallelen in den Länderfinanzverfassungen kann jedoch auch hier von ähnlichen Effekten der fiskalischen Transfers ausgegangen werden.[138] Der anekdotisch wahrgenom-

---

133 Vgl. *Enß/Schwager*, Universität Göttingen Discussion Paper 2006, No. 127, 3; vgl. für eine formale Betrachtung *Kelders*, Besteuerungsanreize, 2006, 66ff.

134 Vgl. *Büttner*, Jahrbuch für Regionalwissenschaft 2005, 27, 27ff.

135 *Egger/Köthenbürger/Smart*, CESifo Working Paper 2007, No. 1955, 15ff. können mit Hilfe des *difference-in-difference approach* nachweisen, dass eine Verringerung der fiskalischen Transfers einen niedrigeren Gewerbesteuerhebesatz nach sich zieht. Eine Quantifizierung dieser Effekte ist ihnen jedoch nicht möglich. *Enß/Schwager*, Universität Göttingen Discussion Paper 2006, No. 127, 8ff. erklären die Unterschiede in den Hebesätzen niedersächsischer Gemeinden mit der genauen Ausgestaltung der fiskalischen Transfers. Insbesondere große Städte unterliegen einer hohen Abschöpfungsquote ihrer Gewerbesteuereinnahmen und weisen folgerichtig auch einen relativ hohen Hebesatz auf.

136 *Baretti*, ifo Schnelldienst 2002, Nr. 7, 10, 13 weist für saarländische Gemeinden nach, dass von einem Anstieg der Gewerbesteuereinnahmen nur 19% bei einer durchschnittlichen Kommune verbleiben, während 20% über die Gewerbesteuerumlage, 23% über die Kreisumlage und 38% über den kommunalen Finanzausgleich abfließen. Der hohe Abschöpfungsgrad führe tendenziell zu höheren Hebesätzen. Dass aus den der Gemeinde verbleibenden 19% auch Kosten bestritten werden müssen, welche ohne die Ansiedlung von Gewerbesteuerpflichtigen nicht angefallen wären, dürfte die wettbewerbsfeindliche Wirkung der fiskalischen Transfers verstärken.

137 *Zimmermann*, Staatswissenschaften und Staatspraxis 1995, 659, 666; *Büttner/Holm-Hadulla/Parsche* u.a., Kommunaler Finanzausgleich in Nordrhein-Westfalen, 2008, 142 kommen zu dem Schluss, dass „von einem zusätzlichen Euro Gewerbesteuereinnahmen […] durchschnittlich ca. 89 Cent durch das Finanzausgleichsystem abgeschöpft [werden].“ Damit verbleiben der durchschnittlichen Gemeinde von einem Anstieg der Gewerbesteuereinnahmen nur 11%. Der Anreiz einer nordrhein-westfälischen Kommune, im Steuerwettbewerb aktiv zu werden, fällt damit noch geringer aus als im Saarland. Zumal für Gemeinden in beiden Bundesländern gilt, dass aus den nicht abgeschöpften Einnahmen auch Kosten bestritten werden müssen, welche ohne die Ansiedlung von Gewerbesteuerpflichtigen nicht angefallen wären.

138 Vgl. *Büttner*, Jahrbuch für Regionalwissenschaft 2005, 27, 40; *Tröger*, Reform der Gewerbesteuer, 2007, 98.

mene Unterschied in den Finanzausstattungen der Gemeinden erklärt sich also weniger durch die Gewerbesteuer als durch sonstige Einnahmen und insbesondere die Ausgabenseite. Allenfalls das zwischen den Bundesländern bestehende Gefälle im Durchschnitt der kommunalen Steuereinnahmen[139] dürfte bestehen bleiben, weil sich die (Über-) Nivellierung der Gewerbesteuereinnahmen nur innerhalb des jeweiligen Bundeslandes abspielt.

Paradox erscheint, dass die fiskalischen Transfers eigentlich das in Art. 28 Abs. 2 GG verankerte Selbstverwaltungsrecht der Kommunen mit Leben erfüllen sollen[140], durch ihre Anreizwirkung aber gerade das Gegenteil erreichen. So sind zumindest benevolente Lokalpolitiker nicht mehr frei in ihrer Entscheidung über den Hebesatz, sondern gezwungen, auf eine Teilnahme am kommunalen Steuerwettbewerb zu verzichten.

Unter der hier getroffenen Prämisse eigennutzorientierter Lokalpolitiker mag für diese aber dennoch ein Anreiz bestehen, selbst in den Steuerwettbewerb einzutreten. Schließlich unterliegt jeder stehende Gewerbebetrieb nach § 2 Abs. 1 GewStG der Gewerbesteuer, soweit er im Inland betrieben wird. Falls es sich um eine Personenunternehmung handelt, gewährt § 11 Abs. 1 S. 3 Nr. 1 GewStG einen Freibetrag von 24.500 €. Überhaupt nicht von der Gewerbesteuer erfasst sind Freiberufler.[141] Im Ergebnis handelt es sich bei der Gewerbesteuer um eine „Großbetriebsteuer“[142]. Die Ansiedlung derartiger Unternehmungen ist im Sinne eines sehr kostengünstigen *information short cut* aber besonders einfach zu beobachten. Dies macht die Teilnahme am kommunalen

---

139 Im Jahr 2007 betrugen die Steuereinnahmen der Neuen Bundesländer pro Kopf nur 49% des entsprechenden Wertes für die Alten Bundesländer, vgl. *Bundesministerium der Finanzen*, Kommunalfinanzen, 2008, 8.

140 Vgl. *Maunz* in: Maunz/Düring, GG, Art. 106, Rz. 83; *Schoch*, Finanzverfassungsrechtliche Grundlagen, in: Ehlers/Krebs, Kommunalrecht, 2000, 93, 120ff.; vgl. mit Bezug zur brandenburgischen Landesverfassung *Nierhaus*, Verfassungsrechtlicher Anspruch der Kommunen, in: Nierhaus, Kommunalfinanzen - Beiträge zur aktuellen Debatte, 2009, 9, 12ff.

141 Vgl. zu einem möglichen Verstoß gegen den Gleichheitssatz in Art. 3 Abs. 1 GG u.a. *Gosch*, DStZ 1998, 327, 330ff.; *Jachmann*, NJW 2001, 1840, 1840; *Hey*, StuW 2002, 314, 316. Diesen Einwänden hat das BVerfG allerdings jüngst (wiederum) eine Absage erteilt, vgl. BVerfG, Beschluss vom 15.01.2008, 1 BvL 2/04, BVerfGE 120, 1, 32f.; *Keß*, FR 2008, 829, 829ff.

142 *Zitzelsberger*, Grundlagen der Gewerbesteuer, 1990, 70; vgl. auch *Flämig*, Ausgestaltung der Gewerbesteuer, in: Friauf, DStJG, 1989, 33, 55; *Tröger*, Reform der Gewerbesteuer, 2007, 20f.; *Montag*, Gewerbesteuerrecht, in: Tipke/Lang, Steuerrecht, 2010, 467, 468.

Gewerbesteuerwettbewerb für wiederwahlorientierte Lokalpolitiker trotz fehlender oder sogar negativer Budgetrelevanz erstrebenswert [vgl. Kap. 2.A.II.a)].

Um den nicht von der Lokalpolitik beeinflussbaren Rahmenbedingungen Rechnung zu tragen, dürften rationale Wähler dabei weniger auf den absoluten Erfolg im Steuerwettbewerb abstellen. Der Idee von *yardstick competition*[143] folgend, sollten sich die Wähler vielmehr für die relative Leistung ihrer Politiker interessieren. Als Vergleichsmaßstab können insbesondere Nachbargemeinden dienen. Diese geographische Beschränkung erlaubt es, die Informationskosten des ohnehin günstigen *short cut* noch weiter zu senken. Im Ergebnis kann unter der hier entwickelten Begriffsbestimmung zwar kein bundesweiter Gewerbesteuerwettbewerb, wohl aber eine Konkurrenz von Nachbargemeinden vorhergesagt werden. Weil diese im Gegensatz zur Ebene der Bundesländer die Form eines Preiswettbewerbs annimmt, sind auch interkommunale Gewinnverlagerungen denkbar.

C. Tatsächlich nachweisbare Anatomie des Steuerwettbewerbs

I. Bundesebene

Alle Versuche, Steuerwettbewerb empirisch zu belegen, setzen an den möglichen Ergebnissen einer solchen Konkurrenzsituation an.[144] Für den vorhergesagten Produktwettbewerb auf Bundesebene ist damit auf den gesetzgeberisch induzierten Befolgungsaufwand oder die Verzerrung unternehmerischer Entscheidungen abzustellen. Soweit ersichtlich liegen allerdings keine empirischen Untersuchungen darüber vor, wie sich diese Kosten im internationalen Vergleich entwickelt haben und ob Realinvestitionen mit deren Höhe korrelieren.[145] Mit *Schön*[146] kann jedoch der Trend zu *Advance Pricing Agreements* als

---

143 Bei *yardstick competition* dient der Steuerwettbewerb als Vergleichsmaßstab für die Bürger, vgl. *Feld*, Steuerwettbewerb und seine Auswirkungen, 1999, 93. *Besley/Case*, American Economic Review 1995, Vol. 85, No. 1, 25, 34 weisen bestätigend nach, dass Steuererhöhungen die Chancen auf Wiederwahl eines Gouverneurs eines U.S.-amerikanischen Bundesstaates schmälern, es sei denn, die Nachbarstaaten erhöhen ebenfalls ihre Steuern.

144 Vgl. *Plümper/Schulze*, Politische Vierteljahresschrift 1999, 445, 448.

145 *Feld/Schnellenbach*, Politikinnovation, in: Schaltegger/Schaltegger, FS Frey, 2004, 259, 262 weisen darauf hin, dass generell für Produktwettbewerb zwischen Gebietskörper-

impliziten Beleg für einen steuerlichen Produktwettbewerb betrachtet werden. Nachdem sich insbesondere die USA und die Niederlande durch diese Art der steuerlichen Produktdifferenzierung Vorteile verschafft hatten[147], wollte Deutschland offenbar nicht länger zurückstehen. So können international agierende Konzerne ihre Verrechnungspreise nunmehr über ein kostenpflichtiges[148] Vorabverständigungsverfahren absichern.[149]

Anders als im Falle des Produktwettbewerbs auf Bundesebene liegt für den dort ebenfalls vorhergesagten Preiswettbewerb nicht nur implizite, sondern auch explizit-empirische Evidenz vor. Dies gilt zumindest, soweit sich dieser Preiswettbewerb um Gewinnverlagerungen dreht. Auf Seiten des Fiskus kann der deutliche Rückgang der nominalen Körperschaftsteuersätze als Indiz hierfür gewertet werden.[150] In Bezug auf die Steuerpflichtigen belegen zahlreiche Studien, dass diese Konkurrenz gerne aufgegriffen wird.[151] So kann *Weichenrieder*[152] mittels Regressionsanalyse aufzeigen, dass die Gesamtkapitalrentabilität einer deutschen Tochtergesellschaft von durchschnittlich 5,6% auf nahezu 6,1% steigt, wenn sich der Nominalsteuersatz für die ausländische Mutter um 10% erhöht. Aggregiert für das Jahr 2007 beziffern *Heckemeyer/Spengel*[153] im Fall deutscher Outbound-Investitionen das maximal denkbare Ausmaß der Verlagerung von Steuersubstrat auf ca. 77 Mrd. €.

---

schaften noch keine empirische Evidenz existiert; vgl. auch den Hinweis von *Wagner*, StuW 2005, 93, 96, dass es schon auf Ebene einzelner Staaten an Untersuchungen zur Höhe der Steuerplanungskosten mangele.

146 Vgl. *Schön*, General Report, in: Schön, Tax competition in Europe, 2003, 1, 28f.

147 Vgl. *Herzig*, Advance Pricing Agreements, in: Burmester/Endres, FS Debatin, 1997, 107, 108; *Grotherr*, BB 2005, 855, 861; *Grotherr*, IStR 2005, 350, 360.

148 Nach § 178a AO entsteht bereits bei Antragstellung für das Vorabverständigungsverfahren eine Grundgebühr von regelmäßig 20.000 €.

149 Vgl. zu Einzelheiten BMF-Schreiben vom 05.10.2006, IV B 4 - S 1341 - 38/06, BStBl. I 2006, 594, Rz. 2ff.; *Loh/Peters*, RIW 2007, 116, 116ff.; *Kramer*, IStR 2007, 174, 175ff.

150 Vgl. *Plümper/Schulze*, Politische Vierteljahresschrift 1999, 445, 450; *U.S. Department of Treasury*, Competitiveness, 2007, 6ff.; *Schreiber/Overesch*, DB 2007, 813, 816; *Fuest*, Steuerwettbewerb, in: Lüdicke, Internationales Steuerrecht, 2009, 1, 10ff.

151 Vgl. für empirische Untersuchungen zum U.S.-amerikanischen Steuerrecht den Überblick von *Hines*, National Tax Journal 1999, Vol. 52, No. 2, 305, 313ff.

152 Vgl. *Weichenrieder*, International Tax and Public Finance 2009, Vol. 16, No. 3, 281, 292.

153 Vgl. *Heckemeyer/Spengel*, DB 2009, 133, 135; für das Jahr 2006 haben die Autoren eine Obergrenze von 61 Mrd. € errechnet, vgl. *Heckemeyer/Spengel*, Ausmaß der Gewinnverlagerungen, Perspektiven der Wirtschaftspolitik 2008, 37, 54.

Im Gegensatz zum Preiswettbewerb um Gewinnverlagerungen fehlt es an eindeutigen Belegen für eine derartige Konkurrenz um Realinvestitionen. Konkret sind die in diesem Zusammenhang relevanten Effektivsteuersätze über die vergangenen zwei Dekaden hinweg nahezu konstant geblieben.[154] Auch liefert eine Regression der durchschnittlichen Effektivsteuersätze über die Güterhandelsverflechtung der Volkswirtschaften keine signifikanten Ergebnisse.[155] Zudem wäre im Falle eines Preiswettbewerbs um Realinvestitionen eine abnehmende Bedeutung der Unternehmenssteuern zu erwarten gewesen.[156] In Wirklichkeit ist der Anteil des Körperschaftsteueraufkommens am gesamten Steueraufkommen der OECD-Mitgliedstaaten aber von 9% im Jahre 1965 auf 11% im Jahre 2005 gestiegen.[157] Das Bild vom Verhalten der *Fisci* wird gut ergänzt um die nach *Feld*[158] „gemischte Evidenz" zum Einfluss der Besteuerung auf die Direktinvestitionen von Steuerpflichtigen. So ist zumindest auf Basis aggregierter Daten nicht immer ein signifikanter Zusammenhang zwischen Direktinvestitionen der Steuerpflichtigen und der jeweiligen Effektivbelastung auszuma-

---

154 Vgl. jüngst *U.S. Department of Treasury*, Competitiveness, 2007, 9; *Esser*, Vorteile und Gefahren, 2004, 32; *Rodi*, StuW 2008, 327, 329f.; insbesondere *Devereux/Griffith/Klemm*, Economic Policy 2002, Vol. 17, No. 35, 450, 463ff. weisen jedoch darauf hin, dass die effektiven Grenzsteuersätze zwar konstant geblieben, die effektiven Durchschnittssteuersätze jedoch leicht gefallen sind. Inflationsadjustiert kann sich sogar ein zumindest leichter Rückgang beider Arten von Effektivsteuersätzen ergeben.

155 Vgl. mit einem Überblick *Plümper/Schulze*, Politische Vierteljahresschrift 1999, 445, 448f.

156 *Bucovetsky/Wilson*, Regional Science and Urban Economics 1991, Vol. 21, No. 3, 333, 338ff. zeigen erstmals auf, dass der Wettbewerb auch Auswirkungen auf die Steuerstruktur hat, indem sich die Steuerlast weg von Kapitaleinkommen hin zu Arbeitseinkommen verschiebt.

157 Vgl. *OECD*, Revenue Statistics, 2008, 22; ähnlich *Fuest*, Steuerwettbewerb, in: Lüdicke, Internationales Steuerrecht, 2009, 1, 12ff.; insbesondere *Avi-Yonah*, Harvard Law Review 2000, Vol. 113, 1575, 1619ff. weist jedoch darauf hin, dass im Einklang mit der Theorie des Steuerwettbewerbs die Belastung relativ immobiler Produktionsfaktoren durch Sozialabgaben sowie Verbrauch- und Lohnsteuern gestiegen ist. *Devereux/Griffith/Klemm*, Economic Policy 2002, Vol. 17, No. 35, 450, 472 machen einen Unterschied zwischen dem Mediananteil und dem gewichteten Durchschnitt des Anteils der Körperschaftsteuer am Gesamtsteueraufkommen der OECD-Staaten aus. Während der Mediananteil insbesondere seit den frühen 1990er Jahren zugenommen hat, ist der gewichtete Durchschnitt leicht gesunken. In diesem Sinne ist wohl auch die Aussage von *Rodi*, StuW 2008, 327, 329 zu interpretieren, der Anteil des Körperschaftsteueraufkommens am Gesamtaufkommen sei gesunken.

158 *Feld*, Steuerwettbewerb und seine Auswirkungen, 1999, 109.

chen.[159] Die Auswertung von Mikrodaten liefert zwar häufiger, aber auch keinesfalls durchgehend Evidenz für den Einfluss der Steuerbelastung auf Direktinvestitionen.[160] Im Ergebnis sind die theoretisch vorhergesagten Teilbereiche des Steuerwettbewerbs auf Bundesebene [vgl. Kap. 2.B.II.] unterschiedlich gut nachweisbar: Für den Produktwettbewerb spricht zumindest gesetzgeberisches Verhalten, während der Preiswettbewerb um Gewinnverlagerungen auch empirisch belegt ist. Die Evidenz zum Preiswettbewerb um Realinvestitionen fällt hingegen widersprüchlich aus.

II. Länderebene

Die theoretischen Vorhersagen zur strategischen Interaktion der Bundesländer lassen einen Produktwettbewerb um Realinvestitionen erwarten [vgl. Kap. 2.B.II.]. Bislang mangelt es hierzu aber an empirischen Untersuchungen.[161] Anekdotisch kann jedoch auf die Anstrengungen der nordrhein-westfälischen Finanzverwaltung zur schnelleren Betriebsprüfung hingewiesen werden.[162] *Ra-*

---

159 *Becker/Fuest/Hemmelgarn*, Universität Köln Discussion Papers 2006, 3ff. kommen bei einer nahezu exakten Wiederholung der Untersuchung von *Bénassy-Quéré/ Fontagné/ Lahrèche-Révil*, International Tax and Public Finance 2005, Vol. 12, No. 5, 583, 585ff. zum Ergebnis, dass in elf OECD-Staaten die Besteuerung keinen Einfluss auf ausländische Direktinvestitionen hat, während die ursprüngliche Studie noch Gegenteiliges belegte; *Devereux/Freeman*, International Tax and Public Finance 1995, Vol. 2, No. 1, 85, 95ff. weisen für ausgewählte Länder nach, dass die Steuerbelastung zwar einen signifikanten Einfluss auf die Wahl des ausländischen Investitionsstandortes hat, jedoch keine Bedeutung für die Entscheidung besitzt, ob im In- oder Ausland investiert wird; vgl. zu Deutschland auch *Hemmelgarn*, Multinationale Unternehmen, 2007, 81f.

160 Die mit dem StEntlG 1999/2000/2002 verbundene Absenkung der Effektivsteuersätze ermöglicht es *Hemmelgarn*, Multinationale Unternehmen, 2007, 82ff. auf Grundlage von Mikrodaten einen *difference-in-difference approach* zu verwenden. Dabei kann nachgewiesen werden, dass amerikanische und asiatische Direktinvestitionen nicht auf eine Änderung der effektiven Grenzsteuerbelastung in Deutschland reagieren, Investitionen aus europäischen Nachbarländern hingegen stark; vgl. für empirische Untersuchungen mit Fokus auf den USA den Überblick von *Hines*, National Tax Journal 1999, Vol. 52, No. 2, 305, 308ff.; vgl. insbesondere zu Investitionen an bestehenden Standorten *Schreiber/Overesch*, DB 2007, 813, 815.

161 Vgl. allgemein *Feld/Schnellenbach*, Politikinnovation, in: Schaltegger/Schaltegger, FS Frey, 2004, 259, 262.

162 Vgl. exemplarisch zum sog. Henkel-Modell *Keuchel*, Handelsblatt 14.8.2007, 10; vgl. zu weitergehenden Bemühungen *Seer*, Ubg 2009, 673, 675ff.; vgl. zum U.S.-amerikan-

pid-closing erlaubt es, den relativen Steuerbarwert zu verringern, wenn die Verzinsung der Alternativanlagen geringer ausfällt als jene der Steuernachforderungen nach §§ 233a, 238 AO.

III. Gemeindeebene

Entgegen Teilen der finanzwissenschaftlichen Literatur konnte ein kommunaler Preiswettbewerb um Realinvestitionen und Gewinnverlagerungen theoretisch begründet werden [vgl. Kap. 2.B.III.]. Vermeintlich gegen diese Vorhersage spricht zunächst, dass der durchschnittliche Hebesatz über die vergangene Dekade hinweg nahezu konstant geblieben ist.[163] Eine genauere Analyse zeigt jedoch, dass der Hebesatz von Nachbargemeinden einen signifikanten Einfluss auf die Gewerbesteuerbelastung in der jeweils untersuchten Kommune hat.[164] Dies entspricht genauso anekdotischer Wahrnehmung[165] wie internationaler Erfahrung[166] und darf als Beleg für *yardstick competition* im Bereich der Gewerbesteuer werden.

D. Schlussfolgerungen für den Fortgang der Untersuchung

Vorstehende Ausführungen haben die Anatomie des Steuerwettbewerbs nachgezeichnet. Dabei haben sich die Annahmen zu den Zielen der Akteure und zur Struktur des Wettbewerbs als zentral für die Frage erwiesen, auf welcher Ebene des Staatsaufbaus Gewinnverlagerungen denkbar sind. So setzt die Konkur-

---

ischen Vorbild dieser Anstrengungen *Internal Revenue Service*, Compliance Assurance Process, 29.12.2005, 1ff.

163 Vgl. zur Entwicklung der Hebesätze *Statistisches Bundesamt*, Realsteuervergleich, 2007, o.S. (Abb. 12); vgl. aus diesem Grunde den Gewerbesteuerwettbewerb negierend *Egger/Köthenbürger/Smart*, CESifo Working Paper 2007, No. 1955, 25.

164 Vgl. *Büttner*, Finanzarchiv 1999, Vol. 56, No. 3-4, 363, 379; *Büttner*, Regional Science and Urban Economics 2001, Vol. 31, 215, 233ff.

165 Vgl. *Deutsche Börse AG*, Pressemitteilung, 11.1.2008.

166 Vgl. zum Zuschlag der U.S.-amerikanischen Bundesstaaten auf die Federal Income Tax *Besley/Case*, American Economic Review 1995, Vol. 85, No. 1, 25, 28ff.; vgl. zum Zuschlag der flämischen Gemeinden auf die belgische Einkommen- und Grundsteuer *Ashworth/Heyndels*, European Journal of Political Economy 1997, Vol. 13, No. 3, 479, 489ff.

renz um Gewinnverlagerungen einen Preiswettbewerb voraus [Kapitel 2.A.II.b)]. Nach den theoretischen Vorhersagen ist ein solcher Preiswettbewerb auf Bundesebene zu erwarten [vgl. Kap. 2.B.I; Tab. 2]. Gleiches gilt für die kommunale Ebene, soweit das eigennutzorientierte Zielsystem der Betriebswirtschaftlichen Steuerlehre von den Zensiten auch auf die Zensoren übertragen wird, mithin die Prämissen der Neuen Politischen Ökonomie gelten [vgl. Kap. 2.B.III.; Tab. 2]. Demgegenüber ist für die strategische Interaktion auf Länderebene ausschließlich ein Produktwettbewerb um Realinvestitionen begründbar [vgl. Kap. 2.B.II; Tab. 2].

Tabelle 2: Theoretisch zu erwartende Anatomie des Steuerwettbewerbs

Ebene	**Preiswettbewerb**	**Produktwettbewerb**
Bundesebene	R; G	R
Länderebene	-	R
Gemeindebene	R; G	-

Legende: R = Realinvestitionen als Gegenstand des Wettbewerbs; G = Gewinnverlagerungen als Gegenstand des Wettbewerbs

Die Auswertung empirischer wie anekdotischer Evidenz hat die theoretischen Vorhersagen weitgehend bestätigt. So wurden auf Ebene der Gemeinden empirisch robuste Nachweise für einen lokal begrenzten Preiswettbewerb um Realinvestitionen und Gewinnverlagerungen gefunden, der auch in seiner räumliche Beschränkung auf *yardstick competition* nur aus einem eigennutzorientierten Zielsystem der Zensoren ableitbar ist [vgl. Kap. 2.C.III.; Tab. 3]. Weiterhin erschloss sich zumindest anekdotische Evidenz für den Produktwettbewerb auf Ebene der Bundesländer [vgl. Kap. 2.C.II.; Tab. 3], welcher definitionsgemäß auf Realinvestitionen beschränkt bleibt. Einzig auf Bundesebene tut sich ein Unterschied zwischen tatsächlich nachweisbarem und theoretisch vorhergesagtem Umfang des Steuerwettbewerbs auf. Dort findet sich zwar klare Evidenz für den Preiswettbewerb um Gewinnverlagerungen, die Konkurrenz um Realinvestitionen ist jedoch nur eingeschränkt nachweisbar [vgl. Kap. 2.C.I.;

Tab. 3]. Dies ist auf die bislang nicht betrachteten Standortfaktoren[167] außerhalb des Steuerrechts zurückzuführen. Die Literatur[168] spricht dabei insbesondere Agglomerationseffekten eine mäßigende Wirkung auf den Steuerwettbewerb zu. Im Gegensatz zu den bisher vorliegenden Veröffentlichungen[169] erlaubt es aber die hier vorgeschlagene Begriffsbestimmung, diesen Effekt einzugrenzen. Schließlich dürften *locational rents* für Realinvestitionen eine weitaus größere Bedeutung besitzen als für Gewinnverlagerungen. Gleichzeitig divergieren diese international deutlich mehr als auf Länder- oder Gemeindeebene.[170] Im Ergebnis überlagern außersteuerliche Standortfaktoren vornehmlich auf Bundesebene die Konkurrenz um Realinvestitionen. Dies entspricht dem empirischen Bild.

---

167 Vgl. zum Begriff des Standortfaktors *Weber*, Standort der Industrien, 1909, 15f.; vgl. zu außersteuerlichen Standortfaktoren *Kormann*, Steuerpolitik, 1970, 61ff.; *Jackstein*, Das deutsche Steuerrecht im Wettbewerb, in: Burmester/Endres, FS Debatin, 1997, 179, 181ff.; *Raupach*, StuW 2000, 341, 344; *Wöhe*, Allgemeine Betriebswirtschaftslehre, 2008, 273ff.; vgl. zur Rolle von Bilanzierungsregeln für die Standortwahl von Finanzdienstleistern *Gehrig*, Location, in: Freixas/Hartmann/Mayer, European financial markets and institutions, 2008, 619, 633ff.

168 Vgl. zur Bedeutung von Agglomerationseffekten für die Standortwahl die empirischen Untersuchungen von *Head/Ries/Swenson*, Journal of International Economics 1995, Vol. 38, No. 3-4, 223, 233ff. und *Devereux/Griffith*, Journal of Public Economics 1998, Vol. 68, No. 3, 335, 351ff.; vgl. zur mäßigenden Wirkung von Agglomerationseffekten auf Steuerwettbewerb *Kind/Knarvik/Schjelderup*, Journal of Public Economics 2000, Vol. 78, No. 3, 253, 255ff. sowie *Baldwin/Krugman*, European Economic Review 2004, Vol. 48, No. 1, 1, 7ff.; vgl. zu Rolle von Agglomerationseffekten als besteuerungsfähige *locational rent* von Finanzdienstleistern *Gehrig*, European Economic Review 1998, Vol. 42, No. 2, 277, 293ff.

169 Vgl. zur Annahme, dass *locational rents* jede Art von Steuerwettbewerb überlagern können *Brennan/Buchanan*, The Power to Tax, 1980, 172; *Kind/Knarvik/ Schjelderup*, Journal of Public Economics 2000, Vol. 78, No. 3, 253, 253ff.

170 Instruktiv mag hier der Hinweis auf Art. 72 Abs. 2 GG und dessen Forderung nach „gleichwertige[n] Lebensverhältnisse[n]“ innerhalb der Bundesrepublik Deutschland sein.

Tabelle 3: Abgleich der theoretisch zu erwartenden mit der tatsächlich nachweisbaren Anatomie des Steuerwettbewerbs

Ebene	Preiswettbewerb	Produktwettbewerb
Bundesebene	R; G	R
Länderebene	-	R
Gemeindebene	R; G	-

Legende: R = Realinvestitionen als Gegenstand des Wettbewerbs; G = Gewinnverlagerungen als Gegenstand des Wettbewerbs; dunkel hinterlegte Felder = uneingeschränkter Nachweis möglich; weiße Felder = kein uneingeschränkter Nachweis möglich

Die zentrale Erkenntnis der Anatomie des Steuerwettbewerbes für den Fortgang der Untersuchung liegt darin, dass die bisherige Konzentration der steuerwissenschaftlichen Literatur auf grenzüberschreitende Gewinnverlagerungen aufgegeben werden muss. Schließlich konnte theoretisch wie empirisch aufgezeigt werden, dass der für Gewinnverlagerungen relevante Preiswettbewerb nicht nur auf Bundesebene, sondern auch auf kommunaler Ebene stattfindet. Die strategische Interaktion zwischen Bundesländern darf indes unberücksichtigt bleiben, weil diese nur als Produktwettbewerb ausgetragen wird. Weiterhin wird der unterschiedlichen Steuersensibilität von Realinvestitionen und Gewinnverlagerungen im Fortgang der Untersuchung noch Bedeutung zukommen. Diese bietet idealtypische Voraussetzungen für einen Detektionsmechanismus, welcher in der Ökonometrie als *difference-in-difference approach* bekannt ist.

Kapitel 3: Steuerrechtspolitische Grundsatzentscheidungen

A. Isolation von Bemessungsgrundlagen

I. Bundesebene

Auf Bundesebene machen Jurisdiktionen grundsätzlich Steueransprüche geltend, soweit Konzerneinheiten entweder eine persönliche oder sachliche Bindung zum jeweiligen Staat haben.[171] Damit sind bereits in der Grundstruktur des Wettbewerbs Doppelbesteuerungen[172] angelegt, ohne dass das allgemeine Völkerrecht hiergegen Schutz bietet[173]. Mindestens seit *Schanz*[174] in den 1890er Jahren darf es jedoch als ökonomischer *common sense* gelten, über kollissionsauflösende Regelungen diese Doppelbesteuerungen zurückzuführen. Insbesondere kontinentaleuropäische Staaten[175] stellen regelmäßig Gewinne, welche ausländische Konzerneinheiten im Ausland erzielen, von der inländischen Besteuerung frei. Für die Bundesrepublik bezeichnet *Menck*[176] dies sogar

---

171 Vgl. auch zu den Prinzipien der beschränkten und unbeschränkten Steuerpflicht als Konkretisierung der beiden Anknüpfungsmerkmale *Vogel*, Auslandseinkünfte, in: DStJG, Grundfragen, 1985, 3, 4f.; *Rose*, Internationales Steuerrecht, 2004, 44ff.; *Jacobs*, Internationale Unternehmensbesteuerung, 2007, 5ff.

172 Vgl. grundlegend zur Unterscheidung zwischen Doppelbelastung und Doppelbesteuerung *Spitaler*, Doppelbesteuerungsproblem, 1967, 92; vgl. zur Bestimmung des „rechtlich nicht existent[en]" Begriffs der Doppelbesteuerung ebenfalls *Mössner*, Doppelbesteuerung, in: DStJG, Grundfragen, 1985, 135, 137ff.

173 Vgl. zum fehlenden Verbot der Doppelbesteuerungen im allgemeinen Völkerrecht *Vogel* in: Vogel/Lehner, DBA, Einl., Rz. 14; vgl. auch mit Bezug auf EU- und U.S.-Recht *Cordewener*, Europäische Grundfreiheiten und nationales Steuerrecht, 2002, 857ff.

174 Vgl. *Schanz*, Finanzarchiv 1892, Vol. 9, No. 2, 1, 34: „Je mehr der allgemeine Verkehr zunimmt, je mehr er dahin führt, ja dazu zwingt, den ökonomischen Spielraum in passiver und aktiver Weise über die Grenzen des einzelnen Staats zu erweitern, desto weniger hat es noch eine Berechtigung, den alten Satz, den man für die Doppelbesteuerungen geltend gemacht hat, entgegenzuhalten: Wer in aussergewöhnliche Verhältnisse sich begibt (durch Kauf auswärtigen Bodens und dergl.), der muss sich auch ausserordentlich (doppelte) Besteuerung gefallen lassen."

175 Vgl. *Schaumburg*, Internationales Steuerrecht, 1998, Rz. 16.529; *Lüdicke*, DBA-Politik, 2008, 63f.; *Jankowiak*, Doppelte Nichtbesteuerung, 2009, 25f.; *Wassermeyer* in: Debatin/Wassermeyer, DBA, Art. 23A OECD-MA, Rz. 1.

176 *Menck*, Welteinkommen und Territorialität, in: Vogel, Ausländische Einkünfte, 1985, 28, 33.

als „konstitutives Element unseres gesamten Steuersystems." Mit *Kessler*[177] kann eine solche Situation als „Isolation von Bemessungsgrundlagen" bezeichnet werden. Steuertechnisches Werkzeug hierzu sind im Kapitalgesellschaftskonzern nicht selten unilaterale Regelungen[178], während es im Betriebsstätten- und Personengesellschaftskonzern meist eines bilateralen DBA bedarf[179]. Weil mit der Isolation von Bemessungsgrundlagen die im Steuerwettbewerb begründeten Satzunterschiede konserviert bleiben, bereitet diese Grundsatzentscheidung den Weg von der theoretischen zur tatsächlichen Möglichkeit, Gewinne zu verlagern.

Eine ökonomische Begründung findet die Isolation der Bemessungsgrundlagen im Konzept der Kapitalimportneutralität. Demnach sollen ausländische Konzerneinheiten mit ihren dortigen Einkünften der gleichen Steuerbelastung unterworfen sein wie die im dortigen Land ansässigen Unternehmungen. Nach der grundlegenden Unterscheidung von *Musgrave*[180] stellt die Kapitalexportneutralität das Gegenstück hierzu dar. Entsprechend diesem Konzept sollen ausländische Konzerneinheiten die gleiche Belastung wie im Ansässigkeitsstaat ihrer übergeordneten Einheit tragen. Während die finanzwissenschaftliche Literatur[181] tendenziell einer kapitalexportneutralen Besteuerung von Unternehmungen zuneigt, befürworten Vertreter der Staats- und Steuerrechtswissen-

---

177 *Kessler*, Euro-Holding, 1996, 59ff.

178 Vgl. zur Beteiligungsertragsbefreiung in unterschiedlichen (EU-)Staaten *Eynatten*, ET 2007, 562, 569f.; *Eicke*, Steuerplanung mit Holdinggesellschaften, 2008, 181f.; vgl. zum Aktivitätsvorbehalt als in der Regel wichtiges Unterscheidungsmerkmal zwischen uni- und bilateraler Freistellung *Wassermeyer* in: Debatin/Wassermeyer, DBA, Art. 23A OECD-MA, Rz. 2.

179 Vgl. zur deutschen Abkommenspraxis *Vogel* in: Vogel/Lehner, DBA, Rz. 16; vgl. für die Ausnahme Schweiz *Mäusli-Allenspach/Oertli*, Schweizerisches Steuerrecht, 2008, 525.

180 Vgl. zunächst noch unter dem Mädchennamen *Richman*, Taxation of foreign investment income, 1963, 8f.; dann *Musgrave*, Issues and arguments, 1969, 108ff.; vgl. zur Rolle von *Musgrave* ausführlich *Graetz*, Tax Law Review 2001, Vol. 54, 261, 284f.

181 Vgl. für formale Nachweise *Frenkel/Razin/Sadka*, International taxation, 1991, 102f.; *Keen/Piekkola*, Scandinavian Journal of Economics 1999, Vol. 99, No. 3, 447, 453ff.; *Homburg*, Allgemeine Steuerlehre, 2007, 303ff.; differenzierend nach dem Grad der Überwälzung *Richman*, Taxation of foreign investment income, 1963, 8; ebenfalls differenzierend *Sinn*, Capital income taxation, 1987, 197; a.A. *Gandenberger*, Internationale Wirtschaftströme, in: DStJG, Grundfragen, 1985, 33, 41ff.; *Fuest*, Volkswirtschaftliche Aspekte, in: Kessler/Förster/Watrin, FS Herzig, 2010, 867, 874ff.

schaften[182] sowie (teilweise) der Betriebswirtschaftlichen Steuerlehre[183] eher das Konzept der Kapitalimportneutralität.

Im Fall des Kapitalgesellschaftskonzerns ergibt sich die Isolation von Bemessungsgrundlagen bereits aus dem Trennungsprinzip.[184] Jedenfalls im Zeitpunkt der Gewinnentstehung wirkt hier das Anrechnungsverfahren ebenfalls kapitalimportneutral.[185] Von ausländischen Einheiten im Ausland erzielte Gewinne werden auch ohne förmliche Freistellung vorerst nicht im Staat der Mutterkapitalgesellschaft erfasst. Während dieser sog. *deferral* eine steuerrechtspolitische Grundsatzentscheidung nahezu aller Rechtsordnungen darstellt[186], ist die förmliche Freistellung zum Zeitpunkt der Ausschüttung zwar weniger, aber immer noch mehrheitlich verbreitet[187]. Unabhängig von Beteiligungshöhe und -dauer regelt dies in Deutschland insbesondere[188] § 8b Abs. 1 KStG. Ausnahmen vom sachlichen Anwendungsbereich dieses sog. „Schachtelprivilegs"[189] beste-

---

182 Vgl. *Vogel*, StuW 1993, 380, 386ff.; *Graetz*, Tax Law Review 2001, Vol. 54, 261, 286ff.; *Lüdicke*, DBA-Politik, 2008, 65ff.

183 Vgl. *Rose*, Besteuerung von Kapitalgesellschaften, in: Thoma/Zacharias/Niemann, StbJb 1965/1966, 1966, 245, 276f.; differenzierend *Schreiber*, StuW 1994, 238, 241ff.; a.A. *Maiterth*, StuW 2005, 47, 51ff.

184 Vgl. zur Abschirmwirkung des Trennungsprinzips *Raupach*, Durchgriff, 1968, 72ff. und 148ff.; *Kessler*, Euro-Holding, 1996, 17ff.; *Avi-Yonah*, Harvard Law Review 2000, Vol. 113, 1575, 1593ff.; *Graetz*, Tax Law Review 2001, Vol. 54, 261, 320ff.

185 Vgl. grundlegend *Richman*, Taxation of foreign investment income, 1963, 10: "So long as [..] no country may reach out to tax [...] corporations of another country, there is no way for an international tax system to avoid the problem of non-neutrality regarding the choice of residence."; vgl. mit Hinweis zu den Auswirkungen auf die Wahl zwischen Anrechnungs- und Freistellungsmethode *Fuest*, Volkswirtschaftliche Aspekte, in: Kessler/Förster/Watrin, FS Herzig, 2010, 867, 872.

186 Vgl. aus U.S.-amerikanischer Sicht *Avi-Yonah*, Texas Law Review 1996, Vol. 74, 1301, 1324ff.; *Graetz*, Tax Law Review 2001, Vol. 54, 261, 320ff.

187 Vgl. für jüngere Rechtsvergleiche *Eynatten*, ET 2007, 562, 569f.; *Eicke*, Steuerplanung mit Holdinggesellschaften, 2008, 181f.

188 Die gewerbesteuerlichen Beteiligungsertragsbefreiung spielt zwar auch eine Rolle für die Isolation von Bemessungsgrundlagen auf Bundesebene, wird im Rahmen vorliegender Untersuchung aber im Zusammenhang mit der analogen Isolation von Bemessungsgrundlagen auf Gemeindeebene [vgl. Kap. 3.A.II.] behandelt. Hintergrund ist, dass sich vertikale Interaktionen zwischen Jurisdiktionen auf unterschiedlichen Ebenen des jeweiligen Staatsaufbaus nicht im Anwendungsbereich vorliegender Untersuchung befinden [vgl. Kap. 1.E.].

189 Vgl. kritisch zum Begriff des „Schachtelprivilegs" *Rosenthal*, DStZ 1923, 32, 32 (nur „scheinbare Privilegierung"); *Rose*, Besteuerung von Kapitalgesellschaften, in: Thoma/Zacharias/Niemann, StbJb 1965/1966, 1966, 245, 274 („[es] handelt [...] sich bei

hen nur wenige. Hierzu zählen insbesondere bestimmte vGA[190] sowie Ausschüttungen eines REIT[191]. Zudem können nach jüngster BFH-Rechtsprechung[192] auch Holding- und Beteiligungsgesellschaften als Finanzunternehmungen qualifizieren. Damit verbunden ist nach § 8b Abs. 7 KStG u.U. eine Ausnahme vom persönlichen Anwendungsbereich der Beteiligungsertragsbefreiung.[193]

Handelt es sich nicht um einen Kapitalgesellschafts- sondern einen Personengesellschafts- oder Betriebsstättenkonzern, kommt das Trennungsprinzip regelmäßig[194] nicht zur Anwendung. Analog zur Behandlung von Ausschüttungen innerhalb des Kapitalgesellschaftskonzerns bedarf es vielmehr einer förmli-

---

den ‚Privilegien' nicht um besondere Vergünstigungen"); *Kessler*, Euro-Holding, 1996, 101, Fn. 2.

190 Nach § 8b Abs. 1 S. 2-4 KStG gilt seit dem JStG 2007 die Freistellung ungeachtet möglicher DBA nicht für vGA oder wirtschaftlich vergleichbare Einnahmen, die das Einkommen der leistenden Körperschaft gemindert und jenes einer dem Anteilseigner nahe stehenden Person nicht erhöht haben; vgl. zu den (Haupt-)Anwendungsfällen *Dallwitz/Mattern/Schnitger*, DStR 2007, 1697, 1701f.; *Becker/Kempf/Schwarz*, DB 2008, 370, 371ff.; *Dötsch/Pung* in: Dötsch/Jost/Pung u.a., KStG, § 8b, Rz. 38; vgl. zur EU-rechtlichen Notwendigkeit einer indirekten Anrechnung *Köhler*, Rechtsformwahl, in: Kessler/Förster/Watrin, FS Herzig, 2010, 953, 958; vgl. zu möglichen Implikationen für die Freistellung von eigenkapitalähnlichen Genussrechten *Schaden/Franz*, Ubg 2008, 452, 460f.; vgl. für eine Freistellung auch bei Qualifikationskonflikten in Folge von eigenkapitalähnlichen Genussrechten und fiktiver Eigenkapitalverzinsung *Dötsch/Pung* in: Dötsch/Jost/Pung u.a., KStG, § 8b, Rz. 36.

191 Für deutsche REIT geht dies aus § 19 Abs. 3 REITG hervor. Ausländische REIT sind mit ihren Erträgen aus in Deutschland belegenen Grundstücken zwar nach § 49 Abs. 1 Nr. 6 EStG beschränkt steuerpflichtig, ihre Ausschüttungen befinden sich gem. § 19 Abs. 5 REITG aber ebenfalls nicht im Anwendungsbereich der Beteiligungsertragsbefreiung nach § 8b Abs. 1, 5 KStG, vgl. zu einem möglichen Verstoß gegen die Kapitalverkehrsfreiheit *Breinsdorfer/ Schütz*, DB 2007, 1487, 1491; *Bron*, G-REIT, 2007, 344f.; *Lohr*, REITG, in: Piltz/Günkel/Niemann, StbJb 2007/2008, 2008, 99, 112f.

192 Vgl. BFH, Urteil vom 14.01.2009, I R 36/08, BFH/NV 2009, 852, 853.

193 Vgl. *Löffler/Hansen*, DStR 2009, 1135, 1135ff.; *Heurung/ Seidel*, GmbHR 2009, 1084, 1084ff.; *Jacob/Scheifele*, IStR 2009, 304, 304ff.; *Prinz*, StuB 2009, 350, 352f.

194 Vgl. aber zur (optional) intransparenten Besteuerung von Personengesellschaften in einigen Rechtsordnungen *Hey/Bauersfeld*, IStR 2005, 649, 649ff.; *Pyszka/Brauer*, Ausländische Personengesellschaften, in: Kessler/Kröner/ Köhler, Konzernsteuerrecht, 2008, 683, 684f.; vgl. speziell zum sog. *check-the-box*-Verfahren in den USA *Djanani/Brähler*, StuW 2007, 53, 55f.; vgl. für zu Folgen aus Sicht der deutschen Finanzverwaltung jüngst BMF-Schreiben vom 16.04.2010, IV B 2 – S1300/09/10003, Rz. 4.1.4.1; vgl. allgemein zu den Auswirkungen auf Finanzierungsentscheidungen *Burmester*, Finanzierung, in: Klein/Stihl/Wassermeyer, FS Flick, 1997, 659, 665ff.

chen Freistellung, um die Isolation von Bemessungsgrundlagen zu erreichen. An der befruchtenden Wirkung einer solchen Freistellung auf Gewinnverlagerungen vermag auch ein möglicher Progressionsvorbehalt[195] nur wenig zu ändern.[196] Schließlich erhöht dieser zwar den Steuersatz auf im Inland behaltene Gewinne, lässt die ins Ausland verlagerten Gewinne aber unangetastet. Zudem hat der Progressionsvorbehalt keine Auswirkungen auf die Gewerbesteuer.

II. Gemeindeebene

Eine in der Literatur bislang kaum[197] gewürdigte Parallele zur zwischenstaatlichen Isolation von Bemessungsgrundlagen bietet der kommunale Gewerbesteuerwettbewerb. Weil sich die Gewerbesteuer im Zeitablauf immer mehr von einer Objekt- zu einer Ertragsteuer gewandelt hat[198], überrascht es kaum, dass sich grundsätzlich auch hier das Problem der Doppelbesteuerung ergeben kann. Im Fall des rein inländischen Personengesellschaftskonzerns ist zunächst jede einzelne Konzerneinheit gewerbesteuerpflichtig. Gleichzeitig sind deren Gewinne aber im Grundsatz noch im Gewerbeertrag der übergeordneten Einheit enthalten, ohne dass bei solch rein nationalen Fallkonstellationen ein Anspruch auf DBA-Schutz besteht. Analog hierzu ordnet § 8 Nr. 5 GewStG grundsätzlich[199] die Hinzurechnung der nach § 8b Abs. 1 KStG steuerfreien Bezüge innerhalb eines Kapitalgesellschaftskonzerns an. Im Ergebnis stellt sich eine der Bundesebene vergleichbare Situation ein. Weil grundsätzlich sowohl Ansässig-

---

195 Vgl. zum Progressionsvorbehalt in der Staatenpraxis *Vogel* in: Vogel/Lehner, DBA, Art. 23, Rz. 215.

196 Vgl. für eine formale Herleitung unter Differenzierung zwischen linearen und/oder strikt progressiven ausländischen Steuertarifen *Kudert/Husmann*, StuW 2006, 165, 166; vgl. zu asymmetrischen, ebenfalls steuergestalterisch nutzbaren Entlastungswirkungen des Progressionsvorbehaltes bei den hier nicht betrachteten [vgl. Kap. 1.E.] Verlustsituationen *Förster*, ZfB 2010, Special Issue 2/2010, 99, 108ff.

197 Vgl. aber *Jacobs*, Internationale Unternehmensbesteuerung, 2007, 88f.

198 Vgl. *Gosch*, DStZ 1998, 327, 328; *Hey*, DStR 2009, Beihefter zu Heft 34, 109, 114; *Montag*, Gewerbesteuerrecht, in: Tipke/Lang, Steuerrecht, 2010, 467, 470; a.A. zuletzt BVerfG, Urteil vom 21.06.2006, 2 BvL 2/99, BVerfGE 116, 164, 186; BVerfG, Urteil vom 15.01.2008, BvL 2/04, BVerfGE 120, 1, 28; *Güroff* in: Glanegger/Güroff, GewStG, § 1, Rz. 14.

199 Praktisch sind die Schritte der Hinzurechnung und nachfolgend beschriebener Kürzung jedoch zusammengefasst. So sieht § 8 Nr. 5 GewStG von einer Hinzurechnung ab, soweit die Voraussetzungen des § 9 Nr. 2a GewStG erfüllt sind.

keits- als auch Tätigkeitsgemeinde Anspruch auf Gewerbesteuer haben, drohen Doppelbelastungen.

Wie auf Bundesebene hat der deutsche Gesetzgeber auch die Kollision von Steueransprüchen mehrerer deutscher Kommunen über eine Isolation von Bemessungsgrundlagen zu lösen versucht. Steuertechnisch werden dem Gewerbesteuerpflichtigen hierfür verschiedene „Kürzungen" gewährt. Innerhalb des Kapitalgesellschaftskonzerns bleiben demnach Gewinnanteile gewerbesteuerfrei, falls der entsprechende Anteil an Kapitalgesellschaften mindestens 15% beträgt (§ 8 Nr. 5 GewStG i.V.m. § 9 Nr. 2a GewStG).[200] Bei Personengesellschaftskonzernen sind die Gewinnanteile sogar unabhängig von der Beteiligungshöhe aus dem Gewerbeertrag zu kürzen (§ 9 Nr. 2 GewStG). Damit bleiben die im kommunalen Steuerwettbewerb begründeten Belastungsunterschiede erhalten. Die Grundsatzentscheidung für eine Isolation der Bemessungsgrundlagen bereitet auch hier den Weg vom Steuerwettbewerb und seiner denkbaren Möglichkeit, Gewinne zu verlagern, zu der tatsächlichen Option, Gewinne in Kommunen mit relativ niedrigem Hebesatz anfallen zu lassen.

B. Steuerliche Maßgeblichkeit zivilrechtlicher Wertungen

Die Isolation von Bemessungsgrundlagen kann nicht durchgehend auf die Maßgeblichkeit zivilrechtlicher Wertungen bezüglich des Steuersubjektes zurückgeführt werden. Dies demonstriert auf Bundesebene die Freistellung ausländischer Betriebsstättengewinne [vgl. Kap. 3.A.I.] genauso wie auf Gemeindeebene die rechtsformübergreifende Kürzung von Gewinnanteilen anderer Betriebsstätten [vgl. Kap. 3.A.II.]. Die steuerliche Maßgeblichkeit zivilrechtlicher

200 Vgl. aber zu unterschiedlichen Beteiligungserfordernissen bei nationalen und internationalen Sachverhalten *Kessler/Knörzer*, IStR 2008, 121, 121ff.; vgl. zur Frage, ob sich durch § 8b Abs. 1 S. 2-4 KStG nicht freigestellte vGA trotzdem im Anwendungsbereich der gewerbesteuerlichen Beteiligungsertragsbefreiung befinden *Dallwitz/ Mattern/Schnitger*, DStR 2007, 1697, 1702; vgl. zur Frage, ob sich durch § 8b Abs. 1, 5 KStG nicht freigestellte Einkünfte aus typisch stillen Beteiligungen trotzdem im Anwendungsbereich der gewerbesteuerlichen Beteiligungsertragsbefreiung befinden *Teufel/Hasenberg*, IStR 2008, 724, 727; *Birker/Seidel*, BB 2009, 244, 247; vgl. zur Frage ob sich durch § 8b Abs. 1, 5 KStG nicht freigestellte Ausschüttungen eines REIT trotzdem im Anwendungsbereich der gewerbesteuerlichen Beteiligungsertragsbefreiung befinden *Bron*, G-REIT, 2007, 348.

Wertungen stellt sich damit als eigenständiger Wegbereiter vom Steuerwettbewerb zu Gewinnverlagerungen über Finanzierungsentscheidungen dar. Dass dabei der Begriff der Maßgeblichkeit mehr Dimensionen aufweist als im Schrifttum regelmäßig unterstellt, ist schon der allgemeinen Frage von *Kirchhof*[201] zu entnehmen, „warum das Recht für den Gütertausch *und* die Güterzuordnung unter Privaten für den Geldverkehr zwischen Staat und Steuerpflichtigem maßgeblich sein solle." Demnach ist folgende Fallunterscheidung zu treffen:

- *Die Maßgeblichkeit zivilrechtlicher Wertungen bezüglich der Zuordnung des Steuergutes*[202] ordnet dem zivilrechtlichen Kapitalnehmer auch für Zwecke der Ertragsbesteuerung die entsprechende Kapitalüberlassung zu (*Zuordnungsmaßgeblichkeit*).

- *Die Maßgeblichkeit zivilrechtlicher Wertungen bezüglich des eigentlichen Steuergutes* ordnet Kapitalüberlassungen entsprechend zivilrechtlicher Wertungen ein (*Einordnungsmaßgeblichkeit*). Das Zivilrecht unterscheidet anhand formaler Kriterien zwischen Eigen- und Fremdkapital.[203] Das deutsche Steuerrecht übernimmt dies grundsätzlich[204] unverändert.[205]

---

201 *Kirchhof*, Ausgleichender Finanzstaat, in: Rüthers/Stern, FS Gesellschaft für Rechtspolitik, 1984, 157, 161 (Kursivstellung hinzugefügt).

202 *Burmester*, StuW 1993, 221, 221 definiert das Steuergut als „Lebenssachverhalt, aus dem wirtschaftliche Leistungsfähigkeit resultiert und der sich demgemäß als potenzielle Quelle steuerlicher Zahlungsfähigkeit erweist." In vorliegendem Zusammenhang ist darauf hinzuweisen, dass damit auch steuerminderndes Fremdkapital gemeint sein kann, welches negativ auf die wirtschaftliche Leistungsfähigkeit und damit auch die steuerliche Zahlungsfähigkeit einwirkt.

203 Vgl. zur Charakterisierung von Finanzierungsverhältnissen *Briesemeister*, Hybride Finanzinstrumente, 2006, 68ff.; *Eilers*, Finanzierungsformen, in: Eilers/Rödding/Schmalenbach, Unternehmensfinanzierung, 2007, 2, 2ff.; *Häuselmann*, Hybride Finanzierungsformen, in: Kessler/Kröner/ Köhler, Konzernsteuerrecht, 2008, 900, 900ff.; *Kessler*, Konzernfinanzierung im nationalen Steuerrecht, in: Lutter/Scheffler/Schneider, Handbuch der Konzernfinanzierung, 1998, 1137, 1142ff.; *Rehkugler*, Finanzwirtschaft, 2007, 163ff.

204 Eine Ausnahme begründet bspw. § 5 Abs. 2a EStG. Demgegenüber gilt Anderes für § 8 Abs. 3 S. 2 KStG, weil die Hinzurechnung von Ausschüttungen auf Genussrechte, mit denen das Recht auf Beteiligung am Gewinn und Liquidationserlös verbunden ist, außerbilanziell erfolgt. Das ökonomische Ergebnis mag aber einer Ausnahme gleichen.

Das Schrifttum konzentrierte sich bis dato auf die *Einordnungsmaßgeblichkeit*. Nach *Lang*[206] überwiegt diese in den Steuersystemen der EU-Staaten. Im Gegensatz zur Situation in den USA werden mit dem Verzicht auf eine *substance over form*-Betrachtung erhebliche Schwierigkeiten bei der Einordnung von Kapitalüberlassungen vermieden.[207] Zudem schwächt eine derart strenge *book-tax-conformity* den Anreiz zur Finanzierung mit hybriden Finanzinstrumenten. Dies wurde insbesondere in Folge der *Enron*-Affäre positiv bewertet, weil damit eine Steigerung an Transparenz verbunden sei.[208]

Für Gewinnverlagerungen über Finanzierungsentscheidungen wirkt die Grundsatzentscheidung für die *Einordnungsmaßgeblichkeit* allerdings insofern

---

205 Vgl. *Knobbe-Keuk*, Bilanz- und Unternehmenssteuerrecht, 1993, 21; *Blumenberg*, Gesellschafter-Fremdfinanzierung, 1997, 368ff.; *Hey*, Bilanzsteuerrecht, in: Tipke/Lang, Steuerrecht, 2010, 743, 773ff.

206 Vgl. *Lang*, Resümee, in: DStJG, EU-Unternehmensbesteuerung, 1994, 295, 309f.; vgl. ebenso *Schanz/Schanz*, StuW 2009, 311, 315ff.

207 Die Möglichkeit zur funktionalen Einordnung von Kapitalüberlassungen geht in den USA zurück auf U.S. Supreme Court, Urteil vom 07.01.1935, *Gregory v. Helvering*, 293 U.S. 465. Über viele Jahre blieb jedoch unklar, wie dies konkret geschehen sollte, vgl. das ebenso prominente wie wegweisende Urteil des U.S. Court of Appeals (6th Circuit) vom 01.08.1956, *Gooding Amusement Co. v. Commissioner*, 236 F.2d 159. In einer viel zitierten Entscheidung identifizierte ein Bundesberufungsgericht insgesamt sechzehn Kriterien zur Einordnung von Finanzinstrumenten, vgl. U.S. Court of Appeals (3rd Circuit), Urteil vom 20.06.1968, *Fin Hay Reality Co. v. United States*, 398 F.2d 694. Zur Vergrößerung der Rechtssicherheit wurde im Rahmen des *Tax Reform Act of 1969* der *Internal Revenue Code* um § 385 IRC erweitert. In § 385(b)(1)-(5) IRC werden die äußere Form, die Rangordnung, die Eigenkapitalquote, das Rückzahlungsmedium sowie die Proportionalität zwischen Eigen- und Fremdkapital als wesentliche Faktoren bei der Einordnung von Kapitalüberlassungen identifiziert. Eine weitere Konkretisierung durch den *Internal Revenue Service* scheiterte jedoch. Zunächst wurden die Verwaltungsanweisungen mehrmals geändert und dann am 06.07.1983 komplett zurückgezogen, vgl. *Department of Treasury*, Withdrawl of Notice of Proposed Rulemaking vom 06.07.1983, L-R-75-81, 48 Fed.Reg. 31054. Seither hat die Finanzverwaltung keine *Regulations* zu § 385 IRC mehr veröffentlicht. Die Einordnung von Kapitalüberlassungen bleibt damit weiterhin dem *case law* überlassen; vgl. kritisch zur Rechtsentwicklung *Pratt*, Vanderbild Law Review 2000, Vol. 53, 1055, 1065; *Lind/Schwarz/Lathrope u.a.*, Business Enterprise Taxation, 2005, 473ff.

208 Vgl. kritisch zu den von mangelnder *book-tax conformity* geschaffenen Anreizen für die Ausgestaltung der Finanzstruktur von *Enron Staff of Joint Committee on Taxation*, Investigation of Enron regarding federal tax issues, 2003, 8ff. und insbesondere 35; vgl. allgemein zur Diskussion um den sog. *book-tax gap Watrin*, Gewinnermittlung, in: Kessler/Förster/Watrin, FS Herzig, 2010, 495, 503ff.

befördernd, als hieraus die sog. Finanzierungsfreiheit[209] abgeleitet wird. Demnach ist der Unternehmer grundsätzlich ungebunden in seiner Entscheidung über die Kapitalausstattung. Nach *Hey*[210] stellt diese Freiheit das „Minus zu einer finanzierungsneutralen Ausgestaltung der Unternehmensbesteuerung" dar. Allenfalls beachtlich sind zivilrechtliche Vorschriften zur absoluten Kapitalausstattung und –erhaltung.[211] Aus der Sicht von Unternehmungsgruppen kommt diesen Regelungen jedoch eine betragsmäßig nur geringe Bedeutung zu. Darüber hinaus gelten sie nicht für Personengesellschafts- und Betriebsstättenkonzerne.[212]

Auch die bislang kaum beachtete *Zuordnungsmaßgeblichkeit* befruchtet Gewinnverlagerungen über Finanzierungsentscheidungen. So verzichtet das Steuerrecht auch bei vermeintlich unangemessenen Kapitalstrukturen grundsätzlich darauf, die Kapitalüberlassungen einem anderen Steuerpflichtigen oder Steuerobjekt zuzuordnen als dem zivilrechtlichen Kapitalnehmer.

Rechtshistorisch[213] bemerkenswert erscheint, dass die deutsche Finanzverwaltung der Grundsatzentscheidung für die *Einordnungsmaßgeblichkeit* keineswegs immer folgen wollte. Vielmehr wurde mit dem BMF-Schreiben vom 16.03.1987[214] der Versuch unternommen, unter bestimmten Bedingungen[215]

---

209 Vgl. zur Finanzierungsfreiheit *Eilers*, Grundlagen, in: Eilers/Rödding/Schmalenbach, Unternehmensfinanzierung, 2007, 2, 8ff.; *Prinz*, Finanzierungsfreiheit, in: Kessler/Förster/Watrin, FS Herzig, 2010, 147, 150f.

210 *Hey* in: Herrmann/Heuer/Raupach, EStG/KStG, Einf. KStG, Rz. 39; vgl. ebenfalls zum Zusammenspiel von Finanzierungsfreiheit und Finanzierungsneutralität *Herzig*, FR 1994, 589, 589ff.; *Musil/Leibohm*, FR 2008, 807, 809; *Prinz*, FR 2009, 593, 597f.

211 Vgl. für einen Überblick zum gesellschaftsrechtlichen Mindestkapital einzelner Rechtsformen in der EU *Obser*, Gesellschafter-Fremdfinanzierung im europäischen Konzern, 2005, 2ff.

212 Vgl. *Schmidt*, Gesellschaftsrecht, 2002, 524; *Aleth/Reichel*, Eigenkapitalfinanzierung, in: Eilers/Rödding/Schmalenbach, Unternehmensfinanzierung, 2008, 75, 78.

213 Vgl. allgemein zur Rechtsentwicklung *Düll*, Gesellschafter-Fremdfinanzierung, 2005, 1ff.; *Herzig*, IStR 2009, 870, 870f.

214 Vgl. BMF-Schreiben vom 16.03.1987, IV B 7 S 2742 – 3/87, BStBl. I 1987, 373.

215 Die Finanzverwaltung nennt als Bedingung für eine Umqualifizierung die Zuführung von Fremdkapital ohne hinreichenden wirtschaftlichen Grund „in einem zeitlichen Zusammenhang mit einer zum Zwecke der Rückzahlung an die Anteilseigner vorgenommenen Kapitalherabsetzung." Alternativ hierzu soll auch bei einem Missverhältnis von Eigenkapital zu Aktivvermögen von der handelsrechtlichen Einordnung abgewichen werden. Hiervon sei grundsätzlich auszugehen, „soweit das Eigenkapital 10 v.H. des Aktivvermögens nicht überschreitet.", vgl. BMF-Schreiben vom 16.03.1987, IV B 7 S 2742 – 3/87, BStBl. I 1987, 373.

zivilrechtliches Fremdkapital als verdecktes Nennkapital einzuordnen. Damit sollten insbesondere Gewinnverlagerungen zu nicht anrechnungsberechtigten Anteilseignern von Kapitalgesellschaften gestört werden. Der BFH trat diesen Bestrebungen mit seinem grundlegenden Urteil vom 05.02.1992[216] entgegen. Demnach stuft die bis zum MoMiG[217] mögliche Umqualifizierung von Gesellschafterdarlehen in eigenkapitalersetzende Darlehen nach §§ 32a, 32b GmbHG a.F.[218] nur „die Ansprüche des Gesellschafters gegen die Gesellschaft im Verhältnis zu den Ansprüchen anderer Gläubiger [zurück]"[219]. Eine handels- oder steuerrechtliche Umqualifizierung auf Ebene der Gesellschaft lässt sich daraus nicht ableiten.[220] Als noch bedeutsamer erwiesen sich die Ausführungen des BFH zu § 42 AO, weil sie direkt auf das BMF-Schreiben vom 16.03.1987 bezogen und auch außerhalb des Krisenfalls anwendbar sind. So stelle § 42 AO „keine ausreichende Rechtsgrundlage dar, um [...] Zinsen in verdeckte Gewinnausschüttungen umzuqualifizieren"[221]. Damit ließ der BFH den Weg zu Gewinnverlagerungen über Finanzierungsentscheidungen ausdrücklich offen. „Sollte rechtspolitisch die Gleichbehandlung [von Eigen- und Fremdkapital] erwünscht sein", vermerkte der erkennende I. Senat vielmehr als *obiter dictum*, „so ist eine ausdrückliche gesetzliche Regelung erforderlich."[222]

C. Disparate Behandlung von Eigen- und Fremdkapitalfinanzierung

Genauso wie die steuerrechtspolitischen Grundsatzentscheidungen zur Isolation von Bemessungsgrundlagen und zur Maßgeblichkeit zivilrechtlicher Wertungen bereitet auch die disparate steuerliche Behandlung der Eigen- und Fremdkapitalfinanzierung den Weg vom Steuerwettbewerb zu künstlichen Kapitalstrukturen. So sind im Rahmen der Veranlagung Vergütungen auf Fremdkapital bei der leistenden Unternehmung als Betriebsausgaben grundsätzlich

---

216 Vgl. BFH, Urteil vom 05.02.1992, I R 127/90, BStBl II 1992, 532, 532ff.

217 Gesetz zur Modernisierung des GmbH-Rechts und zur Bekämpfung von Missbräuchen vom 23.10.2008, BGBl. I 2008, 2026, 2029.

218 Der Regelungsinhalt von §§ 32a, 32b GmbHG wurde teilweise gleichlautend in die InsO übernommen, vgl. zu Einzelheiten *Altmeppen*, NJW 2008, 3601, 3602ff.

219 BFH, Urteil vom 05.02.1992, I R 127/90, BStBl II 1992, 532, 534.

220 Vgl. zustimmend *Hoffmann*, BB 1992, 680, 680f.; *Knobbe-Keuk*, Bilanz- und Unternehmenssteuerrecht, 1993, 586f.

221 BFH, Urteil vom 05.02.1992, I R 127/90, BStBl II 1992, 532, 535.

222 BFH, Urteil vom 05.02.1992, I R 127/90, BStBl II 1992, 532, 536.

abzugsfähig. Vergütungen auf Eigenkapital mindern hingegen das zu versteuernde Einkommen nicht. Dies stellt nicht nur in Deutschland, sondern auch international den Regelfall dar. Derzeit[223] weichen lediglich Belgien (*notional interest deduction*)[224] und Brasilien (*jure sobro o capital próprio*)[225] hiervon ab. In beiden Ländern sind unter bestimmten Voraussetzungen fiktive Vergütungen für Eigenkapital abzugsfähig.[226] Weil Betriebsausgaben in der Jurisdiktion mit den höchsten Nominalsteuersätzen die größte Wirkung entfalten, ist mit der Grundsatzentscheidung gegen die Abziehbarkeit (fiktiver) Eigenkapitalvergütungen bereits der Weg zu einzelwirtschaftlichen Gewinnverlagerungen bereitet.

Insbesondere[227] im grenzüberschreitenden Konzernen können Quellensteuereffekte den *debt bias* potenzieren[228]. Während die Unterschiede in der Veranlagung noch auf entsprechende handelsrechtliche Wertungen zurück geführt werden könnten[229], wird insbesondere hier deutlich, dass die disparate Behandlung der verschiedenen Kapitalüberlassungen eine von der Maßgeblichkeit zivilrechtlicher Wertungen zu trennende Grundsatzentscheidung darstellt. Konkret verzichten die *fisci* bei Zinszahlungen meist auf den Steuerabzug an der

---

223 Vgl. zur früheren Rechtslage in europäischen Staaten wie Italien, Kroatien und Österreich *Kiesewetter*, StuW 1997, 24, 27ff.; *Knoll*, DBW 2001, 335, 339ff.; *Lammersen*, RIW 2003, 938, 939.

224 Vgl. *Winkeljohann/Weihmann*, Ubg 2008, 161, 161ff.; *Gérard*, Tax Notes International 2006, Vol. 41, 449, 451ff.

225 Vgl. *Köhler*, Hybride Finanzierungen, in: Piltz/Schaumburg, Internationale Unternehmensfinanzierung, 2006, 137, 172ff.; *Baier/Schmid*, IStR 2010, 20, 20ff.

226 Als theoretische Alternative käme insbesondere bei Kapitalgesellschaften noch in Betracht, den Abzug nicht für fiktive, sondern für tatsächlich geleistete Vergütungen auf Eigenkapital zuzulassen, vgl. *U.S. Department of Treasury*, Integration, 1992, 107ff.

227 Für den rein nationalen Kapitalgesellschaftskonzern weist *Köhler*, Konzernstruktur, in: Kessler/Kröner/Köhler, Konzernsteuerrecht, 2008, 303, 313 darauf hin, dass die Quellensteuerbelastung trotz weitgehender Beteiligungsertragsbefreiung nach § 8b Abs. 1 KStG zu einer „temporäre[n] Überbesteuerung im Konzern" führt. Dies ändert sich erst mit der vollständigen Anrechnung von Vorauszahlungen auf die Körperschaftsteuer nach § 36 Abs. 2 S. 2 EStG i.V.m. § 8 Abs. 1 S. 1 KStG.

228 Der Begriff des *debt bias* wird in der U.S.-amerikanischen Literatur regelmäßig für die auch dort vorherrschende Bevorzugung der Fremdkapitalfinanzierung verwendet, vgl. exemplarisch *Pratt*, Vanderbild Law Review 2000, Vol. 53, 1055, 1134.

229 Das handelsrechtliche Ergebnis wird grundsätzlich durch Zinszahlungen, nicht aber durch die Verwendung des Jahresüberschusses, mithin also Eigenkapitalvergütungen, gemindert.

Quelle.[230] Das deutsche Steuerrecht verankert diesen Grundsatz in den Regelungen zur beschränkten Steuerpflicht (Umkehrschluss aus § 49 Abs. 1 Nr. 5c EStG), der Umsetzung der ZLRL[231] (§ 50g EStG) sowie einzelnen DBA-Bestimmungen[232]. Demgegenüber können Eigenkapitalvergütungen eine definitive[233] Quellensteuerbelastung mit sich bringen. Dies gilt in der Regel[234] nicht für den Personengesellschafts- und Betriebsstättenkonzern. Auf Dividenden innerhalb des Kapitalgesellschaftskonzerns beläuft sich der Steuerabzug jedoch entsprechend § 43 Abs. 1 S. 1 Nr. 1 EStG i.V.m. § 43a Abs. 1S. 1 Nr. 1 EStG auf grundsätzlich 25%. An diesem *debt bias* vermag auch § 44a Abs. 9 EStG wenig zu ändern, wenngleich demnach die Höhe der Quellensteuerbelastung an das Niveau der inländischen Körperschaftsteuer anzupassen ist, indem zumindest zwei Fünftel erstattet werden. Der Schutz deutscher DBA endet regelmäßig bei einem zumindest 5%igen bzw. 15%igen Steuerabzug an der Quelle.[235] Ausnahmen von der Quellensteuerpflicht für derartige Eigenkapitalvergütungen bestehen allenfalls im Anwendungsbereich der MTRL[236] Und selbst dann kann die

---

230 Vgl. zur diesbezüglichen Vorreiterrolle der USA *Avi-Yonah*, Harvard Law Review 2000, Vol. 113, 1575, 1579ff.

231 Vgl. Richtlinie 2003/49/EG des Rates vom 03.06.2003 über eine gemeinsame Steuerregelung für Zahlungen von Zinsen und Lizenzgebühren zwischen verbundenen Unternehmen verschiedener Mitgliedstaaten, ABl. EU 2003, Nr. L 157, 49-54.

232 Vgl. *Pöllath/Lohbeck* in: Vogel/Lehner, DBA, Art. 11, Rz. 48f.

233 Eine Anrechnung etwaiger Quellensteuern im Ansässigkeitsstaat des Empfängers scheidet regelmäßig aus, wenn die Einkünfte sich dort im Anwendungsbereich einer Freistellung befinden, vgl. zur (Un-)Vereinbarkeit einer definitiven Quellensteuerbelastung mit EU-Recht jüngst *Wassermeyer*, EuZW 2010, 1, 1.

234 Ausnahmen können sich zunächst bei intransparent besteuerten Personengesellschaften ergeben, vgl. allgemein zur Einordnung ausländischer Gesellschaften BMF-Schreiben vom 24.12.1999, IV B 4 – S 1300 – 111/99, BStBl. I 1999, 1076, Anhang I, Tab. 1; vgl. zu den steuerlichen Folgen *Pyszka/Brauer*, Ausländische Personengesellschaften, in: Kessler/Kröner/Köhler, Konzernsteuerrecht, 2008, 683,686; *Köhler*, Internationale Konzernstruktur, in: Kessler/Kröner/Köhler, Konzernsteuerrecht, 2008, 702, 719; weitere Ausnahmen kann bei transparent besteuerten Personengesellschaften oder Betriebsstätten die sog. *branch profits tax* nach sich ziehen, vgl. zu derartigen Regelungen in den USA, Kanada, Brasilien und Indonesien *Hemmelrath* in: Vogel/Lehner, DBA, Art. 7, Rz. 17; vgl. zu einer möglichen Reduktion der Quellensteuerbelastung durch das DBA-USA *Frotscher*, IStR 2009, 51, 42ff.

235 Vgl. die Abkommensübersicht von *Tischbirek* in: Vogel/Lehner, DBA, Art. 10, Rz. 67.

236 Richtlinie 90/435/EWG des Rates vom 23.07.1990 über das gemeinsame Steuersystem der Mutter- und Tochtergesellschaften verschiedener Mitgliedstaaten, ABl. EG 1990, Nr. L 225, 6-9; vgl. zur Umsetzung in Deutschland § 43b Abs. 1 EStG.

Anti-Treaty-Shopping-Regelung in § 50d Abs. 3 EStG[237] oder die Umsetzung des StHBekG[238] durch § 51 Abs. 1 Nr. 1f EStG zu einer Quellensteuerpflicht führen. Dies wiegt umso schwerer, als in diesen vermeintlichen Missbrauchsfällen auch die Reduktion der Quellensteuerbelastung von 25% auf 15% durch § 44a Abs. 9 EStG widerrufen wird.[239]

D. Schlussfolgerungen für den Fortgang der Untersuchung

Die vorangegangenen Ausführungen haben verdeutlicht, dass der Steuerwettbewerb *per se* [vgl. Kap. 2] noch nicht den Weg zu Gewinnverlagerungen über Finanzierungsentscheidungen bereitet. Vielmehr bedarf es zusätzlich verschiedener steuerrechtspolitischer Grundsatzentscheidungen. Namentlich sind dies die Isolation von Bemessungsgrundlagen [vgl. Kap. 3.A.], die Maßgeblichkeit zivilrechtlicher Wertungen [vgl. Kap. 3.B.] und eine disparate Behandlung von Eigen- und Fremdkapitalfinanzierung [vgl. Kap. 3.C.]. Allerdings beschränkt sich die Wirkung dieser Entscheidungen nicht auf kapitalistische Unternehmungsgruppen. Entgegen der bisher in der Literatur[240] vorherrschenden Konzentration auf Gewinnverlagerungen über Finanzierungsentscheidungen bei Kapitalgesellschaften, müssen daher im Fortgang der Untersuchung auch Personengesellschafts- und Betriebsstättenkonzerne Berücksichtigung finden. Mithin gilt es, den von *Kessler/Teufel*[241] beschrittenen Weg einer rechtsformübergreifenden Analyse derartiger Gewinnverlagerungen konsequent zu Ende zu gehen.

---

237 Vgl. allgemein *Kessler/Eicke*, IStR 2006, 577, 577ff.; *Gosch*, Zwischengesellschaft, in: Kirchhof/Nieskens, FS Reiss, 2008, 597, 613ff.; vgl. zu Beispielfällen *Endres*, PIStB 2007, 285, 285ff.; vgl. insbesondere zur Verwaltungsauffassung *Kessler/Eicke*, DStR 2007, 781, 782ff.; *Piltz*, IStR 2007, 793, 795ff.; vgl. zur Frage der Doppel-Holdingstruktur *Kessler/ Eicke*, IStR 2007, 526, 527ff.; *Kessler/Eicke*, PIStB 2007, 317, 318f.

238 Gesetz zur Bekämpfung der Steuerhinterziehung vom 29.07.2009, BGBl. I 2009, 2302, 2302; vgl. kritisch *Kessler/Eicke*, DB 2009, 1314, 1314ff.; *Sinz/Kubaile*, IStR 2009, 401, 405.

239 In Bezug auf § 50d Abs. 3 EStG wurde diese Verschärfung erst nachträglich im Rahmen des JStG 2009 eingefügt, vgl. zur Rechtslage 2008 die Gesetzesbegründung der Bundesregierung in BT-Drs. 16/1089, 77f.; *Schönfeld*, IStR 2009, 850, 850f.; *Kessler/Knörzer*, IStR 2008, 121, 123.

240 Vgl. exemplarisch die Untersuchungsprämissen von *Jacobs*, StuW 1996, 26, 26ff.; *Fritzmann*, Internationale Konzernfinanzierung, 2003, 11.

241 Vgl. *Kessler/Teufel*, DB 2001, 1955, 1959.

Die Auswirkungen dieses Kapitels beschränken sich aber nicht nur auf Rechtsformfragen. Vielmehr hat es ebenso Folgen für den geographischen Anwendungsbereich der Untersuchung wie für die Annahmen zum konkreten Konzernaufbau. In Bezug auf den geographischen Anwendungsbereich zeigt sich, dass Gewinnverlagerungen über Finanzierungsentscheidungen auch innerhalb rein nationaler Unternehmungsgruppen möglich sind. Dies stellt eine konsequente Fortsetzung der Erkenntnis dar, dass auch ein rein nationaler Steuerwettbewerb existiert [vgl. Kap. 2.C.]. Im Ergebnis muss daher die Beschränkung des Schrifttums auf ausschließlich grenzüberschreitende Gewinnverlagerungen aufgehoben werden.

Hinsichtlich des konkreten Konzernaufbaus kommt den rechtsvergleichenden Bezügen obiger Ausführungen große Bedeutung zu. Sie haben deutlich gemacht, dass auch eine große Zahl anderer Staaten vergleichbare steuerrechtspolitische Grundsatzentscheidungen getroffen hat. In der Folge stellen grenzüberschreitende Gewinnverlagerungen über Finanzierungsentscheidungen keinesfalls ein rein deutsches Phänomen dar. Soweit aber ein Bezug zur Bundesrepublik vorhanden ist, kann es in Abhängigkeit vom Gefälle der Nominalsteuersätze sowohl zu Gewinnverlagerungen von Deutschland in ausländische Jurisdiktionen als auch umgekehrt von ausländischen Jurisdiktionen nach Deutschland kommen. Für den Fortgang der Untersuchung bedeutet dies, dass keine weiteren Annahmen zum Aufbau internationaler Konzerne sachdienlich sind. Unabhängig davon, ob die deutsche Einheit eines internationalen Konzerns dessen Spitzen- oder Grundeinheit darstellt, sind Gewinnverlagerungen von und nach Deutschland möglich.

Die Abstraktion von einem bestimmten Konzernaufbau erweist sich nicht nur bei internationalen Konzernen als zweckmäßig. Auch im nationalen Steuerwettbewerb fallen die Grundsatzentscheidungen der involvierten Jurisdiktionen gleich aus. Schließlich ist die Gesetzgebungshoheit der deutschen Gemeinden auf das Hebesatzrecht beschränkt [vgl. Kap. 2.B.III.]. Die kapitalimportneutrale Ausgestaltung der Gewerbesteuer ist hingegen bundeseinheitlich geregelt [vgl. Kap. 3.A.II.]. Damit sind Gewinnverlagerungen unabhängig davon denkbar, ob die Spitzen- oder Grundeinheit in der Kommune mit dem niedrigeren Hebesatz gewerbesteuerpflichtig ist.

Kapitel 4: Steuergestalterische Gewinnverlagerungen

A. Legitimität

Im sog. Irrelevanztheorem der Finanzierung von *Modigliani/Miller*[242] kommt der Entscheidung über die Finanzierungsart keine besondere Bedeutung zu. Werden allerdings die Anreizeffekte der steuerrechtspolitischen Grundsatzentscheidungen [vgl. Kap. 3] berücksichtigt, verliert die grundlegende Erkenntnis von *Modigliani/Miller* bereits für eine allein stehende Unternehmung ihre Gültigkeit. Dies gilt in noch stärkerem Maße für die hier betrachteten Konzernsachverhalte. Mit seinen keineswegs alternativlosen Grundsatzentscheidungen schafft der Gesetzgeber bewusst Anreize zu Gewinnverlagerungen oder nimmt diese zumindest wissentlich in Kauf. Soweit der Steuerpflichtige im Rahmen seiner Steuerplanung derartige Anreize nur aufgreift, muss dies als legitim bezeichnet werden.[243] Schließlich hätte er in der steuerlosen und nur durch sein autarkes Entscheidungskalkül getriebenen Welt von *Modigliani/Miller* hierauf verzichtet. Im Sinne eines *argumentum e contrario* erscheint darüber hinaus unklar, weshalb der Gesetzgeber sich fallweise die Steuerplanung zu Nutze macht[244], diese an anderen Stellen aber nicht legitim sein soll.

Nach *Rose*[245] besteht sogar eine betriebswirtschaftliche Pflicht, vermeidbare Steuerbelastungen (sog. Dummensteuern[246]) auch tatsächlich zu vermeiden. *Vogel*[247] sieht einen gesellschaftlichen Nutzen in der Steuerplanung. Übertragen auf den vorliegenden Zusammenhang kommt Gewinnverlagerungen demnach die Rolle eines Detektionsmechanismus für ungerechte und schlechte Gesetze

---

242 Vgl. *Modigliani/Miller*, American Economic Review 1958, Vol. 48, No. 3, 261, 288ff.

243 Vgl. allgemein *Wagner*, StuW 1992, 2, 3f.; *Tipke*, StRO - Band I, 2000, 494; *Hey*, Steuerplanungssicherheit, 2002, 13f.; *Flämig*, DStR 2007, Beihefter zu Heft 44, 2, 5ff.

244 Vgl. bspw. die durch das MaßnahmenpaketG vom 21.12.2008, BStBl. I 2009, 133, 133 für nach dem 31.12.2008 und vor dem 01.01.2011 angeschaffte bewegliche Wirtschaftsgüter des Anlagevermögens wieder eingeführte degressive Abschreibung.

245 Vgl. *Rose*, Dummensteuern, in: Lang, FS Tipke, 1995, 153, 154ff.

246 Vgl. zum Phänomen der Dummensteuern aus staats- und steuerrechtswissenschaftlicher Sicht *Tipke*, Steuerplanungssicherheit, in: Herzig, FS Rose, 1991, 91, 95; *Hey*, Steuerplanungssicherheit, 2002, 561.

247 Vgl. *Vogel*, StuW 1980, 206, 208.

zu. *Schneider*[248] steigert dies dahingehend, dass Steuerplanung „als Lern- und Erziehungsprozeß für Gesetzgebende ethisch geboten [ist]".

B. Einordnung

Unter Steuerplanung ist nach *Rose*[249] „jede Mitwirkung bei betriebswirtschaftlichen Planungen [zu verstehen], die darauf gerichtet ist, den Entscheidungsträgern hinsichtlich der steuerbezogenen Elemente ihrer Dispositionen fachliche Hilfe zu leisten." Weitergehend differenziert *Rödder*[250] innerhalb der Steuerplanung zwischen einer reagierenden Steuereinplanung und einer agierenden Steuergestaltung. Demnach bedeutet Steuereinplanung, dispositionsbezogene Steuerwirkungen in ökonomischen Kalkülen zu berücksichtigen. Steuergestaltung stellt sich hingegen als steuermotivierter Einsatz von Gestaltungsmitteln dar, welche die Höhe oder den Zeitpunkt der Besteuerung beeinflussen. *Hey*[251] bezeichnet entsprechend die Steuergestaltung als „Steigerung der Steuerplanung". Im Lichte dieser Begriffsbestimmungen stellen Gewinnverlagerungen über Finanzierungsentscheidungen eine Technik der Steuergestaltung dar.

C. Systematisierung

Gewinnverlagerungen über Finanzierungsentscheidungen stellen eine höchst heterogene Technik der Steuergestaltung dar. Das Schrifttum unterscheidet je nach Autor zwischen drei Gruppen[252] bzw. idealtypischen Erscheinungsfor-

---

248 *Schneider*, DB 1997, 485, 490.

249 *Rose*, Betriebswirtschaftliche Steuerplanung, in: Klein/ Vogel, FS von Wallis, 1985, 275, 275; ähnlich weitgehend *Schneider*, Steuerplanung, in: DStJG, Grenzen der Rechtsfortbildung, 1982, 85, 87: „Betriebliche Steuerplanung muß verstanden werden als Unternehmensplanung unter Berücksichtigung der Höhe und des Zeitpunkts der Steuerzahlungen, die einzelne in Erwägung gezogene Handlungsmöglichkeiten auslösen."

250 Vgl. *Rödder*, Gestaltungssuche, 1991, 4f.

251 *Hey*, Steuerplanungssicherheit, 2002, 11.

252 Vgl. zu den drei „Gruppen" downstream-Inboundfinanzierung, upstream-Inboundfinanzierung und Outboundfinanzierung *Rödder*, DStR 2007, Beihefter zu Heft 40, 2, 6; *Rödder/Stangl*, DB 2007, 479, 479; *Welling*, FR 2007, 735, 737; *Schmidt-Fehrenbacher*, Ubg 2008, 469, 470; *Dötsch/Pung* in: Dötsch/Jost/Pung u.a., KStG, § 8a KStG, Rz. 11.

men[253], zwei Optionen[254] oder ebenfalls zwei Typen[255]. In Anbetracht der bereits zahlenmäßigen Unterschiede verwundert es wenig, dass nicht nur die Grenzziehung zwischen den jeweiligen Kategorien höchst unterschiedlich verläuft[256]. Vielmehr werden auch gänzlich unterschiedliche Gestaltungen unter die einzelnen Kategorien subsumiert.[257] Bei genauer Analyse können alle Kategorien jedoch auf zwei Grundtechniken zurückgeführt werden. In Anlehnung an die Systematik von *Kessler*[258] zu Gestaltungsmitteln bei Holdinggesellschaften ergibt sich folgende Dichotomie der Gewinnverlagerungstechniken:

- *Generierungsstrategien* bezeichnen die steueroptimale Generierung zusätzlicher Zinsaufwendungen und -erträge bei unterschiedlichen Konzerneinheiten. Gläubiger und Schuldner gehören in der klassischen Ausprägung demselben Konzern an (Gesellschafter-Fremdfinanzierung). Wirtschaftlich gleichwertig und daher auch unter Generierungsstrategien zu subsumieren sind Fremdfinanzierungen durch sonstige nahe stehende Personen und rückgriffsberechtigte Dritte.

- *Allokationsstrategien* stehen für eine steueroptimale Allokation des gegebenen konzernexternen Fremdkapitals über die unterschiedlichen Konzerneinheiten. Gläubiger und Schuldner gehören nicht demselben Konzern an (z.B. Fremdfinanzierung durch Banken).

---

253 Vgl. zu den drei „idealtypischen Erscheinungsformen" Gesellschafter-Fremdfinanzierung, Fremdfinanzierung zum ausländischen Anteilserwerb und Einsatz ausländischer Konzernfinanzierungsgesellschaften *Bohn*, Zinsschranke, 2009, 17ff.

254 Vgl. zu den asymmetrischen „Optionen" „Fremdkapital als Eigenkapital" und „Eigenkapital als Fremdkapital" *Menck*, IStR 1994, 569, 570.

255 Vgl. zu Typ A und Typ B *Homburg*, FR 2007, 717, 721.

256 Bspw. fällt die upstream-Inboundfinanzierung von *Rödder*, DStR 2007, Beihefter zu Heft 40, 2, 6 in der Kategorisierung von *Menck*, IStR 1994, 569, 570 wohl teilweise unter die asymmetrische Option „Fremdkapital als Eigenkapital" und zum anderen Teil unter jene mit der Bezeichnung „Eigenkapital als Fremdkapital".

257 Bspw. subsumiert *Homburg*, FR 2007, 717, 712 unter seinen Typ B überhöhte Zinszahlungen, während Gewinnverlagerungen über nicht fremdübliche Vergütungen bei den anderen Autoren in keine Kategorie fallen.

258 Vgl. *Kessler*, Euro-Holding, 1996, 82.

Im Ergebnis setzt die Gewinnverlagerung über Finanzierungsentscheidungen nicht zwingend einen Gesellschafterbezug voraus. Allerdings können Allokations- und Generierungsstrategien nicht nur einzeln, sondern auch kombiniert angewandt werden. So ist es steuergestalterisch u.U. erstrebenswert, zunächst die Einheiten in Hochsteuerjurisdiktionen überwiegend mit konzernexternem Fremdkapital zu finanzieren (Allokationsstrategie), welches anschließend in Form von Eigenkapitalinvestments an nachgeordnete Einheiten in Jurisdiktionen mit niedrigeren Steuersätzen weitergereicht wird. Von dort erfolgt dann im dritten Schritt eine *upstream*-Fremdkapitalfinanzierung der übergeordneten Einheiten (Generierungsstrategie).[259]

D. Empirisches Bild

I. Bundesebene

Internationale Gewinnverlagerungen über Finanzierungsentscheidungen sind Gegenstand einer mittlerweile beträchtlichen Zahl empirischer Untersuchungen. Allerdings stellen die meisten Autoren nur auf den Zusammenhang zwischen Kapitalstruktur und Nominalsteuersatz ab. Sie vernachlässigen die steuerrechtspolitischen Grundsatzentscheidungen, welche Steuersatzdifferenzen erst in Gewinnverlagerungen überführen. Technisch hätte diesen Grundsatzentscheidungen mindestens die Rolle einer Kontrollvariablen zukommen sollen. Gleichwohl kommt die Regressionsanalyse von *Desai/Foley/Hines*[260] für die Jahre 1982, 1989 und 1994 zum Ergebnis, dass der Anteil des Gesellschafter-Fremdkapitals am Gesamtkapital von ausländischen Tochtergesellschaften U.S.-amerikanischer Unternehmungen um 3,5% steigt, wenn sich der ausländische Nominalsteuersatz um 10% erhöht.[261] Dies darf als deutlicher Beleg für Generierungsstrategien gewertet werden. Weil sich aber auch der Anteil des konzernexternen Fremdkapitals am Gesamtkapital der ausländischen Tochterge-

259 Dies stellt eine Kombination der beiden Spielarten asymmetrischer Finanzierung in der Fallunterscheidung von *Menck*, IStR 1994, 569, 570 dar; in der Systematik von *Rödder/Stangl*, DB 2007, 479, 479 handelt es sich um die Gruppen 2 („Up-stream-Inboundfinanzierung") und 3 („Outboundfinanzierung"); vgl. zur gleichen Systematik *Schmidt-Fehrenbacher*, Ubg 2008, 469, 470; *Möhlenbrock/Pung* in: Dötsch/Jost/Pung u.a., KStG, § 8a, Rz. 11; wird die Fallunterscheidung von *Homburg*, FR 2007, 717, 721 verwendet, handelt es sich um Typ A.

260 Vgl. *Desai/Foley/Hines*, Journal of Finance 2004, Vol. 59, No. 6, 2451, 2466.

261 Vgl. *Desai/Foley/Hines*, Journal of Finance 2004, Vol. 59, No. 6, 2451, 2472.

sellschaft um 1,9% erhöht, wenn der dortige Nominalsteuersatz um 10% steigt, fällt die Evidenz für Allokationsstrategien ebenfalls robust aus.

Eine der wenigen Studien, die nicht nur das Nominalsteuersatzdifferential, sondern mit der tatsächlichen Steuerbelastung verschiedener Finanzierungsalternativen auch einen Teil[262] der steuerrechtspolitischen Grundsatzentscheidungen berücksichtigt [vgl. Kap. 3], kommt zu ähnlichen Ergebnissen. Konkret geht nach *Huinziga/Laeven/Nicodeme*[263] bereits eine um 0,06% höhere Belastung der Eigenkapitalfinanzierung der EU-Tochtergesellschaft eines europäischen Konzerns mit einer um 1,5% höheren Fremdkapitalquote dieser Gesellschaft einher.

Obgleich sich die beiden bisher genannten Untersuchungen auf die USA bzw. den gesamteuropäischen Raum beziehen, existieren auch Regressionsanalysen mit explizitem Bezug zur deutschen Bundesebene.[264] Für den Zeitraum von 1996 bis 2004 schätzen *Büttner/Overesch/Schreiber/Wamser*[265], dass sich der Anteil der Gesellschafter-Fremdfinanzierung am Gesamtkapital der ausländischen Tochtergesellschaft einer deutschen Spitzeneinheit um 1,95% erhöht, wenn der entsprechende ausländische Nominalsteuersatz um 10% steigt. In einer vergleichbaren Studie kommen *Mintz/Weichenrieder*[266] für den Zeitraum 1996 bis 2003 zu dem Ergebnis, dass eine 10%ige Erhöhung des ausländischen Nominalsteuersatzes zu einer 1,9% bis 3% höheren Fremdkapitalausstattung deutscher Direktinvestitionen im Ausland führt. Allerdings erzielen die Autoren nur für die Gesellschafter-Fremdfinanzierung, nicht aber für konzernexterne Darlehen signifikante Ergebnisse.[267] Dieser Unterschied zu den Untersuchungen U.S.-amerikanischer Direktinvestitionen legt nahe, dass in der Outbound-Steuerplanung deutscher Konzerne Generierungsstrategien mehr Bedeutung besitzen als Allokationsstrategien.

---

262 Dies gilt jedenfalls für die Isolation von Bemessungsgrundlagen [vgl. Kap. 3.A.] sowie die disparate Behandlung von Eigen- und Fremdkapitalfinanzierung [vgl. Kap. 3.C.]. Eine ggf. unterschiedliche Ausprägung des Maßgeblichkeitsprinzips [vgl. Kap. 3.B.] findet auch hier keine Beachtung.

263 Vgl. *Huizinga/Laeven/Nicodeme*, Journal of Financial Economics 2008, Vol. 88, No. 1, 80, 102; ähnlich *Ramb/ Weichenrieder*, Review of World Economics 2005, Vol. 141, No. 4, 670, 670ff.

264 Vgl. auch den Überblick von *Schwarz*, IStR 2008, 11, 13.

265 Vgl. *Büttner/Overesch/Schreiber* u.a., Bundesbank Discussion Paper 2008, Reihe 1, No. 03/2008, 24.

266 Vgl. *Mintz/Weichenrieder*, CESifo Working Paper 2005, No. 1612, 10.

267 Vgl. *Mintz/Weichenrieder*, CESifo Working Paper 2005, No. 1612, 11.

Für den umgekehrten Inbound-Sachverhalt einer ausländischen Direktinvestition in Deutschland stellt die Verlagerung von Gewinnen über Finanzierungsentscheidungen ebenfalls eine empirisch verifizierbare Hypothese dar. Mit Hilfe eines *difference-in-difference approach* können *Overesch/Wamser*[268] aufzeigen, dass durch die Verringerung des *safe haven* für Holdinggesellschaften von 9:1 auf 3:1 durch die Änderung des § 8a Abs. 4 KStG a.F. im Zuge des StSenkG[269] der Anteil von Gesellschafter-Fremdkapital am Gesamtkapital einer durchschnittlichen deutschen Holdinggesellschaft von 31,7% auf 21,7% zurück ging. Gleichsam ging mit der Reduktion des *safe haven* für Nicht-Holdinggesellschaften von 3:1 auf 1,5:1 eine um 5% verringerte Gesellschafter-Fremdfinanzierung dieser Unternehmungen einher.[270] *Wamser*[271] bestätigt dieses Ergebnis nicht nur der Tendenz nach, sondern kann auch Aussagen zur konzernexternen Fremdfinanzierung machen. So steigt der Anteil der konzernexternen Darlehen am Gesamtkapital bei Gesellschaften, welche von der Verringerung des *safe haven* betroffen sind, um durchschnittlich 2,3% bis 2,7%. Im Gegensatz zum Outbound-Sachverhalt kann daher davon ausgegangen, dass bei ausländischen Direktinvestitionen in Deutschland nicht nur Generierungs-, sondern auch Allokationsstrategien zum Einsatz kommen.

II. Gemeindeebene

Während alle vorgenannten Untersuchungen sich mit Gewinnverlagerungen auf Bundesebene beschäftigen, existieren auch einige wenige Studien zu entsprechenden innerstaatlichen Steuergestaltungen. Regelmäßig steht dabei aber nicht die Situation deutscher Gemeinden, sondern jene auf subnationaler Ebene anderer Staaten im Mittelpunkt. Die Ergebnisse können jedoch auf den ebenfalls rein innerstaatlichen kommunalen Steuerwettbewerb innerhalb der Bundesrepublik übertragen werden.

---

268 Vgl. *Overesch/Wamser*, ZEW Discussion Paper 2006, No. 06-075, 19.

269 Gesetz zur Senkung der Steuersätze und zur Reform der Unternehmensbesteuerung vom 23.10.2000, BGBl. I 2000, 1433, 1452; vgl. zur Rechtsentwicklung *Düll*, Gesellschafter-Fremdfinanzierung, 2005, 5f.; *Herzig*, IStR 2009, 870, 870ff., vgl. speziell zur Rechtsentwicklung des § 8a Abs. 4 KStG a.F. *Kessler*, DStR 2004, 386, 387f.

270 Vgl. *Overesch/Wamser*, ZEW Discussion Paper 2006, No. 06-075, 17f.

271 Vgl. *Wamser*, CESifo Working Paper 2008, No. 62, 18.

Für Kanada gelingt es *Mintz/Smart*[272] aufzuzeigen, dass Einheiten eines Konzerns, der in mehreren Provinzen tätig ist, eine beachtliche Elastizität der Bemessungsgrundlage in Bezug auf den nicht an den Fiskus fließenden Anteil des Einkommens von +4,9[273] aufweisen. Demgegenüber nimmt dieselbe Größe für nur in einer Provinz tätige Unternehmungen den geringeren Wert von +2,3 an. Im Sinne eines *difference-in-difference approach* können diese sehr unterschiedlichen Elastizitäten dahingehend interpretiert werden, dass sich Konzerne mit Einheiten in mehreren Provinzen über Gewinnverlagerungen Belastungsunterschiede nutzbar machen. In Bezug auf die konkrete Technik finden *Mintz/Smart* heraus, dass bei Einheiten eines Konzerns, der in mehreren kanadischen Provinzen tätig ist, ein signifikant positiver Zusammenhang zwischen Zinsaufwand und dem an den Fiskus fließenden Anteil des Einkommens besteht.[274] Weil dem bei nur in einer Provinz tätigen Unternehmungen nicht so ist, kann daraus auf Gewinnverlagerungen über Finanzierungsentscheidungen geschlossen werden. Für den kommunalen Steuerwettbewerb innerhalb der Bundesrepublik Deutschland werden diese Ergebnisse durch *Gropp*[275] bestätigt. Unterschiedliche Gewerbesteuerhebesätze erklären in dessen Untersuchung immerhin 5%-7% des unterschiedlichen Anteils der fremdkapitalfinanzierten Aktiva am Vermögen von 375 betrachteten Firmen zwischen 1985 und 1990.

---

272 Vgl. *Mintz/Smart*, Journal of Public Economics 2004, Vol. 88, No. 6, 1149, 1149ff.; vgl. für eine ähnliche Untersuchung, welche neben kanadischen *provincial taxes* auch U.S.-amerikanische *state taxes* analysiert, dabei allerdings auf die Manipulation von Zerlegungsmaßstäben konzentriert ist *Klassen/Shackelford*, Journal of Accounting and Economics 1998, Vol. 25, No. 3, 385, 393ff.

273 Im Gegensatz zu den anderen in dieser Arbeit vorgestellten Untersuchungen stellen *Mintz/Smart* nicht auf den Steuersatz, sondern umgekehrt auf den nicht an den Fiskus fließenden Anteil des Einkommens ab. Deshalb nimmt die Elastizität auch positive Werte an, vgl. *Mintz/Smart*, Journal of Public Economics 2004, Vol. 88, No. 6, 1149, 1162, Fn. 14.

274 Vgl. *Mintz/Smart*, Journal of Public Economics 2004, Vol. 88, No. 6, 1149, 1165.

275 Vgl. *Gropp*, International Tax and Public Finance 2002, Vol. 9, No. 1, 51, 62.

E. Schlussfolgerungen für den Fortgang der Untersuchung

Aufbauend auf die Erkenntnis, dass der Steuerwettbewerb Gewinnverlagerungen zwar auf Bundes- und Gemeindeebene denkbar erscheinen lässt [vgl. Kap.2], künstliche Kapitalstrukturen ohne bestimmte steuerrechtspolitische Grundsatzentscheidungen aber trotzdem nicht möglich wären [vgl. Kap. 3], konnte nun auch ein klares Bild von der Reaktion der Steuerpflichtigen gewonnen werden. Weil Gewinnverlagerungen über Finanzierungsentscheidungen nur den von der Steuerpolitik gesetzten Anreizen folgen, sind diese als grundsätzlich legitim anzusehen [vgl. Kap. 4.A.]. Folglich muss der Fortgang der Untersuchung darauf gerichtet sein, etwaige Gegenmaßnahmen des Gesetzgebers und nicht das Verhalten der Steuerpflichtigen kritisch zu bewerten. Gleichzeitig kann dabei auf die hier entwickelte Systematik der Gewinnverlagerungstechniken zurückgegriffen werden [vgl. Kap. 4.C.]. Konkret kann zwischen Generierungs- und Allokationsstrategien unterschieden werden. Diese Einteilung geht nicht nur über die bisher in der Literatur übliche Kasuistik hinaus. Vielmehr erwies sie sich auch als empirisch robust [vgl. Kap. 4.D.].

Einzig bei deutschen Outboundinvestitionen fehlt es an der Evidenz für Allokationsstrategien [vgl. Kap. 4.D.I.]. Weil aber für die USA ebenso wie für den umgekehrten Fall einer Inboundinvestition mit Zielland Bundesrepublik auch derartige Strategien nachgewiesen wurden, kann im Fortgang der Untersuchung an der Dichotomie der Gewinnverlagerungsstrategien festgehalten werden. Dies gilt umso mehr, als die Zweifel streuenden Regressionsanalysen einige methodische Fragen aufwerfen. So wird dort nur auf das Differential der Nominalsteuersätze, nicht aber auf die eigentlich kausalen Grundsatzentscheidungen des Gesetzgebers abgestellt.

Kapitel 5: Unterkapitalisierungsnormen

A. Notwendigkeit

In den vorstehenden Abschnitten wurde aufgezeigt, dass Konzerne unabhängig von ihrer rechtlichen Organisationsform wie geographischen Ausdehnung Gewinne über Finanzierungsentscheidungen verlagern. Alle Teildisziplinen der Steuerwissenschaften betonen die Notwendigkeit, durch steuerrechtspolitische Einzelentscheidungen die gewinnverlagerungsfreundliche Wirkung der steuerrechtspolitischen Grundsatzentscheidungen zu dämpfen.[276] Damit besteht in diesem Zusammenhang ein weitaus größerer Konsens als bei der Frage, ob Maßnahmen gegen den Steuerwettbewerb selbst ergriffen werden sollten[277].

Für die moderne Finanzwissenschaft haben *Fuest/ Hemmelgarn*[278] nachgewiesen, dass im Fall von Gewinnverlagerungen über Finanzierungsentscheidungen eine interjurisdiktionelle abgestimmte Steuergesetzgebung den Gesamtnutzen steigern kann. *Haufler/ Runkel*[279] präzisieren deren Erkenntnisse dahingehend, dass konkret die Einführung von Maßnahmen, welche speziell auf eine angemessene Verteilung von Finanzierungsaufwand zielen, einen Wohlfahrtsgewinn erwarten lässt. Unter den Annahmen des Modells von *Haufler/Runkel* gilt dies jedoch nur für den Fall einer multilateral abgestimmten Bekämpfung künstlicher Kapitalstrukturen.[280] Weil aber international ein Trend erkennbar ist, derartige Maßnahmen zu ergreifen[281], dürfte sich auch der deutsche Steuergesetzgeber hiervon Vorteile versprechen können.

---

276 Vgl. ähnlich auch *Watrin/Pott/Richter*, StuW 2009, 256, 259: „Gegenstand der Diskussion zur Zinsabzugsbeschränkung ist weniger die grundsätzliche Existenz entsprechender Vorschriften, sondern vielmehr die Frage einer sachgerechten Ausgestaltung [...]."

277 Vgl. zur Diskussion um die Wünschbarkeit des Steuerwettbewerbs selbst nur *Kirchhof*, ORDO 2005, Vol. 56, 39, 39ff. und die Replik von *Vanberg*, ORDO 2005, Vol. 56, 47, 47ff.

278 Vgl. *Fuest/Hemmelgarn*, Regional Science and Urban Economics 2005, Vol. 35, No. 5, 508, 508ff.

279 Vgl. *Haufler/Runkel*, Universität Oxford Center for Business Taxation Working Paper 2008, No. 08/15, 12ff.

280 Anderenfalls würden im *Nash*-Gleichgewicht nicht nur ineffizient niedrige Nominalsteuersätze festgesetzt, sondern auch ineffizient laxe Vorschriften zur Verteilung von Finanzierungsaufwand erlassen, vgl. *Haufler/Runkel*, Universität Oxford Center for Business Taxation Working Paper 2008, No. 08/15, 12ff.

281 Vgl. *Kessler/Obser*, IStR 2004, 187, 187ff.; *Obser*, Gesellschafter-Fremdfinanzierung im europäischen Konzern, 2005, 101ff.; *Kessler/Knörzer*, Tax Notes International 2008,

In der Begründung sehr verschieden, im Ergebnis jedoch gleich sprechen sich auch Vertreter der Staats- und Steuerrechtswissenschaft für Maßnahmen gegen Gewinnverlagerungen aus. So betonen unabhängig voneinander *Avi-Jonah*[282] und *Kirchhof*[283] die Notwendigkeit, staatliche Handlungsspielräume zu erhalten. Diese Sichtweise findet auch in der Betriebswirtschaftlichen Steuerlehre Zustimmung.[284] Sie befindet sich hier in bemerkenswertem Gleichklang mit der klassischen Finanzwissenschaft. Unter deren Vertretern trat insbesondere *Neumark*[285] für den „Grundsatz der Ausreichendheit der Steuererträge" ein.

Als Folge der sog. Finanzkrise wird in jüngster Zeit unabhängig von der Teildisziplin der Steuerwissenschaften durch einzelne Autoren[286] ein zusätzliches Argument für Maßnahmen gegen Gewinnverlagerungen über Finanzierungsentscheidungen bemüht. So stünden diese Steuergestaltungen der Stabilität der Wirtschaftsordnung entgegen. Allerdings ist dem entgegen zu halten, dass im Gegensatz zu einer absolut niedrigen Kapitalausstattung eines Konzerns Gewinnverlagerungen zwischen dessen Einheiten wohl kaum destabilisierend wirken.

B. Begriffsbestimmung

Maßnahmen gegen Gewinnverlagerungen über Finanzierungsentscheidungen bezeichnet das Schrifttum[287] gemeinhin als Unterkapitalisierungsnormen, ohne dass der genaue Ursprung des Begriffs auszumachen ist. Jedenfalls scheint es sich nicht um einen originär steuerrechtlichen Terminus zu handeln, da die Unterkapitalisierung im Gesellschaftsrecht wesentlich ältere Ursprünge hat. Ohne das Wort Unterkapitalisierung explizit zu verwenden, stellte das RG bereits

---

Vol. 50, 427, 427f.; *Bauer*, StuW 2009, 163, 169ff.; *Herzig/Bohn*, IStR 2009, 253, 253ff.; *Bohn*, Zinsschranke, 2009, 111ff.

282 Vgl. *Avi-Yonah*, Harvard Law Review 2000, Vol. 113, 1575, 1632ff.

283 Vgl. *Kirchhof*, ORDO 2005, Vol. 56, 39, 39ff.

284 Vgl. *Herzig*, WPg-Sonderheft 2003, 191, 195; *Kessler/Köhler/Knörzer*, IStR 2007, 418, 418; *Rödder*, ZHR 2007, 380, 397; *Kessler/Dietrich*, DB 2010, 240, 240.

285 *Neumark*, Steuerpolitik, 1970, 47ff.

286 Vgl. jüngst *Shaviro*, New York University School of Law Working Paper 2009, No. 09-35, 5f.

287 Vgl. exemplarisch *Jacobs*, StuW 1996, 26, 37; *Obser*, Gesellschafter-Fremdfinanzierung im europäischen Konzern, 2005, 15; *Bohn*, Zinsschranke, 2009, 4.

1937[288] einen Verstoß gegen die guten Sitten i.S.d. § 826 BGB fest, wenn „das Stammkapital im Verhältnis zum Umfang des Unternehmens viel zu gering bemessen ist." Die spätere Rechtsprechung nahm bis zu ihrer Kodifizierung durch §§ 32a, 32b GmbHG a.F. diese Argumentation auf.[289] Dabei fand auch der Begriff Unterkapitalisierung explizite Verwendung.[290] Im steuerrechtlichen Kontext gewann der Terminus „thin capitalisation" nicht zuletzt durch den entsprechenden OECD-Report[291] an Prominenz.

Die Unklarheiten über den Ursprung des Begriffs der Unterkapitalisierung setzen sich bei den daran anknüpfenden Unterkapitalisierungsnormen fort. In der Literatur wird teilweise der U.S.-amerikanische § 163(j) IRC als „Vorläufer"[292] genannt. Allerdings wies bereits Art. 7 Abs. 1 DBA USA-Großbritannien 1945 eine vergleichbare Regelung auf.[293] Demnach war es dem Ansässigkeitsstaat des Schuldners erlaubt, die Quellensteuerfreiheit von Zinsen aufzuheben, falls diese an mindestens 50%ige Anteilseigner flossen.

Noch bedeutsamer als Fragen nach der Begriffsherkunft sind jedoch jene nach der Begriffsabgrenzung. Soweit überhaupt ein Beitrag hierzu geleistet wird, folgt die Literatur höchst unterschiedlichen Konzepten. Nach *Obser*[294] „setzen [Unterkapitalisierungsnormen] regelmäßig voraus, dass der Darlehensgeber entweder selbst Anteilseigner, eine verbundene Person bzw. eine sonstige nahe stehende Person oder ein Dritter mit Rückgriffsmöglichkeit auf den Anteilseigener ist." Ähnlich stellt auch die OECD[295] fest: „[Thin capitalisation] rules normally apply only or mainly in the context of enterprises making payments to foreign associated enterprises." Demgegenüber knüpfen nach *Blu-*

---

288 RG, Urteil vom 16.11.1937, II 70/37, JW 1938, 862, 863.

289 Vgl. zur Rechtsentwicklung *Schmidt* in: Scholz, GmbHG, §§ 32a, 32b, Rz. 15ff.

290 Vgl. exemplarisch BGH, Urteil vom 14.12.1959, II ZR 187/57, BGHZ 31, 258, 268: „Für die satzungsmäßigen Zwecke der [GmbH des Urteilssachverhaltes] war ein Stammkapital von 20 000 DM völlig unzureichend. [...] Andererseits ist es der GmbH nicht verwehrt, eine Unterkapitalisierung [...] durch Darlehen ihrer Gesellschafter zu decken [...]." (Kursivstellung hinzugefügt).

291 Vgl. *OECD*, Thin capitalisation, 1987, 8ff.

292 Vgl. *Homburg*, FR 2007, 717, 720; differenzierter *Goebel/Eilinghoff*, IStR 2008, 233, 241.

293 Vgl. zur Quellensteuerpflicht bei Gesellschafter-Fremdfinanzierung nach dem DBA USA-Großbritannien 1945 *Wang*, Harvard Law Review 1945, Vol. 59, No. 1, 73, 114; vgl. für eine rechtshistorische Einordnung *Benshalom*, Virginia Tax Review 2008, Vol. 27, No. 3, 631, 687, Fn. 184.

294 *Obser*, Gesellschafter-Fremdfinanzierung im europäischen Konzern, 2005, 13f.

295 *OECD*, Thin capitalisation, 1987, 14.

menberg[296] Unterkapitalisierungsnormen nicht zwingend an eine Gesellschafter-Fremdfinanzierung an. Vielmehr zielten sie auf eine „dünne Eigenkapitaldecke" jedweder Herkunft.

Der steuerwissenschaftliche Ansatz vorliegender Arbeit lässt die weitere Abgrenzung von *Blumenberg* vorzugswürdig erscheinen. Schließlich hat die Systematisierung der Steuergestaltungstechniken offenbart, dass Gewinnverlagerungen auch durch Allokationsstrategien verwirklicht werden können [vgl. Kap. 4.C.]. Im Gegensatz zu Generierungsstrategien setzen diese keine Gesellschafter-Fremdfinanzierung voraus. Auch empirisch sind Allokationsstrategien verbürgt [vgl. Kap. 4.D.]. Im Sinne einer negativen Abgrenzung dürfen steuerliche Unterkapitalisierungsnormen nicht auf Regelungen gegen die Gesellschafter-Fremdfinanzierung verengt werden. Vielmehr müssen sie der Dichotomie der Gewinnverlagerungstechniken Rechnung tragen.

Auch soweit die Literatur die hier präferierte Abgrenzung teilt, liefert sie regelmäßig keine Begriffsbestimmung, welche es erlaubt, Unterkapitalisierungsnormen zweifelsfrei zu identifizieren. Bislang haben einzig *Striegel*[297] und *Prinz*[298] verwandte Versuche einer Kasuistik unternommen. Allerdings untersucht *Striegel* allgemein „Maßnahmen der Finanzierungsbesteuerung". Entsprechend lang fällt seine Liste aus.[299] Bspw. zählt für ihn die Absenkung des Körperschaftsteuersatzes auf 15% zu den „indirekten Maßnahmen der Finanzierungsbesteuerung". Für den schon terminologisch enger gefassten Begriff der Unterkapitalisierungsnormen bedarf es auch einer engeren Abgrenzung. *Prinz*[300] liegt mit seiner Aufzählung von „Finanzierungskostenbegrenzungen" begrifflich näher, doch erhebt er keinen Anspruch auf Vollständigkeit, enthält sich mithin einer abschließenden Begriffsbestimmung.

Im Gegensatz zum bisherigen Stand der Forschung erlaubt der steuerwissenschaftliche Ansatz vorliegender Arbeit, einen genauen Eichstrich zwischen Unterkapitalisierungsnormen und sonstigen Regelungen zu ziehen. Grundlage der Abgrenzung ist die Unterscheidung zwischen dem Steuerwettbewerb als

---

296 *Blumenberg*, Gesellschafter-Fremdfinanzierung, 1997, 37f.

297 Vgl. *Striegel*, IStR 2008, 530, 533ff.

298 Vgl. *Prinz*, FR 2009, 593, 596; ähnlich *Prinz*, Finanzierungsfreiheit, in: Kessler/Förster/Watrin, FS Herzig, 2010, 147, 151.

299 *Striegel*, IStR 2008, 530, 533ff. zählt einschließlich „begleitendem Soft-Law" insgesamt 21 Maßnahmen der Finanzierungsbesteuerung.

300 Vgl. *Prinz*, FR 2009, 593, 596; ähnlich *Prinz*, Finanzierungsfreiheit, in: Kessler/Förster/Watrin, FS Herzig, 2010, 147, 151.

solchem [vgl. Kap. 2] und jenen steuerrechtspolitischen Grundsatzentscheidungen, die aus der Jurisdiktionenkonkurrenz die Möglichkeit zur Gewinnverlagerung entspringen lassen [vgl. Kap. 3]. Es ergibt sich folgende Definition:

Unterkapitalisierungsnormen stellen steuerrechtspolitische Einzelentscheidungen dar, welche die steuerrechtspolitischen Grundsatzentscheidungen für eine Isolation von Bemessungsgrundlagen, für eine Maßgeblichkeit zivilrechtlicher Wertungen sowie für eine disparate Behandlung von Eigen- und Fremdkapitalfinanzierung fallweise modifizieren und dabei direkt oder indirekt Gewinnverlagerungen über Finanzierungsentscheidungen entgegen wirken.

Anders als in der Kasuistik von *Striegel*[301] zählen damit bspw. Tarifänderungen nicht zu den Unterkapitalisierungsnormen. Zudem erlaubt es hier entwickelte Begriffsbestimmung, Unterkapitalisierungsnormen eindeutig von Maßnahmen gegen den Steuerwettbewerb als solchen zu unterscheiden. Bspw. macht der gewerbesteuerliche Mindesthebesatz von 200% entsprechend § 16 Abs. 4 S. 2 GewStG[302] zwar Gewinnverlagerungen innerhalb rein nationaler Konzerne weniger attraktiv, doch weist er nicht die hier herausgearbeiteten Merkmale einer Unterkapitalisierungsnorm auf. Es fehlt an einem Bezug zu den steuerrechtspolitischen Grundsatzentscheidungen.

Indes hebt sich vorgelegte Definition von Unterkapitalisierungsnormen nicht nur in ihrer Eindeutigkeit vom bisherigen Stand der Literatur ab, sondern auch durch den Verzicht darauf, den Anwendungsbereich der Untersuchung auf bestimmte Rechtsformen zu verengen[303]. Dies steht im Einklang mit der Erkenntnis, dass Gewinnverlagerungen über Finanzierungsentscheidungen auch innerhalb eines Personengesellschafts- oder Betriebsstättenkonzerns steuer-

---

301 Vgl. *Striegel*, IStR 2008, 530, 533ff.

302 Vgl. zu möglichen verfassungsrechlichen Bedenken *Hey*, Steuerwettbewerb in Deutschland, in: Kirchhof/Lambsdorff/Pinkwart, FS Solms, 2005, 35, 41f.; *Jochum*, StB 2005, 254, 256f.; *Gosch* in: Blümich, EStG/KStG/GewStG, § 16 GewStG, Rz. 16. Das BVerfG hat die Regelung für verfassungsgemäß erachtet, vgl. BVerfG, Beschluss vom 27.01.2010, 2 BvR 2185/04 u.a., BB 2010, 665, 665.

303 Vgl. stellvertretend für viele ausschließlich an Kapitalgesellschaften orientierte Analysen von Unterkapitalisierungsnormen *Jacobs*, StuW 1996, 26, 26ff.; *Fritzmann*, Internationale Konzernfinanzierung, 2003, 11; demgegenüber bereits Personengesellschaftskonzerne berücksichtigend *Kessler/Teufel*, DB 2001, 1955, 1958.

planerisch attraktiv sein können [vgl. Kap. 3.D.]. Darüber hinaus entspricht diese rechtsformunabhängige Definition den Ursprüngen des Begriffs der Unterkapitalisierung. So bemerkt *K. Schmidt*[304] aus Perspektive des Gesellschaftsrechts, dass es sich „[d]er Sache nach […] um ein allgemeines Problem [handelt], das zwar im Bereich der Kapitalgesellschaft besonders offenkundig ist, aber kein Spezifikum dieses Bereichs darstellt."

C. Systematisierung

I. Systematisierung nach dem Ansatzpunkt

Die im vorangegangen Kapitel vorgeschlagene Definition von Unterkapitalisierungsnormen ermöglicht es zwar, diese genau zu bestimmen. Als Ergebnis kann jedoch eine größere Zahl solcher Regelungen identifiziert werden, als die Mehrheit des Schrifttums[305] bislang vermutet hat. Gleichzeitig erlaubt die Begriffsbestimmung durch ihren Rückgriff auf steuerrechtspolitische Grundsatzentscheidungen aber auch eine Systematisierung, welche über die seit *Hensel*[306] gängige Unterscheidung zwischen Spezial- und Generalklauseln hinausgeht. Überschneidungsfrei lassen sich die Unterkapitalisierungsnormen nach den steuerrechtspolitischen Grundsatzentscheidungen systematisieren, welche sie jeweils modifizieren:

---

304 *Schmidt*, Gesellschaftsrecht, 2002, 524.

305 Vgl. wiederum die Ausnahmen *Striegel*, IStR 2008, 530, 533ff.; *Prinz*, FR 2009, 593, 596f.; *Prinz*, Finanzierungsfreiheit, in: Kessler/Förster/Watrin, FS Herzig, 2010, 147, 151.

306 Vgl. grundlegend *Hensel*, Steuerumgehung, in: Universität zu Bonn, FS Zitelmann, 1923, 217, 261ff.; in der Folge ähnlich *OECD*, Thin capitalisation, 1987, 15f.; *Herzig*, StuW 1993, 237, 240f.; *Blumenberg*, Gesellschafter-Fremdfinanzierung, 1997, 361; vgl. für eine andere, ebenfalls über die Differenzierung zwischen General- und Spezialklauseln hinausgehende Systematisierung *Obser*, Gesellschafter-Fremdfinanzierung im europäischen Konzern, 2005, 164ff.

- *Unterkapitalisierungsnormen vom Typ α* modifizieren fallweise die Grundsatzentscheidung für eine Isolation der Bemessungsgrundlagen. Weitergehend ist wie folgt zu differenzieren:
    - *Unterkapitalisierungsnormen vom Typ* α_1 lockern die Isolation der Bemessungsgrundlagen, indem sie das Einkommen um positive Erfolgsgrößen erhöhen, welche auf andere Bemessungsgrundlagen zurückzuführen sind.
    - *Unterkapitalisierungsnormen vom Typ* $\alpha 2$ lockern die Isolation der Bemessungsgrundlagen, indem sie das Einkommen nicht um negative Erfolgsgrößen vermindern, welche auf andere Bemessungsgrundlagen zurückzuführen sind.

- *Unterkapitalisierungsnormen vom Typ β* belassen es bei der Isolation von Bemessungsgrundlagen, modifizieren jedoch fallweise die Grundsatzentscheidung für eine Maßgeblichkeit zivilrechtlicher Wertungen. Als konsequente Fortsetzung der Unterscheidung zwischen zwei unterschiedlichen Maßgeblichkeiten [vgl. Kap. 3.B.] ergeben sich folgende Unterfälle:
    - *Unterkapitalisierungsnormen vom Typ* β_1 durchbrechen die Maßgeblichkeit zivilrechtlicher Wertungen bezüglich der Zuordnung des Steuergutes (*Zuordnungsmaßgeblichkeit*).
    - *Unterkapitalisierungsnormen vom Typ* β_2 durchbrechen die Maßgeblichkeit zivilrechtlicher Wertungen bezüglich der Einordnung des Steuergutes selbst (*Einordnungsmaßgeblichkeit*). Insbesondere können diese Regelungen die Form einer Umqualifizierung von Fremd- in Eigenkapital annehmen.

- *Unterkapitalisierungsnormen vom Typ γ* akzeptieren die Isolation der Bemessungsgrundlagen ebenso wie die Maßgeblichkeit zivilrechtlicher Wertungen. Sie modifizieren aber fallweise die Grundsatzentscheidung für eine steuerlich disparate Behandlung von Eigen- und Fremdkapitalfinanzierung. Dabei ergeben sich folgende Unterfälle:
    - *Unterkapitalisierungsnormen vom Typ* γ_1 verändern die disparate Behandlung von Eigen- und Fremdkapitalfinanzierung dahingehend, dass gegenüber dem *status quo* die Eigenkapitalfinanzierung

besser gestellt wird. Dies kann sowohl bei der Veranlagung als auch im Rahmen der Erhebung von Quellensteuern geschehen.

- *Unterkapitalisierungsnormen vom Typ* γ_2 verändern die disparate Behandlung von Eigen- und Fremdkapitalfinanzierung dahingehend, dass gegenüber dem *status quo* die Fremdkapitalfinanzierung schlechter gestellt wird. Auch Regelungen dieser Gruppe können sowohl bei der Veranlagung als auch im Rahmen der Erhebung von Quellensteuern ansetzen. Soweit eine *Unterkapitalisierungsnormen vom Typ* γ_2 auf die Veranlagung abstellt, spielt es keine Rolle, ob die Vorschrift steuertechnisch als Abzugsverbot oder Hinzurechnung zum Gewinn ausgestaltet ist. Im Unterschied zu den *Unterkapitalisierungsnormen vom Typ* β_2 kommt es aber zu keiner Umqualifizierung von Fremd- in Eigenkapital.

II. Systematisierung nach dem Regelungszweck

Die hier vorgeschlagene Definition der Unterkapitalisierungsnormen ermöglicht es nicht nur, diese Regelungen nach den Grundsatzentscheidungen zu systematisieren, welche aus dem Steuerwettbewerb Gewinnverlagerungen über Finanzierungsentscheidungen entspringen lassen. Vielmehr erlaubt sie auch eine Unterscheidung nach dem Regelungszweck. Ursächlich hierfür ist der Umstand, dass die Begriffsbestimmung auf die Wirkungsweise der jeweiligen Regelung anstatt der vermeintlich dahinter stehenden Intention des Gesetzgebers abstellt. Im Ergebnis lassen sich die Unterkapitalisierungsnormen nach ihrem Regelungszweck wie folgt systematisieren[307]:

- *Direkte Unterkapitalisierungsnormen* zielen direkt auf Gewinnverlagerung über Finanzierungsentscheidungen. Derartige Techniken der Steuergestaltung zu unterbinden, stellt ihr primärer Regelungszweck dar.

307 Inhaltlich verschieden, aber terminologisch ähnlich unterscheidet *Striegel*, IStR 2008, 530, 533 u.a. zwischen „konkret auf die Finanzierungsbesteuerung ausgerichtete[n] Maßnahmen" und „mittelbare[n], auch die Finanzierungsbesteuerung betreffende[n] Maßnahmen"; ebenfalls begriffsmäßig ähnlich ist die Differenzierung von *Prinz*, FR 2009, 593, 596f. zwischen „offenkundigen Finanzierungskostenbegrenzungen" und „versteckten Finanzierungskostenbegrenzungen".

- *Indirekte Unterkapitalisierungsnormen* zielen nur indirekt auf Gewinnverlagerungen über Finanzierungsentscheidungen. Ihr Regelungszweck ist entweder gänzlich oder überwiegend ein anderer. Jedoch substituieren sie andernfalls zu schaffende *direkte Unterkapitalisierungsregelungen*.

D. Schlussfolgerungen für den Fortgang der Untersuchung

Die vorangegangenen Ausführungen verstehen sich zunächst als konsequente Fortschreibung der Erkenntnis, dass Gewinnverlagerungen über Finanzierungsentscheidungen grundsätzlich legitim sind [vgl. Kap. 4.A.]. Folglich muss sich eine kritische Beurteilung nicht den Verhaltensweisen der Steuerpflichtigen, sondern den gesetzgeberischen Bemühungen annehmen [vgl. Kap. 4.E.]. Nunmehr haben die Ausführungen zur Notwendigkeit von Unterkapitalisierungsnormen [vgl. Kap. 5.A.] eine erste Leitschnur hierzu geliefert: Im Gegensatz zur Beurteilung des Steuerwettbewerbs *per se* herrscht eine bemerkenswerte Einigkeit aller Teildisziplinen der Steuerwissenschaften darüber, dass der Gesetzgeber derartige Regelungen schaffen soll. Der Fortgang der Untersuchung kann sich demnach darauf konzentrieren, ob diese angemessen ausgestaltet sind.

Die Beurteilung von Unterkapitalisierungsnormen darf sich allerdings nicht auf eine einzelne Regelung verengen. Auf Grundlage der Dichotomie der Gewinnverlagerungstechniken [vgl. Kap. 4.C.] konnte nämlich eine weitere Begriffsbestimmung abgeleitet werden als bislang im Schrifttum üblich [vgl. Kap. 5.B]. Insofern kann der Fortgang der Untersuchung auch dazu beitragen, den von *Hey*[308] kritisierten Missstand zu beheben, dass normenübergreifende Untersuchungen zu Missbrauchsvermeidungsvorschriften „rar" seien. Dies erscheint umso wichtiger, als damit im weiteren Verlauf der Arbeit bislang kaum erforschte Wechselwirkungen zwischen den Unterkapitalisierungsnormen einer Analyse zugänglich werden. Um der im Vergleich zur Analyse von nur einer Unterkapitalisierungsnorm gesteigerten Komplexität gerecht zu werden, kann dabei auf die Systematisierungen nach dem Ansatzpunkt [vgl. Kap. 5.C.I.] und dem Regelungszweck [vgl. Kap. 5.C.II.] zurückgegriffen werden.

---

308 *Hey*, StuW 2008, 167, 168.

Kapitel 6: Das Realinvestitionskriterium als steuerwissenschaftlicher Beurteilungsmaßstab

A. Erkenntnistheoretische Vorgaben

Zentrale Bedeutung für die Beurteilung von Unterkapitalisierungsnormen hat *Webers*[309] Postulat der Werturteilsfreiheit. Um der darin geforderten strengen Trennung zwischen Sollen und Sein gerecht zu werden, mithin kein absolutes, sondern nur ein bedingtes Werturteil[310] auszusprechen, muss zunächst ein Beurteilungsmaßstab entwickelt und explizit gemacht werden.

Albert[311] hat die erkenntnistheoretischen Vorgaben von *Weber* im sog. Positivismusstreit[312] gegen die Vertreter der kritischen Theorie um *Habermas*[313] verteidigt. Gleichzeitig hat *Albert*[314] Werturteilsfreiheit für die Sozialwissenschaften dahingehend konkretisiert, dass „man tatsächlich alle auf den Objektbereich der Wissenschaft beziehbaren Wertgesichtspunkte als Auswahlkriterien behandeln kann, so daß die ganze Wertproblematik nur noch als metawis-

---

309 Vgl. grundlegend *Weber*, Archiv für Sozialwissenschaft und Sozialpolitik 1904, 22, 25ff.: „Der wissenschaftlichen Betrachtung zugänglich ist zunächst unbedingt die Geeignetheit der Mittel bei gegebenem Zweck. [...] Aber die wissenschaftliche Betrachtung der Werturteile möchte nun weiter die gewollten Zwecke und die ihnen zugrunde liegenden Ideale nicht nur verstehen und nacherleben, sondern vor allem kritisch beurteilen lehren. Diese Kritik freilich kann nur dialektischen Charakter haben, d.h. sie kann nur eine formal-logische Beurteilung des in den geschichtlich gegebenen Werturteilen und Idealen vorliegenden Materials, eine Prüfung der Ideale an dem Postulat der inneren Widerspruchslosigkeit des Gewollten sein."

310 Bedingte Werturteile verstehen sich nur als konditionale Aussage dergestalt, dass bei Geltung eines bestimmten Beurteilungsmaßstabes eine bestimmte Alternative vorzugswürdig ist, vgl. *Vanberg*, ORDO 1997, 707, 709.

311 Vgl. insbesondere die Ausführungen zum Postulat der Werturteilsfreiheit in *Albert*, Wertfreiheit als methodisches Prinzip, in: Topitsch, Logik der Sozialwissenschaften, 1965, 181, 181ff. und *Albert*, Mythos der totalen Vernunft, in: Adorno/Dahrendorf/Pilot u.a., Positivismusstreit, 1969, 193, 211ff.

312 Vgl. zum Positivismusstreit *Dahms*, Postivismusstreit, 1994, 1ff.

313 *Habermas*, Analytische Wissenschaftstheorie, in: Adorno/Dahrendorf/Pilot u.a., Positivismusstreit, 1969, 155, 187 wendet gegen das Postulat der Werturteilsfreiheit ein: „Diese Beschränkung hebt nicht etwa die normative Bindung des Forschungsprozesses an Motive der Lebenspraxis auf; sie bringt vielmehr ein bestimmtes Motiv gegenüber anderen undiskutiert zur Herrschaft."

314 *Albert*, Wertfreiheit als methodisches Prinzip, in: Topitsch, Logik der Sozialwissenschaften, 1965, 181, 191.

senschaftliches Relevanzproblem auftaucht [...]." Mit anderen Worten sieht *Albert* für eine methodisch korrekte Untersuchung keine Einschränkung auf bestimmte Beurteilungsmaßstäbe. Dem Forscher steht es frei, diese selbständig zu wählen.

Innerhalb der Steuerwissenschaften hat insbesondere die Betriebswirtschaftliche Steuerlehre erkenntnistheoretischen Vorgaben große Aufmerksamkeit geschenkt.[315] So lehnt *Schneider*[316] das Postulat der Werturteilsfreiheit zumindest für den Bereich der Steuergerechtigkeit generell ab, weil „[Werturteile] bei der Wahl einer wissenschaftlichen Problemstellung [...] nicht nur zulässig, sondern unvermeidbar [sind]." Schon *Albert*[317] hielt ähnlichen Argumenten jedoch entgegen, dass wissenschaftliche Erkenntnis naturgemäß selektiv sei, „[s]oweit das Interesse [aber] nur die Fragestellung beeinflußt, wird die wissenschaftliche Objektivität nicht beeinträchtigt."

Demgegenüber akzeptiert *Wöhe*[318] zwar grundsätzlich das Postulat der Werturteilsfreiheit, fordert aber eine Verschärfung in Bezug auf die Auswahl der Beurteilungsmaßstäbe. Im Gegensatz zu *Albert* möchte er nur „auf der politischen Ebene oder von der Wirtschaftspraxis vorgenommene Wertungen [...] registrieren und die zu ihrer Realisierung eingesetzten steuerlichen Instrumente daraufhin [...] überprüfen, ob sie zieladäquat sind."[319] Vom Forscher selbst gewählte Beurteilungsmaßstäbe scheiden demnach aus.

---

315 Vgl. zur Systematisierung erkenntnistheoretischer Ansätze innerhalb der Betriebswirtschaftlichen Steuerlehre *Schmiel*, zfbf 2005, Vol. 57, 525, 530ff.; für den staats- und steuerrechtswissenschaftlichen Teilbereich der Steuerwissenschaften vertritt insbesondere *Tipke* die ebenfalls von *Albert* abweichende Ansicht, das Grundgesetz habe „Grundrechte als Grundwerte positiviert und sie sozusagen dem Relativismus entzogen", vgl. *Tipke*, StRO - Band I, 2000, 272.

316 *Schneider*, Unternehmensbesteuerung, 1994, 46; a.A. *Bareis*, BFuP 2007, Vol. 59, No. 5, 421, 430ff.

317 *Albert*, Wertfreiheit als methodisches Prinzip, in: Topitsch, Logik der Sozialwissenschaften, 1965, 181, 200; vgl. ebenso *Wöhe*, Aufgaben der Betriebswirtschaftlichen Steuerlehre, in: Fischer, FS Scherpf, 1983, 5, 10.

318 Vgl. *Wöhe*, Aufgaben der Betriebswirtschaftlichen Steuerlehre, in: Fischer, FS Scherpf, 1983, 5, 8ff.; vgl. ebenso *Wöhe*, Betriebswirtschaftliche Steuerlehre I/1, 1988, 48ff.

319 *Wöhe*, Aufgaben der Betriebswirtschaftlichen Steuerlehre, in: Fischer, FS Scherpf, 1983, 5, 87; vgl. ähnlich auch *Schneeloch*, Stand und Selbstverständnis, in: Siegel/Kirchhof/Schneeloch/Schramm, FS Bareis, 2005, 251, 257: „Eine mögliche – und außerordentlich sinnvolle – Aufgabe der Betriebswirtschaftlichen Steuerlehre besteht nun darin, zu prüfen, ob zu erwarten ist, dass das vom Gesetzgeber angestrebte Ziel mit den [...] Gesetzesänderungen [...] erreicht wird."; a.A. *Wagner*, DB 1974, 393, 398:

Mit ihrem erkenntnistheoretischen Zugang steht vorliegende Arbeit im Gegensatz zur Ablehnung des Postulats der Werturteilsfreiheit durch *Schneider*. Hinsichtlich der zu wählenden Beurteilungsmaßstäbe versteht sie sich jedoch als Synthese der Ansichten von *Albert* und *Wöhe*. Um dem Postulat der Werturteilsfreiheit zu genügen, soll kein absolutes, sondern nur ein bedingtes Werturteil ausgesprochen werden, wie es charakteristisch ist für alle modernen Sozialwissenschaften[320]. Unter den möglichen Beurteilungsmaßstäben für Unterkapitalisierungsnormen soll wie von *Wöhe*[321] vorgeschlagen zunächst auf die Formulierungen in den „amtliche[n] Begründungen der Steuergesetze" zurückgegriffen werden. Im Sinne einer Synthese mit der liberaleren Ansicht von *Albert* erfolgt aber eine selbstständig-steuerwissenschaftliche Operationalisierung der dort geäußerten Zielsetzungen.

Indes darf die Vielfalt der Unterkapitalisierungsnormen keinen Anlass zu je nach Norm unterschiedlichen Beurteilungsmaßstäben geben. Entsprechend der Position von *Weber*[322] ist zwar ein Werturteil über diese Kriterien unzulässig, nicht aber „eine Prüfung der Ideale [hier: Kriterien] an dem Postulat der inneren Widerspruchslosigkeit des Gewollten." An erkenntnistheoretisch akzeptable Beurteilungsmaßstäbe ist folglich der Anspruch zu stellen, widerspruchslos zu sein.[323] Um diesem Anspruch schon vom Grunde her zu genügen, misst vorliegende Untersuchung in ihrem Fortgang alle Unterkapitalisierungsnormen an einem einheitlichen Maßstab. Damit werden ursprünglich nur auf den internationalen Steuerwettbewerb bezogene Ziele auch bei dessen rein nationalem Pendant unterstellt.

„Es erscheint wohl unvermeidlich, dass bestimmte Vorentscheidungen über Ziele bereits vom Berater [hier: der beratende Forscher] gesetzt werden."

320 Vgl. *Vanberg*, ORDO 1997, 707, 709f.

321 *Wöhe*, Aufgaben der Betriebswirtschaftlichen Steuerlehre, in: Fischer, FS Scherpf, 1983, 5, 12.

322 *Weber*, Archiv für Sozialwissenschaft und Sozialpolitik 1904, 22, 27.

323 Vgl. grundlegend zur selben Erkenntnis für die deutsche Finanzwissenschaftliche Steuerlehre *Neumark*, Steuerpolitik, 1970, 336.

B. Formulierung gesetzgeberischer Ziele

Die letzte „flächendeckend[e]“[324] Änderung von gleich mehreren Unterkapitalisierungsnormen erfolgte im Rahmen des UntStRefG 2008[325]. Mit dem Verweis auf „eine der [im internationalen Vergleich] höchsten nominalen und effektiven Steuerbelastungen“[326] nimmt die amtliche Begründung hierzu besonderen Bezug auf den Preiswettbewerb. In dessen Folge soll verhindert werden, dass Steuerpflichtige „allein aus Gründen der Steueroptimierung eine hohe Fremdkapitalquote [anstreben]“[327]. Dasselbe Ziel wird in abgewandelter Formulierung noch mehrmals wiederholt: So wird darauf abgestellt, „asymmetrische Finanzierungsstrukturen zu Lasten Deutschlands [zu unterbinden]“[328]. Umgekehrt „sollen Unternehmen [nicht belastet werden], die ohne steuerliche Gestaltungen eine hohe Außenfinanzierung aufweisen“[329]. Im Ergebnis zielt der Gesetzgeber darauf ab, Gewinnverlagerungen über Finanzierungsentscheidungen zielgenau zu sanktionieren und damit dem Preiswettbewerb zu begegnen. Dies wird zunächst der Erkenntnis von *Herzig*[330] gerecht, die reine Missbrauchsbekämpfung sei „als dominierender Leitgedanke [für Unterkapitalisierungsregelungen] wenig geeignet.“ Darüber hinaus entspricht die hier vertretene Formulierung gesetzgeberischer Ziele aber auch der Wahrnehmung von *Hey*[331], welche hinter den jüngsten Reformanstrengungen ebenfalls die „Sicherung des Steuersubrates gegen Gewinnverlagerung“ vermutet. Gleichzeitig wird die in anderen Teilen der Literatur[332] vorgenommene Unterscheidung gesetzgeberi-

324 Eigentlich nur zur sog. Zinsschranke nach § 4h EStG i.V.m. § 8a KStG, aber bspw. auch auf § 8 Nr. 1a GewStG übertragbar *Köhler*, DStR 2007, 597, 597.

325 Unternehmensteuerreformgesetz 2008 vom 14.08.2007, BGBl. I 2007, 1912, 1913f. sowie 1927f. und 1930.

326 BT-Drs. 16/4841, 29.

327 BT-Drs. 16/4841, 31.

328 BT-Drs. 16/4841, 31.

329 BT-Drs. 16/4841, 31.

330 *Herzig*, StuW 1993, 237, 240.

331 *Hey*, Zinsschranke aus europa- und verfassungsrechtlicher Sicht, in: Brähler/Lösel, FS Djanani, 2008, 109, 127; vgl. ähnlich *Hey*, BB 2007, 1303, 1304: „[Es] entsteht der Eindruck, es gehe dem Gesetzgeber gar nicht primär um die Abwehr missbräuchlicher Steuergestaltungen, sondern um die Partizipation an dem unter seiner Steuerjurisdiktion durch Inanspruchnahme der von ihm bereitgestellten Infrastruktur erwirtschafteten Steuersubstrat.“; vgl. ähnlich *Lang*, Steuergerechtigkeit, in: Spindler/Tipke/Rödder, FS Schaumburg, 2009, 45, 54: „Mit der Zinsschrankenregelung [...] soll die Verlagerung von Steuersubstrat in das Ausland verhindert werden.“

332 *Bohn*, Zinsschranke, 2009, 103 unterscheidet innerhalb der Ziele des Gesetzgebers zwischen „Missbrauchsverhinderung“ und „Verhinderung des Verlustes inländischen

scher Ziele in Missbrauchsbekämpfung und Sicherung inländischen Steuersubstrats entbehrlich, weil beide Motivationsstränge auf Gewinnverlagerungen zurückzuführen sind.

C. Operationalisierung gesetzgeberischer Ziele

I. Detektionsmechanismus für Gewinnverlagerungen

Entsprechend den erkenntnistheoretischen Vorgaben von *Wöhe* wird vorliegende Arbeit Unterkapitalisierungsnormen am gesetzgeberischen Ziel einer treffsicheren Sanktionierung von Gewinnverlagerungen messen. Um diesen Forschungsauftrag zu operationalisieren, bedarf es jedoch eines klaren Detektionsmechanismus für Gewinnverlagerungen. Hierfür kann auf die Anatomie des Steuerwettbewerbs [vgl. Kap. 2] zurückgegriffen werden. Bei der steuerwissenschaftlichen Betrachtung wurde offenbar, dass Standortfaktoren außerhalb des Steuerrechts den Preiswettbewerb um Realinvestitionen überlagern [vgl. Kap. 2.D.]. Anderes gilt freilich für die Konkurrenz um Gewinnverlagerungen. Dieser wirken keine derartigen Kräfte entgegen [vgl. Kap. 2.D.]. Im Ergebnis ändert der Preiswettbewerb zwar die Verteilung des Finanzierungsaufwands, in wesentlich geringerem Umfang aber jene der Realinvestitionen. Allgemein sieht auch *Schreiber*[333] Hinweise darauf, „dass die Gewinnverlagerung durch Investitionsverlagerung weniger stark auf ein Steuersatzgefälle reagiert als die Gewinnverlagerung durch Verlagerung der Buchgewinne." Über das bisherige Schrifttum hinausgehend macht sich vorliegende Arbeit diese ambivalenten Wettbewerbswirkungen nutzbar, um einen wissenschaftlich fundierten Detektionsmechanismus für Gewinnverlagerungen zu abstrahieren. So sollen die zu bekämpfenden Gewinnverlagerungen über Finanzierungsentscheidungen als Auseinanderfallen von realwirtschaftlicher Aktivität und finanzwirtschaftlicher Kapitalverteilung verstanden werden.

Besteuerungssubtrats"; vgl. ähnlich *Kreft/Schmitt-Homann*, BB 2008, 2099, 2101; *Loschelder* in: Schmidt, EStG, § 4h, Rz. 3.

333 *Schreiber*, DBW 2009, 535, 545.

II. Einzel- versus gesamtwirtschaftliche Operationalisierung

Entsprechend den erkenntnistheoretischen Vorgaben [vgl. Kap. 6.A.] sollen Unterkapitalisierungsnormen dahingehend untersucht werden, ob der Gesetzgeber mit ihnen sein Ziel erreicht, Gewinnverlagerungen über Finanzierungsentscheidungen zielgenau zu bekämpfen [vgl. Kap. 6.B.]. Die ambivalenten Wirkungen des Steuerwettbewerbs erlauben, einen Detektionsmechanismus für Gewinnverlagerungen abzuleiten [vgl. Kap. 6.C.I.]. Gesetzgeberische Intention und wissenschaftliche Detektion zusammengeführt, gilt es also zu überprüfen, ob immer dann, wenn realwirtschaftliche Aktivität und finanzwirtschaftliche Kapitalverteilung auseinander fallen, auch die Unterkapitalisierungsnormen einschlägig sind.

Bei der weiteren Operationalisierung stellt sich der hier entwickelte Detektionsmechanismus allerdings nicht eindeutig dar. Zunächst könnte eine einzelwirtschaftliche Sichtweise eingenommen werden. Entsprechend wäre jeweils zu vergleichen, ob die Verteilung des Fremdkapitals über die Einheiten des jeweiligen Konzerns der Verteilung der Realinvestitionen des jeweiligen Konzerns entspricht. Demnach müssten die Unterkapitalisierungsnormen für eine Konzerneinheit i greifen, wenn und nur wenn gilt:

$$\frac{FK_{Einheit_i}}{FK_{Konzern_i}} > \frac{R_{Einheit_i}}{R_{Konzern_i}} \qquad \text{(Bedingung 1)}$$

Mit:

$FK_{Einheit_i}$: Fremdkapitalausstattung der Konzerneinheit i;

$FK_{Konzern_i}$: Gesamte Fremdkapitalausstattung des Konzerns i, zu dem Einheit i gehört;

$R_{Einheit_i}$: Realinvestitionen der Konzerneinheit i;

$R_{Konzern_i}$: Gesamte Realinvestitionen des Konzerns, zu dem Einheit i gehört.

Als Alternative zur einzelwirtschaftlichen Operationalisierung des Detektionsmechanismus könnte eine über alle Unternehmungsgruppen aggregierte, mithin gesamtwirtschaftliche Sichtweise eingenommen werden. In deren theoretischster Ausprägung würde verglichen, ob der von allen Unternehmungen zusammen in der jeweiligen Jurisdiktion geltend gemachte Anteil am weltweiten Fremdkapital dem Anteil der Jurisdiktion an den weltweiten Realinvestitionen entspricht. Der Vergleich der Realinvestitionen auf Ebene jedes einzelnen Konzerns wäre zunächst nicht nötig. Entsprechend müssten die Unterkapitalisierungsnormen greifen, wenn und nur wenn aggregiert in einer Jurisdiktion mit den Konzerneinheiten i bis j gilt:

$$\sum_i^j \frac{FK_{Einheit_i}}{FK_{Konzern_i}} > \sum_i^j \frac{R_{Einheit_i}}{R_{Konzern_i}} \qquad \text{(Bedingung 2a)}$$

Mit:

$FK_{Einheit_i}$: Fremdkapitalausstattung der Konzerneinheit i;

$FK_{Konzern_i}$: Gesamte Fremdkapitalausstattung des Konzerns i, zu dem Einheit i gehört;

$R_{Einheit_i}$: Realinvestitionen der Konzerneinheit i;

$R_{Konzern_i}$: Gesamte Realinvestitionen des Konzerns, zu dem Einheit i gehört.

Weil sich Unterkapitalisierungsregelungen aber an einzelne Steuersubjekte und nicht an deren aggregierte Gesamtheit richten, muss bei der gesamtwirtschaftlichen Sichtweise noch eine Art Überleitungsrechnung hin zu einzelnen Konzerneinheiten erfolgen. Es gilt also, jeder einzelwirtschaftlichen Realinvestition einen damit verbundenen, gewinnverlagerungsfreien Betrag an Fremdkapital zuzuordnen. Mangels situationsunabhängiger Regeln zur betriebswirtschaftlich optimalen Finanzierung[334], kann dies jedenfalls nicht logisch-deduktiv

334 Besonders deutlich wird das Fehlen einer allgemeingültigen Regel zur optimalen Finanzierung bei der sog. *Pecking Order*-Theorie, wonach auf Fremdkapital nur zurückgegriffen wird, wenn die jeweils unternehmungsspezifischen Eigenmittel nicht mehr ausreichen, vgl. grundlegend zu einer modifizierten *Pecking Order*-Theorie *Myers*, Journal of Finance 1984, Vol. 39, No. 3, 575, 581ff.

geschehen. Um den gewinnverlagerungsfreien Teil an Fremdkapital zu bestimmen, der in der gesamtwirtschaftlichen Operationalisierung auf eine einzelwirtschaftliche Realinvestition entfällt, bietet sich vielmehr der induktive Rekurs auf einen unabhängigen Kreditgeber an. Schließlich steht dieser bei abstrakter Betrachtung vor der analogen Aufgabe, einen gesamtwirtschaftlich gegebenen Bestand an Fremdkapital über die einzelnen Wirtschaftssubjekte zu verteilen (sog. Kapitalallokationsfunktion).[335]

Allerdings wird der unabhängige Kreditgeber seine Kreditentscheidung von einer ganzen Reihe an Faktoren abhängig machen. Die fundamentalanalytischen Verfahren der Bonitätsprüfung orientieren sich dabei an Erfolgs- und Bestandsgrößen.[336] Erfolgsgrößen sind allerdings gesamtwirtschaftlichen Schwankungen ausgesetzt. Denklogisch können sie deshalb keine zuverlässige Überleitung zur einzelwirtschaftlichen Ebene leisten. Eventuell würde ein Rekurs auf Erfolgsgrößen Gewinnverlagerungen anzeigen, obwohl in Folge einer rezessiven Gesamtwirtschaftslage gar kein ökonomischer Gewinn vorliegt.[337] Demgegenüber resultieren Bestandsgrößen im Grundsatz aus unverfälschten einzelwirtschaftlichen Entscheidungen. Sie eigenen sich daher für die Überleitung von der gesamtwirtschaftlichen Operationalisierung zu den einzelnen Steuersubjekten.

Im Rahmen der Bonitätsprüfung liefern Bestandsgrößen insbesondere Informationen über das liquidierbare Zerschlagungsvermögen im Konkursfall (sog. Schuldendeckungspotenzial).[338] Als Synthese der hier angestellten Überlegungen zur gesamtwirtschaftlichen Operationalisierung sollte eine Unterkapitalisierungsnorm dann und nur dann eingreifen, wenn der Fremdkapitalbestand der jeweiligen Konzerneinheit das Schuldendeckungspotenzial ihrer Realinvestitionen übersteigt. Formal lautet diese notwendige Bedingung wie folgt:

---

335 Vgl. allgemein zur Rolle von Finanzintermediären *Büschgen*, Bankbetriebslehre, 1998, 34f.

336 Vgl. zur Unterscheidung zwischen fundamentalanalytischen und mathematisch-statistischen Verfahren *Büschgen*, Bankbetriebslehre, 1998, 941ff.; vgl. zur dominierenden Rolle von Erfolgs- und Bestandsgrößen die Studie von *KPMG/HHL*, Kreditvergabe, 2008, 25f.

337 Vgl. ähnlich für den speziellen Fall der Zinsschranke *Herzig/Bohn/Fritz*, DStR 2009, Beihefter zu Heft 29, 61, 64; *Herzig*, IStR 2009, 870, 873; *Eilers/Bühring*, DStR 2009, 137, 137; *Bohn*, Zinsschranke, 2009, 193; *Kessler/Dietrich*, DB 2010, 240, 241.

338 Vgl. bspw. *Leffson*, GoB, 1987, 75; *Müßig*, Risikovorsorge, 2006, 48.

$$FK_{Einheit_i} > \sum_j^k x_j R_{j;Einheit_i} \qquad \text{(Bedingung 2b)}$$

Mit:

$FK_{Einheit_i}$: Fremdkapitalausstattung der Konzerneinheit i;

$R_{j;Einheit_i}$: Realinvestitionen j der Konzerneinheit i;

x_j: Anteil des liquidierbaren Zerschlagungsvermögens an der jeweiligen Realinvestition j (Schuldendeckungspotenzial).

III. Überlegenheit der gesamtwirtschaftlichen Operationalisierung

Entsprechend der steuerwissenschaftlichen Grundidee des hier entwickelten Detektionsmechanismus für Gewinnverlagerungen stellt dessen einzel- wie gesamtwirtschaftliche Operationalisierung auf Realinvestitionen ab. Allerdings bemisst sich der unschädliche Fremdkapitalbestand bei der einzelwirtschaftlichen Variante nach dem konzerninternen Verhältnis der Realinvestitionen. Demgegenüber begrenzt die gesamtwirtschaftliche Operationalisierung den steuerlich anzuerkennenden Fremdkapitalbestand nur in Abhängigkeit von den Realinvestitionen der jeweiligen Konzerneinheit. Diese Realinvestitionen sind dafür aber noch mit einem Faktor für den Anteil des liquidierbaren Zerschlagungsvermögens (Schuldendeckungspotenzial) zu gewichten.

Im Lichte der oben identifizierten Gewinnverlagerungstechniken [vgl. Kap. 4.C.] stellt sich die gesamtwirtschaftliche Operationalisierung als überlegen dar. Dies überrascht zunächst, weil die einzelwirtschaftliche Variante – würde sie für alle Konzerneinheiten gelten – sicher stellt, dass das konzernweit zum Abzug berechtigende Fremdkapital exakt dem konzernweit tatsächlich aufgenommenen Fremdkapital entspricht.[339] Die der gesamtwirtschaftlichen Operationalisierung eigene Überleitung von der aggregierten Sichtweise

339 Vgl. implizit ähnlich *Menck*, IStR 1994, 569, 572: "Es wird [mit einer Regelung, welche auf die absolute Höhe der Fremdfinanzierung abstellt und daher der gesamtwirtschaftlichen Operationalisierung vom Ansatz her vergleichbar ist,] nicht versucht ihr [der jeweiligen Konzerneinheit] einen angemessenen Teil des ‚im Gesamtkonzern arbeitenden Eigenkapitals' zuzuordnen; sie [die absolute Regelung und mithin jede Unterkapitalisierungsnorm, die der gesamtwirtschaftlichen Operationalisierung entspricht,] greift deshalb auch dann, wenn dies die geforderte Eigenfinanzierung nicht abdeckt."

[Bedingung 2a] zu einzelnen Steuersubjekten [Bedingung 2b] bringt hingegen Unschärfen mit sich. Im Ergebnis kann das insgesamt im Konzern zum Abzug zugelassene Fremdkapital mehr oder weniger als das konzernweit tatsächlich vorhandene Fremdkapital sein.

Allerdings können die Unschärfen der gesamtwirtschaftlichen Operationalisierung durch eine möglichst enge Abbildung des Schuldendeckungspotenzials minimiert werden. Demgegenüber verbleibt ein systematischer Einwand gegen die relative Betrachtungsweise der einzelwirtschaftlichen Operationalisierung. Ohne Zwang zu Überleitungsrechnungen erweist sich diese zwar als unschärfenfreies Mittel, Gewinnverlagerungen über Allokationsstrategien zu identifizieren, läuft bei Generierungsstrategien jedoch regelmäßig ins Leere. Bspw. versagt ihr Detektionsmechanismus, wenn eine Konzerneinheit nahezu alle Realinvestitionen auf sich vereinigt, aber über eine künstliche Fremdkapitalvergabe durch eigenfinanzierte Zwischengesellschaften ihr Gewinn abgesaugt wird. Hier billigt die einzelwirtschaftliche Variante den mutmaßlich hohen Fremdkapitalanteil der „abgesaugten" Einheit, weil dort nach ihrer ausschließlich relativen Betrachtungsweise genügend Realinvestitionen vorhanden sind. Dieses systematische Argument entspricht nicht nur den Erkenntnissen der OECD[340] im Zusammenhang mit der Kapitalausstattung von Betriebsstätten, sondern ebenso der Kritik der Literatur[341] an den U.S.-amerikanischen *allocation rules*[342]. Deren Zuordnung von Zinsaufwand der U.S.-amerikanischen Konzerneinheiten für u.a. die Berechnung des Anrechnungshöchstbetrages und das geplante Abzugsverbot im Zusammenhang mit einem *deferral*[343] richtet sich gem. § 864(e) IRC zwar nach dem Anteil der U.S.-

---

340 Vgl. *OECD*, Authorized Approach, 2008, Rz. 174: „The enterprise of which the PE is a part may for example be almost entirely debt-funded (so-called $2 companies, with $2 equity and $1m debt) so that even attributing all such an entity's "free" capital to the PE is likely to leave the PE thinly capitalised."

341 Vgl. *Roin*, Tax Law Review 1994, Vol. 49, 269, 274f.: This [allocation] rule, however, protects only against disproportionate allocations of debt to U.S. businesses; it does not protect against high absolute levels of debt."

342 Vgl. zur Bedeutung der *allocation rules Avi-Yonah*, Texas Law Review 1996, Vol. 74, 1301, 1339; vgl. zur Funktionsweise *Doernberg*, International Taxation, 2007, 58ff.; vgl. speziell mit Bezug zu Zinsaufwand *Graetz*, Bulletin for International Taxation 2009, Vol. 62, 486, 487f.

343 Vgl. zu gesteigerten Bedeutung der *allocation rules* nach Inkrafttreten eines von der Regierung *Obama* derzeit favorisierten Abzugsverbots für Beteiligungsaufwand bis zur Repatriierung der entsprechenden Gewinne *Staff of Joint Committee on Taxation*, President's fiscal year 2010 budget proposal, 2009, 16f.

amerikanischen Konzerneinheiten an den *assets* des Gesamtkonzerns[344], doch ist mit dieser ausschließlich relativen Vorgehensweise die Gesellschafter-Fremdfinanzierung noch nicht wirkungsvoll begrenzt. Vielmehr bedarf es mit den *earnings stripping rules* in § 163(j) IRC[345] noch einer gesonderten Regelung, welche absolute Grenzen setzt.

D. Schlussfolgerungen für den Fortgang der Untersuchung

Aufbauend auf die methodisch wegweisenden Beiträge von *Weber* und *Albert* [vgl. Kap. 6.A.] haben die vorangegangenen Ausführungen die Grundlagen für ein bedingtes Werturteil über deutsche Unterkapitalisierungsnormen geschaffen. In der Tradition von *Wöhe* sollen dabei die eigenen Zielvorgaben des Gesetzgebers [vgl. Kap. 6.B.] als Maßstab dienen. Um diese für eine Beurteilung nutzen zu können, wurde aus den ambivalenten Wirkungen des Steuerwettbewerbs ein Detektionsmechanismus für Gewinnverlagerungen abgeleitet [vgl. Kap. 6.C.I.]. In der Ökonometrie ist ein analoges Vorgehen auch als *difference-in-difference approach*[346] bekannt. Als weitere Operationalisierung konnte da-

---

344 Das Inkrafttreten der noch unter der Regierung *Bush* verabschiedeten Reform der *allocation rules* dahingehend, dass auch der Zinsaufwand ausländischer Konzerneinheiten ab dem VZ 2011 Berücksichtigung finden und damit tendenziell mehr Zinsaufwand in den USA allokiert werden sollte (American Jobs Creation Act vom 22.10.2004, P.L. 108-357), wurde durch den Worker, Homeownership and Business Assistance Act vom 06.11.2009 (P.L. 111-92) auf die VZ nach dem 31.12.2017 verschoben.

345 Vgl. zu den U.S.-amerikanischen *earnings stripping rules* ausführlich *Blumenberg*, Gesellschafter-Fremdfinanzierung, 1997, 254ff.; *Culbertson/King*, Tax Notes International 2003, Vol. 29, 1161, 1166ff.; *Wollman*, Tax Notes International 2003, Vol. 30, 483, 492ff.; *Goebel/Eilinghoff*, IStR 2008, 233, 234ff.; *Nadal*, Tax Notes International 2008, Vol. 51, 713, 713ff.

346 Der *difference-in-difference approach* stellt als ökonometrische Standardmethode eine Art natürliches Experiment dar. Dabei werden zwei Gruppen miteinander verglichen (*treatment group* und *control group*; hier: Gewinnverlagerungen und Realinvestitionen), die unterschiedlichen Einflussfaktoren oder demselben Einflussfaktor in unterschiedlicher Höhe unterliegen (hier: höhere Steuersensibilität der Gewinnverlagerungen verglichen mit Realinvestitionen). Durch diesen Vergleich kann die Wirkung der Einflussfaktoren näher bestimmt werden (Detektionsmechanismus). Vgl. jüngst zur Verbreitung dieser Methode in der empirischen Arbeitsmarktforschung *Bergemann/Fitzenberger/Speckesser*, Journal of Applied Econometrics 2009, Vol. 24, No. 5, 797, 798.

raus induktiv abgeleitet werden, dass Unterkapitalisierungsnormen immer dann einschlägig sein sollten, wenn der Bestand an Fremdkapital einer Konzerneinheit das Schuldendeckungspotenzial ihrer Realinvestitionen übersteigt [vgl. Kap. 6.C.II. und Kap. 6.C.III.]. Fortan soll dieser steuerwissenschaftliche Maßstab als *Realinvestitionskriterium* bezeichnet werden.

Als Ergebnis der Beurteilung sind im weiteren Verlauf der Untersuchung folgende Reinformen an bedingten Werturteilen möglich:

- Die Unterkapitalisierungsnorm greift, wenn und nur wenn die Fremdkapitalfinanzierung das Schuldendeckungspotenzial der Realinvestitionen übersteigt. In diesen Fällen werden Gewinnverlagerungen über Finanzierungsentscheidungen zielgenau unterbunden. Im Sinne eines bedingten Werturteils ist die Norm positiv zu bewerten.

- Die Unterkapitalisierungsnorm greift nicht, wenn die Fremdkapitalfinanzierung das Schuldendeckungspotenzial der Realinvestitionen übersteigt. In diesen Fällen bleiben Gewinnverlagerungen über Finanzierungsentscheidungen möglich. Im Sinne eines bedingten Werturteils ist die Norm negativ zu bewerten.

- Die Unterkapitalisierungsnorm greift, auch wenn die Fremdkapitalfinanzierung das Schuldendeckungspotenzial der Realinvestitionen nicht übersteigt. In diesen Fällen werden zwar Gewinnverlagerungen über Finanzierungsentscheidungen unterbunden, aber auch gewinnverlagerungsfreie Kapitalstrukturen sanktioniert. Im Sinne eines bedingten Werturteils ist die Norm wiederum negativ zu bewerten.

Kapitel 7: Das Realinvestitionskriterium und disziplinspezifische Beurteilungsmaßstäbe

A. Staats- und steuerrechtswissenschaftliche Beurteilungsmaßstäbe

I. Interdependenzen

Die überwältigende Mehrheit der Arbeiten, welche Unterkapitalisierungsnormen beurteilt, verwendet dabei staats- und steuerrechtswissenschaftliche Maßstäbe.[347] Es wird jeweils überprüft, ob die Regelungen den Vorgaben von Verfassungs-, EU- oder DBA-Recht genügen. Denklogische Voraussetzung hierfür ist eine gegenüber den Unterkapitalisierungsnormen höherrangige Stellung dieser Rechtskreise. So spricht Art. 1 Abs. 3 GG dem Verfassungsrecht unmittelbar bindende Wirkung für alle Staatsgewalten zu.[348] In den Worten *Di Fabios*[349] ist „der Steuerstaat [...] keine Oase verfassungsrechtlicher Ungebundenheit." Demgegenüber resultiert die Qualifikation des EU-Rechts als höherrangig nicht aus den Römischen Verträgen und (noch) nicht aus einer europäischen Verfassung.[350] Auch der Vertrag von Lissabon als Zwischenschritt bringt diesbezüglich keine Änderungen.[351] Vielmehr räumt sich der EuGH den Anwendungsvorrang weitgehend selbst ein.[352] Dies gilt für das Primärrecht in Form der Eu-

---

347 Vgl. exemplarisch die Dissertationen von *Blumenberg*, Gesellschafter-Fremdfinanzierung, 1997, 388; *Janssen*, § 8a KStG, 1997, 209ff.; *Bartone*, § 8a KStG, 2000, 52ff.; *Obser*, Gesellschafter-Fremdfinanzierung im europäischen Konzern, 2005, 149ff.; *Maier*, Gesellschafter-Fremdfinanzierung, 2006, 105ff.

348 Vgl. allgemein *Dreier* in: Dreier, GG, Art. 1 Abs. 3, Rz. 37ff.; *Herdegen* in: Maunz/Düring, GG, Art. 1 Abs. 3, Rz. 93; vgl. aus Perspektive des Steuerrechts *Mellinghoff*, Verfassungsgebundenheit, in: Siegel/Kirchhof/Schneeloch/Schramm, FS Bareis, 2005, 171, 174ff.; *Lang*, Grundlagen, in: Tipke/Lang, Steuerrecht, 2010, 1, 77f.

349 *Di Fabio*, JZ 2007, 749, 752; vgl. jüngst zu den Erfolgsaussichten einer Verfassungsbeschwerde zum Unternehmensteuerrecht *Drüen*, DStR 2010, 513, 513f.

350 Vgl. *Herdegen* in: Maunz/Düring, GG, Art. 1 Abs. 3, Rz. 86; *Cordewener*, Europäische Grundfreiheiten und nationales Steuerrecht, 2002, 53ff.; *Bieber*, Strukturprinzipien, in: Bieber/Epiney/Haag, Europäische Union, 2009, 89, 100.

351 Art. 4 Abs. 2 S. 1 EUV i.d.F. des Vertrages von Lissabon lautet instruktiv: „Die Union achtet die Gleichheit der Mitgliedstaaten vor den Verträgen und ihre jeweilige nationale Identität, die in ihren grundlegenden politischen und verfassungsmäßigen Strukturen einschließlich der regionalen und lokalen Selbstverwaltung zum Ausdruck kommt."

352 Vgl. EuGH, Urteil vom 15.07.1964, 6/64, *Costa*, Slg. 1964, 1251, 1269: „Zum Unterschied zu gewöhnlichen internationalen Verträgen hat der EWG-Vertrag eine eigene

ropäischen Verträge ebenso wie für die von Gemeinschaftsorganen erlassenen Rechtsakte, welche gemeinhin als Sekundärrecht bezeichnet werden.[353] Mit *Gosch*[354] kann der Vorrang des Gemeinschaftsrechts als „allgemeinverbindlicher *State of the Art*" bezeichnet werden. Soweit EU-Recht nicht nur ein Primat gegenüber einzelgesetzlichen Normen beansprucht, sondern auch verfassungsrechtlich geschützte Werte berührt, gilt dieser Vorrang aber nur im Grundsatz.[355] Konkret behält sich das BVerfG[356] eine Prüfung dahingehend vor, „ob der unantastbare Kerngehalt der Verfassungsidentität [...] gewahrt ist."

Die Interdependenzen zwischen Grundgesetz und EU-Recht werden um das höchst unterschiedliche Zusammenspiel beider Rechtskreise mit bilateralen Vereinbarungen ergänzt. So kann die Qualität von DBA als höherrangiges Recht jedenfalls nicht EU-rechtlich begründet werden.[357] Dies gilt umso mehr, als Art. 293 EGV und seine Aufforderung, die Mitgliedstaaten der EU mögen über bilaterale Abkommen eine „Beseitigung der Doppelbesteuerung innerhalb der Gemeinschaft" anstreben, im Zuge des Vertrages von Lissabon aufgehoben wurde[358].

Rechtsordnung geschaffen, die bei seinem Inkrafttreten in die Rechtsordnungen der Mitgliedstaaten aufgenommen worden und von ihren Gerichten anzuwenden ist."; vgl. grundlegend für den Bereich der direkten Steuern EuGH, Urteil vom 28.01.1986, 270/83, *Avoir fiscal*, Slg. 1986, 273, 299ff.; vgl. auch *Lehner*, Streitbeilegung, in: Kirchhof/Nieskens, FS Reiss, 2008, 665, 676; *Weber-Grellet*, DStR 2009, 1229, 1233f.; vgl. zur Rolle mitgliedstaatlicher Gerichte *Schnitger*, Einwirkung der Grundfreiheiten, 2006, 18.

353 Vgl. zum Zusammenspiel von Primär- und Sekundärrecht *Schön*, IStR 1996, Beihefter zu Heft 2, 1, 6f.; *Lüdicke/Hummel*, IStR 2006, 694, 694ff.; *Ruffert* in: Calliess/Blanke, EG-Recht, Art. 249 EGV, Rz. 14f.; vgl. zur Entwicklung von Primär- und Sekundärrecht in Bezug auf die direkte Unternehmensbesteuerung *Cordewener*, Europäische Grundfreiheiten und nationales Steuerrecht, 2002, 4ff.

354 *Gosch*, DStR 2007, 1553, 1554.

355 Vgl. *Herdegen* in: Maunz/Düring, GG, Art. 1 Abs. 3, Rz. 85; vgl. aus steuerrechtlicher Perspektive *Gosch*, DStR 2007, 1553, 1557f.; zurückhaltender *Weber-Grellet*, DStR 2009, 1229, 1233f.; *Pezzer*, Umsetzung von EuGH-Entscheidungen, in: Kessler/Förster/Watrin, FS Herzig, 2010, 915, 921ff.

356 BVerfG, Urteil vom 30.06.2009, 2 BvE 2/08 u.a., BVerfGE 123, 267, 268 (zum Vertrag von Lissabon).

357 Vgl. EuGH, Urteil vom 06.12.2007, C-298/05, *Columbus Container Services*, Slg. 2007, I-10451, 10512; *Gosch*, IStR 2008, 413, 419ff.; *Kessler/Eicke*, Tax Notes International 2008, Vol. 49, 587, 589.

358 Vgl. zu diesem „unerfreulichen Effekt" *Sedemund*, IStR 2010, Länderbericht Heft 3, 9, 10.

Demgegenüber hat das BVerfG[359] im sog. Konkordatsurteil zwar festgestellt, dass „das Grundgesetz in seiner Völkerrechtsfreundlichkeit nicht so weit geht, die Einhaltung bestehender völkerrechtlicher Verträge durch eine Bindung des Gesetzgebers [...] zu sichern." Doch nimmt die Literatur insbesondere seit der *Görgülü*-Entscheidung[360] an, dass die in DBA festgelegte Aufteilung der Besteuerungsrechte trotzdem eine gewisse verfassungsrechtliche Bindungswirkung für den deutschen Gesetzgeber entfaltet.[361] Je nach Autor sollen von diesem Verbot des sog. *Treaty-Overriding* entweder keine[362] oder nur sehr eng begrenzte Ausnahmen[363] zulässig sein.

Einen zusätzlichen Bedeutungsgewinn verschafft dem Völkervertragsrecht Art. 25 Abs. 5 DBA-Österreich. Als Besonderheit tritt hier der EuGH als Schiedsgericht auf, falls das Verständigungsverfahren nicht innerhalb von drei Jahren zur Beseitigung der Doppelbesteuerung geführt hat.[364]

Teilweise ungeklärt erscheint der räumliche Anwendungsbereich der drei Kategorien höherrangigen Rechts. Dies gilt weniger für das Verfassungsrecht, welches in seiner Geltung keiner geographischen Beschränkung unterworfen

359 BVerfG, Urteil vom 26.03.1957, 2 BvG 1/55, BVerfGE 6, 309, 362f.

360 Vgl. BVerfG, Beschluss vom 14.10.2004, 2 BvR 1481/04, BVerfGE 111, 307, 315ff.

361 Vgl. *Gosch*, IStR 2008, 413, 418; vgl. zu den teilweise noch strikteren Vorgaben anderer Verfassungsordnungen *Musil*, Deutsches Treaty Overriding, 2001, 55ff.; *Vogel* in: Vogel/Lehner, DBA, Einl., Rz. 204.

362 Vgl. u.a. *Vogel* in: Vogel/Lehner, DBA, Einl., Rz. 205; *Stein*, IStR 2006, 505, 508f.; *Gosch*, IStR 2008, 413, 421; *Hageböke*, IStR 2009, 473, 474f.

363 Vgl. zur Möglichkeit einer Ausnahme, wenn der Gesetzgeber seinen Willen zum Bruch völkerrechtlicher Verpflichtungen klar zum Ausdruck gebracht hat u.a. *Musil*, Deutsches Treaty Overriding, 2001, 72; *Bron*, IStR 2007, 431, 434; *Lüdicke*, DBA-Politik, 2008, 34ff.; *Brombach-Krüger*, Ubg 2008, 324, 329; ähnlich auch FG Köln, Urteil vom 14.3.2000, 8 K 543/99, EFG 2000, 1006, 1009; der BFH sah im Revisionsverfahren keine Notwendigkeit, sich mit dieser Frage auseinanderzusetzen: „Bei dieser Rechtslage kommt es nicht darauf an, ob [das] EStG ausdrücklich ein ‚treaty overriding' enthält [...].", vgl. BFH, Urteil vom 19.12.2001, I R 63/00, BStBl. 2003 II, 302, 304; vgl. zur Möglichkeit einer Ausnahme, wenn kein Grundrechtseingriff vorliegt oder dieser zwar vorliegt, aber einer Rechtfertigung zugänglich ist *Frotscher*, Treaty Override, in: Spindler/Tipke/Rödder, FS Schaumburg, 2009, 687, 705ff.

364 Vgl. allgemein *Lehner*, Streitbeilegung, in: Kirchhof/Nieskens, FS Reiss, 2008, 665, 677ff.; vgl. im Zusammenhang mit Unterkapitalisierungsregelungen *Kessler/Knörzer*, Tax Notes International 2008, Vol. 50, 427, 430, Fn. 17; *Loukota*, SWI 2008, 105, 111.

ist.[365] Vielmehr sieht das BVerfG[366] den Gesetzgeber in der Pflicht, „dem Grundrecht die unter den obwaltenden und von ihm nicht beeinflußbaren Bedingungen größtmögliche Anwendung zu sichern.“ Demgegenüber richten sich EU- und DBA-Recht zwar *prima facie* nur an Sachverhalte mit internationalem Bezug, doch bringt dies die Gefahr einer Inländerdiskriminierung mit sich. Systematisch kann sich eine solche Situation bei rein nationalen Fallkonstellationen ebenso ergeben wie bei grenzüberschreitenden Sachverhalten, in denen das EU-Recht „nicht die allgemeine Gleichbehandlung von [...] Ausländern und Inländern, sondern lediglich die Aufhebung der Beschränkungen [der Grundfreiheiten] gebietet.“[367] Während EuGH[368] wie BFH[369] (noch) an einer geographischen Beschränkung des Anwendungsbereiches von EU- bzw. DBA-Recht festhalten, hat das BVerfG[370] die Verfassungsmäßigkeit einer Inländerdiskriminierung immerhin offen gelassen hat. *Gosch*[371] betrachtet diese Situation als „zumindest unbefriedigend, ja eigentlich unhaltbar“ und sieht erste Anzeichen ei-

---

365 *Dreier* in: Dreier, GG, Art. 1 Abs. 3, Rz. 39 spitzt dies folgendermaßen zu: „Grundrechte machen nicht an der Staatsgrenze Halt.“; vgl. ähnlich *Herdegen* in: Maunz/Düring, GG, Art. 1 Abs. 3, Rz. 71.

366 BVerfG, Urteil vom 10.01.1995, 1 BvF 1/90 u.a., BVerfGE 92, 26, 42; vgl. zurückhaltender zu Art. 10 GG BVerfGE, Urteil vom 14.07.1999, 1 BvR 2226/94 u.a., BVerfGE 100, 313, 362: „Wie weit der Schutz des Art. 10 GG in räumlicher Hinsicht reicht, ist in der Verfassungsrechtsprechung bisher nicht geklärt.“

367 *Rainer*, EWS 1994, 271, 272.; vgl. zu einer abweichenden Begriffsbestimmung *Cordewener*, Europäische Grundfreiheiten und nationales Steuerrecht, 2002, 184.

368 Vgl. im Zusammenhang mit den deutschen Regelungen zur beschränkten Steuerpflicht EuGH, Urteil vom 26.01.1993, C 112/91, *Werner*, Slg. 1993, I-429, 470: „[Es verstößt nicht gegen die Grundfreiheiten], wenn ein Mitgliedstaat eigenen Staatsangehörigen, die ihre Berufstätigkeit in seinem Hoheitsgebiet ausüben und die ausschließlich oder fast ausschließlich dort ihre Einkünfte erzielen oder ihr Vermögen besitzen, dann, wenn sie nicht im Inland wohnen, eine höhere Steuerbelastung auferlegt, als wenn sie dort wohnen.“

369 Vgl. BFH, Beschluss vom 15.07.2005, I R 21/04, BStBl II 2005, 716, 717f.; vgl. ebenso FG Köln, Urteil vom 16.10.2003, 7 K 1371/01, EFG 2004, 138, 139f.; vgl. zustimmend *Herlinghaus*, EFG 2004, 141, 141.

370 Vgl. im Zusammenhang mit dem Vergaberecht BVerfG, Beschluss vom 13.06.2006, 1 BvR 1160/03, BVerfGE 116, 135, 159: „Vorliegend bedarf keiner Entscheidung, ob Art. 3 Abs. 1 GG gebieten kann, auch für die von solchen [EU-] Richtlinien nicht erfassten Sachverhalte die gleichen Regelungen wie die europarechtlich vorgegebenen zu schaffen [...].“

371 *Gosch*, DStR 2007, 1553, 1557; vgl. ebenso *Epiney* in: Calliess/Blanke, EG-Recht, Art. 12 EG-Vertrag, 34ff.; offen lassend *Birk*, Besteuerungsgleichheit, in: DStJG, Steuerrecht im Europäischen Binnenmarkt, 1996, 63, 80.

ner Änderung der BFH-Rechtsprechung. Damit würde sich die deutsche Justiz den Erkenntnissen des öVfGH anschließen.[372]

II. Verfassungsrecht

Die staats- und steuerrechtswissenschaftlichen Beurteilungen von Unterkapitalisierungsnormen rekurrieren oftmals auf das GG.[373] Hieraus entspringt insbesondere der Gleichheitsgrundsatz nach Art. 3 Abs. 1 GG, die Berufsfreiheit nach Art. 12 Abs. 1 GG sowie die Eigentumsgarantie nach Art. 14 Abs. 1 GG. Diese verfassungsrechtlichen Vorgaben sind unabhängig von der Rechtsform[374] und damit auch unabhängig vom Konzerntyp. Sie werden nach ständiger Rechtsprechung des BVerfG[375] insbesondere durch das Prinzip der Besteuerung nach Leistungsfähigkeit konkretisiert. Allerdings folgt für den Gesetzgeber daraus noch keine Beschränkung bei der Auswahl des Steuergegenstandes. Hat er jedoch in Ausübung seines weiten Entscheidungsspielraums den Steuergegenstand ausgewählt, muss er i.S.d. Belastungsgleichheit diese Entscheidung zumindest innerhalb der jeweiligen Steuerart[376] folgerichtig umzusetzen.[377]

---

372 Vgl. öVfGH, Erkenntnis vom 17.06.1997, B 592/96, 14863, öVfGHE 62, 759, 762: „Für eine solche Schlechterstellung österreichischer Staatsbürger gegenüber ausländischen Staatsangehörigen läßt sich im konkreten Zusammenhang aber keinerlei sachliche Rechtfertigung finden [...]. Vor allem wäre eine derart unterschiedliche Behandlung diskriminatorisch im Sinne des Art. 14 i.V.m. Art. 8 EMRK, da eine ‚objektive und vernünftige Rechtfertigung' dafür nicht ersichtlich ist, weil sie offenkundig kein legitimes Ziel verfolgt."

373 Vgl. exemplarisch zu § 8a KStG i.d.F. des StandOG *Bartone*, § 8a KStG, 2000, 52ff.; vgl. exemplarisch zu § 4h EStG i.V.m. § 8a KStG i.d.F. des UntStRefG 2008 *Hey*, BB 2007, 1303, 1304ff.; *Hey*, Zinsschranke aus europa- und verfassungsrechtlicher Sicht, in: Brähler/Lösel, FS Djanani, 2008, 109, 121ff.; *Musil/Volmering*, DB 2008, 12, 14f.

374 Nach Art. 19 Abs. 3 GG gelten auch inländische juristische Personen als Grundrechtsträger, wobei damit juristische Personen des Privatrechts (also auch Personengesellschaften) und nicht nur vollrechtsfähige juristische Personen gemeint sind; vgl. zu dieser Abgrenzung *Remmert* in: Maunz/Düring, GG, Art. 1 Abs. 3 GG, Rz. 29; vgl. allgemein aus steuerrechtlicher Perspektive *Lang*, Grundlagen, in: Tipke/Lang, Steuerrecht, 2010, 1, 92.

375 Vgl. BVerfG, Urteil vom 24.06.1958, 2 BvF 1/57, BVerfGE 8, 51, 68f.; BVerfG, Urteil vom 03.11.1982, 1 BvR 620/78 u.a., BVerfGE 61, 319, 343f.; BVerfG, Urteil vom 09.12.2008, 2 BvL 1/07 u.a., BVerfGE 122, 210, 231; vgl. auch ausführlich *Tipke*, StRO - Band I, 2000, 323ff.; *Papier*, DStR 2007, 973, 975f.

376 Vgl. kritisch zu dieser sog. Binnenbeschränkung *Tipke*, StuW 2007, 201, 207ff.

Abweichungen von einer folgerichtigen Umsetzung des einmal gewählten Steuergegenstandes sind nach *Drüen*[378] als „verfassungsrechtliches Vabanquespiel" zu qualifizieren. Sie können nach Auffassung des BVerfG[379] nur mit „dem Vorliegen gewichtiger Gründe" gerechtfertigt werden. Hierzu zählt insbesondere die Verhinderung von Missbrauch[380], aber auch ein erkennbares[381] Lenkungsziel, soweit „ein Mindestmaß an zweckgerechter Ausgestaltung"[382] eingehalten wird. Vom BVerfG[383] ebenfalls als Rechtfertigung akzeptiert sind „Typisierungs- und Vereinfachungserfordernisse". Eine darauf gründende Abweichung vom Grundsatz der Folgerichtigkeit darf aber „keinen atypischen Fall als Leitbild wählen, sondern muss realitätsgerecht den typischen Fall als Maßstab zu Grunde legen"[384]. Ausdrücklich nicht geeignet um Verstöße gegen eine folgerichtige

---

377 Vgl. zur Erbschaft- und Schenkungsteuer BVerfG, Beschluss vom 07.11.2006, 1 BvL 10/02, BVerfGE 117, 1, 31; vgl. zur Pendlerpauschale BVerfG, Urteil vom 09.12.2008, 2 BvL 1/07 u.a., BVerfGE 122, 210, 231; vgl. allgemein zum Gebot der Folgerichtigkeit *Tipke*, StuW 2007, 201, 205ff.; vgl. zum Folgerichtigkeitsgebot im Verbrauch- und Verkehrsteuerrecht *Tipke*, Prinzipien, in: Kirchhof/Nieskens, FS Reiss, 2008, 9, 12ff.; vgl. zur Möglichkeit der Auswahl eines anderen Steuergegenstands und der damit verbundenen Feststellung, das Leistungsfähigkeitsprinzip stünde „auf unsicherem Boden" *Birk*, Leistungsfähigkeitsprinzip, 1983, 160.

378 *Drüen*, StuW 2008, 3, 3.

379 BVerfG, Beschluss vom 04.12.2002, 2 BvR 400/98 u.a., BVerfGE 107, 27, 47; vgl. ähnlich BVerfG, Beschluss vom 30.09.1998, 2 BvR 1818/91, BVerfGE 99, 88, 95: „[Abweichungen vom Grundsatz der Folgerichtigkeit müssen] ihre Rechtfertigung in besonderen sachlichen Gründen finden."; vgl. ausführlich zu „legitime[n] Zielsetzungen, die ein Abweichen begründen [können]" *Englisch*, DStR 2009, Beihefter zu Heft 34, 92, 97; vgl. jüngst zum Vorteilsausgleich als nicht akzeptablen Rechtfertigungsgrund *Drüen*, DStR 2010, 513, 517f.

380 Vgl. allgemein *Hey*, StuW 2008, 167, 173ff.; vgl. im Zusammenhang mit Zinsabzugsbeschränkungen *Kessler/ Köhler/Knörzer*, IStR 2007, 418, 419; *Hey*, Zinsschranke aus europa- und verfassungsrechtlicher Sicht, in: Brähler/Lösel, FS Djanani, 2008, 109; *Kessler/Dietrich*, DB 2010, 240, 240.

381 Vgl. jüngst zum Fehlen „von erkennbaren gesetzgeberischen [Wertungs-]Entscheidungen" im Zusammenhang mit der Pendlerpauschale BVerfGE, Urteil vom 09.12.2008, 2 BvL 1/07 u.a., BVerfGE 122, 210, 238.

382 BVerfG, Urteil vom 06.03.2002, 2 BvL 17/99, BVerfGE 105, 73, 113.

383 BVerfG, Urteil vom 09.12.2008, 2 BvL 1/07 u.a., BVerfGE 122, 210, 231; vgl. ebenso BVerfG, Beschluss vom 10.04.1997, 2 BvL 77/92, BVerfGE 96, 1, 6; *Drüen*, StuW 2008, 3, 13f.

384 BVerfG, Urteil vom 09.12.2008, 2 BvL 1/07 u.a., BVerfGE 122, 210, 233; vgl. im Zusammenhang mit Unterkapitalisierungsnormen *Musil/Volmering*, DB 2008, 12, 15.

Umsetzung des einmal gewählten Steuergegenstandes zu rechtfertigen sind finanzpolitische oder steuertechnische Erwägungen.[385]

Zentral für die verfassungsrechtliche Bewertung von Unterkapitalisierungsnormen ist folglich, dass sich der Gesetzgeber mit der gegenwärtigen Ausgestaltung des Ertragsteuerrechts dafür entschieden hat, nicht Brutto- sondern Nettoeinkommen zu besteuern (sog. objektives Nettoprinzip). Idealtypisch sollen demnach alle im Zusammenhang mit Einnahmen stehende Betriebsausgaben bei der Ermittlung des steuerpflichtigen Einkommens zum Abzug zugelassen werden. Entgegen der Ansicht von *Nawrath*[386] darf der Gesetzgeber auch nicht unter Hinweis auf eine „globale Perspektive" ausländische Jurisdiktionen für den Betriebsausgabenabzug zuständig erklären.[387] Anderes gilt nur, falls die im Zusammenhang mit den Betriebsausgaben stehenden Einnahmen tatsächlich[388] und nicht nur technisch[389] steuerfrei sind.

Die folgerichtige Umsetzung des objektiven Nettoprinzips gebietet sich nach Rechtsprechung des BVerfG zumindest für die Einkommensteuer, entsprechend der Ansicht von *Hey*[390] aber auch für die Körperschaft- und Gewerbesteuer. Schließlich knüpften beide Steuerarten über § 8 Abs. 1 KStG bzw. § 7 S. 1 GewStG an einkommensteuerliche Nettogrößen an. Insbesondere kön-

---

385 Vgl. *Lang*, Rechtssystematische Grundlagen, 1988, 185; *Drüen*, DStR 2010, 513, 517; *Hey*, StuW 2005, 317, 323 weist darauf hin, dass oftmals das Ziel der Europarechtstauglichkeit „in Wirklichkeit nur der Vermeidung von Aufkommenseinbußen [dient]". Insofern können Verstöße gegen das Gebot der Folgerichtigkeit auch mit einem Verweis auf Vorgaben des EuGH nicht gerechtfertigt werden.

386 *Nawrath*, DStR 2009, 2, 3.

387 Vgl. zur internationalen Dimension des objektiven Nettoprinzips *Tipke*, StRO - Band I, 2000, 524.

388 Vgl. *Pezzer*, StuW 2000, 144, 150; *Hey*, DStR 2009, Beihefter zu Heft 34, 109, 110f.

389 Vgl. *Schön*, FR 2001, 381, 385ff.; vgl. jedoch ablehnend zur Gültigkeit des objektiven Nettoprinzips bei nur technisch steuerfrei gestellten Beteiligungserträgen und dementsprechend gegen einen Verfassungsverstoß durch § 3c Abs. 2 EStG BFH, Urteil vom 19.06.2007, VIII R 69/05, BStBl II 2008, 551, 552; die entsprechende Verfassungsbeschwerde wurde unter BVerfG, Beschluss vom 09.02.2010, 2 BvR 2221/07 nicht angenommen; vgl. bejahend zur Gültigkeit des objektiven Nettoprinzips bei nur technisch steuerfrei gestellten Beteiligungserträgen und dementsprechend für einen Verfassungsverstoß durch § 8b Abs. 3, 5 KStG FG Hamburg, Beschluss vom 07.11.2007, 5 K 153/06, EFG 2008, 236, 239; vgl. jedoch ablehnend im zugehörigen Normenkontrollverfahren BVerfG, Beschluss vom 12.10.2010, 1 BvL 12/07, DStR 2010, 2393, 2393ff.

390 Vgl. *Hey*, DStR 2009, Beihefter zu Heft 34, 109, 110ff.; vgl. für eine Anwendung dieser Grundsätze auch auf die Umsatzsteuer *Englisch*, DStR 2009, Beihefter zu Heft 34, 92, 93.

ne der Anwendung des objektiven Nettoprinzips bei der Gewerbesteuer nicht das Äquivalenz- oder Objektsteuerprinzip entgegen gehalten werden. Das Leitprinzip der Gewerbesteuer habe sich vielmehr gewandelt hin zu einer „im Nettoertrag bemessene[n] Erfassung der objektiven Leistungsfähigkeit des Gewerbebetriebs."[391] In Anbetracht der grundgesetzlich geschützten Berufsfreiheit nach Art. 12 Abs. 1 GG sowie der Eigentumsgarantie gem. Art. 14 Abs. 1 GG sei eine andere Ausgestaltung auch gar nicht möglich.

Soweit *Unterkapitalisierungsnormen vom Typ* α_2, *β* oder γ_2 dem Kapitalnehmer den Zinsabzug verwehren oder ihn außerbilanziell wieder rückgängig machen, entsprechen sie nicht dieser Grundsatzentscheidung des Ertragsteuerrechts. Sie können verfassungsrechtlichen Beurteilungsmaßstäben nur genügen, wenn ihre Ausgestaltung eine Rechtfertigung nach Maßgabe der vom BVerfG anerkannten Gründe ermöglicht. Damit müssen sie entweder einer am Regelfall orientierten Typisierung und Pauschalierung, einem Lenkungszweck oder einer Bekämpfung von Missbrauch dienen. Zwar hat sich die Rechtsprechung bislang nicht und die Literatur[392] nur punktuell mit der Abgrenzung dieser Rechtfertigungsgründe beschäftigt, doch scheidet die bloße Typisierung und Pauschalierung als Rechtfertigungsgrund für Unterkapitalisierungsregelungen wohl aus. Die dadurch gewonnene Vereinfachung würde außer Verhältnis zu der notwendig mit der Typisierung verbundenen Ungleichbehandlung stehen.[393] Als Rechtfertigungsgrund für Zinsabzugsbeschränkungen und die außerbilanzielle Hinzurechnung von Zinsaufwand verbleibt insbesondere die Missbrauchsbekämpfung. Angesichts des Charakters des Steuerrechts als Massenfallrecht[394] besteht aber erneut Bedarf an einer Typisierung, welche nun den Missbrauch als Gegenstand hat und sich wiederum am Regelfall orientieren muss. Im Ergebnis stellen verfassungsrechtliche Beurteilungsmaßstäbe darauf ab, ob Unterkapitalisierungsregelungen Missbrauch angemessen typisieren und damit nur beim Regelfall des Missbrauchs zur Anwendung kommen. Anders formuliert gilt es zu prüfen, ob sich die Sachverhalte, welche zwar nicht durch

---

391 *Hey*, DStR 2009, Beihefter zu Heft 34, 109, 116; vgl. ähnlich *Gosch*, DStZ 1998, 327, 328; *Montag*, Gewerbesteuerrecht, in: Tipke/Lang, Steuerrecht, 2010, 467, 468.

392 Vgl. *Drüen*, StuW 2008, 3, 12: „[Die vom BVerfG anerkannten Rechtfertigungsgründe] stehen nicht trennscharf nebeneinander, sondern können im Einzelfall ineinander greifen."

393 Vgl. allgemein zu Missbrauchsvermeidungsvorschriften *Hey*, StuW 2008, 167, 172; vgl. allgemein zu den gleichheitsrechtlichen Grenzen der Typisierung *Jachmann*, StuW 1998, 193, 204f.; *Kirchhof* in: Isensee/Kirchhof, Handbuch des Staatsrechts, § 124, Rz. 293ff.

394 Vgl. *Drüen*, DStR 2010, 513, 516.

Missbrauch gekennzeichnet, wohl aber von den *Unterkapitalisierungsregelungen des Typs α_2, β* oder γ_2 betroffen sind, auf Einzelfälle beschränken.[395]

In Bezug auf das Verhältnis der Beurteilungsmaßstäbe kann davon ausgegangen werden, dass das Realinvestitionskriterium komplementär zu den verfassungsrechtlichen Vorgaben steht. Konkret dürfte die Durchbrechung des objektiven Nettoprinzips bei Gewinnverlagerungen gerechtfertigt sein. *Kessler/Dietrich*[396] haben hierfür den Begriff des „fiskalisch flankierte[n] Nettoprinzip[s]" geprägt. Dieses stelle „nicht mehr blind auf die nominelle Leistungsfähigkeit [...] ab, sondern ergänzt [die grundsätzlich gebotene Abziehbarkeit von Zinsaufwand] zielgerecht um eine ordnungspolitisch und fiskalisch motivierte Erweiterung." In diesem Zusammenhang kann der hier entwickelte, steuerwissenschaftliche Maßstab als notwendige[397] Konkretisierung des verfassungsrechtlichen Missbrauchsbegriffs verstanden werden. Missbrauch liegt demnach vor, wenn die Verteilung der Realinvestitionen zwar anzeigt, dass die Standortvorteile einer Jurisdiktion genutzt werden, die Verteilung von Eigen- und Fremdkapital jedoch darauf hindeutet, dass der Standortnutzer hierfür nicht bezahlt.

III. EU-Recht

a) Primärrecht

Anders als das Verfassungsrecht [vgl. Kap. 7.A.II.] richtet sich das EU-Primärrecht nicht ausschließlich an *Unterkapitalisierungsnormen vom Typ α_2, β* oder γ_2. Der EuGH leitet insbesondere aus der Niederlassungs- (Art. 49 AEUV) und Kapitalverkehrsfreiheit (Art. 63 Abs. 1 AEUV) auch Vorgaben für die anderen Arten von Unterkapitalisierungsnormen ab.[398] Freilich kann das Gericht dabei nicht auf Grundlage klarer Tatbestandsmerkmale urteilen. Beginnend mit der Rs. *Avoir fiscal*[399] muss sich der EuGH vielmehr der Herausforderung stellen,

---

395 Vgl. in diesem Sinne auch *Hey*, StuW 2008, 167, 176.

396 *Kessler/Dietrich*, DB 2010, 240, 240.

397 Vgl. zum häufig unbestimmten Missbrauchsbegriff bei der Begründung von Gesetzesvorhaben *Hey*, StuW 2008, 167, 169.

398 Vgl. EuGH, Urteil vom 12.09.2006, C- 196/04, *Cadbury Schweppes*, Slg. 2006, I-7995, I-8031ff. zur britischen Hinzurechnungsbesteuerung, welche in der Systematik nach dem Ansatzpunkt [vgl. Kap. 5.C.II.] als Unterkapitalisierungsnorm vom Typ α_1 einzuordnen würde.

399 Vgl. EuGH, Urteil vom 28.01.1986, 270/83, *Avoir fiscal*, Slg. 1986, I-273, I-299ff.

für den Bereich der direkten Steuern selbst eine kohärente europarechtliche Ordnung zu entwickeln.[400]

Nicht zuletzt wegen möglicher [vgl. Kap. 3.D] und tatsächlich nachweisbarer [vgl. Kap. 4.D.II.] innerdeutscher Gewinnverlagerungen differenziert das Realinvestitionskriterium weder offen noch verdeckt[401] zwischen Gläubigern oder Schuldnern unterschiedlicher Nationalität. Es kann damit grundsätzlich als Konkretisierung des primärrechtlichen Diskriminierungs- und Beschränkungsverbotes[402] verstanden werden. Komplementäre Wirkung kann dem Realinvestitionskriterium insofern zugeschrieben werden, als die Rechtsprechung des EuGH zu Unterkapitalisierungsnormen entsprechend der Ansicht von *Fischer*[403] „exegetisch nicht belastba[r]" ist.[404] Auch GA *Geelhoed*[405] konzediert bezüglich primärrechtlicher Anforderungen an Unterkapitalisierungsnormen „einen Mangel an Klarheit". Als Spiegel dessen hält *Schön*[406] in der Zwischenzeit sogar eine nur auf grenzüberschreitende Finanzierungen zielende *Unterkapitalisier-*

---

400 Vgl. *Fischer*, Überlegungen zum fraus-legis-Gedanken, in: Kirchhof/Nieskens, FS Reiss, 2008, 621, 622.

401 Vgl. zur Abgrenzung von offener und verdeckter Diskriminierung EuGH, Urteil vom 12.12.2002, C-324/00, *Lankhorst-Hohorst*, Slg. 2002, I-11779, I-11811f.; *Epiney* in: Calliess/Blanke, EG-Recht, Art. 12 EGV, Rz. 11ff.

402 Vgl. zur (nicht immer einheitlichen) Abgrenzung von Diskriminierungen und Beschränkungen *Knobbe-Keuk*, DB 1990, 2573, 2573ff.; *Cordewener*, Europäische Grundfreiheiten und nationales Steuerrecht, 2002, 104ff.; *Schaumburg*, DB 2005, 1129, 1133; *Obser*, Gesellschafter-Fremdfinanzierung im europäischen Konzern, 2005, 52.

403 *Fischer*, Überlegungen zum fraus-legis-Gedanken, in: Kirchhof/Nieskens, FS Reiss, 2008, 621, 623; vgl. zustimmend *Hey*, StuW 2008, 167, 180.

404 Wohl keiner Einschränkung bedarf das Komplementärverhältnis der Beurteilungsmaßstäbe bei Unterkapitalisierungsnormen vom Typ β_2, welche auf Ebene der Rechtsfolgen eine Umqualifizierung vorsehen. Hier kann es zwar zu diskriminierenden oder beschränkenden Doppelbesteuerungen kommen, wenn Gläubiger- oder Ansässigkeitsstaat die Zahlungen nicht wie im reinen Inlandsfall regelmäßig als Eigenkapitalvergütung betrachten, vgl. *Kessler*, DB 2003, 2507, 2512f.; *Köhler/Eicker*, DStR 2004, 672, 672ff. Welcher Staat die gleichheitswidrigen Folgen der fehlenden Qualifikationsverkettung zu verantworten hat und ob dieselbe Argumentation auch bei bloßen Zinsabzugsverboten greift ist jedoch umstritten, vgl. *Loukota*, SWI 2008, 105, 110; *Kessler/Knörzer*, Tax Notes International 2008, Vol. 50, 427, 428. Zudem hat die deutsche Gesetzgebungspraxis das Problem bis dato eher als eine Frage der Beteiligungsertragsbefreiung verstanden.

405 GA Geelhoed, Schlussanträge vom 29.06.2006, C-524/04, *Test Claimants in the Thin Cap Group Litigation*, Slg. 2007, I-2107, I-2140.

406 Vgl. *Schön*, IStR 2009, 882, 883ff.; a.A. *Rödder*, Europäisches Unternehmensteuerrecht, in: Kessler/Förster/Watrin, FS Herzig, 2010, 349, 356.

ungsnorm vom Typ β_2 unter bestimmten Voraussetzungen (wieder) für möglich.

Dass sich das EU-Primärrecht auch als Beurteilungsmaßstab für Unterkapitalisierungsnormen eignet, welche nicht Fremdkapitalvergütungen gegenüber dem *status quo* schlechter (*Typ* γ_2), sondern Eigenkapital besser stellen wollen (*Typ* γ_1), ist indes dem Umstand geschuldet, dass der Schutz vor Diskriminierungen und Beschränkungen um das Beihilfeverbot gem. Art. 107 Abs. 1 AEUV ergänzt wird. Nach Mitteilung der Kommission[407] ist „für die Anwendung der Gemeinschaftsvorschriften über staatliche Beihilfen [...] der steuerliche Charakter einer Maßnahme unerheblich." Folglich sind aus primärrechtlicher Perspektive Unterkapitalisierungsnormen auch am Beihilferecht zu messen.

Allerdings ist entsprechend der Auffassung der Kommission[408] ein Verstoß gegen das Beihilferecht nur anzunehmen, wenn die betreffende Regelung kumulativ die normalerweise zu tragende Steuerlast des Begünstigten verringert, zu einem Verlust an staatlichen Steuereinnahmen führt, den Handel zwischen den Mitgliedstaaten beeinträchtigt und selektiv ist. Weil das hier entwickelte Realinvestitionskriterium ebenfalls nicht selektiv wirkt, sondern abstrakt sämtliche denkbaren Fallkonstellationen erfasst, bleibt es beim komplementären Verhältnis zum EU-Primärrecht. Bspw. genügt der Abzug fiktiver Eigenkapitalzinsen den Vorgaben des EU-Beihilferechts[409] und wirkt gleichzeitig hin zu einer Verteilung von Eigen- und Fremdkapital, welche nicht durch Gewinnverlagerungen gekennzeichnet ist.

---

407 Mitteilung der Kommission über die Anwendung der Vorschriften über staatliche Beihilfen auf Maßnahmen im Bereich der direkten Unternehmensbesteuerung vom 10.12.1998, ABl. EG 1998, Nr. C 384, 3, 4.

408 Vgl. Mitteilung der Kommission über die Anwendung der Vorschriften über staatliche Beihilfen auf Maßnahmen im Bereich der direkten Unternehmensbesteuerung vom 10.12.1998, ABl. EG 1998, Nr. C 384, 3, 4f.; vgl. für Einzelheiten *Schön*, Rechtsproblem, in: Pelka, DStJG, 2000, 191, 214ff.; *Linn*, IStR 2008, 601, 602ff.; vgl. auch mit Bezug zur Förderung von Forschung und Entwicklung *Kessler/Naumann/Eicke u.a.*, DB 2008, 1172, 1173f.; vgl. zu Konzernfinanzierungsgesellschaften *Blumenberg/Lausterer*, Staatliche Beihilfen, in: Breuninger/Müller/Strobl-Haarmann, FS Rädler, 1999, 1, 4ff.; vgl. speziell mit Bezug zu Unterkapitalisierungsnormen *Bohn*, Zinsschranke, 2009, 80ff.

409 Die Europäische Kommission hält bspw. die belgische *notional interest deduction* für grundsätzlich EU-rechtskonform und untersucht lediglich, ob die dabei fehlende Berücksichtigung ausländischen Betriebsstättenvermögens einen Verstoß gegen die Grundfreiheiten darstellt, vgl. *Quaghebeur*, Worldwide Tax Daily 2009, 82-4.

b) Sekundärrecht

Aus dem europäischen Sekundärrecht werden insbesondere die MTRL[410] sowie die ZLRL[411] herangezogen, um Unterkapitalisierungsnormen zu beurteilen.[412] Gemeinsam ist beiden Rechtsakten, dass sie unter bestimmten Voraussetzungen Eigen- bzw. Fremdkapitalvergütungen innerhalb eines europäischen Kapitalgesellschaftskonzerns quellensteuerfrei stellen.[413]

Anders als das EU-Primärrecht [vgl. Kap. 7.A.III.a)], aber wie das deutsche Verfassungsrecht [vgl. Kap. 7.A.II.] eignen sich die Richtlinien aber nur zur Bewertung von *Unterkapitalisierungsnormen des Typs* α_2, β oder γ_2. Insbesondere besteht bei diesen Normen die Gefahr einer unzulässigen Quellenbesteuerung. Dies gilt eindeutig bei der Erhebung von Quellensteuern im engeren Sinne. Entsprechend der Ansicht von weiten Teilen des Schrifttums[414] kann ein Richtlinienverstoß aber u.U.[415] auch bejaht werden, wenn die Fremdkapitalver-

---

410 Vgl. Richtlinie 90/435/EWG des Rates vom 23.07.1990 über das gemeinsame Steuersystem der Mutter- und Tochtergesellschaften verschiedener Mitgliedstaaten, ABl. EG 1990, Nr. L 225, 6, 6ff.; vgl. zur Umsetzung in Deutschland § 43b Abs. 1 EStG.

411 Vgl. Richtlinie 2003/49/EG des Rates vom 03.06.2003 über eine gemeinsame Steuerregelung für Zahlungen von Zinsen und Lizenzgebühren zwischen verbundenen Unternehmen verschiedener Mitgliedstaaten, ABl. EU 2003, Nr. L 157, 49, 49ff.

412 Vgl. zum Verhältnis der Richtlinien in Bezug auf Unterkapitalisierungsregelungen *Kessler*, DB 2003, 2507, 2510ff.; *Obser*, Gesellschafter-Fremdfinanzierung im europäischen Konzern, 2005, 81ff.

413 Vgl. für eine Gegenüberstellung *Dautzenberg*, BB 2004, 17, 18; *Obser*, Gesellschafter-Fremdfinanzierung im europäischen Konzern, 2005, 91.

414 Vgl. zu § 8 Nr. 1 GewStG i.d.F. des StRefG *Dautzenberg*, BB 2004, 17, 19; *Kessler/Eicker/Schindler*, IStR 2004, 678, 679f.; *Köhler*, IStR 2005, 227, 231; a.A. *Kempf/Straubinger*, IStR 2005, 773, 774f.; *Goebel/Jacobs*, IStR 2009, 87, 89f.; vgl. zu § 8 Nr. 1a i.d.F. des UntStRefG 2008 *Hidien*, DStZ 2008, 131, 133f.; a.A. *Hofmeister* in: Blümich, EStG/KStG/GewStG, § 8 GewStG, Rz. 31; vgl. zu § 4h EStG i.V.m. § 8a KStG i.d.F. des UntStRefG 2008 *Köhler*, DStR 2007, 597, 604; *Homburg*, FR 2007, 717, 725; *Kessler/Knörzer*, Tax Notes International 2008, Vol. 50, 427, 431; *Loukota*, SWI 2008, 105, 106f.; *Hey*, Zinsschranke aus europa- und verfassungsrechtlicher Sicht, in: Brähler/Lösel, FS Djanani, 2008, 109, 119f.; *Leitner*, Deutschland und Österreich, in: Spindler/Tipke/Rödder, FS Schaumburg, 2009, 889, 900; *Loschelder* in: Schmidt, EStG, § 4h EStG, Rz. 3; a.A. *Mössner*, Zinsschranke, in: Lüdicke, Unternehmensteuerreform, 2008, 1, 52; *Führich*, Ubg 2009, 30, 38; *Bohn*, Zinsschranke, 2009, 85ff.; offen lassend *Möhlenbrock/Pung* in: Dötsch/Jost/Pung u.a., KStG, § 8a, Rz. 31.

415 In keinem Fall ist ein Richtlinienverstoß anzunehmen, soweit es sich um eine Unterkapitalisierungsnorm vom Typ α_2 handelt und nicht abziehbarer Beteiligungsaufwand in Höhe von 5% der Nettodividende fingiert wird, vgl. Art. 4 Abs. 2 der Richtlinie

gütungen das Einkommen des Schuldners nicht mehr mindern, mithin eine Quellenbesteuerung im weiteren Sinne vorliegt. Schließlich habe dieser Schifttumsauffassung zu Folge der EuGH in der Rechtssache *Athinaïki Zythopoiïa*[416] eine Quellenbesteuerung „nach den objektiven Merkmalen der Steuer unabhängig von ihrer Qualifizierung im nationalen Recht" angenommen. Auch wenn das Urteil nur zur MTRL erging, sei diese wirtschaftliche Betrachtungsweise auch auf die Quellensteuerdefinition der ZLRL zu übertragen. Nicht zuletzt spreche hierfür Art. 1 Abs. 1 ZLRL, welcher anordne, „Zinsen von *allen* in diesem Staat angefallenen Steuern"[417] freizustellen. Der Grundsatz der wirtschaftlichen Einmalbesteuerung gelte damit unabhängig von der juristischen Erhebungstechnik.[418] Dem EuGH-Urteil zur Rs. *Burda*[419] sei nicht Gegenteiliges zu entnehmen, weil hier das Gericht zwar keine wirtschaftliche Betrachtungsweise eingenommen, aber dennoch im Sinne einer Einmalbesteuerung entschieden habe.[420] Die jüngste deutsche Rechtsprechung hat die Argumente der Literatur anerkannt[421] und dem EuGH zur Prüfung vorgelegt[422].

Vor einer endgültigen Klärung durch den EuGH kann davon ausgegangen werden, dass sich die Gefahr eines Richtlinienverstoßes je eher realisiert, desto weniger die zu prüfende Unterkapitalisierungsnorm auf Missbrauchsfälle konzentriert ist. Ursächlich hierfür sind Art. 1 Abs. 2 MTRL und Art. 5 Abs. 1 ZLRL.

90/435/EWG des Rates vom 23.07.1990 über das gemeinsame Steuersystem der Mutter- und Tochtergesellschaften verschiedener Mitgliedstaaten, ABl. EG 1990, Nr. L 225, 6, 7.

416 Vgl. EuGH, Urteil vom 04.10.2001, C-294/99, *Athinaïki Zythopoiïa*, Slg. 2001, I-6797, I-6825.

417 Kursivstellung hinzugefügt.

418 Vgl. ausführlich *Kessler/Eicker/Schindler*, IStR 2004, 678, 679.

419 Vgl. EuGH, Urteil vom 26.06.2008, C-284/06, *Burda*, Slg. 2008, I-4571, I-4603ff.

420 Vgl. *Hey*, Zinsschranke aus europa- und verfassungsrechtlicher Sicht, in: Brähler/Lösel, FS Djanani, 2008, 109, 120; vgl. mit abweichender Begründung *Rehm/Nagler*, IStR 2008, 511, 512; *Goebel/Jacobs*, IStR 2009, 87, 88 (unterschiedlicher Steuerbegriff in MTRL und ZLRL); a.A. *Sedemund*, BB 2008, 1830, 1831; *Führich*, Ubg 2009, 30, 38; *Bohn*, Zinsschranke, 2009, 93.

421 Vgl. die ausführliche Gegenüberstellung der Argumente, die für und gegen eine Anwendung der ZLRL auf Zinsabzugsbeschränkungen sprechen in FG Münster, Urteil vom 22.02.2008, 9 K 5143/06G, EFG 2008, 968, 969f.; gleichwohl hat im konkreten Fall das FG Münster eine Anwendung der ZLRL verneint, weil die Haltefrist des Art. 1 Abs. 10 ZLRL nicht erfüllt war, vgl. kritisch *Goebel/Jacobs*, IStR 2009, 87, 91f.

422 Vgl. BFH, Beschluss vom 27.05.2009, I R 30/08, BFH/NV 2009, 2059, 2060ff.; *Obser*, IStR 2009, 783, 783f.

Beide Regelungen sehen bei nicht näher definierten Missbrauchstatbeständen Ausnahmen von der Anwendung der jeweiligen Richtlinie vor.[423]

Ob ein Missbrauch i.S.d. Richtlinien bereits vorliegen würde, wenn die Verteilung von Eigen- und Fremdkapital in grobem Missverhältnis zum Schuldendeckungspotenzial der Realinvestitionen steht, erscheint zunächst ungewiss. Die EuGH-Rechtsprechung bietet hier kein klares Bild. Einerseits können die Maßstäbe, welche das BVerfG für die Typisierung von Missbrauch entwickelt hat, „nicht unbesehen auf Gemeinschaftsrecht übertragen werden."[424] Vielmehr sollen nationale Missbrauchsvorschriften nur bei der Gefahr der Steuervermeidung gerechtfertigt sein. Voraussetzungen hierfür seien „rein künstliche Gestaltungen"[425]. Demgegenüber greift eine Unterkapitalisierungsnorm, welche auf das Schuldendeckungspotenzial der Realinvestitionen rekurriert, wohl mehr Fälle auf. Andererseits hat sich der sekundärrechtliche Missbrauchsbegriff aber an den primärrechtlichen Vorgaben zu orientieren.[426] Damit kommt die ausgewogene Aufteilung der Besteuerungsbefugnisse ins Spiel.[427]

Nach *Englisch*[428] hat der EuGH in Bezug auf die „rechtsdogmatisch[e] Einbindung [der ausgewogenen Aufteilung der Besteuerungsbefugnisse] in die Prüfungsstruktur der grundfreiheitlichen Beschränkungsverbote noch keine Klarheit gewonnen." In Abhängigkeit von der Rechtssache verlangt das Gericht bislang, dass zusätzlich entweder die Gefahr der Steuervermeidung oder die Gefahr der doppelten Verlustberücksichtigung oder beide Rechtfertigungs-

---

423 Ausgehend vom präziseren Missbrauchsbegriff der Fusionsrichtlinie vermutet *Hey*, StuW 2008, 167, 179 auch für das übrige Sekundärrecht einen „enge[n] Missbrauchsbegriff"; vgl. ähnlich *Schön*, Rechtsmissbrauch, in: Kirchhof/Nieskens, FS Reiss, 2008, 571, 591ff.

424 *Wernsmann* in: Schulze/Zuleeg, Europarecht, § 30, Rz. 116; vgl. auch ablehnend zum Rückgriff auf nationale Missbrauchsdefinitionen *Schön*, IStR 1996, Beihefter zu Heft 2, 1, 6

425 Bspw. EuGH, Urteil vom 12.12.2002, C-324/00, *Lankhorst-Hohorst*, Slg. 2002, I-11779, I-11814; EuGH, Urteil vom 12.09.2006, C-196/04, *Cadbury Schweppes*, Slg. 2006, I-7995, I-8047f.

426 *Lüdicke/Hummel*, IStR 2006, 694, 694 sprechen in diesem Zusammenhang vom „Primat des Primärrechts"; vgl. auch *Schön*, IStR 1996, Beihefter zu Heft 2, 1, 6f.; *Ruffert* in: Calliess/Blanke, EG-Recht, Art. 249 EGV, Rz. 14f.; a.A. *Forsthoff*, IStR 2006, 222, 223f. und *Forsthoff*, IStR 2006, 698, 698ff.

427 Vgl. zur Entwicklung dieses Rechtfertigungsgrundes *Schwenke*, IStR 2008, 473, 476f.

428 *Englisch*, Aufteilung der Besteuerungsbefugnisse, 2008, 10.

gründe vorliegen.[429] Weil der EuGH nur hinter „rein künstlichen Gestaltungen" eine grundfreiheitsfeindliche Gefahr der Steuervermeidung sieht, mag dies wiederum dagegen sprechen, dass eine Unterkapitalisierungsnorm, die auf das Schuldendeckungspotenzial der Realinvestitionen abstellt, sekundärrechtskonform wäre. Allerdings befürwortet *Hey*[430] beim Zusammenspiel beider Rechtfertigungsgründe ein weiteres Verständnis. Sie sieht die „Ausgewogenheit der Verteilung der Besteuerungsbefugnisse als Maßstab für die ‚Künstlichkeit' einer Konstruktion". Demzufolge könnte das Realinvestitionskriterium als Konkretisierung sekundärrechtlicher Vorgaben verstanden werden. Mithin würde es sich um ein Komplementärverhältnis handeln.

IV.DBA-Recht

Analog zum Verfassungs- [vgl. Kap. 7.A.II.] und EU-Sekundärrecht [vgl. Kap. 7.A.III.b)] kann auch das DBA-Recht regelmäßig nur zur Beurteilung von *Unterkapitalisierungsnormen des Typs* α_2, *β* oder γ_2 herangezogen werden. Diese Beschränkung gilt insbesondere, soweit von Teilen der Literatur[431] diskutiert wird, ob es der Sinn und Zweck völkerrechtlicher Verträge erfordere, das grundgesetzliche Nettoprinzip auf die Abkommensebene zu übertragen. Konkret ist umstritten, ob dem Recht eines jeden DBA-Staates, den Gewinn nach Art. 7 Abs. 1 OECD-MA unter Rückgriff auf seine nationalstaatlichen Regelungen zu bestimmen, mithin also auch Zinsen ihre Abziehbarkeit zu nehmen oder umzuqualifizieren, Grenzen gesetzt sind.

---

429 Vgl. zum Erfordernis einer Kombination mit beiden anderen Rechtfertigungsgründen EuGH, Urteil vom 13.12.2005, C-446/03, *Marks & Spencer*, Slg. 2005, I-10837, I-10882f.; EuGH, Urteil vom 29.03.2007, *Rewe Zentralfinanz*, C-347/04, Slg. 2007, I-2647, I-2684; vgl. anders jedoch EuGH, Urteil vom 15.05.2008, C-414/06, *Lidl Belgium*, Slg. 2008, I-3601, 3630: „Angesichts der Vielfalt von Situationen, in denen ein Mitgliedstaat derartige Gründe geltend machen kann, kann jedoch nicht verlangt werden, dass alle in Rn. 51 des Urteils Marks & Spencer genannten Rechtfertigungsgründe vorliegen müssen, damit eine die Niederlassungsfreiheit nach Art. 43 EG beschränkende nationale Steuerregelung grundsätzlich gerechtfertigt sein kann."; vgl. kritisch *Kessler/Eicke*, IStR 2008, 581, 582f.

430 *Hey*, StuW 2008, 167, 182.

431 Vgl. tendenziell befürwortend *Homburg*, FR 2007, 717, 725; *Kessler/Knörzer*, Tax Notes International 2008, Vol. 50, 427, 429; *Hick* in: Herrmann/Heuer/Raupach, Jahresband 2008, Rz. J07-5; vgl. ablehnend *Mössner*, Zinsschranke, in: Lüdicke, Unternehmensteuerreform, 2008, 1, 39; *Hemmelrath* in: Vogel/Lehner, DBA, Art. 7, Rz. 21; differenzierend *Reimer*, DStR 2009, Beihefter zu Heft 34, 122, 124ff.

Nach *Wassermeyer*[432] „sind [im Zusammenhang mit Art. 7 Abs. 1 OECD-MA] regelmäßig zwei Vertragstaaten als Anwenderstaaten in Betracht zu ziehen. Der Vertragstaat, dem das Recht zusteht, den Gewinn des Unternehmens zu besteuern, muss denselben *für diesen Zweck* inhaltlich und der Höhe nach bestimmen." Dies könnte eine gewisse Tendenz dahingehend offenbaren, dass die abkommensrechtlich bestimmte Verteilung der Besteuerungsrechte auch auf den Gewinn nach Art. 7 Abs. 1 OECD-MA ausstrahlt. Ob daraus aber schon eine Regel abzuleiten ist, wonach die Vertragsstaaten die Verteilung der Besteuerungsrechte nicht auf Ebene der Gewinnermittlung unterlaufen dürfen, bleibt offen. Wenn dies nämlich für den Zinsabzug gelten würde, weil DBA das (alleinige) Besteuerungsrecht für Zinsen regelmäßig[433] dem Staat des Gläubigers zuweisen, müsste Deutschland damit auch jede andere Betriebsausgabe zum Abzug zulassen, für die ein anderer Vertragsstaat das (alleinige) Besteuerungsrecht besitzt. Ein derart weitgehender Eingriff in nationalstaatliche Gewinnermittlungsmethoden könnte aber über das Ziel von DBA hinausschießen, welches sich weitgehend[434] in der Vermeidung juristischer Doppelbesteuerung erschöpft.

Neben der Möglichkeit eines abkommensrechtlichen Nettoprinzips könnte auch Art. 9 Abs. 1 OECD-MA eine Schranke für *Unterkapitalisierungsnormen des Typs* α_2, *β* oder $\gamma_2$darstellen. Im Falle verbundener Unternehmungen erlaubt Art. 9 Abs. 1 OECD-MA, die Verteilung der Besteuerungsrechte auf der Ebene der Gewinnermittlung abzuändern, wenn die Bedingungen der Kapitalüberlassung „von denen abweichen, die unabhängig Unternehmen miteinander vereinbart hätten." Entgegen der Ansicht von *Debatin*[435], dass „die Besteuerung einer Gesellschaft in ihrem ‚Wohnsitzstaat' wesensmäßig nicht Gegenstand der

---

432 *Wassermeyer* in: Debatin/Wassermeyer, DBA, Art. 7 OECD-MA, Rz. 159 (Kursivstellung hinzugefügt); weitergehend *Leitner*, Deutschland und Österreich, in: Spindler/Tipke/Rödder, FS Schaumburg, 2009, 889, 899f.: „Der deutsche Staat verletzt [...] die [...] Steuerverteilungsregeln, indem er die Einkünfte, für die er das Besteuerungsrecht [...] abgetreten hat, dem in Deutschland zu versteuernden Unternehmensgewinn zuschlägt."

433 Vgl. zur diesbezüglichen Vorreiterrolle der USA *Avi-Yonah*, Harvard Law Review 2000, Vol. 113, 1575, 1579ff.

434 Vgl. aber zur Ausnahme des Art. 9 Abs. 2 OECD-MA *Vogel* in: Vogel/Lehner, DBA, Art. 9, Rz. 160.

435 *Debatin*, DStZ 1971, 385, 389; vgl. ebenso *Debatin*, DStZ 1972, 265, 266; *Debatin*, DB 1972, 2030, 2031f.

im DBA vorgesehenen Steuerbegrenzungen ist“, befürwortet die h.M.[436] eine Sperrwirkung von Art. 9 Abs. 1 OECD-MA. Im Sinne eines Eingriffs in nationalstaatliche Gewinnermittlungsmethoden hat der Gesetzgeber demnach zumindest bei der Begrenzung steuerwirksamer Zinszahlungen zwischen verbundenen Unternehmungen das *arm's length principle* zu beachten. Teilweise wird sogar die Auffassung vertreten, dieser Abkommensschutz erstrecke sich auch auf Zinszahlungen an unverbundene Unternehmungen oder noch weitergehend auf unverbundene Unternehmungen selbst.[437] Weil das hier entwickelte Realinvestitionskriterium aber als Annäherung an das *arm's length principle* verstanden werden kann, steht es zumindest nicht im offenen Widerspruch zu Art. 9 Abs. 1 OECD-MA. Soweit es sich um eine *Unterkapitalisierungsnorm vom Typ* α_2, *β* oder γ_2 handelt, stellt sich das Realinvestitionskriterium vielmehr als Ansatz zur Konkretisierung abkommensrechtlicher Vorgaben dar. Freilich bedarf es für eine fehlerfreie Konkretisierung noch der Möglichkeit eines entlastenden Drittvergleichs.[438]

Unabhängig von Fragen nach einem abkommensrechtlichen Nettoprinzip und der Rolle des Art. 9 Abs. 1 OECD-MA greift das DBA-Russland als einzige[439] völkerrechtliche Vereinbarung der Bundesrepublik beim Zinsabzug ganz konkret in die nationalstaatliche Gewinnermittlung ein. Nach der im Schrifttum

---

436 Vgl. *Becker*, DStR 1972, 359, 364f.; *Pöllath/Rädler*, DB 1982, 561, 564; *Knobbe-Keuk*, DB 1993, 60, 64; *Lang*, Unterkapitalisierung, in: Gassner/Lang/Lechner, Aktuelle Entwicklungen, 1994, 127, 131f.; *Portner*, IStR 1996, 23, 25f.; *Blumenberg*, Gesellschafter-Fremdfinanzierung, 1997, 396; *Bartone*, § 8a KStG, 2000, 140; *Obser*, Gesellschafter-Fremdfinanzierung im europäischen Konzern, 2005, 25f.; *Eigelshoven* in: Vogel/Lehner, DBA, Art. 9, Rz. 20; für eine beschränkte Sperrwirkung *Wassermeyer* in: Debatin/Wassermeyer, DBA, Art. 9 OECD-MA, Rz. 77 und 107.

437 Vgl. befürwortend *Homburg*, FR 2007, 717, 726; *Eigelshoven* in: Vogel/Lehner, DBA, Art. 9, Rz. 39; offen lassend *Kessler/Knörzer*, Tax Notes International 2008, Vol. 50, 427, 430; ablehnend *Wassermeyer* in: Debatin/Wassermeyer, DBA, Art. 9 OECD-MA, Rz. 79 und Rz. 146; *Pöllath/Rädler*, DB 1982, 561, 565.

438 Vgl. *OECD*, Thin capitalisation, 1987, Rz. 79; *Knobbe-Keuk*, DB 1993, 60, 64; *Lang*, Unterkapitalisierung, in: Gassner/Lang/Lechner, Aktuelle Entwicklungen, 1994, 127, 135; *Blumenberg*, Gesellschafter-Fremdfinanzierung, 1997, 427; *Obser*, Gesellschafter-Fremdfinanzierung im europäischen Konzern, 2005, 102.

439 Das DBA-Russland unterscheidet sich mit seinen expliziten Regelungen zum Zinsabzug von allen anderen deutschen DBA, jedoch weisen die DBA zwischen der Russischen Föderation und Frankreich, den USA, Großbritannien sowie den Niederlanden vergleichbare Passagen auf, vgl. *Vinnitskiy*, Intertax 2008, 450, 453.

kaum[440] beachteten Nr. 3 des entsprechenden Zusatzprotokolls[441] „gilt als vereinbart, daß Zinsen, die eine in einem Vertragsstaat ansässige Gesellschaft zahlt, an der eine im anderen Vertragsstaat ansässige Person beteiligt ist, unabhängig davon, ob diese Zinsen an eine Bank oder eine andere Person gezahlt werden, und unabhängig von der Laufzeit des Darlehens bei der Ermittlung des Gewinns dieser Gesellschaft im erstgenannten Staat unbeschränkt abzugsfähig sind." Zwar besteht seit der Verständigungsvereinbarung im Jahre 2001[442] „Einvernehmen, dass die Vertragsstaaten ihre nationalen Regelungen bei Unterkapitalisierung von *verbundenen* Unternehmen anwenden können", doch könnten Maßnahmen zur Verteilung von Finanzierungsaufwand, die sich (auch) gegen *unverbundene* Unternehmungen richten, hiervon nicht betroffen sein. Soweit dieser in der Literatur bislang nicht erörterten Auslegungsmöglichkeit gefolgt wird, bleibt der hier vorgeschlagene Beurteilungsmaßstab zumindest im Falle von Zinszahlungen an russische Gläubiger hinter den völkerrechtlichen Vorgaben zurück. Schließlich kann das Realinvestitionskriterium ggf. *Unterkapitalisierungsnormen vom Typ* α_2, β_2 *oder* γ_1 billigen, obgleich nach dem Protokoll zum DBA-Russland das damit u.U. verbundene Zinsabzugsverbot nicht zulässig ist. Wegen der ebenfalls einzigartigen Meistbegünstigungsklausel nach Art. 24 Abs. 3 DBA-Kanada[443] kann sich diese Inkongruenz der Beurteilungsmaßstäbe auch auf Sachverhalte mit kanadischen Gläubigern übertragen.

Während die Diskussion um ein abkommensrechtliches Nettoprinzip gewisse Bezüge zum Verfassungsrecht schafft, könnten sich aus einer verdeckten Zinsquellenbesteuerung Parallelen zum EU-Sekundärrecht ergeben. Die Literatur zeigt sich hier jedoch in Bezug auf DBA-rechtliche Vorgaben weit zurückhaltender als bei europäischem Sekundärrecht. So ziele Art. 11 OECD-MA über die

440 Vgl. aber *Kempf/Straubinger*, IStR 1998, 564, 565f.; *Wagner* in: Debatin/Wassermeyer, DBA, Art. 7 DBA-Russland, Rz. 21ff.

441 Gesetz zu dem Abkommen vom 29. Mai 1996 zwischen der Bundesrepublik Deutschland und der Russischen Föderation zur Vermeidung der Doppelbesteuerung auf dem Gebiet der Steuern vom Einkommen und vom Vermögen vom 05.12.1996, BGBl. II 1996, 2710, 2729.

442 BMF-Schreiben vom 18.10.2001, IV B 3 – S 1301 Russ – 19/01, BStBl. I 2001, 777, Rz. 4 (Kursivstellung hinzugefügt).

443 Vgl. allgemein zur Meistbegünstigungsklausel als Besonderheit des DBA-Kanada *Rust* in: Vogel/Lehner, DBA, Art. 24, Rz. 174; vgl. im Zusammenhang mit Nr. 3 des Zusatzprotokolls zum DBA-Russland *Kempf/Straubinger*, IStR 2005, 773, 775.

Verteilung der Besteuerungsrechte nur darauf ab, juristische, nicht aber wirtschaftliche Doppelbesteuerungen zu vermeiden.[444]

Darüber hinaus sind Art. 24 Abs. 4, 5 OECD-MA[445] zwar Vorgaben für Unterkapitalisierungsnormen jeden Typs zu entnehmen, doch nach h.M.[446] und jüngster Revision des OECD-MK[447] verdrängt Art. 9 Abs. 1 OECD-MA regelmäßig beide Diskriminierungsverbote. Zudem sehen einige DBA bei Unterkapitalisierungsnormen Ausnahmen vom Diskriminierungsverbot vor.[448] Im Gegensatz zum EU-Primärrecht bleiben die DBA-rechtlichen Vorgaben damit regelmäßig auf *Unterkapitalisierungsnormen des Typs* α_2, *β* oder γ_2 beschränkt.[449]

B. Betriebswirtschaftliche Beurteilungsmaßstäbe

Wissenschaftliche Abhandlungen, welche sich zur Analyse von Unterkapitalisierungsnormen Beurteilungsmaßstäben außerhalb der Staats- und Steuerrechtswissenschaften bedienen, sind selten. Dabei offeriert die jüngere[450] Betriebswirtschaftliche Steuerlehre insbesondere die einzelwirtschaftliche Entschei-

---

444 Vgl. *Mössner*, Zinsschranke, in: Lüdicke, Unternehmensteuerreform, 2008, 1, 38; *Loukota*, SWI 2008, 105, 106.

445 Vgl. zum Verhältnis von EU-Recht und abkommensrechtlichen Diskriminierungsverboten *Gosch*, DStR 2007, 1553, 1560; *Rust* in: Vogel/Lehner, DBA, Art. 24, Rz. 5.

446 Vgl. *OECD*, Thin capitalisation, 1987, Rz. 66; *Obser*, Gesellschafter-Fremdfinanzierung im europäischen Konzern, 2005, 38ff.; differenzierend *Rust* in: Vogel/Lehner, DBA, Art. 24, Rz. 147 und 165a; vgl. zur analogen Meinung über Art. 24 Abs. 3 U.S.-Musterabkommen *Culbertson/King*, Tax Notes International 2003, Vol. 29, 1161, 1174ff.; *Wollman*, Tax Notes International 2003, Vol. 30, 483, 510ff.

447 Vgl. OECD-MK zu Art. 24 OECD-MA, Rz. 79 (eingefügt am 18.07.2008); *Russo*, ET 2008, 459, 463f.

448 Vgl. für eine Übersicht *Obser*, Gesellschafter-Fremdfinanzierung im europäischen Konzern, 2005, 21f.

449 Regelungen zu Beihilfen ähnlich Art. 107 EAUV sind dem OECD-MA nicht zu entnehmen; vgl. für eine diesbezügliche Anwendung des WTO-Subventionsrechts *Rodi*, StuW 2008, 327, 336.

450 Vgl. zum Aufstieg des Kriteriums der Entscheidungsneutralität sowie dem gleichzeitigen Bedeutungsverlust des Leistungsfähigkeitsprinzips in der Betriebswirtschaftlichen Steuerlehre *Hundsdoerfer/Kiesewetter/Sureth*, ZfB 2008, Vol. 78, No. 1, 61, 68ff.; vgl. zu dieser allgemeinen Tendenz in der Finanzwissenschaftlichen und Betriebswirtschaftlichen Steuerlehre *Wagner*, StuW 1992, 2, 6; *Wagner*, Leitlinien steuerlicher Rechtskritik, in: Elschen/Siegel/Wagner, FS Schneider, 1995, 723, 725f.; vgl. kritisch *Rose*, StuW 1985, 330, 339f.

dungsneutralität als Kriterium. Diese kann als Rangfolgeinvarianz der Handlungsalternativen vor und nach Einführung einer Besteuerung definiert werden.[451] Die daraus abgeleitete Finanzierungsneutralität fordert eine Kapitalkostenneutralität der Gewinnbesteuerung, indem Eigen- und Fremdkapitalfinanzierung einer gleich hohen steuerlichen Belastung unterliegen.[452] Anders als bei weiten Teilen der staats- und steuerrechtswissenschaftlichen Beurteilungsmaßstäbe muss sich der Anwendungsbereich einer Bewertung mit Hilfe des Kriteriums der Finanzierungsneutralität nicht auf *Unterkapitalisierungsnormen vom Typ* á$_2$, *ß* oder γ_2 beschränken.

Erkenntnistheoretisch erscheint es zulässig, Finanzierungsneutralität als Beurteilungsmaßstab für Unterkapitalisierungsnormen zu verwenden. Schließlich entspricht es der liberalen Haltung von *Albert*, dem Forscher die Auswahl dieser Kriterien zu überlassen [vgl. Kap. 6.A.]. Zudem hat der Gesetzgeber wiederholt seine Absicht kund getan, die Finanzierungsneutralität stärken zu wollen.[453] Damit erfüllt die Finanzierungsneutralität gleichzeitig die Forderung *Wöhes*, nur vom Gesetzgeber statuierte Ziele als Beurteilungsmaßstab zuzulassen.[454]

Trotz seiner grundsätzlichen erkenntnistheoretischen Zulässigkeit dürfte ein bedingtes Werturteil auf Basis der Finanzierungsneutralität aber mit Schwierigkeiten verbunden sein, welche *Albert*[455] als „metawissenschaftliches Relevanzproblem“ bezeichnet [vgl. Kap. 6.A.]. Schließlich sind Unterkapitalisierungsnormen gerade darauf angelegt, unternehmerische Finanzierungsentscheidungen zu beeinflussen.[456] Allenfalls könnte argumentiert werden, dass diese Regelungen in der Gesamtschau mit der ansonsten fehlenden Finanzierungsneutralität des Steuersystems [vgl. Kap. 3.C.] bewertet werden müss-

---

451 Vgl. *Elschen*, StuW 1991, 99, 102; *Schneider*, Investition, Finanzierung und Besteuerung, 1992, 193ff.; *Herzig/Watrin*, StuW 2000, 378, 379f.; vgl. ausführlich zum Verhältnis zur Besteuerung nach Leistungsfähigkeit *Wagner*, StuW 1992, 2, 4ff.

452 Vgl. aber mit Hinweis auf die Unvollkommenheit des Kapitalmarkts, welche das Ziel der Kapitalkostenneutralität in Frage stellt, *Fischer*, ZfB 1970, 313, 319; vgl. zuletzt mit ähnlichen Gründen kritisch *Schneider*, zfbf 2009, 126, 127f.

453 Vgl. zuletzt BT-Drs. 16/4841, 29.

454 Vgl. *Wöhe*, Aufgaben der Betriebswirtschaftlichen Steuerlehre, in: Fischer, FS Scherpf, 1983, 5, 87.

455 *Albert*, Wertfreiheit als methodisches Prinzip, in: Topitsch, Logik der Sozialwissenschaften, 1965, 181, 191.

456 Vgl. *Bohn*, Zinsschranke, 2009, 108.

ten.[457] Das bedingte Werturteil würde also Auskunft darüber geben, wie es den betrachteten Unterkapitalisierungsnormen gelingt, die im übrigen Steuersystem herrschenden Entscheidungsverzerrungen in Bezug auf die Kapitalstruktur zu kompensieren. In Anbetracht der seit *Walras*[458] gängigen ökonomischen Unterscheidung zwischen Partialbetrachtungen und Totalanalyse erscheint es jedoch zweifelhaft, dass das „metawissenschaftliche Relevanzproblem"[459] dadurch verschwinden würde. Schließlich kann mit *Elschen*[460] davon ausgegangen werden, dass „Entscheidungsneutralität der Besteuerung [...] nur unter Modellbedingungen definiert [ist], bei denen a priori vor allem steuerjuristische, psychische und politische Anpassungen an den Steuerfall ausgeschlossen sind." Konkret ist jede Partialbetrachtung der Entscheidungswirkungen von Unterkapitalisierungsnormen in ihrer Relevanz beschränkt, weil durch Anpassungsreaktionen an die Stelle der Verzerrung von Finanzierungsentscheidungen neue Verzerrungen treten oder sich bestehende Verzerrungen intensivieren können.

Das gegenüber der Entscheidungsneutralität weiter gefasste Postulat der wettbewerbsneutralen Besteuerung dürfte seine Ursprünge bereits bei *Findeisen*[461] haben. Dieser bezeichnete mit dem Terminus „Steuernutzen" Situationen, in denen „ein Betrieb oder eine Gruppe von Betrieben in Bezug auf ihre relative Konkurrenzfähigkeit, gemessen an ähnlichen Betrieben, aus bestehenden Steuergesetzen Nutzen zieht." Damit lässt das Kriterium der Wettbewerbsneutralität steuerinduzierte Verzerrungen bei individuellen Entscheidungen im Grundsatz zu. Voraussetzung ist jedoch, dass sämtliche Konkurrenten innerhalb des jeweiligen Marktes hiervon im gleichen Maße betroffen sind.[462]

---

457 Ein bedingtes Werturteil über eine solche Einbettung der Entscheidungswirkungen von Unterkapitalisierungsnormen in jene des gesamten Steuersystems fällt *Bareis*, BFuP 2007, Vol. 59, No. 5, 421, 438.

458 Vgl. *Walras*, Éléments d'économie politique pure, 1874, 112ff. („Théorème de l'équilibre général").

459 *Albert*, Wertfreiheit als methodisches Prinzip, in: Topitsch, Logik der Sozialwissenschaften, 1965, 181, 191.

460 *Elschen*, StuW 1991, 99, 105; vgl. im Ergebnis ähnlich *Schmiel*, ZfB 2009, Vol. 79, No. 10, 1193, 1200; vgl. zu den Grenzen des Postulats der Entscheidungsneutralität auch *Wagner*, Finanzarchiv 1986, 32, 42f.

461 *Findeisen*, Unternehmung und Steuer, 1923, 169.

462 Vgl. *Elschen*, StuW 1991, 99, 109; *Maiterth*, StuW 2005, 47, 51; vgl. kritisch zum Konzept der Wettbewerbsneutralität *Rose*, StuW 1985, 330, 340f.; anders als hier vertreten setzen *Herzig/Watrin*, StuW 2000, 378, 379 Entscheidungs- und Wettbewerbsneutralität gleich.

Ob aus dem Postulat der Wettbewerbsneutralität aber auch Aussagen zu Unterkapitalisierungsnormen abgeleitet werden können, ist noch unerforscht. Freilich steht die grundsätzliche Möglichkeit zu Gewinnverlagerungen über Finanzierungsentscheidungen nur Konzernen offen. Demgegenüber können alleinstehende Unternehmungen zwar im gleichen Markt aktiv sein, haben aber mangels Möglichkeit zu Gewinnverlagerungen u.U. einen höheren relativen Steuerbarwert zu tragen. Insofern vermag eine Unterkapitalisierungsnorm unabhängig von ihrem Typ in Richtung Wettbewerbsneutralität zu wirken. Unklar bleibt allerdings, welche Tatbestände wettbewerbsneutrale Unterkapitalisierungsnormen tatsächlich aufgreifen sollen. Weil jedoch Gewinnverlagerungen als wettbewerbsverzerrend gelten können, stellt das hier entwickelte Realinvestitionskriterium eine Konkretisierung des Maßstabes der Wettbewerbsneutralität dar.

C. Finanzwissenschaftliche Beurteilungsmaßstäbe

Die Optimalsteuertheorie der modernen Finanzwissenschaft zielt nicht auf einzelwirtschaftliche Entscheidungs- oder Wettbewerbsneutralität ab, sondern stellt die gesamtwirtschaftliche Faktorallokation in den Mittelpunkt. Es gilt, den *dead-weight loss of taxation*[463] so klein wie möglich zu halten. Weil sie die unsichtbare Hand des Marktes bei der effizienten Faktorallokation nicht lähmen, stellen demnach Kopfsteuern die erstbeste Wahl dar.[464] Allerdings haben sich diese in der Realität als nicht durchsetzbar erwiesen.[465] Alternativ hierzu kommt als erstbeste Lösung noch eine Steuer in Betracht, welche sich nach der tat-

---

463 Vgl. grundlegend zur Messung der Zusatzlast der Besteuerung *Hotelling*, Econometrica 1938, Vol. 6, No. 3, 242, 245ff. sowie *Harberger*, Welfare, in: NBER, Direct and Indirect Taxes, 1964, 25, 33f. und in allgemeiner Form *Harberger*, American Economic Review 1964, Vol. 54, No. 3, 58, 60ff.

464 Vgl. bereits *Hotelling*, Econometrica 1938, Vol. 6, No. 3, 242, 252: "The fundamental theorem thus established is that if a person must pay a certain sum of money in taxes, his satisfaction will be greater if the levy is made directly on him as a fixed amount than if it is made through a system of excise taxes which he can to some extent avoid by rearranging his production and consumption."; vgl. kritisch zu *Hotellings* Argumenten *Musgrave*, Fiscal Doctrin, in: Auerbach/Feldstein, Handbook of Public Economics, 1985, 1, 28.

465 Vgl. ausführlich zum Versuch von *Margaret Thatcher*, eine Kopfsteuer („*poll tax*") einzuführen *Butler/Adonis/ Trawers*, Poll tax, 1994, 11ff.

sächlichen Fähigkeit zur Einkommenserzielung bemisst.[466] Hierfür fehlen dem Staat jedoch die nötigen Informationen.[467]

Weil erstbeste Steuern nicht erhoben werden können, konzentriert sich die moderne Finanzwissenschaft auf *second best*-Lösungen. In der Folge kommt der grundlegenden *Ramsey*-Formel[468] entscheidende Bedeutung zu, wonach sich die Steuersätze auf unterschiedliche Güter umgekehrt proportional zu deren Preiselastizitäten verhalten sollten.[469] Im Gegensatz zur Forderung der Betriebswirtschaftlichen Steuerlehre nach unverzerrten Entscheidungen lassen *Ramsey*-Steuern Änderungen in der Reihenfolge der Handlungsmöglichkeiten explizit zu. Sie stellen darauf ab, Entscheidungen im Sinne einer effizienten Faktorallokation optimal zu verzerren. Insofern steht die prominente Forderung von *Schneider*[470], für Allokationsverbesserungen vertraglich sichere und unsichere Einkünfte nicht gleich zu behandeln, mithin vom Kriterium der Finanzierungsneutralität abzuweichen, eher in der Tradition der modernen Finanzwissenschaft als in jener der Betriebswirtschaftlichen Steuerlehre.

Soweit ersichtlich liegt keine theoretische Untersuchung, sondern allenfalls ein kurzer Hinweis von *Homburg*[471] darüber vor, wie Unterkapitalisierungsregelungen aus Sicht der Optimalsteuertheorie zu beurteilen sind. Allgemein konn-

---

466 Vgl. für einen formalen Zugang das grundlegende Modell von *Mirrlees*, Review of Economic Studies 1971, Vol. 38, No. 2, 175, 176ff.

467 Bereits *Mirrlees*, Review of Economic Studies 1971, Vol. 38, No. 2, 175, 207 betrachtete die Abschätzung der tatsächlichen Fähigkeiten in seinem Modell kritisch: „Many objections to using observed income distributions as a means of estimating the distribution of skills will spring to mind […].“; vgl. aber den klassischen Versuch von *Akerlof*, American Economic Review 1978, Vol. 68, No. 1, 8, 13ff. die Höhe einer negativen Einkommensteuer an anderen Kriterien als dem Einkommen festzumachen.

468 Vgl. *Ramsey*, Economic Journal 1927, Vol. 37, No. 145, 47, 48ff.; vgl. für eine Würdigung der Arbeit von *Ramsey* insbesondere *Musgrave*, Fiscal Doctrin, in: Auerbach/ Feldstein, Handbook of Public Economics, 1985, 1, 27f.

469 Bereits *Ramsey*, Economic Journal 1927, Vol. 37, No. 145, 47, 59 wies auf die Implikationen seiner sog. Inversen-Elastizitätenregel für die Besteuerung von Einkünften aus Kapitalvermögen hin; vgl. mit weiteren Anwendungen auf direkte wie indirekte Steuern *Homburg*, Allgemeine Steuerlehre, 2007, 168ff.

470 Vgl. *Schneider*, zfbf 1987, Vol. 39, 431, 450ff.; *Schneider*, Investition, Finanzierung und Besteuerung, 1992, 743; *Schneider*, zfbf 2009, 126, 132; vgl. ähnlich auch *Rose*, StuW 1985, 330, 340; vgl. kritisch *Schneeloch*, Stand und Selbstverständnis, in: Siegel/Kirchhof/Schneeloch/ Schramm, FS Bareis, 2005, 251, 259f.

471 Vgl. *Homburg*, FR 2007, 717, 721f.

ten jedoch *Diamond/Mirrlees*[472] in ihrer für die Finanzwissenschaftliche Steuerlehre bahnbrechenden Arbeit nachweisen, dass bei konstanten Skalenerträgen zusätzliche Produktionssteuern zu einer (noch) weniger effizienten Faktorallokation führen. Damit gelten insbesondere Steuern auf Zwischenprodukte als nicht wünschenswert. Soweit Unterkapitalisierungsnormen das zu versteuernde Einkommen erhöhen, entsprechen sie aber einer derartigen Steuer. Ökonomisch wird nämlich das entsprechende Zwischenprodukt „Fremdkapital" belastet. *Homburg*[473] vertritt daher die Auffassung, solche Normen seien „schädlich und abzulehnen". Entsprechend wäre der hier entwickelte Beurteilungsmaßstab, welcher Unterkapitalisierungsnormen grundsätzlich zulässt, nicht mit finanzwissenschaftlichen Kriterien kompatibel.

Stiglitz/Dasgupta[474] gelang jedoch der allgemeine Nachweis, dass das Produktionseffizienztheorem von *Diamond/Mirrlees* nicht nur bei konstanten Skalenerträgen gilt. Als tiefere Voraussetzung kristallisiert sich vielmehr das Fehlen eines ökonomischen Gewinns auf Unternehmungsebene heraus.[475] Das Schrifttum hat dieses Grundaxiom der Finanzwissenschaftlichen Steuerlehre bislang nicht auf Unterkapitalisierungsnormen angewandt. Eine erste Analyse offenbart jedoch zwei Effekte: Einerseits sind Steuerbelastungen auf unternehmerische Kosten zu vermeiden, weil sonst mehr als der ökonomische Gewinn besteuert und die Produktionseffizienz eingeschränkt würde. Andererseits lassen Steuern auf den im Modell von *Diamond/Mirrlees* nicht existenten ökonomischen Gewinn die Produktionseffizienz unberührt. Soweit Unterkapitalisierungsnormen also treffsicher Gewinnverlagerungen aufgreifen, dürften sie komplementär zum finanzwissenschaftlichen Ziel der Produktionseffizienz sein. Schließlich werden dann nicht Kosten besteuert, sondern nur der steuergestalterisch verschobene, ökonomische Gewinn. Im Gegensatz zum Großteil der staats- und steuerrechtswissenschaftlichen Beurteilungsmaßstäbe ist damit eine Anforderung definiert, welche sich nicht nur an *Unterkapitalisierungsnormen vom Typ* α_2, *β* oder γ_2, sondern auch alle anderen Ausprägungen richtet.

---

472 Nach dem berühmt gewordenen Produktionseffizienztheorem von *Diamond/Mirrlees* gilt Folgendes: „[T]he optimal tax structure includes no intermediate goods taxes, since these would prevent efficiency [...].", vgl. *Diamond/Mirrlees*, American Economic Review 1971, Vol. 61, No. 1, 8, 24; vgl. für eine alternative Herleitung des Verzichts auf Produktionssteuern als Voraussetzung für eine *second-best* Lösung *Eggert/Genser*, International Tax and Public Finance 2001, Vol. 8, No. 4, 511, 513ff.

473 *Homburg*, FR 2007, 717, 722.

474 Vgl. *Stiglitz/Dasgupta*, The Review of Economic Studies 1971, Vol. 38, No. 2, 151, 159.

475 Vgl. auch *Sandmo*, Journal of Public Economics 1976, Vol. 6, No. 1-2, 37, 48.

Zumindest teilweise konzediert auch *Homburg*[476], dass die Optimalsteuertheorie zielgenaue Unterkapitalisierungsnormen möglich macht, ja sogar gebietet. Soweit sich diese gegen Gewinnverlagerungen durch Generierungsstrategien richten, seien sie „nicht nur akzeptabel, sondern wünschenswert". Im Lichte der vorgebrachten Argumente bedarf dieser Forschungsstand aber einer Erweiterung. Weil die Optimalsteuertheorie ganz allgemein Unterkapitalisierungsnormen fordert, die zielgenau Gewinnverlagerungen erfassen, dürfen sich diese Regelungen nicht auf Generierungsstrategien [vgl. Kap. 4.C.] beschränken. Vielmehr können und müssen sie sich auch gegen Allokationsstrategien [vgl. Kap. 4.C.] richten.

D. Schlussfolgerungen für den Fortgang der Untersuchung

Die vorangegangenen Ausführungen haben das Realinvestitionskriterium als steuerwissenschaftlichen Beurteilungsmaßstab [vgl. Kap. 6] mit disziplinspezifischen Kriterien verglichen. Abhandlungen, welche sich zur Analyse von Unterkapitalisierungsnormen Beurteilungsmaßstäben außerhalb der Staats- und Steuerrechtswissenschaften bedienen, sind selten. Mit ihrem *konsequent*-steuerwissenschaftlichen Beurteilungsmaßstab hebt sich vorliegende Arbeit damit schon im Grundsatz von den bislang vorliegenden Untersuchungen ab. Dem systematischen Ansatz vorliegender Arbeit entsprechend, geschah der Vergleich nicht auf Grundlage der konkreten Ergebnisse einer Beurteilung, sondern abstrakt-theoretisch. Die Interdependenzen im Bereich der sog. Inländerdiskriminierung [vgl. Kap. 7.A.I.] haben dabei offenbar gemacht, dass EU- und DBA-Recht trotz ihres vermeintlich rein internationalen Bezugs nicht grundsätzlich als Beurteilungsmaßstab ausscheiden, wenn Unterkapitalisierungsnormen innerstaatliche Gewinnverlagerungen treffen sollen. Dennoch wurden folgende Einsichten zugänglich, welche für den Fortgang der Untersuchung eine Konzentration auf das Realinvestitionskriterium erkenntnistheoretisch ratsam erscheinen lassen:

---

476 *Homburg*, FR 2007, 717, 721.

- Mit Verfassungs-, EU-Sekundär- und DBA-Recht setzt die Mehrheit der staats- und steuerrechtswissenschaftlichen Beurteilungsmaßstäbe nur Vorgaben für *Unterkapitalisierungsnormen vom Typ* α_2*, ß* oder γ_2. In Abhängigkeit von der Einordnung der Norm steht das Realinvestitionskriterium damit entweder in einem Komplementär- oder einem Substitutionsverhältnis zu diesen Teilbereichen höherrangigen Rechts:
  - Soweit es sich tatsächlich um eine *Unterkapitalisierungsnorm vom Typ* α_2*, ß* oder γ_2 handelt, kann regelmäßig von einem Komplementärverhältnis ausgegangen werden. Schließlich ergänzt das Realinvestitionskriterium diese staats- und steuerrechtswissenschaftlichen Beurteilungsmaßstäbe dann im Sinne einer notwendigen, mindestens aber hilfreichen Konkretisierung.
  - Soweit es sich dagegen um eine *Unterkapitalisierungsnorm vom Typ* α_2*, ß* oder γ_2 handelt, kann regelmäßig von einem Substitutionsverhältnis ausgegangen werden. In diesen Fällen muss das Realinvestitionskriterium an die Stelle dieser staats- und steuerrechtswissenschaftlichen Beurteilungsmaßstäbe treten, um ein „metawissenschaftliches Relevanzproblem“[477] zu vermeiden.

- Mit dem EU-Primärrecht eignet sich nur ein kleiner Teil der staats- und steuerrechtswissenschaftlichen Beurteilungsmaßstäbe für eine typenunabhängige Bewertung von Unterkapitalisierungsnormen. Gleichzeitig richten sich aber auch betriebswirtschaftliche wie finanzwissenschaftliche Beurteilungsmaßstäbe an Unterkapitalisierungsnormen jeden Typs. In all diesen Fällen kann regelmäßig von einem Komplementärverhältnis ausgegangen werden. Schließlich ergänzt das Realinvestitionskriterium diese Beurteilungsmaßstäbe im Sinne einer notwendigen, mindestens aber hilfreichen Konkretisierung.

Im Ergebnis kann der erkenntnistheoretischen Forderung, alle Unterkapitalisierungsnormen an einem einheitlichen, hinreichend bestimmten Maßstab zu messen [vgl. Kap. 6.A.] nur mit Hilfe des Realinvestitionskriteriums entsprochen werden. Verfassungs-, EU-Sekundär- und DBA-Recht können dies nicht leisten. Das EU-Primärrecht und betriebswirtschaftliche wie finanzwissenschaftliche

477 *Albert*, Wertfreiheit als methodisches Prinzip, in: Topitsch, Logik der Sozialwissenschaften, 1965, 181, 191.

Beurteilungsmaßstäbe richten sich zwar an alle Typen von Unterkapitalisierungsnormen, doch bedarf es hier regelmäßig einer Konkretisierung. Als solche kann das Realinvestitionskriterium betrachtet werden. Ob der gemeinsamen ökonomischen Wurzel überrascht dies bei betriebswirtschaftlichen wie finanzwissenschaftlichen Maßstäben nur wenig. Aber auch im Zusammenhang mit dem EU-Primärrecht entspricht die Komplementarität den Erwartungen der Wissenschaft. Schließlich beruht *Lang*[478] zu Folge „die Sachlogik [des Steuerrechts] nicht zuletzt auf ökonomischen Sachgesetzlichkeiten."

---

478 *Lang*, Grundlagen, in: Tipke/Lang, Steuerrecht, 2010, 1, 14; implizite Bestätigung erfährt *Lang* durch das Forschungsfeld der Ökonomischen Analyse des Rechts, deren Programm *Coase* in seinem wegweisenden Beitrag folgendermaßen formuliert: „In devising and choosing between social arrangements we should have regard for the total [welfare] effect.", vgl. *Coase*, Journal of Law and Economics 1960, Vol. 3, 1, 44.; vgl. zur Entwicklung der vorwiegend U.S.-amerikanisch geprägten Ökonomischen Analyse des Rechts das Standardwerk von *Posner*, Economic Analysis of Law, 2007, 23f.

Kapitel 8: Systematisierende Beurteilung deutscher Unterkapitalisierungsnormen

A. Eingrenzung des Beurteilungsbereiches

Die interdisziplinäre Ausrichtung vorliegender Arbeit macht im Kontext künstlicher Kapitalstrukturen mehr Normen einer Beurteilung zugänglich als bislang möglich. Aus den Prämissen der Untersuchung [vgl. Kap. 1.E.] ergeben sich allerdings folgende Eingrenzungen des Beurteilungsbereiches:

- Der Beschränkung der Untersuchung auf interjurisdiktionell-konzerninterne Gewinnverlagerungen folgend, werden Normen gegen intertemporale Gewinnverlagerungen (bspw. § 7g Abs. 1 S. 2 EStG) oder gegen Gewinnverlagerungen zu konzernaußenstehenden Anteilseignern (bspw. § 32d Abs. 2 Nr. 1 EStG) nicht beurteilt.

- Entsprechend der Begrenzung des Untersuchungsbereiches auf rechtsform-puristische, nicht-organschaftliche Konzerne erfasst die Beurteilung von Unterkapitalisierungsnormen nicht deren Wirkungsweise in Unternehmungsgruppen mit je nach Einheit unterschiedlichen Rechtsformen oder innerhalb eines Organschaftskonzerns.

- Als Konsequenz der Prämisse fremdüblicher Vergütungen enthält sich die Arbeit einer Beurteilung der Regelungen zu vGA (§ 8 Abs. 3 S. 2 KStG) und zum angemessenen Verrechnungspreis für Kapitalüberlassungen.

- Weil Qualifikationskonflikte keinen Gegenstand der Untersuchung darstellen, bleiben auch Normen unberücksichtigt, die derartigen Steuergestaltungen entgegen wirken sollen. Dies betrifft insbesondere § 50d Abs. 9, 10 EStG.

- In Folge der Konzentration vorliegender Untersuchung auf die Ertragsbesteuerung laufender Geschäftsvorfälle bleiben Unterkapitalisierungsnormen außen vor, welche nur bei aperiodischen Sachverhalten eingreifen. Dies gilt insbesondere für die Schachtelstrafe des § 8b Abs. 3 S. 1-

2 KStG sowie nicht zu berücksichtigende Gewinnminderungen nach § 8b Abs. 3 S. 3-8 KStG.

B. Unterkapitalisierungsnormen vom Typ α

I. Hinzurechnungsbesteuerung (§§ 7-14 AStG)

a) Wirkungsweise

Die Hinzurechnungsbesteuerung gehört zu den *Unterkapitalisierungsnormen vom Typ* α_1. Schließlich durchbricht sie die Isolation von Bemessungsgrundlagen, indem das inländische Einkommen um positive Erfolgsgrößen erhöht wird, welche auf ausländische Bemessungsgrundlagen zurückzuführen sind [vgl. Kap. 5.C.I.]. Gleichzeitig handelt es sich um eine *indirekte Unterkapitalisierungsnorm*, die zwar nicht primär auf Gewinnverlagerungen über Finanzierungsentscheidungen abzielt, aber dennoch deutlichen Einfluss hierauf ausüben kann [vgl. Kap. 5.C.II.]. Dies gilt insbesondere seit dem StVergAbG[479], welches die (teilweise) Ausnahme für konzerninterne Finanzierungen aufhob.[480]

Nach § 7 Abs. 1-3 AStG setzt die Hinzurechnungsbesteuerung nunmehr voraus, dass im Inland unbeschränkt Steuerpflichtige an einer ausländischen Kapitalgesellschaft unmittelbar oder mittelbar zu mehr als der Hälfte beteiligt sind. Maßgeblich sind die Verhältnisse am des Wirtschaftjahres dieser sog. Zwischengesellschaft. Bei Zwischengesellschaften, die Einkünfte mit Kapitalanlagecharakter i.S.d. § 7 Abs. 6a AStG erzielen, kann gem. § 7 Abs. 6 AStG je nach Anteil dieser Einkünfte an den gesamten Bruttoerträgen der Gesellschaft bereits eine 1%ige oder noch geringere Beteiligung genügen. Eine schädliche Zwischengesellschaft muss darüber hinaus passive Einkünfte i.S.d. § 8 Abs. 1 AStG erzielen. Dabei stellen Zinseinnahmen grundsätzlich passive Einkünfte i.S.d. § 8 Abs. 1 Nr. 7 AStG dar. Eine Ausnahme mit schwer zu erfüllenden[481] Nach-

---

479 Gesetz zum Abbau von Steuervergünstigungen und Ausnahmeregelungen vom 16.05.2003, BGBl. I 2003, 660, 666.

480 Zuvor wurden Zwischeneinkünfte aus Konzernfinanzierungsgesellschaften nur zu 60% hinzugerechnet, vgl. auch mit Verweis auf den zwischenzeitlich vorgesehenen Sondertarif für die Hinzurechnungsbesteuerung insgesamt *Köhler*, DStR 2000, 1849, 1855; vgl. zum StVergAbG als „eine die Hinzurechnungsbesteuerung von Konzernfinanzierungseinkünften belastende gesetzgeberische Maßnahme“ *Schnitger*, IStR 2003, 73, 77.

481 Vgl. *Wassermeyer* in: Flick/Wassermeyer/Baumhoff, AStG, § 8, Rz. 242; *Vogt* in: Blümich, EStG/KStG/GewStG, § 8 AStG, Rz. 73.

weispflichten gilt allenfalls, soweit es sich um die bloße Weiterleitung von Fremdkapital an inländische Betriebe bzw. Betriebstätten oder ausländische Betriebe bzw. Betriebstätten mit (fast) ausschließlich aktiven Einkünften handelt. Aber auch dann darf die Zwischengesellschaft das entsprechende Kapital nur auf ausländischen Kapitalmärkten und keinesfalls bei nahestehenden Personen aufnehmen. Falls es sich nicht um eine bloße Durchleitung von Darlehen handelt, sondern die entsprechende Fremdkapitalvergabe bei der Zwischengesellschaft mit Eigenkapital finanziert wurde, handelt es sich immer um passive Einkünfte.[482] Damit passive Einkünfte im Rahmen der Hinzurechnungsbesteuerung Berücksichtigung finden, müssen allerdings nach § 9 AStG die ihnen zu Grunde liegenden Bruttoerträge mehr als 10% der gesamten Bruttoerträge der Zwischengesellschaft (relative Freigrenze) oder mehr als 80.000 € (absolute Freigrenze betragen) betragen.[483] Soweit die weitgehend[484] nach deutschen Grundsätzen zu ermittelnden[485] passiven Einkünfte einer tatsächlich geschuldeten und nicht aus anderen Quellen ausgeglichenen Ertragsteuerbelastung von weniger als 25% unterliegen[486], wird die Isolation von Bemessungsgrundlagen als steuerrechtspolitische Grundsatzentscheidung durchbrochen. Entsprechend § 8 Abs. 3 S. 2 AStG i.d.F. des JStG 2010 sind dabei auch Steuererstattungsansprüche der Gesellschafter zu berücksichtigen.[487] Nach Ablauf des maßgeblichen Wirtschaftsjahres der ausländischen Kapitalgesellschaft ist jeder positive

---

482 Vgl. auch mit Hinweis auf eine im Fall der Mischfinanzierung notwendige Aufteilung *Wassermeyer* in: Flick/Was-sermeyer/Baumhoff, AStG, § 8, Rz. 256; *Vogt* in: Blümich, EStG/KStG/GewStG, § 8 AStG, Rz. 74.

483 Vgl. mit Hinweis auf die geringe praktische Bedeutung auf Grund der niedrigen sowie kumulativ zu erfüllenden Freigrenzen *Luckey* in: Strunk/Kaminski/Köhler, AStG/DBA, § 9 AStG, Rz. 3 und 5.

484 Vgl. aber zur Frage der Anwendbarkeit des § 10 Abs. 3 S. 4 AStG auf die Einkünfteermittlung für Zwecke des § 8 Abs. 3 AStG *Wassermeyer/Schönfeld* in: Flick/Wassermeyer/ Baumhoff, AStG, § 8 AStG, Rz. 708ff.; vgl. speziell zum Verweis des § 10 Abs. 3 S. 4 AStG auf § 4h EStG und möglichen Folgen für § 8 Abs. 3 AStG *Köhler/Haun*, Ubg 2008, 73, 76.

485 Vgl. kritisch zum Vergleich der „nach einer ausländischen Bemessungsgrundlage erhobene[n] Steuer mit der nicht dazugehörigen und deshalb willkürlich falschen Bemessungsgrundlage nach deutschem Steuerrecht" *Wassermeyer/Schönfeld* in: Flick/Wassermeyer/Baumhoff, AStG, § 8, Rz. 710.

486 Vgl. kritisch zur unveränderten Niedrigsteuergrenze von 25% trotz Absenkung des Körperschaftsteuersatzes auf 15% *Wassermeyer/Schönfeld*, IStR 2008, 496, 496ff.; *Köhler/Haun*, Ubg 2008, 73, 74.

487 Vgl. zu den für die Änderung ursächlichen Gestaltungen mit dem maltesischen System von Körperschaftsteuererstattungen *Zielke*, DB 2007, 2781, 2789; *Köhler*, Unternehmensteuerreform, in: Lüdicke, Steuerstrategien, 2008, 145, 159.

Hinzurechnungsbetrag beim Anteilseigner nach Maßgabe seiner Beteiligungsquote einkommen- bzw. körperschaftsteuerpflichtig. Zur Vermeidung einer Doppelbesteuerung ist jedoch der Abzug ausländischer Steuern gem. § 10 Abs. 1 AStG oder alternativ deren Anrechnung gem. § 12 Abs. 1 AStG möglich.

Nach Auffassung von *Wassermeyer/Schönfeld*[488] und des BFH[489] erhöhen die schädlichen Zwischeneinkünfte den Gewerbeertrag. Weil § 9 Nr. 7 S. 1 Hs. 1 GewStG explizit auf die Voraussetzungen der Hinzurechnungsbesteuerung verweist, kommt eine entsprechende Kürzung regelmäßig nicht in Betracht.[490] Die gleichzeitige Anrechnung der ausländischen Steuern auf die Gewerbesteuer scheidet ebenfalls aus.[491] Im Ergebnis setzt die Hinzurechnungsbesteuerung für alle Ertragsteuerarten die Isolation von Bemessungsgrundlagen außer Kraft, während abgesehen von der Abzugsmethode[492] die Maßnahmen zur Vermeidung von Doppelbesteuerungen auf die Einkommen- und Körperschaftsteuer beschränkt bleiben.

Das EuGH-Urteil zur Rs. *Cadbury Schweppes*[493] schützt die Isolation von Bemessungsgrundlagen allerdings unter bestimmten Voraussetzungen vor der Hinzurechnungsbesteuerung und vermeidet in diesen Fällen auch die (teil-

---

488 Vgl. *Wassermeyer/Schönfeld* in: Flick/Wassermeyer/ Baumhoff, AStG, § 10, Rz. 186; a.A. *Ruf/Wohlfahrt*, Ubg 2009, 496, 498; zweifelnd Rödder, IStR 2009, 873, 874ff.

489 Vgl. BFH, Urteil vom 21.12.2005, I R 4/05, BStBl. II 2006, 555, 556.

490 Insofern kann mit *Günkel/Lieber*, IStR 2006, 459, 461 der Hinweis des BFH, die Gewerbesteuerpflicht des Hinzurechnungsbetrages habe regelmäßig keine materiellen Konsequenzen, sehr kritisch gesehen werden; vgl. zur Frage, ob im Anwendungsbereich von § 9 Nr. 7 S. 1 Hs. 2 GewStG eine Kürzung möglich ist *Kollruss*, IStR 2006, 513, 519; *Ruf/Wohlfahrt*, Ubg 2009, 496, 498; weil allerdings innerhalb der EU die Hinzurechnungsbesteuerung durch die Gegenbeweismöglichkeit des § 8 Abs. 2 AStG nur noch von begrenzter Bedeutung ist, fehlt es dieser Möglichkeit an praktischer Relevanz; vgl. zur Frage, ob schädliche Zwischeneinkünfte aus einer ausländischen Kapitalgesellschaft einer Kürzung nach § 9 Nr. 3 GewStG zugänglich sind *Rödder/Schumacher*, DStR 2002, 105, 112; *Rödder*, IStR 2009, 873, 876; *Gosch* in: Blümich, EStG/KStG/ GewStG, § 9 GewStG, Rz. 221a.

491 Vgl. kritisch *Köhler*, Unternehmensteuerreform, in: Lüdicke, Steuerstrategien, 2008, 145, 160; *Wassermeyer/ Schönfeld*, IStR 2008, 496, 498f.; *Rödder*, IStR 2009, 873, 875.

492 Die Abzugsmethode schlägt in diesen Fällen trotz § 8 Nr. 12 GewStG auf die Gewerbesteuer durch, weil die entsprechenden Gewinnanteile gerade nicht gekürzt werden.

493 Vgl. EuGH, Urteil vom 12.09.2006, C-196/04, *Cadbury Schweppes*, Slg. 2006, I-7995, 8031ff.

weise) Doppelbesteuerung.[494] Dies gilt auch und gerade für Konzernfinanzierungsgesellschaften, welche Gegenstand des Verfahrens waren.[495] Entsprechend wurde zunächst durch das BMF-Schreiben vom 08.01.2007[496], dann mittels § 8 Abs. 2 AStG i.d.F. des JStG 2008[497] eine Gegenbeweismöglichkeit geschaffen. Demnach bleibt es bei der Isolation von Bemessungsgrundlagen, soweit die Zwischengesellschaft ihren Sitz oder ihre Geschäftsleitung in einem EU/EWR-Staat hat und dort[498] nachweislich eine tatsächliche wirtschaftliche Tätigkeit[499] ausübt.[500] Voraussetzung ist allerdings eine wesentliche Beteiligung, obwohl Zwischengesellschaften mit Kapitalanlagecharakter bereits ab 1%iger Beteiligung den Schutz des Trennungsprinzips verlieren können.[501] Auch befreit die Möglichkeit des Gegenbeweises nicht von der Pflicht, eine Feststellungserklärung i.S.d. § 18 Abs. 3 AStG abzugeben.[502]

b) Betroffene Konzerntypen

Die Hinzurechnungsbesteuerung in ihrer derzeitigen Form entfaltet eine geographisch höchst ungleiche Wirkung. So sind von ihr nur grenzüberschreitende Kapitalgesellschaftskonzerne betroffen. Durch die Gegenbeweismöglichkeit des

---

494 Vgl. zu den Auswirkungen auf die deutsche Hinzurechnungsbesteuerung *Köhler/Eicker*, DStR 2006, 1871, 1872ff.; *Wassermeyer/Schönfeld*, GmbHR 2006, 1065, 1065ff.

495 Vgl. den entsprechenden Hinweis von *Köhler/Eicker*, DStR 2007, 331, 333f.

496 Vgl. BMF-Schreiben vom 08.01.2007, IV B 4 – S 1351 – 1/07, BStBl. I 2007, 99, Rz. 2.

497 Jahressteuergesetz 2008 vom 20.12.2007, BGBl. I 2007, 3150, 3185f.

498 Vgl. kritisch mit Verweis die Möglichkeit einer tatsächlichen wirtschaftlichen Tätigkeit in einem anderen EU/EWR-Staat *Köhler/Haun*, Ubg 2008, 73, 80.

499 Vgl. kritisch zum unbestimmten Rechtsbegriff der tatsächlichen wirtschaftlichen Tätigkeit *Sedemund*, BB 2008, 696, 698f.; differenzierter *Gosch*, Zwischengesellschaft, in: Kirchhof/Nieskens, FS Reiss, 2008, 597, 611f.

500 Zusätzliche Voraussetzung ist nach § 8 Abs. 2 S. 2 AStG, dass der betreffende EU/EWR-Staat Amtshilfe leistet; dies ist nach dem TIEA Liechtenstein im Verhältnis zu allen EU/EWR-Staaten erfüllt sein, vgl. zur Rechtslage bis zum Inkrafttreten des TIEA *Schönfeld* in: Flick/Wassermeyer/ Baumhoff, AStG, § 8, Rz. 524ff.; vgl. zum neuen Abkommen mit TIEA *Lennert*, IStR 2009, Länderbericht Heft 21/09, 85, 85f.

501 Ursächlich hierfür mag sein, dass das EuGH-Urteil zur Rs. *Cadbury-Schweppes* zur Niederlassungsfreiheit erging, vgl. kritisch *Köhler/Haun*, Ubg 2008, 73, 76f.; *Lieber*, IStR 2010, 142, 144; *Schönfeld* in: Flick/Wassermeyer/ Baumhoff, AStG, § 8 AStG, Rz. 409; auch die Rechtsprechung geht in diesem Zusammenhang von „nach wie vor unzulänglichen Voraussetzungen" aus, vgl. BFH, Urteil vom 21.01.2010, I R 114/08, BFH/NV 2010, 279, 282.

502 Vgl. kritisch zu der damit verbundenen verfahrensrechtlichen Relativierung des § 8 Abs. 2 AStG *Schönfeld*, IStR 2008, 763, 763ff.

§ 8 Abs. 2 AStG gilt dies aber weniger für EU-/EWR-Konzerne als für kapitalistische Unternehmungsgruppen, deren Einheiten sich (auch) in Drittstaaten befinden.

Nicht im Anwendungsbereich von §§ 7-14 AStG befindet sich der rein nationale Kapitalgesellschaftskonzern. Rechtshistorisch bemerkenswert erscheint allerdings, dass durch § 8a GewStG i.d.F. des StVergAbG[503] zunächst eine Art innerdeutsches Pendant vorgesehen war. Konkret sollte für Zwecke der Gewerbesteuer die Abschirmwirkung einer Tochterkapitalgesellschaft durchbrochen werden, falls der Hebesatz, dem die Tochter unterliegt, weniger als 200% beträgt.[504] Der Rechtsform des Anteilseigners wurde dabei keine Bedeutung zugemessen. Anders als im Rahmen von §§ 7-14 AStG sollte es nicht auf die Art der (passiven oder aktiven) Tätigkeit ankommen.[505] Zudem war das Beteiligungserfordernis mit 10% zwar höher geplant als bei Zwischengesellschaften mit Kapitalanlagecharakter gem. § 7 Abs. 6 AStG, aber weit niedriger als im Standardfall der internationalen Hinzurechnungsbesteuerung. Weil diese innerdeutsche Hinzurechnungsbesteuerung jedoch vom Gesetzgeber sehr schnell als „gestaltungsanfällig und verwaltungsaufwändig"[506] empfunden wurde, brachte bereits das GewStÄndG[507] eine Abkehr hiervon. Rückwirkend zum 01.01.2003, dem eigentlich vorgesehenen Geltungsbeginn des § 8a GewStG, trat an ihre Stelle § 16 Abs. 4 S. 2 GewStG und der darin statuierte Mindesthebesatz von 200%.

c) Beurteilung

Die Hinzurechnungsbesteuerung setzt eine passive Tätigkeit voraus. In ihrem Leitbild richtet sie sich damit weniger gegen Allokationsstrategien, welche darauf abzielen, Eigen- und Fremdkapital unter den bereits bestehenden Kon-

---

503 Gesetz zum Abbau von Steuervergünstigungen und Ausnahmeregelungen vom 16.05.2003, BGBl. I 2003, 660, 662f.

504 Vgl. kritisch zu möglichen Doppelbesteuerungen *Rödder/Schumacher*, DStR 2003, 805, 814; *Walz/Süß*, DStR 2003, 1637, 1641; flankierend sollte die pauschalierte Anrechnung der Gewerbesteuer auf die Einkommensteuer verwehrt werden, wenn die Mitunternehmerschaft nicht einem Hebesatz von mindestens 200% unterliegt (§ 35 Abs. 1 S. 2-3 EStG i.d.F. des StVergAbG); vgl. kritisch *Förster*, DB 2003, 899, 900f.

505 Vgl. für Gemeinsamkeiten und Unterschiede zwischen § 8a GewStG i.d.F. des StVergAbG und §§ 7-14 AStG *Mattern/Schnitger*, DStR 2003, 1321, 1322ff.

506 BT-Drs. 15/1517, 18.

507 Gesetz zur Änderung des Gewerbesteuergesetzes und anderer Gesetze vom 23.12.2003, BGBl. I 2003, 2922, 2922.

zerneinheiten steueroptimal zu verteilen. Vielmehr stehen künstliche Darlehensvergaben durch niedrig besteuerte Konzerneinheiten, mithin also Generierungsstrategien im Fokus.

Allerdings wirken §§ 7-14 AStG den Generierungsstrategien nur eingeschränkt entgegen. Das Realinvestitionskriterium hilft, diese Unvollständigkeit zu enthüllen. So weist das Aktivitätserfordernis des § 8 Abs. 1 AStG mit der Tätigkeit der Gesellschaft zwar das richtige Bezugsobjekt auf, fragt aber nach dessen Art und nicht wie i.S.d. Realinvestitionskriteriums erforderlich nach dessen Umfang. Insofern stellt die Gegenbeweismöglichkeit des § 8 Abs. 2 AStG eine nicht nur EU-rechtliche Verbesserung dar. Hier kommt es nämlich zumindest ansatzweise auf den Umfang der Tätigkeit an. Allerdings fordert das Realinvestitionskriterium weitergehend einen stetigen Zusammenhang zwischen wirtschaftlicher Tätigkeit und zulässiger Fremdkapitalausstattung. Insofern ist negativ zu werten, dass bereits eine relativ geringe wirtschaftliche Tätigkeit der Zwischengesellschaft genügt, um Gewinnverlagerungen in großem Umfang zu decken. Das bedingte Werturteil über die Hinzurechnungsbesteuerung als Unterkapitalisierungsnorm fällt im Ergebnis gemischt aus.

II. Hypothetische Hinzurechnungsbesteuerung (§ 20 Abs. 2 AStG)

a) Wirkungsweise

Die hypothetische Hinzurechnungsbesteuerung[508] des § 20 Abs. 2 AStG zählt ebenfalls zu den *Unterkapitalisierungsnormen vom Typ* α_1, weil auch sie die steuerrechtspolitische Grundsatzentscheidung für eine Isolation von Bemessungsgrundlagen fallweise umkehrt [vgl. Kap. 5.C.I.]. Konkret erhöht sie das inländische Einkommen um positive Erfolgsgrößen, welche auf ausländische Bemessungsgrundlagen zurückzuführen sind. Darüber hinaus handelt es sich erneut um eine *indirekte Unterkapitalisierungsnorm,* da Gewinnverlagerungen über Finanzierungsentscheidungen zwar nicht den primären Regelungszweck darstellen, aber ebenfalls erfasst werden [vgl. Kap. 5.C.II.].

Der Terminus der hypothetischen Hinzurechnungsbesteuerung erscheint insofern gerechtfertigt, als die Regelung prüft, ob die Einkünfte einer

---

508 Gebräuchlich sind auch die Bezeichnungen Umschaltklausel- bzw. *Switch-over*-Klausel, vgl. mit entsprechender Terminologie *Köhler,* Rechtsformwahl, in: Kessler/Förster/Watrin, FS Herzig, 2010, 953, 971; *Rupp* in: Haase, AStG/DBA, § 20 AStG, Rz. 40.

abkommensrechtlichen Betriebsstätte als Zwischeneinkünfte steuerpflichtig wären, falls diese Betriebsstätte die (kapitalistisch geprägten) Rechtsformvoraussetzungen des § 7 Abs. 1 AStG erfüllen würde. Bis auf die Rechtsform der Zwischengesellschaft sind damit im Grundsatz die Tatbestandsmerkmale von (eigentlicher) Hinzurechnungsbesteuerung und ihrem hypothetischem Pendant identisch. Anderes gilt nach dem Gesetzeswortlaut nur[509] für die Gegenbeweismöglichkeit nach § 8 Abs. 2 AStG. Im Sinne einer Ausnahme von der Ausnahme möchte der Gesetzgeber die hypothetische Hinzurechnungsbesteuerung auch auf abkommensrechtliche EU/EWR-Betriebsstätten mit dem Nachweis tatsächlicher wirtschaftlicher Aktivität anwenden. Zunächst mag hierfür sprechen, dass der EuGH in seinem Urteil zur Rs. *Columbus Container Services*[510] die hypothetische Hinzurechnungsbesteuerung an sich als gemeinschaftsrechtskonform eingestuft hat. Allerdings ist mit *Köhler/Eicker*[511] davon auszugehen, dass hinsichtlich der Vereinbarkeit mit EU-Primärrecht diese *indirekte Unterkapitalisierungsnorm* „das Schicksal der [eigentlichen] Hinzurechnungsbesteuerung teilt." Der BFH hat sich dieser Sichtweise in seinem Urteil vom 21.01.2010[512] angeschlossen. So seien entgegen dem Gesetzeswortlaut abkommensrechtliche EU/EWR-Betriebsstätten mit tatsächlicher wirtschaftlicher Tätigkeit vom Anwendungsbereich der §§ 7-14 AStG i.d.F. des StMBG[513] und somit auch von § 20 Abs. 2, 3 AStG i.d.F. des StMBG auszunehmen. Die (Gemeinschafts-) Rechtslage sei insofern eindeutig.[514] Als Ausfluss der sog. *acte*

---

509 Nach § 20 Abs. 2 S. 2 AStG i.d.F. des JStG 2010 ergeben sich neuerdings jedoch zusätzliche Unterschiede im hier nicht betrachteten Fall von freiberuflich oder gewerblich tätigen unbeschränkt Steuerpflichten. Deren Dienstleistungen i.S.d. § 8 Abs. 1 Nr. 5a AStG zählen für §§ 7-14 AStG zwar zu den passiven Einkünften, nicht jedoch für die hypothetische Hinzurechnungsbesteuerung.

510 Vgl. EuGH, Urteil vom 06.12.2007, C-298/05, *Columbus Container Services*, Slg. 2007, I-10451, 10479ff.; vgl. hierzu *Rainer*, IStR 2008, 65, 65f.; *Kessler/Eicke*, Tax Notes International 2008, Vol. 49, 587, 588ff.

511 *Köhler/Eicker*, DStR 2007, 331, 334; vgl. ähnlich *Kaminski/Strunk/Haase*, IStR 2007, 726, 726ff.; *Köhler/Haun*, Ubg 2008, 73, 86; *Wassermeyer/Schönfeld* in: Flick/Wassermeyer/Baumhoff, AStG, § 20, Rz. 151.5ff.; a.A. *Sydow*, IStR 2010, 174, 176ff.

512 Vgl. BFH, Urteil vom 21.01.2010, I R 114/08, BFH/NV 2010, 279, 282; das Urteil erging zu § 20 Abs. 2 AStG a.F., doch es kann auf die gegenwärtige Regelung i.d.F. des JStG 2008 übertragen werden, vgl. *Lieber*, IStR 2010, 142, 143; *Prinz*, FR 2010, 378, 380f.

513 Gesetz zur Bekämpfung des Missbrauchs und zur Bereinigung des Steuerrechts vom 21.12.1993, BGBl. I 1993, 2310, 2333.

514 Vgl. BFH, Urteil vom 21.01.2010, I R 114/08, BFH/NV 2010, 279, 282.

claire-Doktrin[515] bedarf es damit keiner Vorlage an den EuGH. Soweit die Rechtsprechung auf die heute gültige hypothetische Hinzurechnungsbesteuerung übertragen werden kann, entsprechen sich nunmehr die Tatbestandsmerkmale von §§ 7-14 AStG und § 20 Abs. 2 AStG, abgesehen von der Rechtsform der Zwischengesellschaft.

Auf Ebene der Rechtsfolgen ordnet die hypothetische Hinzurechnungsbesteuerung für schädliche Zwischeneinkünfte den Übergang von der Freistellungs- zur Anrechnungsmethode an. Damit entfaltet sie grundsätzlich eine §§ 7-14 AStG vergleichbare Wirkung. Allerdings tun sich neben einer früheren Erfassung im Inland[516] insbesondere steuerartenspezifische Unterschiede auf. Während der Hinzurechnungsbetrag aus kapitalistischen Unternehmungsstrukturen keiner gewerbesteuerlichen Kürzung zugänglich ist, verhält sich dies im Fall abkommensrechtlicher Betriebsstätten anders. Hier greift die Kürzungsvorschrift des § 9 Nr. 2, 3 GewStG.[517] Folglich unterliegen die nicht mehr freigestellten ausländischen Betriebsstätteneinkünfte zwar der Einkommens- oder Körperschaftsteuer, nicht aber der Gewerbesteuer.

b) Betroffene Konzerntypen

Während die eigentliche Hinzurechnungsbesteuerung nur Kapitalgesellschaftskonzerne adressiert, soll die hypothetische Hinzurechnungsbesteuerung Personengesellschafts- und Betriebsstättenkonzerne diesbezüglich gleich stellen.[518] Nach der jüngsten BFH-Rechtsprechung[519] zur Gegenbeweisregelung bei § 20 Abs. 2 AStG schlägt die geographisch abgestufte Wirkung von §§ 7-14 AStG

---

515 Vgl. allgemein zur Rezeption der *acte claire*-Doktrin durch den BFH *Gosch*, Ubg 2010, 73, 73ff.

516 Nach § 10 Abs. 2 S. 1 AStG gilt der (eigentliche) Hinzurechnungsbetrag unmittelbar nach Ablauf des maßgebenden Wirtschaftsjahres der ausländischen Gesellschaft als zugeflossen, während sich die Rechtsfolgen der hypothetischen Hinzurechnungsbesteuerung noch im selben VZ entfalten, vgl. *Köhler*, Rechtsformwahl, in: Kessler/Förster/Watrin, FS Herzig, 2010, 953, 972.

517 Vgl. grundlegend zum entsprechenden Steuerplanungspotenzial *Köhler*, Unternehmensteuerreform, in: Lüdicke, Steuerstrategien, 2008, 145, 159ff.; *Köhler*, Internationale Konzernstruktur, in: Kessler/Kröner/Köhler, Konzernsteuerrecht, 2008, 702, 711; vgl. auch *Ruf/Wohlfahrt*, Ubg 2009, 496, 500; *Rupp* in: Haase, AStG/DBA, § 20 AStG, Rz. 111.

518 Vgl. *Wassermeyer/Schönfeld* in: Flick/Wassermeyer/ Baumhoff, AStG, § 20, Rz. 8; *Rupp* in: Haase, AStG/DBA, § 20 AStG, Rz. 40.

519 Vgl. BFH, Urteil vom 21.01.2010, I R 114/08, BFH/NV 2010, 279, 282.

auch in vollem Umfang auf die hypothetische Hinzurechnungsbesteuerung durch: Rein inländische Personengesellschafts- und Betriebsstättenkonzerne werden von dieser *indirekten Unterkapitalisierungsnorm des Typs* α_1 nicht erfasst, entsprechende EU/EWR-Unternehmungsgruppen nur eingeschränkt, Konzerneinheiten in Drittstaaten dagegen in vollem Umfang.

c) Beurteilung

Wie schon die eigentliche Hinzurechnungsbesteuerung für kapitalistische Zwischengesellschaften richtet sich auch ihr hypothetisches Pendant in § 20 Abs. 2 AStG vor allem gegen Generierungsstrategien. Und genauso wie bei §§ 7-14 AStG sorgt die nach jüngster BFH-Rechtsprechung dem Steuerpflichtigen einzuräumende Gegenbeweismöglichkeit zumindest für eine Annäherung an das Realinvestitionskriterium. Schließlich hängt das Eingreifen der Unterkapitalisierungsnorm damit auch vom Umfang der realen wirtschaftlichen Aktivität ab.

Anders als bei der eigentlichen Hinzurechnungsbesteuerung beschränken sich aber im Ergebnis die Folgen von § 20 Abs. 2 AStG auf die Einkommen- bzw. Körperschaftsteuer. Die gewerbesteuerliche Isolation von Bemessungsgrundlagen bleibt unangetastet. Mit dem Aufstieg zur Gewerbesteuer zur „dominierenden Unternehmensteuer“[520] wirkt die hypothetische Hinzurechnungsbesteuerung Gewinnverlagerungen über Finanzierungsentscheidungen daher nur sehr eingeschränkt entgegen. Dies gilt insbesondere für den Fall kapitalistischer Stammhäuser, wo sich die ökonomischen Folgen der hypothetischen Hinzurechnungsbesteuerung in der nur 15%ige Belastung mit Körperschaftsteuer zuzüglich Solidaritätszuschlag erschöpfen.[521] Das bedingte Werturteil aus Sicht des Realinvestitionskriteriums fällt negativ aus.

III. Abzugsverbot bei steuerfreien Einnahmen (§ 3c Abs. 1 EStG, § 8b Abs. 5 KStG)

a) Wirkungsweise

Das deutsche Steuerrecht kennt mit § 3c Abs. 1 EStG sowie § 8b Abs. 5 KStG gleich zwei Normen, welche den Betriebsausgabenabzug im Zusammenhang

---

520 *Herzig*, DB 2007, 1541, 1541ff.

521 Vgl. *Köhler*, Rechtsformwahl, in: Kessler/Förster/Watrin, FS Herzig, 2010, 953, 973.

mit steuerfreien Einnahmen begrenzen.[522] Beide sind als *Unterkapitalisierungsnormen vom Typ* α_2 einzuordnen, weil sie negative Erfolgsgrößen nicht berücksichtigen, welche auf andere Bemessungsgrundlagen zurückzuführen sind [vgl. Kap. 5.C.I.]. Als Konsequenz lösen sie die Isolation der Bemessungsgrundlagen zumindest partiell auf. Dabei stellen beide Vorschriften nicht ausschließlich auf Fremdkapitalvergütungen ab. In der Systematisierung nach dem Regelungszweck [vgl. Kap. 5.C.II.] sind sie folglich den *indirekten Unterkapitalisierungsnormen* zuzurechnen.

Die Abgrenzung der Anwendungsbereiche von § 3c Abs. 1 EStG und § 8b Abs. 5 KStG ist umstritten. Eindeutig erscheint zunächst, dass § 3c Abs. 1 EStG den Betriebsausgabenabzug für Zinsaufwendungen verwehrt, soweit diese in unmittelbarem wirtschaftlichen Zusammenhang mit steuerfreien Einnahmen stehen.[523] Damit befinden sich insbesondere Fremdkapitalaufwendungen im Anwendungsbereich der Norm, welche im Sonderbetriebsvermögen anfallen, um DBA-freigestellte Betriebsstättengewinne zu erzielen.[524] Grundsätzlich kommt es für das Abzugsverbot des § 3c Abs. 1 EStG nicht darauf an, ob im relevanten VZ tatsächlich steuerfreie Einnahmen erzielt worden sind.[525] Allerdings beurteilt der BFH[526] dies zumindest bei Aufwendungen im Zusammenhang mit der Beteiligung an einer Kapitalgesellschaft anders. In sol-

---

522 Eine ähnliche Wirkung entfaltet § 3c Abs. 2 EStG, welcher vorbehaltlich der Abgeltungsteuer gem. § 32d EStG bei natürlichen Personen anzuwenden ist, die unmittelbar oder mittelbar über eine Personengesellschaft Anteile an Körperschaften in ihrem Betriebs- oder Privatvermögen halten. Diese Fallkonstellationen befinden sich jedoch nicht im Anwendungsbereich vorliegender Untersuchung [vgl. Kap. 8.A.].

523 Vgl. zur Unbestimmheit des unmittelbaren wirtschaftlichen Zusammenhangs und der daraus resultierenden „Fragwürdigkeit der Formulierung des § 3c EStG" BFH, Urteil vom 29.05.1996, I R 167/94, BStBl. II 1997, 60, 62; *Herzig*, DB 2003, 1459, 1463; *Wassermeyer*, IStR 1996, 338, 338; vgl. zum unmittelbaren wirtschaftlichen Zusammenhang nicht als Veranlassungszusammenhang, sondern als „finaler und zeitlicher Zusammenhang" *Kessler/Reitsam*, DB 2003, 2139, 2139f.

524 Vgl. *Heinicke* in: Schmidt, EStG, § 3c, Rz. 15, differenzierend zwischen Einkünften und Einnahmen *Desens* in: Herrmann/Heuer/Raupach, EStG/KStG, § 3c EStG, Rz. 33.

525 Vgl. zu vorab entstandenen und nachträglichen Betriebsausgaben *Heinicke* in: Schmidt, EStG, § 3c, Rz. 10; *Erhard* in: Blümich, EStG/KStG/GewStG, § 3c EStG, Rz. 42.

526 Vgl. zu § 3c Abs. 1 EStG a.F. BFH, Urteil vom 29.05.1996, I R 21/95, BStBl II 1997, 63, 66; BFH, Beschluss vom 14.07.2004, I R 17/03, BStBl. II 2005, 53, 54; vgl. zur Umsetzung der Rechtsprechung durch die Finanzverwaltung BMF-Schreiben vom 20.01.1997, IV C 5 – S 1300 – 176/96, BStBl. I 1997, 99, Rz. 1.3; jüngst wieder in Kraft gesetzt durch BMF-Schreiben vom 30.09.2008, IV C 7 – S 2750 - a/07/10001, BStBl. I 2008, 940, Rz. 5; zur Entwicklung der Rechtsprechung *Kessler/Reitsam*, DB 2003, 2139, 2139f.

chen Fällen ist überhaupt die Anwendung des § 3c Abs. 1 EStG umstritten. Nach *Kessler*[527] reicht die (teilweise analoge) Diskussion darüber bis mindestens in die 1920er Jahre zurück. Entsprechend derzeitiger Intention des Gesetzgebers[528] soll bei derartigen Sachverhalten § 8b Abs. 5 KStG an Stelle des § 3c Abs. 1 EStG alle Betriebsausgaben zum Abzug zulassen, gleichzeitig jedoch nicht abziehbare Betriebsausgaben in Höhe von 5% der Bruttodividende fingieren. Ausgenommen hiervon ist gem. § 10 Abs. 2 S. 3 AStG ein möglicher Hinzurechnungsbetrag, entsprechend Ansicht von *Gosch*[529] jedoch nicht Ausschüttungen nach erfolgter Hinzurechnung. Mit § 9 Nr. 2a S. 4 GewStG und § 9 Nr. 7 S. 3 GewStG i.d.F. des JStG 2007[530] hat der Gesetzgeber zudem „klargestellt“[531], dass die nicht abziehbaren Betriebsausgaben auch den Gewerbeertrag erhöhen, wenn die Voraussetzungen der gewerbesteuerlichen Beteiligungsertragsbefreiung [vgl. Kap. 3.A.] erfüllt sind.

Im reinen Inlandssachverhalt dürfte das Primat des § 8b Abs. 5 KStG tatsächlich zum Tragen kommen. Gleiches gilt bei ausländischen Bezügen i.S.d. § 8b Abs. 1 KStG, welche sich nicht zugleich im Anwendungsbereich einer DBA-Freistellung befinden. Soweit aber das entsprechende DBA eine Beteiligungsertragsbefreiung anordnet, bleibt unklar, welche Begrenzung des Betriebsausgabenabzugs Anwendung finden soll. Nach Ansicht des BFH[532] „verdrängt die Freistellung gemäß § 8b KStG 1999/2002 die abkommensrechtliche Freistellung nicht im Sinne eines sog. Treaty override, für den es bereits an der formalrechtlich erforderlichen Kenntlichmachung eines unilateralen Vorrangs fehlt.“ In der Literatur wird entsprechend ein Vorrang der abkommensrechtlichen Freistel-

527 Vgl. *Kessler*, Euro-Holding, 1996, 317f.; vgl. ebenfalls zur frühen Rechtsprechung und zum frühen Schrifttum *Friedrich*, StuW 1955, 511, 513ff.; *Rose*, DB 1962, 448, 448ff.

528 Vgl. BT-Drs. 15/1518, 16.

529 Vgl. *Gosch* in: Gosch, KStG, § 8b, Rz. 25; ebenso *Dötsch/Pung* in: Dötsch/Jost/Pung u.a., KStG, § 8b, Rz. 228; a.A. *Schönfeld*, DStR 2006, 1216, 1217ff.; *Köhler*, Ausländische Kapitalgesellschaften, in: Kessler/Kröner/ Köhler, Konzernsteuerrecht, 2008, 570, 626.

530 Jahressteuergesetz 2007 vom 13.12.2006, BGBl. I 2006, 2878, 2893.

531 BT-Drs. 16/2712, 73; der Gesetzgeber reagiert damit auf BFH, Urteil vom 25.01.2006, I R 104/04, BFH/NV 2006, 1022, 1022; kritisch zur Neuregelung *Richter*, BB 2007, 751, 752ff.; vgl. zur Rechtsentwicklung *Gosch* in: Blümich, EStG/KStG/GewStG, § 9 GewStG, Rz. 184ff.

532 BFH, Urteil vom 14.01.2009, I R 47/08, BFH/NV 2009, 854, 855; vgl. ähnlich bereits BFH, Urteil vom 22.06.2006, I R 30/05, BFH/NV 2006, 1659, 1660: „Ist § 8b Abs. 1 KStG 2002 anzuwenden, zieht das [...] die pauschale Nichtabzugsfähigkeit von Betriebsausgaben nach § 8b Abs. 5 KStG 2002 nach sich, was nicht der Fall ist, wenn das abkommensrechtliche Schachtelprivileg Anwendung findet.“

lung ohne jedes Abzugsverbot[533] oder ein Wahlrecht zwischen abkommensrechtlicher Freistellung unter Beachtung von § 3c Abs. 1 EStG und unilateraler Freistellung nach § 8b Abs. 1 KStG unter Beachtung der 5%igen Schachtelstrafe gefordert[534]. Mit seinem bislang aktuellsten Urteil beruft sich der BFH[535] jedoch wieder darauf, dass beide Regelungen zwar „selbständig nebeneinander" stünden, „die abkommensrechtliche Freistellung in ihrer Wirkung [aber] gemeinhin leer [läuft]."

Bedeutsam erscheint in diesem Zusammenhang, dass § 3c Abs. 1 EStG und § 8b Abs. 5 KStG zwar keineswegs einheitliche Wirkungen ausüben, aber in unterschiedlichen Sachverhaltskonstellationen die Isolation der Bemessungsgrundlagen komplett auflösen können. So fällt § 3c Abs. 1 EStG für den Steuerpflichtigen günstiger aus, wenn die Betriebsausgaben weniger als 5% der Bruttodividende betragen. Insbesondere über mehrere Beteiligungsstufen kumuliert sich dann die 5%ige Schachtelstrafe schneller auf. Im Extremfall verzehrt sie die eigentlich steuerfreien Bezüge komplett.[536] Umgekehrt stellt sich § 8b Abs. 5 KStG für den Steuerpflichtigen günstiger dar, falls die Betriebsausgaben mehr als 5%, jedoch weniger als 100% des (ausgeschütteten) Beteiligungsertrags ausmachen.[537] Schließlich sind dann zwar 5% der Bruttodividende nicht abziehbar, die tatsächlich angefallenen Betriebsausgaben aber schon. Im Extremfall hätte § 3c Abs. 1 EStG hier die Steuerfreistellung und mithin die Isolation der Bemessungsgrundlagen vollständig abgeschmolzen.[538]

---

533 Vgl. *Kessler/Dietrich*, IStR 2010, 696, 697: „Innerstaatliche Normen wie § 8b Abs. 1 KStG werden [durch DBA] zu subsidiären Bestimmungen degradiert, die erst dann zu konsultieren sind, wenn das DBA dem grundsätzlichen Besteuerungsrecht keine Schranke vorschiebt."

534 Vgl. *Gosch*, BFH-PR 2006, 362, 363; *Hageböke*, IStR 2009, 473, 477f.; *Lorenz*, IStR 2009, 437, 439ff.; a.A. *Dötsch/ Pung* in: Dötsch/Jost/Pung u.a., KStG, § 8b, Rz. 10.

535 Vgl. BFH, Urteil v. 23.06.2010, I R 71/09, BFHE 2010, 177, 181.

536 Vgl. die Berechnungen von *Kaminski/Strunk*, BB 2004, 689, 691; im Ergebnis gleich *Rödder/Schumacher*, DStR 2003, 1725, 1727; *Kessler*, Konzernbesteuerung, in: Kessler/Kröner/Köhler, Konzernsteuerrecht, 2008, 2, 12f.; *Gosch* in: Gosch, KStG, § 8b, Rz. 452; vgl. zu verfassungsrechtlichen Bedenken FG Hamburg, Beschluss vom 07.11.2007, 5 K 153/06, EFG 2008, 236, 239; a.A. jedoch BVerfG, Beschluss vom 12.10.2010, 1 BvL 12/07, DStR 2010, 2393, 2393ff.

537 Vgl. *Lorenz*, IStR 2009, 437, 442; *Hageböke*, IStR 2009, 473, 478f.

538 Vgl. *Rose*, Besteuerung von Kapitalgesellschaften, in: Thoma/Zacharias/Niemann, StbJb 1965/1966, 1966, 245, 286; *Kessler*, IStR 1994, 299, 301ff.; *Maiterth/Wirth*, DStR 2004, 433, 435ff.

b) Betroffene Konzerntypen

Von § 3c Abs. 1 EStG sind zunächst die Finanzierungsentscheidungen im internationalen Personengesellschafts- und Betriebsstättenkonzern betroffen, soweit Einkommensteuersubjekte daran beteiligt sind. Insbesondere gilt dies für Zinsenaufwendungen, welche im Sonderbetriebsvermögen zum Erwerb von freigestellten ausländischen Einheiten anfallen. Bei rein nationalen Personengesellschafts- und Betriebsstättenkonzernen fehlt es dagegen an DBA-befreiten Einnahmen, welche den Hauptanwendungsfall dieses Abzugsverbotes darstellen.

Zumindest nach jüngster Rechtsprechung des BFH[539] kann § 8b Abs. 5 KStG - anders als § 3c Abs. 1 EStG - seine Wirkung als Unterkapitalisierungsnorm unabhängig von der geographischen Ausdehnung des Konzerns entfalten. Voraussetzung sind in jedem Fall jedoch kapitalistische Strukturen. Aber auch falls § 8b Abs. 5 KStG entsprechend der Ansicht von Teilen des Schrifttums hinter den allgemeineren § 3c Abs. 1 EStG zurücktreten muss, bleiben rein inländische wie grenzüberschreitende Kapitalgesellschaftskonzerne vom Abzugsverbot betroffen. Schließlich führt die Freistellung nach § 8b Abs. 1 KStG auch zur Anwendung des § 3c Abs. 1 EStG. Nur wenn konsequent zu Ende gedacht wird, dass die Beteiligungserträge auf Ebene der ausschüttenden Kapitalgesellschaft „antonymisch zu steuerfrei“ [540] behandelt werden, ist im Fall der DBA-Freistellung keines der beiden Abzugsverbote anwendbar.

c) Beurteilung

Die gesetzgeberischen Bemühungen, den Zinsabzug in unmittelbarem Zusammenhang mit steuerfreien Einnahmen zu versagen, zielen zunächst auf Allokationsstrategien. Weil die Schachtelstrafe des § 8b Abs. 5 KStG aber entsprechend der Ansicht von *Gosch*[541] auch bei tatsächlicher Ausschüttung nach vorheriger Hinzurechnungsbesteuerung greift, sind darüber hinaus noch Generierungsstrategien im internationalen Kapitalgesellschaftskonzern betroffen.

---

539 Vgl. BFH, Urteil v. 23.06.2010, I R 71/09, BFHE 2010, 177, 181.

540 Vgl. *Kessler/Dietrich*, IStR 2010, 696, 698.

541 Vgl. zur Anwendung des § 8b Abs. 5 KStG auch innerhalb der Sieben-Jahres-Frist des § 3 Nr. 41a EStG *Gosch* in: Gosch, KStG, § 8b, Rz. 25; ebenso *Dötsch/Pung* in: Dötsch/Jost/Pung u.a., KStG, § 8b Rz. 228; a.A. mit Verweis auf R 32 Abs. 1 Nr. 1 KStR *Schönfeld*, DStR 2006, 1216, 1217ff.; *Köhler*, Ausländische Kapitalgesellschaften, in: Kessler/Kröner/Köhler, Konzernsteuerrecht, 2008, 570, 626.

Aus Sicht des Realinvestitionskriteriums muss das Urteil über das Abzugsverbot im Zusammenhang mit steuerfreien Einnahmen negativ ausfallen. So ist kein direkter Konnex zwischen steuerfreien Einnahmen und Gewinnverlagerungen ersichtlich. Dies gilt umso mehr, als im hier betrachteten Konzernfall § 3c Abs. 1 EStG ebenso wie § 8b Abs. 5 KStG bereits bei nur vermeintlich steuerfreien Einnahmen bzw. Bezügen aus anderen Konzerngesellschaften greift. Wirtschaftlich betrachtet sind solche Einnahmen bzw. Bezüge aber nicht steuerfrei, sondern wurden auf Ebene der sie generierenden Konzerneinheit bereits vorweg besteuert.[542] Trotz angemessener Eigenkapitalausstattung kann es zum Abzugsverbot kommen, falls unter den Wirtschaftsgütern der betroffenen Konzerneinheit zufällig die Beteiligungen mit Fremdkapital finanziert wurden. Das Realinvestitionskriterium setzt in seiner Rolle als Detektionsmechanismus für Gewinnverlagerungen zwar ebenfalls an einzelnen Wirtschaftsgütern an, abstrahiert aber von zufälligen Einflüssen, indem aus dem Schuldendeckungspotenzial der Realinvestitionen nur Anforderungen für die Finanzierung der Summe der Wirtschaftsgüter abgeleitet werden. Dies entspricht der bereits 1929 von *Weber*[543] gewonnenen Erkenntnis, dass „[d]ie für die Beschaffung [schachtelprivilegierter] Aktienpakte aufgenommenen Kredite [...] immer im wirtschaftlichen Zusammenhang mit der Gesamtheit des gewerblichen Betriebs [stehen]." Der BFH[544] spitzt die Notwendigkeit einer Gesamtbetrachtung sogar dahingehend zu, dass „es keinen Sinn [macht] darauf abzustellen, mit welchen Einnahmen welche Ausgaben finanziert wurden."

---

542 Vgl. (teilweise zu analogen Vorgängerregelungen) *Rosenthal*, DStZ 1923, 32, 32 (nur „scheinbare Privilegierung"); *Friedrich*, StuW 1955, 511, 515; *Rose*, DB 1962, 448, 450ff; *Rose*, Besteuerung von Kapitalgesellschaften, in: Thoma/Zacharias/Niemann, StbJb 1965/1966, 1966, 245, 271ff.; *Kessler*, IStR 1994, 299, 302; *Kessler*, Euro-Holding, 1996, 317ff.; *Pezzer*, StuW 2000, 144, 150; *Herzig*, DB 2003, 1459, 1459, *Hey*, DStR 2009, Beihefter zu Heft 34, 109, 110f.; teilweise a.A. *Maiterth/Wirth*, DStR 2004, 433, 436f.

543 *Weber*, DStZ 1929, 411, 412; vgl. zur Einordnung von *Weber* in die wissenschaftliche Diskussion um die Beteiligungsertragsbefreiung *Kessler*, Euro-Holding, 1996, 318, Fn. 1; vgl. jüngst zum analogen Argument in der U.S.-amerikanischen Diskussion um die Einführung eines Abzugsverbots für Betriebsausgaben im Zusammenhang mit ausländischen Einkünften bis zu deren Repatriierung *Staff of Joint Committee on Taxation*, President's fiscal year 2010 budget proposal, 2009, 16: „Because money is fungible, it is very difficult, if not impossible, to determine the purpose of any particular borrowing."

544 BFH, Urteil vom 29.05.1996, I R 167/94, BStBl. II 1997, 60, 62.

C. Unterkapitalisierungsnormen vom Typ β

I. Dotationskapitalgrundsätze

a) Wirkungsweise

Im Gegensatz zum Kapital- oder Personengesellschaftskonzern fehlt es dem Betriebsstättenkonzern an einer rechtlichen Untergliederung. Zivilrechtlich existiert nur die als Stammhaus bezeichnete Spitzeneinheit.[545] Einzig das Stammhaus kann Träger von Rechten wie Pflichten sein und haftet letztlich auch für die Schulden seiner Betriebsstätten.[546] Die Dotationskapitalgrundsätze versuchen trotzdem, Kapitalüberlassungen den einzelnen Konzerneinheiten zuzuordnen. Weil sie insofern die Maßgeblichkeit zivilrechtlicher Wertungen bezüglich der Zuordnung von Steuergütern (*Zuordnungsmaßgeblichkeit*) durchbrechen, handelt es sich um eine *Unterkapitalisierungsnorm vom Typ* β_1 [vgl. Kap. 5.C.I.]. Anders als *Unterkapitalisierungsnormen vom Typ α* lassen die Dotationskapitalgrundsätze jedoch eine Isolation von Bemessungsgrundlagen unberührt. Insbesondere heben sie eine mögliche Freistellung ausländischer Gewinne nicht auf, welche mit dem anderen Staaten zugeordneten Anteil am Eigen- und Fremdkapital des Gesamtkonzerns erwirtschaftet wurden. In Bezug auf die Systematisierung nach dem Regelungszweck [vgl. Kap. 5.C.II.] sind die Dotationskapitalgrundsätze den *direkten Unterkapitalisierungsnormen* zuzurechnen. Schließlich zielen sie direkt und ausschließlich auf Gewinnverlagerungen über Finanzierungsentscheidungen.

Unter Dotationskapital ist der für steuerliche Zwecke ermittelte Anteil einer Einheit des Betriebsstättenkonzerns am Gesamteigenkapital des jeweiligen Konzerns zu verstehen.[547] Implizit entscheiden die Dotationskapitalgrundsätze damit auch über die Verteilung des Fremdkapitals.[548] Sie gehen in ihrer Ausgestaltung auf den in § 1 Abs. 1 AStG und Art. 7 Abs. 3 OECD-MA nieder gelegten

---

545 Betriebsstätten sind keine Rechtsfigur des Zivilrechts, der nach § 12 AO enger abzugrenzenden Zweigniederlassung wird jedoch die Rechtsfähigkeit abgesprochen, vgl. BGH, Urteil vom 24.11.1951, II ZR 26/51, BGHZ 4, 62, 66; *Hopt* in: Hopt/Merkt, HGB, § 13, Rz. 4.

546 Vgl. nur *Ditz*, Gewinnabgrenzung, 2004, 10.

547 Vgl. zur Begriffsbestimmung *Becker*, DB 1989, 10, 10f.; *Andresen* in: Wassermeyer/Andresen/Ditz, Betriebsstätten-Handbuch, Rz. 2.114; *Wassermeyer* in: Debatin/Wassermeyer, DBA, Art. 7 OECD-MA, Rz. 290.

548 Vgl. zum Zusammenhang zwischen Dotations- und Fremdkapital *Andresen* in: Wassermeyer/Andresen/Ditz, Betriebsstätten-Handbuch, Rz. 2.114; vgl. kritisch zur Bezeichnung „Residualgröße" *Jacobs*, Internationale Unternehmensbesteuerung, 2007, 632.

Fremdvergleichsgrundsatz zurück, finden ihre eigentliche Rechtsgrundlage jedoch nur im BMF-Schreiben vom 24.12.1999.[549] Allerdings hat nach der *Reinen Rechtslehre* von *Kelsen*[550] „der Gegensatz von Rechtserzeugung oder Rechtsschöpfung auf der einen Seite und Rechtsvollziehung oder Rechtsanwendung auf der anderen nicht jenen absoluten Charakter [...], den die traditionelle Rechtslehre mit diesem für sie so bedeutungsvollen Gegensatz verbindet." Demnach erscheint es zulässig, die Dotationskapitalgrundsätze trotz ihres Ursprungs im Bereich der Rechtsanwendung als Unterkapitalisierungsnorm zu betrachten.

In Übereinstimmung mit weiten Teilen der Literatur[551] präferieren die Dotationskapitalgrundsätze[552] einen äußeren Fremdvergleich mit unabhängigen Unternehmungen. Lässt sich dieser nicht angemessen realisieren, gebietet der interne Fremdvergleich, das Eigenkapital der Gesamtunternehmung „im Schätzungswege entsprechend den ausgeübten Funktionen"[553] zu verteilen. Nur wenn Stammhaus und Betriebsstätte die gleichen Funktionen ausüben, lassen sich aus der Eigenkapitalausstattung des Stammhauses Rückschlüsse auf die Dotation der Betriebsstätte mit Eigenkapital ziehen (Kapitalspiegelmethode).[554] Mangels Rechtsfähigkeit der Betriebsstätten werden unabhängig von der angemessenen Dotation mit Eigenkapital Darlehensbeziehungen zwischen diesen Einheiten und dem Stammhaus im Grundsatz nicht anerkannt.[555] Zumindest insofern bleibt die Maßgeblichkeit zivilrechtlicher Wertungen intakt. Anderes gilt

549 Vgl. kritisch zur Rechtsgrundlage *Strunk/Kaminski*, IStR 2000, 33, 36.

550 *Kelsen*, Reine Rechtslehre, 1934, 82; vgl. zum anhaltenden Einfluss der Reinen Rechtslehre auf den staatsrechtswissenschaftlichen Diskurs *Dreier*, Rechtslehre, 1986, 15ff.

551 *Burmester*, Probleme der Gewinn- und Verlustrealisierung, 1986, 210ff.; *Borstell/Brüninghaus* in: Vögele/Borstell/Engler, Verrechnungspreise, Rz. M 68; differenzierter *Wassermeyer* in: Debatin/Wassermeyer, DBA, Art. 7 OECD-MA, Rz. 292f.; ablehnend *Andresen* in: Wassermeyer/Andresen/Ditz, Betriebsstätten-Handbuch, Rz. 2.120.

552 Vgl. BMF-Schreiben vom 24.12.1999, IV B 4 - S 1300 - 111/99, BStBl. I 1999, 1076, Rz. 2.5.1.

553 BMF-Schreiben vom 24.12.1999, IV B 4 - S 1300 - 111/99, BStBl. I 1999, 1076, Rz. 2.5.1.

554 Vgl. zum Verhältnis von Kapitalspiegelmethode zum internen Fremdvergleich *Borstell/Brüninghaus* in: Vögele/Borstell/Engler, Verrechnungspreise, Rz. M 68; *Wassermeyer* in: Debatin/Wassermeyer, DBA, Art. 7 OECD-MA, Rz. 292.

555 Vgl. RFH, Urteil vom 26.10.1937, I 9/37, RStBl. 1938, 46, 46; BFH, Urteil vom 27.07.1965, I 110/63 S, BStBl. III 1966, 24, 27; BFH, Urteil vom 25.06.1986, II R 231/83, BStBl. II 1986, 785, 786; *Debatin*, DB 1989, 1739, 1741; *Wassermeyer* in: Debatin/Wassermeyer, DBA, Art. 7 OECD-MA, Rz. 281; *Hemmelrath* in: Vogel/Lehner, DBA, Art. 7, Rz. 117.

freilich für Fremdkapital, welches vom Stammhaus an die Betriebsstätte nur durchgeleitet wird. Die entsprechenden Zinsaufwendungen dieses Außenaufwands werden der jeweiligen Betriebsstätte zugeordnet und dort zum Abzug zugelassen.[556]

Branchenspezifische Ausnahmen von diesen allgemeinen Regelungen gelten insbesondere für Betriebsstätten von Kreditinstituten (Bankbetriebsstätten)[557] Hier werden Darlehensbeziehungen mit dem Stammhaus grundsätzlich anerkannt.[558] Das Mindestdotationskapital von inländischen Bankbetriebsstätten ausländischer Kreditinstitute bemisst sich dann grundsätzlich nach dem Verhältnis der Risikoaktiva zuzüglich des 12,5fachen der Anrechnungsbeträge für Marktrisikopositionen (sog. funktions- und risikobezogene Kapitalaufteilungsmethode).[559] Umgekehrt darf das Dotationskapital ausländischer Betriebsstätten inländischer Kreditinstitute diesen Wert nicht übersteigen.[560] In beiden Fällen sind die Risikoaktiva entsprechend aufsichtsrechtlicher Vorgaben zu bewerten.[561] Sollte diese Vorgehensweise zu keinen wirtschaftlich angemessenen Ergebnissen führen[562], ist das Dotationskapital mindestens mit 4,5% bis 8,5% der Risikoaktiva und Marktrisikopositionen anzusetzen (sog. Mindestkapital-

---

556 Vgl. BMF-Schreiben vom 24.12.1999, IV B 4 - S 1300 - 111/99, BStBl. I 1999, 1076, Rz. 3.3; *Andresen* in: Wassermeyer/Andresen/Ditz, Betriebsstätten-Handbuch, Rz. 2.112.

557 Vgl. BMF-Schreiben vom 29.09.2004, IV B 4 – S 1300 – 269/04, BStBl. I 2004, 917, Rz. 1ff.; vgl. zur Rechtsentwicklung und zu OECD-Ansätzen *Förster/Naumann*, DB 2004, 2337, 2337f.; vgl. zur Frage, ob diese Verwaltungsauffassung auch Finanzdienstleistungs- oder nur Kreditinstitute erfasst *Andresen* in: Wassermeyer/Andresen/Ditz, Betriebsstätten-Handbuch, Rz. 10.68.

558 Vgl. BMF-Schreiben vom 24.12.1999, IV B 4 – S 1300 – 111/99, BStBl. I 1999, 1076, Rz. 4.1.4; vgl. zur Rechtfertigung *Debatin*, DB 1989, 1739, 1741; *Klinger/Schmitt* in: Vögele/Borstell/Engler, Handbuch der Verrechnungspreise, Rz. M 99.

559 Vgl. BMF-Schreiben vom 29.09.2004, IV B 4 – S 1300 – 269/04, BStBl. I 2004, 917, Rz. 2.1.2; vgl. aber zu vorgelagerten Schwierigkeiten der Zuordnung von Forderungen zu den einzelnen Betriebsstätten *Weitbrecht*, IStR 2006, 548, 549f.; vgl. zur Frage, ob auch das operationelle Risiko mit Dotationskapital hinterlegt werden soll *Erb*, IStR 2008, 608, 614.

560 Vgl. BMF-Schreiben vom 29.09.2004, IV B 4 – S 1300 – 269/04, BStBl. I 2004, 917, Rz. 3.1f.; vgl. kritisch zur Differenzierung zwischen Inbound- und Outboundsachverhalten *Andresen* in: Wassermeyer/Andresen/Ditz, Betriebsstätten-Handbuch, Rz. 10.78.

561 Vgl. BMF-Schreiben vom 29.09.2004, IV B 4 – S 1300 – 269/04, BStBl. I 2004, 917, Rz. 2.1.2.

562 Vgl. zur Begriffsbestimmung *Erb*, IStR 2008, 608, 611.

ausstattungsmethode).[563] Dabei ist keine einfache Addition vorzunehmen, sondern ergänzend eine Bewertung entsprechend dem Risiko.[564] Für Bankbetriebsstätten, denen weniger als 500 Mio. € an Aktiva zuzuordnen sind, gelten Vereinfachungsregelungen.[565]

b) Betroffene Konzerntypen

Die Dotationskapitalgrundsätze richten sich nur an internationale Konzerne. Eindeutig hiervon betroffen ist der grenzüberschreitende Betriebsstättenkonzern. Demgegenüber ist strittig, ob die Dotationskapitalgrundsätze auch Anwendung auf internationale Personengesellschaftskonzerne finden. Nach Auffassung der Finanzverwaltung[566] soll zumindest bei Inboundinvestitionen in deutsche Personengesellschaften „die bisherige Dotation durch die Altgesellschafter als betriebsnotwendiger Vergleichsmaßstab heranzuziehen [sein]". Mit Verweis auf die eigene Rechtspersönlichkeit einer Personengesellschaft wendet sich die Literatur[567] gegen eine Anwendung der Dotationskapitalgrundsätze auf Personengesellschaftskonzerne. So sind hier Darlehensbeziehungen zwischen Gesellschaft und Mitunternehmer denkbar, während diese zwischen Stammhaus und Betriebsstätte grundsätzlich abgelehnt werden.

c) Beurteilung

Das bedingte Werturteil über die Dotationskapitalgrundsätze fällt negativ aus. Dies gilt unabhängig davon, ob die allgemeinen Regelungen oder die Spezialvorschriften für Bankbetriebsstätten bewertet werden. Die Verwaltungsvorgaben für Bankbetriebsstätten erinnern mit ihrem Aktiva-Bezug zwar an das Real-

---

563 Vgl. BMF-Schreiben vom 29.09.2004, IV B 4 – S 1300 – 269/04, BStBl. I 2004, 917, Rz. 2.1.3.

564 Rz. 2.1.2 des BMF-Schreibens vom 29.09.2004, IV B 4 – S 1300 – 296/04, BStBl. I 2004, 917 verweist für die Bewertung auf §§ 10, 10a KWG und den sog. Grundsatz I. Letzter wurde mit Wirkung zum 01.01.2007 und auf Grundlage der Ermächtigung des § 10 Abs. 1 S. 9 KWG durch die SolVV ersetzt. Die Gewichtung kann sich auch aus bankinternen Risikomodellen ergeben, vgl. für einen Überblick *Hartmann-Wendels/Pfingsten/Weber*, Bankbetriebslehre, 2007, 391ff.

565 Vgl. BMF-Schreiben vom 24.12.1999, IV B 4 - S 1300 - 111/99, BStBl. I 1999, 1076, Rz. 2.1.5; vgl. für ein Berechnungsbeispiel *Erb*, IStR 2008, 608, 613f.

566 BMF-Schreiben vom 24.12.1999, IV B 4 - S 1300 - 111/99, BStBl. I 1999, 1076, Rz. 2.5.2.

567 Soweit ersichtlich setzen sich einzig *Löwenstein/Heinsen*, IStR 2007, 301, 302ff. und *Wassermeyer* in: Wassermeyer/Andresen/Ditz, Betriebsstätten-Handbuch, Rz. 7.17 mit dieser Thematik auseinander.

investitionskriterium, stehen jedoch diesem Maßstab diametral entgegen. So steigt das steuerlich anerkannte Fremdkapital nicht etwa mit dem liquidierbaren Zerschlagungsvermögen im Konkursfall, sondern es sinkt. Hinzu kommt, dass abweichend vom Regelfall Darlehensbeziehungen zwischen Bankbetriebsstätten und anderen Einheiten eines Betriebsstättenkonzerns anerkannt werden. Damit müssten die Dotationskapitalgrundsätze nicht nur Allokations- sondern auch Generierungsstrategien wirksam entgegen treten. Unabhängig von ihrem Verhältnis zum Realinvestitionskriterium kann die funktions- und risikobezogene Kapitalaufteilungsmethode dies aber nicht leisten. Vielmehr ist sie derselben Kritik ausgesetzt, welche bereits zur Ablehnung der einzelwirtschaftlichen Operationalisierung des Realinvestitionskriteriums führte [vgl. Kap. 6.C.III.]: Eine Begrenzung des steuerlich anerkannten Fremdkapitals durch bloßen Rekurs auf die Verhältnisse anderer Konzerneinheiten kann zwar Allokations-, nicht aber Generierungsstrategien erfolgreich entgegen treten.

Während die Dotationskapitalgrundsätze im Fall von Bankbetriebsstätten sowohl Generierungs- als auch Allokationsstrategien erfassen müssten, stellt sich dies bei gewöhnlichen Betriebsstätten außerhalb des Kreditgewerbes anders dar. Hier werden Darlehensbeziehungen zwischen Betriebsstätten bzw. Stammhaus und Betriebsstätten regelmäßig nicht anerkannt. Die Dotationskapitalgrundsätze können sich somit auf Gewinnverlagerungen über Allokationsstrategien konzentrieren. Zweifelhaft mag dies allenfalls sein, falls ihre Anwendung auf Personengesellschaftskonzerne bejaht wird.

Aber auch soweit mit *Wassermeyer*[568] unterstellt wird, dass die Dotationskapitalgrundsätze keine Anwendung auf Personengesellschaftskonzerne finden, genügen sie in ihrer allgemeinen Form dem Realinvestitionskriterium ebenso wenig wie die Sonderregelungen für Bankbetriebsstätten. Schließlich stehen die Dotationskapitalgrundsätze zwar einer beliebigen Allokation von Eigen- und Fremdkapital im Wege, ob dabei aber dem Realinvestitionskriterium entsprochen wird, hängt letztlich vom Zufall ab. Der äußere Fremdvergleich stößt in diesem Zusammenhang jedenfalls regelmäßig auf unüberwindbare praktische Hindernisse.[569] Wird dann ein interner Fremdvergleich angestellt, bestimmen die Funktionen der einzelnen Konzerneinheiten, welche Höhe das Dotationska-

---

568 Vgl. *Wassermeyer* in: Wassermeyer/Andresen/Ditz, Betriebsstätten-Handbuch, Rz. 7.17.

569 Vgl. zu den Schwierigkeiten eines äußeren Fremdvergleichs zur Bemessung des Dotationskapitals *Kumpf/Roth*, DB 2000, 787, 787; *Kroppen*, Authorized OECD Approach, in: Kessler/Förster/Watrin, FS Herzig, 2010, 1071, 1092.

pital annimmt. Mit *Borstell/Schäpperclaus*[570] ist jedoch zu fragen, „[w]as […] eigentlich eine Funktion [ist]". Soweit der Kasuistik der Finanzverwaltung[571] gefolgt wird, stellen „Herstellung, Montage, Forschung und Entwicklung, verwaltungsbezogene Leistungen" sowie „sonstige Dienstleistungen" jeweils eigene Funktionen dar. Ein Zusammenhang mit dem Schuldendeckungspotenzial der Realinvestitionen ist im Einzelfall nicht auszuschließen, aber systematisch nur schwer begründbar. Dieser Befund wird dadurch verstärkt, dass es sich die Finanzverwaltung[572] unter Verweis auf die sog. Zentralfunktion des Stammhauses vorbehält, noch weiter von realen wirtschaftlichen Gegebenheiten abzurücken[573].

II. Zerlegungsgrundsätze (§§ 28, 29 GewStG)

a) Wirkungsweise

Während im grenzüberschreitenden Betriebsstättenkonzern die Dotationskapitalgrundsätze die zivilrechtliche Unselbständigkeit der einzelnen Einheiten zu überwinden versuchen, entfalten bei dessen rein nationalem Pendant die gewerbesteuerlichen Zerlegungsgrundsätze eine vom Ansatz her vergleichbare Wirkung. Zivilrechtlich existiert auch hier nur die als Stammhaus bezeichnete Spitzeneinheit.[574] Um dem Äquivalenzprinzip der Gewerbesteuer gerecht zu

---

570 *Borstell/Schäperclaus*, IStR 2008, 275, 275; vgl. ebenfalls kritisch zu diesem unbestimmten Rechtsbegriff *Wolter/Pitzal*, IStR 2008, 793, 794f.; *Ditz* in: Wassermeyer/Andresen/Ditz, Betriebsstätten-Handbuch, Rz. 4.2.

571 Vgl. BMF-Schreiben vom 24.12.1999, IV B 4 - S 1300 - 111/99, BStBl. I 1999, 1076, Rz. 2.3.1; auch § 1 Abs. 1 FVerlV leistet keine weitere Konkretisierung, da dort eher abstrakt die Rede ist von „einer Zusammenfassung gleichartiger betrieblicher Aufgaben, die von bestimmten Stellen oder Teilen eines Unternehmens erledigt werden.", vgl. kritisch zur Unbestimmtheit auch nach der FVerlV *Borstell/Schäperclaus*, IStR 2008, 275, 277ff.; *Brüninghaus/Bodenmüller*, DStR 2009, 1285, 1285ff.; differenzierter *Baumhoff/Ditz/Greinert*, DStR 2008, 1945, 1946.

572 Vgl. BMF-Schreiben vom 24.12.1999, IV B 4 - S 1300 - 111/99, BStBl. I 1999, 1076, Rz. 2.4.

573 Vgl. kritisch zur Zuordnung von Wirtschaftsgütern nach der Zentralfunktion des Stammhauses *Kessler/Jehl*, IWB 2007, Fach 10, Gruppe 2, 1977, 1982; *Breuninger*, Zentralfunktion, in: Spindler/Tipke/Rödder, FS Schaumburg, 2009, 587, 589f.

574 Wiederum gilt, dass Betriebsstätten keine Rechtsfigur des Zivilrechts sind, der nach § 12 AO enger abzugrenzenden Zweigniederlassung jedoch die Rechtsfähigkeit abgesprochen wird, vgl. BGH, Urteil vom 24.11.1951, II ZR 26/51, BGHZ 4, 62, 66; *Hopt* in:

werden, hat sich der Gesetzgeber bereits im Rahmen des ReichsGewStG[575] für eine Aufteilung des Konzerngewinns mit Hilfe von Schlüsselgrößen entschieden. Grundsätzlich ist seither der Steuermessbetrag nach §§ 28, 29 GewStG entsprechend dem Verhältnis der Arbeitslöhne zwischen den inländischen Einheiten zu zerlegen.[576]

Bei diesen sog. Zerlegungsgrundsätzen handelt es sich wiederum um eine *Unterkapitalisierungsnorm vom Typ* β_1. Schließlich durchbrechen die Zerlegungsgrundsätze fallweise die Maßgeblichkeit zivilrechtlicher Wertungen bezüglich der Zuordnung des Steuergutes [*Zuordnungsmaßgeblichkeit*, vgl. Kap. 5.C.I.]. Konkret ordnen sie den einzelnen Betriebsstätten Erfolgsgrößen zu, obwohl dies auf Basis der Maßgeblichkeit zivilrechtlicher Wertungen nicht möglich ist. Dabei bleibt die Isolation der Bemessungsgrundlagen aber insofern intakt, als die jeweilige Kommune ihr Hebesatzrecht nicht auf die anderen Gemeinden zugeordneten Teile des Gewerbeertrages anwenden darf. Mithin handelt es sich um keine *Unterkapitalisierungsnorm von Typ* α. In der Systematisierung nach dem Regelungszweck [vgl. Kap. 5.C.II.] liegt eine *indirekte Unterkapitalisierungsnorm* vor. Schließlich soll die Zerlegung zwar primär den Äquivalenzgedanken mit Leben erfüllen, tangiert dabei aber auch Gewinnverlagerungen über Finanzierungsentscheidungen.

b) Betroffene Konzerntypen

Von den Zerlegungsgrundsätzen ist nur der inländische Betriebsstättenkonzern betroffen. Insbesondere findet die Zerlegung keine Anwendung auf Personen- und Kapitalgesellschaftskonzerne mit vergleichbarer geographischer Ausdehnung. Diese Rechtsformabhängigkeit gibt Anlass zu Gestaltungsüberlegungen. Die Literatur[577] diskutiert die Ausgliederung einer (personalistischen oder kapitalistischen) Beschäftigungsgesellschaft. Im Lichte der hier entwickelten Systematik entspricht erscheint ein solcher Ansatz der Steuerplanung nur logisch. Schließlich kauft sich der jeweilige Konzern mit der Ausgliederung einer Be-

---

Hopt/Merkt, HGB, § 13, Rz. 4; vgl. aus steuerlicher Perspektive *Köhler*, Konzernstruktur, in: Kessler/Kröner/Köhler, Konzernsteuerrecht, 2008, 303, 306.

575 Reichsgewerbesteuergesetz vom 01.12.1936, RGBl. I 1936, 979, 984.

576 Vgl. zur Geschichte der Zerlegung des Gewerbesteuermessbetrages *Hofmeister* in: Blümich, EStG/KStG/ GewStG, § 28 GewStG, Rz. 2 und § 29 GewStG, Rz. 1; vgl. zu einem möglichen Verstoß gegen Art. 3 Abs. 1 GG *Olbrich*, DB 1996, 958, 959 sowie die Erwiderung durch *Blasweiler*, DB 1996, 1648, 1649.

577 Vgl. *Köhler*, Konzernstruktur, in: Kessler/Kröner/Köhler, Konzernsteuerrecht, 2008, 303, 308; *Dietrich/Krakowiak*, DStR 2009, 661, 663ff.

schäftigungsgesellschaft wieder in den Geltungsbereich der steuerrechtspolitischen Grundsatzentscheidung für eine Maßgeblichkeit zivilrechtlicher Wertungen ein. Besonderen Reiz versprüht diese alternative Gewinnverlagerungsstrategie unter der Annahme, dass Einheiten in Hochsteuergemeinden über einen relativ großen Anteil an der Lohnsumme der Arbeitnehmer des Betriebsstättenkonzerns verfügen.[578]

Beachtung erfordert allerdings die Frage nach der Zugehörigkeit der Arbeitnehmer zu einer Beschäftigungsgesellschaft. Gemäß ständiger BFH-Rechtsprechung[579] muss sich die Antwort hierauf an wirtschaftlichen Gesichtspunkten orientieren. Insbesondere wenn der Beschäftigungsgesellschaft von der Betriebsstätte, für die die Arbeitnehmer wirtschaftlich tätig sind, lediglich die Lohnaufwendungen ohne einen Gewinnaufschlag erstattet werden, erhöht sich der Zerlegungsanteil jener Konzerneinheiten entsprechend, die als wirtschaftlicher Arbeitgeber auftreten.[580] Auch wenn es gelingen sollte, über eine Beschäftigungsgesellschaft die Lohnsumme von Stammhaus und Betriebsstätten gewerbesteuerwirksam zu beeinflussen, eröffnet § 33 GewStG der Finanzverwaltung die Möglichkeit, einen anderen Zerlegungsmaßstab zu wählen. Voraussetzung hierfür ist gem. § 33 Abs. 1 GewStG ein offenbar unbilliges Ergebnis. Nach Ansicht des BFH[581] ist ein solches gegeben, falls „in einer Betriebsstätte von erheblicher Bedeutung auf Dauer und ausschließlich Leiharbeitnehmer eingesetzt werden und dadurch der Gemeinde, in der die Betriebsstätte unterhalten wird, vollständig das Gewerbesteueraufkommen aufgrund dieser Betriebsstätte entgeht."

c) Beurteilung

Analog zum internationalen Betriebsstättenkonzern außerhalb des Kreditgewerbes [vgl. Kap. 8.C.I.a)] können auch im rein nationalen Betriebsstättenkonzern grundsätzlich keine schuldrechtlichen Beziehungen zwischen dem

---

578 Vgl. *Köhler*, Konzernstruktur, in: Kessler/Kröner/Köhler, Konzernsteuerrecht, 2008, 303, 309.

579 Vgl. BFH, Beschluss vom 11.02.1958, I B 23/57 U, BStBl. III 1958, 182, 182; BFH, Urteil vom 12.02.2004, IV R 29/02, BStBl. II 2004, 602, 606; *Dietrich/Krakowiak*, DStR 2009, 661, 663.

580 Vgl. BFH, Urteil vom 11.02.1958, I B 23/57 U, BStBl. III 1958, 182, 182.

581 BFH, Urteil vom 26.02.1992, I R 16/90, BFH/NV 1992, 836, 836.

Stammhaus und seinen Betriebsstätten bestehen.[582] Damit sind Generierungsstrategien bereits vom Ansatz her nicht möglich. Entsprechend richten sich die Zerlegungsgrundsätze in ihrer (Neben-) Funktion als Unterkapitalisierungsnorm gegen Allokationsstrategien.

Die Zerlegungsgrundsätze knüpfen implizit die interkommunale Verteilung von Eigen- und Fremdkapital an realwirtschaftliche Aktivität. Von ihrem Grundgedanken her entsprechen sie folglich dem Realinvestitionskriterium. Dem grundsätzlich positiven Werturteil steht auch nicht entgegen, dass die Zerlegungsgrundsätze nur für die Gewerbesteuer gelten. Schließlich spielt sich der Steuerwettbewerb auf Gemeindebene schwerpunktmäßig über diese Steuerart ab [vgl. Kap. 2.B.III.]. Vergleichbare Regelungen für andere Steuerarten werden im Zusammenhang mit der CCCTB diskutiert.[583] Ihre Umsetzung erscheint jedoch fraglich.[584]

Der Umstand, dass die Zerlegungsgrundsätze der Fremdkapitalausstattung implizit keine absoluten, sondern nur relative Grenzen setzen, vermag das grundsätzlich positive Werturteil ebenfalls nicht zu trüben So tolerieren sie auch sehr hohe absolute Zinsaufwendungen, solange diese als Bestandteil des gesamten Konzernerfolges entsprechend der Lohnsumme verteilt werden. Dies entspricht zwar der einzel- statt der gesamtwirtschaftlichen Operationalisierung des Realinvestitionskriteriums [vgl. Kap. 6.C.II.]. Doch geht die im Rahmen vorliegender Untersuchung geäußerte Präferenz für die gesamtwirtschaftliche Variante darauf zurück, dass die einzelwirtschaftliche Operationalisierung, mithin also eine rein relative Betrachtungsweise, Generierungsstrategien nicht wirksam bekämpfen kann [vgl. Kap. 6.C.III.]. Ob der zivilrechtlichen Unselbständigkeit einzelner Betriebsstätten sind Generierungsstrategien aber im Betriebsstättenkonzern gerade nicht möglich. Auch eine relative Begrenzung, wie sie die Zerlegungsgrundsätze vornehmen, erscheint in Betriebsstättenkonzernen damit sachgerecht.

---

582 Vgl. allgemein zu Verträgen innerhalb eines inländischen Betriebsstättenkonzerns als steuerlich unbeachtliche Insichgeschäfte *Köhler*, Konzernstruktur, in: Kessler/Kröner/Köhler, Konzernsteuerrecht, 2008, 303, 307.

583 Vgl. für jüngere Überblicke *Schön*, Perspektiven, in: Schön/Schreiber/Spengel, CCCTB, 2008, 49, 64ff.; *Spengel*, IStR 2008, 556, 556ff.; *Oestreicher/Spengel*, DStR 2009, 773, 773ff.; *Spengel*, Steuerharmonisierung, in: Kessler/Förster/Watrin, FS Herzig, 2010, 879, 888ff.

584 Vgl. „zu den Gründe[n] für das voraussichtliche Scheitern" *Herzig*, FR 2009, 1037, 1037ff.

III. Sondervergütungen (§ 15 Abs. 1 S. 1 Nr. 2 S. 1 Hs. 2 EStG)

a) Wirkungsweise

Das Konzept der Sondervergütungen qualifiziert konstitutiv[585] Darlehensvergütungen einer Mitunternehmerschaft an ihre Mitunternehmer als Einkünfte aus Gewerbebetrieb. Sein eigentlicher Regelungszweck liegt zunächst darin, die Besteuerung von Mitunternehmern einer Personengesellschaft jener der Einzelunternehmer anzunähern. Darüber hinaus soll die Regelung noch dafür Sorge tragen, dass das Besteuerungsergebnis nicht davon abhängt, ob der Gesellschafter für seine Leistungen durch Gewinnvorab oder besonderes Entgelt vergütet wird.[586] Quasi als Nebenprodukt beeinflusst das Konzept der Sondervergütungen aber auch Gewinnverlagerungen über Finanzierungsentscheidungen. Es ist daher als *indirekte Unterkapitalisierungsnorm* einzustufen [vgl. Kap. 5.C.II.].

In der Systematik nach dem Ansatzpunkt kann das Konzept der Sondervergütungen zu den *Unterkapitalisierungsnormen vom Typ* β_2 gerechnet werden. Schließlich durchbricht es die Maßgeblichkeit zivilrechtlicher Wertungen hinsichtlich der Einordnung des Steuergutes [*Einordnungsmaßgeblichkeit*, vgl. Kap. 5.C.I.]. Eine derartige Klassifizierung findet ihre implizite Bestätigung in der Analyse von *Woerner*[587], wonach „[p]rivatrechtlich [...] die Verhältnisse zwischen Gesellschafter und Gesellschaft entweder gesellschaftsrechtlicher oder schuldrechtlicher Natur sein [können]. Das hängt allein von den beliebig gestaltbaren Vereinbarungen ab, die Gesellschaft und Gesellschafter miteinander getroffen haben. Ertragsteuerlich soll es auf diese Zufälligkeiten nicht ohne weiteres ankommen."

Allerdings besitzt die Feststellung von *Knobbe-Keuk*[588] weiterhin Gültigkeit, es sei „letztlich noch nicht geklärt", wie die Vereinigung von Gesellschafts- und Sonderbilanz von Statten zu gehen habe. Je nach Meinung hierzu kommt der Charakter der Sondervergütungen als *Unterkapitalisierungsnorm vom Typ* β_2 auf unterschiedlichen Ebenen zur Geltung: Nach der von *Döllerer*[589] entwickelten Theorie einer konsolidierten Einheitsbilanz sind entsprechende „Verbind-

---

585 Vgl. zur konstitutiven Bedeutung der Sondervergütungen *Stuhrmann* in: Blümich, EStG/KStG/GewStG, § 15 EStG, Rz. 486; *Reiß* in: Kirchhof, EStG, § 15, Rz. 382.

586 Vgl. zur doppelten Zielsetzung *Wacker* in: Schmidt, EStG, § 15, Rz. 561.

587 *Woerner*, BB 1974, 592, 596.

588 *Knobbe-Keuk*, Bilanz- und Unternehmenssteuerrecht, 1993, 479.

589 *Döllerer*, DStZ 1974, 211, 217.

lichkeiten der Gesellschaft [...] in der Steuerbilanz nicht mehr auszuweisen." Mithin durchbricht das Konzept der Sondervergütungen bereits auf Ebene der Gesellschaftsbilanz die Maßgeblichkeit zivilrechtlicher Wertungen. Demgegenüber fordert der BFH mit der h.M.[590] die sog. korrespondierende Bilanzierung. Demnach wird „die in der Steuerbilanz der Gesellschaft passivierte Verbindlichkeit zur Zahlung einer Sondervergütung durch einen gleich hohen Aktivposten in der Sonderbilanz des begünstigten Gesellschafters ausgeglichen"[591] Insofern bleibt es in der Gesellschaftsbilanz bei der Maßgeblichkeit zivilrechtlicher Wertungen. Der Charakter als *Unterkapitalisierungsnorm vom Typ* β_2 entfaltet sich erst in der Gesamtbilanz. Hier wird „die Forderung zu Eigenkapital unter Erhöhung des Gesamtkapitalkontos des Gesellschafters"[592].

b) Betroffene Konzerntypen

Das Konzept der Sondervergütungen stellt ein weitgehend[593] deutsches Unikum dar. Betroffen sind ausschließlich Mitunternehmerschaften.[594] Allerdings hängt seine Reichweite auch in einem Personengesellschaftskonzern mit ausschließlich gewerblichen Einheiten vom konkreten Konzernaufbau und der Richtung der jeweiligen Kapitalüberlassung ab.

Ob der partiellen Steuersubjekteigenschaft von Personengesellschaften stellen nach ständiger BFH-Rechtsprechung[595] Fremdkapitalvergütungen zwi-

---

590 Vgl. *Lang*, Subjektfähigkeit, in: Raupach/Uelner, FS Schmidt, 1993, 291, 302ff.; *Hey*, Unternehmensteuerrecht, in: Tipke/Lang, Steuerrecht, 2010, 819, 836; *Reiß* in: Kirchhof, EStG, § 15, Rz. 313; *Wacker* in: Schmidt, EStG, § 15, Rz. 404.

591 BFH, Urteil vom 28.03.2000, VIII R 13/99, BStBl. II 2000, 612, 613; vgl. ebenso bspw. BFH, Urteil vom 16.12.1992, I R 105/91, BStBl. II 1993, 792, 794.

592 BFH, Urteil vom 12.12.1996, IV R 77/93, BStBl. 1998, 180, 182.

593 Vgl. aber den Hinweis von *Pyszka/Brauer*, Ausländische Personengesellschaften, in: Kessler/Kröner/Köhler, Konzernsteuerrecht, 2008, 683, 685 auf vergleichbare Regelungen in den Niederlanden, Luxemburg und Österreich.

594 Vgl. zu vermögensverwaltenden Personengesellschaften BFH, Urteil vom 07.04.1987, IX R 103/85, BStBl. II 1987, 707, 709; *Tulloch/Wellisch*, DStR 1999, 1093, 1093.

595 Vgl. zu Vergütungen zwischen gewerblich tätigen Schwesterpersonengesellschaften BFH, Urteil vom 06.11.1980, IV R 5/77, BStBl. II 1981, 307, 308; BFH, Urteil vom 19.02.1981, IV R 141/77, BStBl. II 1981, 433, 434; vgl. speziell zur gewerblich geprägten Schwestergesellschaft BFH, Urteil vom 16.06.1994, I R 48/93, BStBl. II 1996, 82, 84; vgl. zur Rechtsentwicklung bei Sondervergütungen zwischen Schwesterpersonengesellschaften mit teilweise gewerblicher Prägung *Rose*, FR 1995, 763, 764f.; vgl. auch allgemein zur Rechtsentwicklung *Kempermann*, Sonderbetriebsvermögen, in: Klein/Stihl/Wassermeyer, FS Flick, 1997, 445, 446ff.

schen gewerblichen[596] Schwesterpersonengesellschaften grundsätzlich keine Sondervergütungen dar.[597] *Kessler/ Schiffers/Teufel*[598] sprechen in diesem Zusammenhang von der „Überwindung der Attraktivkraft des Sonderbetriebs". Anderes kann allenfalls gelten, soweit eine Gesellschaft bloß zwischengeschaltet wurde, um eine klar abgrenzbare Leistung zu erbringen.[599] Der BFH[600] hat dies zwar nur für den Sachverhalt einer Schwesterkapitalgesellschaft entschieden, aber im Sinne eines *obiter dictum* bereits angemerkt, dass er zum gleichen Ergebnis gekommen wäre, „wenn die zwischengeschaltete Gesellschaft die Rechtsform einer Personengesellschaft gehabt hätte." Außer im Fall der Darlehensabtretung mangelt es Fremdkapitalüberlassungen jedoch schon an der geforderten Abgrenzbarkeit der Leistung.[601] Mit *Ley*[602] ist daher davon auszugehen, dass „es zu einer Ergebnisverlagerung zwischen Schwesterpersonengesellschaften [kommen kann]".[603] Dem steht auch nicht das Rechtsinstitut[604] der Betriebsaufspaltung entgegen. Dieses hat zwar Vorrang vor § 15 Abs. 1 S. 1 Nr. 2 S. 1 Hs. 2 EStG[605], greift aber nicht bei Gewinnverlagerungen zwischen ohnehin

---

596 Soweit aber eine vermögensverwaltende Personengesellschaft entsprechende Vergütungen empfängt, können diese Sondervergütungen darstellen, vgl. *Wacker* in: Schmidt, EStG, § 15, Rz. 606; soweit umgekehrt eine vermögensverwaltende Personengesellschaft entsprechende Vergütungen leistet, kann es sich ohnehin nicht um Sondervergütungen handeln, vgl. auch BFH, Urteil vom 07.04.1987, IX R 103/85, BStBl. II 1987, 707, 709.

597 In der Literatur wurde dieser Steuergestaltungsansatz auch als „Ausgliederungsmodell" bekannt, vgl. *Rose*, FR 1995, 763, 765.

598 *Kessler/Schiffers/Teufel*, Rechtsformwahl - Rechtsformoptimierung, 2002, 320.

599 Vgl. BFH, Urteil vom 06.07.1999, VIII R 46/94, BStBl. II 1999, 720, 721; *Morlock*, Betriebsprüfung Sondervergütungen, in: Grundmann/Drüen, JbFSt 2007/2008, 2008, 680, 684ff.; *Wacker* in: Schmidt, EStG, § 15, Rz. 607.

600 BFH, Urteil vom 06.07.1999, VIII R 46/94, BStBl. II 1999, 720, 722.

601 Vgl. die Stellungnahme von *Kroppen* zu *Morlock*, Betriebsprüfung Sondervergütungen, in: Grundmann/Drüen, JbFSt 2007/2008, 2008, 680, 691; *Günkel/Lieber*, Ubg 2009, 301, 307.

602 *Ley*, KÖSDI 2003, 13573, 13575.

603 *Kessler/Schiffers/Teufel*, Rechtsformwahl - Rechtsformoptimierung, 2002, 320 nennen als weiteren Anreiz die mehrfache Inanspruchnahme des gewerbesteuerlichen Freibetrags.

604 Die Einordnung der Betriebsaufspaltung als Rechtsinstitut entspricht h.M., vgl. *Beisse*, Rechtsinstitut, in: Raupach/Uelner, FS Schmidt, 1993, 455, 455f.; vgl. kritisch zu dieser Qualifikation *Knobbe-Keuk*, Rechtsinstitut, in: Hörstmann/Niemann/Rose, StBJb 1980/1981, 1981, 335, 354.

605 Vgl. BFH, Urteil vom 23.04.1996, VIII R 13/95, BStBl. 1998 II, 325, 326; BMF-Schreiben vom 28.04.1998, IV B 2 – S 2241 – 42/98, BStBl. I 1998, 583, Rz. 1; *Söffing*, BB 1998,

gewerblichen Einheiten des Personengesellschaftskonzerns. Überdies sind Darlehen regelmäßig nicht als Überlassung wesentlicher Betriebsgrundlagen zu qualifizieren.[606]

Genau wie *sidestream*-Finanzierungen zwischen Schwesterpersonengesellschaften führt auch die *upstream*-Fremdkapitalüberlassung einer Personengesellschaft an ihre Mitunternehmer nicht zu (negativen) Sondervergütungen.[607] Insofern begrenzt das Konzept der Sondervergütungen keine Gewinnverlagerungen von einer übergeordneten an eine untergeordnete Einheit. Dass überhaupt Gewinnverlagerungen innerhalb personalistischer Unternehmungsgruppen von § 15 Abs. 1 S. 1 Nr. 2 S. 1 Hs. 2 EStG betroffen sind, geht auf *downstream*-Finanzierungen zurück. Entsprechende Fremdkapitalvergütungen von der nachgeordneten an die übergeordnete Personengesellschaft stellen Sondervergütungen dar.[608] Nach *Hey*[609] handelt es sich dabei nur um einen „scheinbare[n] Widerspruch" zum *upstream*-Fall. Schließlich diene die Besteuerung von *downstream*-Finanzierungen als Sondervergütungen der Gleichstellung von mittelbar und unmittelbar beteiligten Gesellschaftern.

c) Beurteilung

Das Konzept der Sondervergütungen richtet sich in seiner (Neben-)Funktion als Unterkapitalisierungsnorm gegen Generierungsstrategien. Ursächlich hierfür ist sein Bezug auf die Gesellschafter-Fremdfinanzierung. Soweit der Anwendungsbereich der Norm eröffnet ist, gelingt es ihr auch, Gewinnverlagerungen effektiv entgegen zu wirken. In der Mehrzahl der hier betrachteten Konzernsachverhalte greift § 15 Abs. 1 S. 1 Nr. 2 S. 1 Hs. 2 EStG aber nicht. So ändert das Konzept der Sondervergütungen nur bei *downstream*-Finanzierungen die *Einordnungsmaßgeblichkeit* ab. Demgegenüber prägt im Falle von *sidestream*- und *upstream*-Finanzierungen der zivilrechtliche Fremdkapitalbegriff das Besteue-

---

1973, 1973ff.; *Reiß* in: Kirchhof, EStG, § 15, Rz. 434; *Wacker* in: Schmidt, EStG, § 15, Rz. 604;

606 Vgl. BFH, Urteil vom 12.11.1985, VIII R 253/80, BFH/NV 1985/86, 360, 362; *Kessler*, Typologie der Betriebsaufspaltung, 1989, 26.

607 Vgl. BFH, Urteil vom 09.05.1996, IV R 64/93, BStBl. 1996 II, 642, 643; *Ley*, KÖSDI 2002, 13459, 13466; *Schiffers*, GmbH-StB 2004, 334, 336; *Wacker* in: Schmidt, EStG, § 15, Rz. 629.

608 Vgl. BFH, Urteil vom 24.03.1999, I R 114/97, BStBl. 2000, 399, 401; *Kessler/Teufel*, DB 2001, 1955, 1958; *Hey*, Unternehmensteuerrecht, in: Tipke/Lang, Steuerrecht, 2010, 819, 841; *Wacker* in: Schmidt, EStG, § 15, Rz. 619.

609 *Hey*, Unternehmensteuerrecht, in: Tipke/Lang, Steuerrecht, 2010, 819, 841.

rungsergebnis. Hier hat das Konzept der Sondervergütungen einer Verteilung von Eigen- und Fremdkapital, welche vom Schuldendeckungspotenzial der Realinvestitionen abweicht, nichts entgegen zu setzen. Mithin genügt die Regelung dem Realinvestitionskriterium nicht. Das bedingte Werturteil muss negativ ausfallen.

D. Unterkapitalisierungsnormen vom Typ γ

I. Thesaurierungsbegünstigung (§ 34a EStG)

a) Wirkungsweise

Die Thesaurierungsbegünstigung nach § 34a EStG verändert die disparate Behandlung der verschiedenen Finanzierungsalternativen dahingehend, dass sie gegenüber dem *status quo* die Eigenkapitalfinanzierung besser stellen möchte. Folglich handelt es sich um eine *Unterkapitalisierungsnorm vom Typ* γ_1 [vgl. Kap. 5.C.I.]. Anders als *Typ α* versucht sie nicht, die Isolation von Bemessungsgrundlagen zu durchbrechen. Um die disparate Behandlung der Finanzierungsalternativen abzuschwächen, fügt die Thesaurierungsbegünstigung dem System der Ertragsbesteuerung vielmehr isolierende Elemente hinzu. Und in Abgrenzung zu *Typ β* hält sie sich an die Maßgeblichkeit zivilrechtlicher Wertungen.

Weil die Thesaurierungsbegünstigung nicht ausschließlich auf Gewinnverlagerungen über Finanzierungsentscheidungen abstellt, liegt eine *indirekte Unterkapitalisierungsnorm* vor [vgl. Kap. 5.C.II.]. So nennt die Gesetzesbegründung zum UntStRefG 2008[610] als erstes Ziel der Neuregelung, „Einzelunternehmer und Mitunternehmer mit ihren Gewinneinkünften [...] in vergleichbarer Weise wie das Einkommen einer Kapitalgesellschaft tariflich zu belasten." Zusätzlich[611] und dem Charakter einer Unterkapitalisierungsnorm entsprechend wird aber die Erwartung geäußert, „dass durch die Vergünstigung die Fremdkapitalquote der Unternehmen nachhaltig gesenkt wird."[612]

---

610 BT-Drs. 16/4841, 62; vgl. zum ursprünglichen Vorschlag *Wissenschaftlicher Beirat des Fachbereichs Steuern der Ernst & Young AG*, BB 2005, 1653, 1653ff.

611 Vgl. kritisch zu dieser dualen Zielsetzung *Hey*, DStR 2007, 925, 925f.; vgl. zur § 34a EStG inhärenten Benachteiligung des privaten Konsums, „obwohl an anderer Stelle der Begründung zum Unternehmensteuerreformgesetz der Hoffnung Ausdruck gegeben wird, dass der Konsum anziehen werde", *Reiß* in: Kirchhof, EStG, § 34a, Rz. 3.

612 BT-Drs. 16/4841, 62.

In ihrer konkreten Wirkungsweise gewährt die Thesaurierungsbegünstigung antragsweise[613] statt der regulären Tarifbelastung für bestimmte Gewinne temporär einen ermäßigten Einkommensteuersatz von 28,25%.[614] Hieraus ergibt sich aber nicht zwangsläufig ein Gesamtbelastungsvorteil.[615] Ursächlich dafür ist erstens die ihrer Bezeichnung entsprechende Begrenzung auf einbehaltene Gewinne. Weil aber die Steuerpflichtigen ihre persönlichen Steuern oftmals aus Entnahmen bestreiten, vermindert sich das Thesaurierungsvolumen deutlich.[616] Nicht abziehbare Betriebsausgaben wie die Gewerbesteuer wirken in die gleiche Richtung[617], gegenläufige Effekte gehen von steuerfreien Einnahmen aus[618]. Zum zweiten ergibt sich die ambivalente Wirkung der Thesaurierungsbegünstigung aus § 34a Abs. 4 EStG. Dort wird für gewinnübersteigende Entnahmen in den Folgeperioden eine 25%ige Nachversteuerung angeordnet.[619] Der reguläre Einkommensteuertarif weist in seiner Spitze zwar einen ähnlichen Grenzsteuersatz auf wie die Kombination aus begünstigter Besteuerung und Nachversteuerung, durch den progressiven Tarifverlauf liegt die Durchschnittsbelastung aber

---

613 Vgl. zu den Antragsvoraussetzungen bei Mitunternehmern BMF-Schreiben vom 11.08.2008, IV C 6 – S 2290/a/10001, BStBl. I 2008, 838, Rz. 9; vgl. im Zusammenhang mit der 10%-Grenze kritisch zum Bezug auf den tatsächlichen Anteil am Gewinn statt der Gewinnverteilungsabrede *Ley/Brandenberg*, FR 2007, 1085, 1088; *Schiffers*, DStR 2008, 1805, 1808.

614 Vgl. für eine relative Betrachtung in Bezug auf Kapitalgesellschaften als *ratio* hinter dem Satz von 28,25% *Wacker* in: Schmidt, EStG, § 34a, Rz. 4.

615 Vgl. zur Systematisierung der in Bezug auf ihre Annahmen höchst unterschiedlichen Vorteilhaftigkeitsberechnungen des Schrifttums *Schanz/Kollruss/Zipfel*, DStR 2008, 1702, 1702ff.

616 Vgl. insbesondere zu Auswirkungen auf Gesellschaftsverträge *Crezelius*, Thesaurierungsbegünstigung, in: Wachter, FS Spiegelberger, 2009, 65, 67f.; vgl. zu Steuerzahlungen durch die Personengesellschaft für die Gesellschafter *Ley/Brandenberg*, FR 2007, 1085, 1095; *Wacker* in: Schmidt, EStG, § 34a, Rz. 32.

617 Vgl. mit Beispiel BMF-Schreiben vom 11.08.2008, IV C 6 – S 2290/a/10001, BStBl. I 2008, 838, Rz. 16; vgl. kritisch *Hey*, DStR 2007, 925, 928; *Schiffers*, DStR 2008, 1805, 1808f.

618 Vgl. zur Umsetzung BMF-Schreiben vom 11.08.2008, IV C 6 – S 2290/a/07/10001, Rz. 17f.; vgl. allgemein *Husken/ Schmidt/Siegmund*, BB 2008, 1204, 1204ff.; vgl. zu Gestaltungsüberlegungen im Zusammenhang mit freigestellten Betriebsstätteneinkünften *Ley/Brandenberg*, FR 2007, 1085, 1092f.; *Kessler/Jüngling/Pfuhl*, Ubg 2008, 741, 741.

619 Vgl. zur Nachversteuerung nach § 34a Abs. 5 EStG in Folge der Überführung oder Übertragung von Wirtschaftsgütern *Thiel/Sterner*, DB 2007, 1099, 1103; *Kessler/Jüngling/Pfuhl*, Ubg 2008, 741, 743ff.; vgl. zu besonderen Nachversteuerungsfällen nach § 34a Abs. 6 EStG *Ley*, Thesaurierungsbegünstigung, in: Kessler/Förster/Watrin, FS Herzig, 2010, 469, 481f..

niedriger.[620] Im Ergebnis bewirkt die Thesaurierungsbegünstigung einen Steueraufschub für die Eigenkapitalfinanzierung, welcher Gewinnverlagerungen entgegen tritt, soweit der Zinseffekt die höhere Nominalsteuerbelastung überwiegt.

Einschränkend muss jedoch darauf verwiesen werden, dass es gem. § 34a Abs. 4 S. 1 EStG bereits zur Nachversteuerung kommt, wenn in einem VZ der positive Saldo aus Entnahmen und Einlagen den laufenden Gewinn übersteigt. Mithin erscheint es angezeigt, sämtliche Altrücklagen zu entnehmen, bevor erstmals die Option zur begünstigten Besteuerung ausgeübt wird.[621] Auch besteht ein Anreiz, steuerfreie Auslandsgewinne unmittelbar zu entnehmen.[622] Beide Effekte können die Wirkungsweise als Unterkapitalisierungsnorm konterkarrieren.

b) Betroffene Konzerntypen

Unter den hier betrachteten Konzerntypen kann die Thesaurierungsbegünstigung von Personengesellschaftskonzernen in Anspruch genommen werden, soweit natürliche Personen daran mitunternehmerisch beteiligt sind. Dies gilt jedenfalls, wenn der Gewinn durch Betriebsvermögensvergleich ermittelt wird[623] und keine Doppelbegünstigung vorliegt[624]. Dabei ist der einzelne Mitunternehmeranteil Gegenstand der Begünstigung.[625] Gleiches gilt für Betriebsstättenkonzerne, soweit es sich beim Stammhaus um eine Personenge-

---

620 Vgl. *Fischer*, Thesaurierungsbegünstigung, in: Spindler/Tipke/Rödder, FS Schaumburg, 2009, 319, 323.

621 Vgl. *Thiel/Sterner*, DB 2007, 1099, 1105f.; *Schiffers*, GmbHR 2007, 841, 846.

622 Vgl. *Hey*, DStR 2007, 925, 929; vgl. mit Hinweis auf die Timing-Problematik solcher Entnahmen *Kessler*, Thesaurierungsbegünstigung, in: Herzig, Handbuch Unternehmensteuerreform, 2007, 51, 67; vgl. zu den Folgen für unternehmerische Kapitalstrukturen *Kessler/Pfuhl*, Eigenkapitalbildung, FS Kary, 2009, 59, 74f.

623 Vgl. im Hinblick auf § 4 Abs. 3 EStG kritisch zur Vereinbarkeit mit Verfassungsrecht *Wacker* in: Schmidt, EStG, Rz. 12.

624 Um Doppelbegünstigungen zu vermeiden, ordnet § 34a Abs. 1 S. 1 Hs. 2 EStG Ausnahmen vom sachlichen Anwendungsbereich der Thesaurierungsbegünstigung an, soweit der Freibetrag nach § 16 Abs. 4 EStG oder die Steuerermäßigung nach § 34 Abs. 3 EStG in Anspruch genommen wird oder es sich um Gewinne i.S.d. § 18 Abs. 1 Nr. 4 EStG handelt; vgl. näher zu den begünstigten Einkünften *Fischer*, Thesaurierungsbegünstigung, in: Spindler/Tipke/Rödder, FS Schaumburg, 2009, 319, 323.

625 Vgl. BMF-Schreiben vom 11.08.2008, IV C 6 – S 2290/a/07/10001, BStBl. I 2008, 838, Rz. 7; *Wacker* in: Schmidt, EStG, § 34a, Rz. 21.

sellschaft mit einkommensteuerpflichtigen Mitunternehmern handelt. Die Übertragung oder Überführung von Wirtschaftsgütern in eine ausländische Einheit desselben Betriebsstättenkonzerns oder eine (nachgeordnete) ausländische Einheit desselben Personengesellschaftskonzerns ist trotz der Entnahmefiktion des § 4 Abs. 1 S. 3 EStG wohl nicht als Entnahme i.S.d. § 34a Abs. 2 EStG zu werten.[626] Insofern können rein innerstaatliche und grenzüberschreitende Konzerne in vergleichbarem Ausmaß von der Thesaurierungsbegünstigung profitieren.

c) Beurteilung

Die Thesaurierungsbegünstigung schmilzt die disparate Behandlung von Eigen- und Fremdkapitalfinanzierung ab, indem sie die Steuerbelastung der Eigenkapitalfinanzierung temporär reduziert. Dadurch werden Generierungs- und Allokationsstrategien gleichermaßen weniger attraktiv. Weil auch das Realinvestitionskriterium hierauf hinarbeitet, kann das bedingte Werturteil grundsätzlich positiv ausfallen.

Allerdings zählt zu den Wegbereitern für Gewinnverlagerungen über Finanzierungsentscheidungen nicht nur die disparate Behandlung von Fremd- und Eigenkapitalfinanzierung, sondern auch die Isolation von Bemessungsgrundlagen [vgl. Kap. 3.A.]. Während die Thesaurierungsbegünstigung erstgenannter Grundsatzentscheidung entgegen wirkt, fügt sie trotz ihrer Ausgestaltung als Tarifvorschrift[627] dem deutschen Steuerrecht ein neues, isolierendes Element hinzu. Zumindest temporär tritt bei rein inländischen Personengesellschaftskonzernen neben die gewerbesteuerliche Isolation der Bemessungsgrundlagen zusätzlich ein vergleichbarer einkommensteuerlicher Effekt. Gewinnverlagerungen erscheinen damit nicht nur zwischen Einheiten mit hohem und niedrigem Hebesatz, sondern auch zwischen begünstigt und nicht begünstigt besteuerten Einheiten steuergestalterisch reizvoll.

Ob die zusätzliche, einkommensteuerliche Isolation von Bemessungsgrundlagen aber den gewinnverlagerungsdämpfenden Effekt der Regelung (über)-

---

626 Vgl. BMF-Schreiben vom 11.08.2008, IV C 6 – S 2290/a/ 07/10001, BStBl. I 2008, 838, Rz. 34ff.; vgl. zum Betriebsstättenkonzern *Kessler/Jüngling/Pfuhl*, Ubg 2008, 741, 743ff.; vgl. zum Personengesellschaftsonzern *Ley*, Thesaurierungsbegünstigung, in: Kessler/Förster/Watrin, FS Herzig, 2010, 469, 493f.

627 Vgl. zur steuerrechtspolitischen Entscheidung, § 34a EStG als Tarifvorschrift auszugestalten *Crezelius*, Thesaurierungsbegünstigung, in: Wachter, FS Spiegelberger, 2009, 65, 65.

kompensiert, darf bezweifelt werden. Schließlich bedarf es hierzu enger Annahmen zum Konzernaufbau. Weil im reinen Personengesellschaftskonzern der Gewinn der Untereinheiten in die Gewinnfeststellung der Spitzeneinheit eingeht, orientiert sich das Thesaurierungsvolumen des jeweiligen Mitunternehmers nach Ansicht der Verwaltung[628] und Teilen des Schrifttums[629] am *all in-all out*-Prinzip[630]. Demnach ist für eine natürliche Person als Mitunternehmer der Spitzeneinheit nur ein einheitlicher begünstigter Gewinn zu ermitteln. Dieser umfasst den Gewinn der Spitzeneinheit unter Berücksichtigung von Sonder- und Ergänzungsbilanzen sowie die Ergebnisse aus etwaigen Sonderbilanzen nach § 15 Abs. 1 S. 1 Nr. 2 S. 2 EStG bei den Untereinheiten. Im Ergebnis kann der Antrag für die begünstigte Besteuerung einbehaltener Gewinne nur für alle Einheiten eines mehrstöckigen Personengesellschaftskonzerns zusammen gestellt werden. Mithin bedarf es einer Parallelpersonengesellschaft, um nach § 34a Abs. 1 S. 2 EStG den Antrag zur begünstigen Besteuerung nur für diese stellen zu können.[631] Damit Sondervergütungen vermieden werden, muss die Parallelpersonengesellschaft zudem gewerblich tätig oder geprägt sein [vgl. Kap. 8.C.III.a)].

Neben den engen Annahmen zum Konzernaufbau hilft auch der faktische Anwendungsbereich der Thesaurierungsbegünstigung, das grundsätzlich positive Werturteil weitgehend zu bewahren. Ob dem hohen mit ihr einhergehenden Planungsbedarf dürfte diese Regelung insbesondere von großen, international agierenden Personengesellschaftskonzernen genutzt werden.[632] Die zusätzlichen Anreize zu innerdeutschen Gewinnverlagerungen sollten in diesen Fällen

---

628 Vgl. BMF-Schreiben vom 11.08.2008, IV C 6 – S 2290/a/07/10001, BStBl. I 2008, 838, Rz. 21.

629 Vgl. *Reiß* in: Kirchhof, EStG, § 34a, Rz. 62; differenzierend *Ley/Brandenberg*, FR 2007, 1085, 1089; *Niehus/Wilke*, DStZ 2009, 14, 23f.; a.A. *Wacker* in: Schmidt, EStG, § 34a, Rz. 22; offen lassend *Thiel*, Doppelstöckige Personengesellschaft, in: Wachter, FS Spiegelberger, 2009, 504, 510f.; vgl. aber zu den Vorteilen einer zusammengefassten Sichtweise bei unterschiedlich hohem Entnahmebedarf der einzelnen Mitunternehmer *Schiffers*, DStR 2008, 1805, 1810f.

630 Der Begriff des *all in-all out*-Prinzips ist der Literatur zur Gruppenbesteuerung entlehnt, vgl. exemplarisch *Kessler*, Gruppenbesteuerungssysteme, in: Wiesner/Kirchmayr/Mayr, Praxiskommentar Gruppenbesteuerung, 2008, 491, 500.

631 Im Schrifttum wurde dieser Aspekt im Zusammenhang mit dem sog. *Lock-in*-Effekt der Thesaurierungsbegünstigung erörtert, vgl. *Rogall*, Thesaurierungsbegünstigung, in: Schaumburg/Rödder, Unternehmensteuerreform 2008, 2007, 409, 430ff.; *Thiel/Sterner*, DB 2007, 1099, 1106.

632 Ähnlich sieht *Lang*, Einkommensteuerrecht, in: Tipke/Lang, Steuerrecht, 2010, 233, 409 „die Elite der besonders ertragstarken Personenunternehmen begünstigt."

jedoch hinter grenzüberschreitenden Steuergestaltungen zurückbleiben. Auf Letztere entfaltet § 34a EStG freilich seine dämpfende Wirkung. Dies gilt umso mehr, als die begünstigte Besteuerung von einem möglichen Progressionsvorbehalt unberührt bleibt[633] und es freigestellte Einkünfte aus ausländischen Betriebsstätten gleichzeitig leichter machen, den theoretischen Belastungsvorteil des § 34a EStG auszuschöpfen[634].

II. Gewerbesteuerliche Hinzurechnung von Schuldentgelten (§ 8 Nr. 1a GewStG)

a) Wirkungsweise

Eine gewerbesteuerliche Hinzurechnung von Dauerschuldzinsen findet sich wie die Zerlegungsgrundsätze [vgl. Kap. 8.C.II.] bereits im ReichsGewStG[635]. Nach der damaligen Gesetzesbegründung[636] soll sie sicher stellen, dass „die Nutzungen des gesamten im Unternehmen arbeitenden Kapitals" besteuert werden, mithin also dem Objektsteuercharakter[637] Rechnung tragen. Das UntStRefG 2008[638] hat die Hinzurechnung über den Dauerschuldbereich hinaus ausgedehnt. Zudem verweist seine Begründung[639] darauf, dass die „Hinzurechnungen [...] den fiskalischen Vorteil von Gewinnverlagerungen ins Ausland [mindern]." Weil der Gesetzgeber nunmehr zumindest partiell auf Gewinnverlagerungen

---

633 Vgl. zum Leerlaufen des Progressionsvorbehalts *Fischer*, Thesaurierungsbegünstigung, in: Spindler/Tipke/Rödder, FS Schaumburg, 2009, 319, 334f.

634 Vgl. mit Berechnungen *Husken/Schmidt/Siegmund*, BB 2008, 1204; vgl. auch *Kessler/Jüngling/Pfuhl*, Ubg 2008, 741, 741.

635 Reichsgewerbesteuergesetz vom 01.12.1936, RGBl. I 1936, 979, 984.

636 Begründung zum Reichsgewerbesteuergesetz vom 01.12.1936, RStBl. 1937, 693, 695.

637 Vgl. zum Objektsteuercharakter der Gewerbesteuer als Begründung für die Hinzurechnungen *Güroff* in: Glanegger/Güroff, GewStG, § 8 Nr. 1, Rz. 1; *Hofmeister* in: Blümich, EStG/KStG/GewStG, § 8 GewStG, Rz. 21; vgl. kritisch mit dem Hinweis, dass „alle Ertragsteuern Objektsteuern sind, weil der Ertrag auf eine Wirtschaftseinheit und nicht auf eine Person bezogen ist", *Zitzelsberger*, Grundlagen der Gewerbesteuer, 1990, 108; im Schrifttum wird überdies z.T. davon ausgegangen, dass die Gewerbesteuer nicht mehr als Objektsteuer einzuordnen ist, sondern einen einfachgesetzlichen Wandel hin zur Netto-Ertragsteuer vollzogen hat, vgl. *Gosch*, DStZ 1998, 327, 328; *Hey*, DStR 2009, Beihefter zu Heft 34, 109, 114; *Montag*, Gewerbesteuerrecht, in: Tipke/Lang, Steuerrecht, 2010, 467, 470; a.A. zuletzt BVerfG, Urteil vom 21.06.2006, 2 BvL 2/99, BVerfGE 116, 164, 186; BVerfG, Urteil vom 15.01.2008, BvL 2/04, BVerfGE 120, 1, 28.

638 Unternehmensteuerreformgesetz 2008 vom 14.08.2007, BGBl. I 2007, 1912, 1930.

639 BT-Drs. 16/4841, 31.

über Finanzierungsentscheidungen zielt, liegt in der Systematik vorliegender Arbeit [vgl. Kap. 5.C.II.] eine *indirekte Unterkapitalisierungsnorm* vor. In der zweiten Dimension dieser Klassifizierung [vgl. Kap. 5.C.I.] handelt es um eine *Unterkapitalisierungsnorm vom Typ* γ_2. Derartige Regelungen stellen die Fremdkapitalfinanzierung gegenüber dem originären *debt bias* schlechter. Die Isolation von Bemessungsgrundlagen als Ansatzpunkt von *Typ α* bleibt dabei jedoch ebenso unberührt wie die Maßgeblichkeit zivilrechtlicher Wertungen als Ansatzpunkt von *Typ β*.

Im Einzelnen ordnet § 8 Nr. 1a GewStG an, 25% der Entgelte für Schulden dem Gewinn aus Gewerbebetrieb hinzuzurechnen, soweit diese bei dessen Ermittlung abgesetzt worden sind. Ausgenommen hiervon sind die ersten 100.000 €[640] an Entgelten für Schulden und andere Zahlungen i.S.d. § 8 Nr. 1 GewStG.[641] Die Hinzurechnung erfolgt unabhängig davon, ob die entsprechenden Entgelte beim Empfänger der Gewerbesteuer unterliegen.

b) Betroffene Konzerntypen

Von der gewerbesteuerlichen Hinzurechnung der Schuldentgelte sind alle hier betrachteten Konzerntypen gleichmäßig betroffen.[642] Schließlich stellt jeder Gewerbebetrieb unabhängig von seiner Rechtsform ein Objekt der Gewerbesteuer dar. Ausnahmen vom persönlichen Anwendungsbereich der gewerbesteuerlichen Hinzurechnung gewährt § 35c Abs. 1 Nr. 2e, 2f GewStG i.V.m. § 19 Abs. 3 GewStDV allerdings für Kreditinstitute, Pfandleiher sowie Gewerbe-

---

640 *Hofmeister* in: Blümich, EStG/KStG/GewStG, § 8 GewStG, Rz. 312 sieht ob der Höhe des Freibetrages dessen Zweck „zumindest bei Mittelbetrieben nur ungenügend erreicht." Nach *Klapdor* in: Breithecker/Förster/Förster u.a., UntStRefG 2008, § 8 GewStG, Rz. 10 wird „[f]ür kleinere Unternehmen [...] eine deutliche Erleichterung geschaffen."

641 Vgl. zur Frage, ob sich der Freibetrag auf die absolute Höhe der Entgelte oder das hinzurechnungspflichtige Viertel hiervon bezieht, *Stangl/Hageböke* in: Schaumburg/Rödder, Unternehmensteuerreform 2008, 514; die Finanzverwaltung geht von der für den Steuerpflichtigen ungünstigeren Möglichkeit aus, dass zunächst der Freibetrag zur Anwendung kommt und von der verbliebenen Summe 25% hinzugerechnet werden, vgl. Ländererlass vom 04.07.2008, BStBl. I 2008, 730, Rz. 44; a.A. *Rödder*, DStR 2007, Beihefter zu Heft 40, 2, 12.

642 Es sei nochmals darauf hingewiesen, dass hier organschaftliche Konzernstrukturen nicht betrachtet werden [vgl. Kap. 1.E.]. Dies erscheint insofern bedeutsam, als Personengesellschaften der Hinzurechnung nicht entrinnen können, während dem Kapitalgesellschaftskonzern der Weg in die Organschaft offen steht, vgl. *Köhler*, Konzernstruktur, in: Kessler/Kröner/Köhler, Konzernsteuerrecht, 2008, 303, 70.

betriebe, welche ausschließlich ABS-Geschäfte betreiben. Im Rahmen des JStG 2009[643] wurde der Kreis der Begünstigten dieses sog. Bankenprivilegs auf Finanzdienstleistungsinstitute i.S.d. § 1 Abs. 1a KWG ausgeweitet. Seither profitieren auch Leasing- und Factoringunternehmungen von einer Begrenzung der gewerbesteuerlichen Hinzurechnung.[644] Entsprechend jüngst erfolgter Anpassungen[645] genügt hierfür ein Anteil der Umsätze aus der Finanzdienstleistung von mindestens der Hälfte am jeweiligen Gesamtumsatz. In den Fällen des Bankenprivilegs führen Entgelte für Schulden zu keiner Hinzurechnung, soweit der steuerbilanzielle Wert bestimmter Aktiva[646] das Eigenkapital nicht überschreitet.

c) Beurteilung

Die gewerbesteuerliche Hinzurechnung der Schuldentgelte wirkt je nach geographischer Ausdehnung des Konzerns unterschiedlichen Techniken der Steuergestaltung entgegen. Handelt es sich um einen rein innerstaatlichen Konzern, macht § 8 Nr. 1a GewStG zwar die künstliche konzerninterne Kreditvergabe (Generierungsstrategie) unattraktiver [Tab. 4], wirkt jedoch in viel geringerem Ausmaß der steueroptimalen Verteilung des gegebenen Bestandes an Fremd- und Eigenkapital über die verschiedenen Konzerneinheiten (Allokationsstrategie) entgegen [Tab. 4].[647] Obwohl die Hinzurechnung in Kommunen mit hohem Hebesatz eine größere Kraft entfaltet, sorgt ihre Beschränkung auf 25% der

---

643 Jahressteuergesetz 2009 vom 19.12.2008, BGBl. I 2008, 2794, 2816.

644 Vgl. zur wettbewerbspolitischen Begründung der Neuregelung BT-Drs. 16/11108, 32; vgl. ausführlich zu den besonderen Anwendungsvoraussetzungen *Beckert/Schilling*, BB 2009, 360, 362ff.; *Heinz/Schäfer-Elmayer*, BB 2009, 365, 366ff.

645 Gesetz zur Umsetzung steuerlicher EU-Vorgaben sowie zur Änderung steuerlicher Vorschriften, BGBl. I 2010, 386, 392; vgl. zur Einarbeitung dieser Änderung im Laufe des Gesetzgebungsverfahrens BR-Drs. 107/10.

646 § 19 Abs. 1 S. 1 GewStDV zählt zu diesen Aktiva die „zum Anlagevermögen gehörenden Grundstücke, Gebäude, Betriebs- und Geschäftsausstattung, Schiffe, Anteile an Kreditinstituten und sonstigen Unternehmen sowie der Forderungen aus Vermögenseinlagen als stiller Gesellschafter und aus Genussrechten". Nicht berücksichtigt werden nach § 19 Abs. 1 S. 2 GewStDV „Gegenstände, über die Leasingverträge abgeschlossen worden sind." Strittig ist insbesondere, ob nur die Schlussbilanzwerte maßgeblich sind oder wie von R 47 Abs. 3 GewStR gefordert auch unterjährige Veränderungen berücksichtigt werden müssen, vgl. zum Meinungsstand *Hofmeister* in: Blümich, EStG/KStG/GewStG, § 8 GewStG, Rz. 107.

647 Vgl. *Kessler/Knörzer*, Steuerwettbewerb und Zinsabzug, in: Brähler/Lösel, FS Djanani, 2008, 161, 171.

Entgelte für Schulden dafür, dass bei Allokationsstrategien der 75%ige Effekt des Zinsabzuges dominiert.

Im Gegensatz zu rein nationalen Unternehmungsgruppen verfügen grenzüberschreitende Konzerne über Einheiten, welche der Hinzurechnung unterliegen, und solche, die es nicht tun. Abhängig vom Steuersatzgefälle kann die gewerbesteuerliche Hinzurechnung damit in diesen Fällen sowohl Generierungsals auch Allokationsstrategien begegnen [Tab. 4].

Tabelle 4: Von § 8 Nr. 1a GewStG erfasste Techniken der Steuergestaltung mit Finanzierungsentscheidungen

	Generierungsstrategie	**Allokationsstrategie**
Innerdeutscher Konzern	X	-
Grenzüberschreitender Konzern	X	X

Die gewerbesteuerliche Hinzurechnung genügt dem Realinvestitionskriterium nicht. Zunächst werden Allokationsstrategien im rein nationalen Konzern von § 8 Nr. 1a GewStG nicht aufgegriffen [Tab. 4]. Mithin bleiben innerstaatliche Gewinnverlagerungen möglich, bei denen der hier entwickelte Beurteilungsmaßstab verlangt, dass sie unterbunden werden.

Mit Generierungsstrategien im innerstaatlichen Konzern sowie Allokationsstrategien bei nationalen wie internationalen Unternehmungsgruppen erfasst die gewerbesteuerliche Hinzurechnung zwar die anderen Fallgruppen der Steuergestaltung über Finanzierungsentscheidungen [Tab. 4]. Doch auch hier muss das bedingte Werturteil negativ ausfallen. So ist kein Konnex zwischen der Höhe der Entgelte für Schulden einerseits und Gewinnverlagerungen andererseits ersichtlich. Dieser wäre allenfalls bei absolut identischen Konzerneinheiten gegeben. Weil eine solche Annahme der betriebswirtschaftlichen Realität widerspricht, ist ein differenzierterer Detektionsmechanismus für Gewinnverlagerungen nötig, wie ihn auch das Realinvestitionskriterium widerspiegelt.

Das Bankenprivileg schafft einen differenzierteren Detektionsmechanismus für Gewinnverlagerungen, paradoxerweise aber mit falschen Vorzeichen. Analog zu den entsprechenden Sonderregelungen innerhalb der Dotationskapitalgrundsätze [vgl. Kap. 8.C.I.c)] sind die Aktiva nicht positiv wie eigentlich für eine zielgenaue Bekämpfung von Gewinnverlagerungen geboten, sondern negativ mit dem unschädlichen Fremdkapitalbestand korreliert. Je höher der Steuerbilanzwert bestimmter Aktiva des Anlagevermögens ausfällt, desto eher greift die Unterkapitalisierungsnorm. Im Ergebnis fällt das bedingte Werturteil über die gewerbesteuerliche Hinzurechnung von Schuldentgelten negativ aus. Dies gilt umso mehr, als mit der 25%igen Hinzurechnung der direkte Regelungszweck auch nicht erreicht wird. Schließlich bedürfte es je nach Literaturmeinung entweder gar keiner[648] oder einer 100%igen Hinzurechnung[649] der Fremdkapitalvergütungen, um den vorgeblich[650] angestrebten Objektcharakter zu erreichen.

III. Zinsschranke (§ 4h EStG, § 8a KStG)

a) Wirkungsweise

Die Zinsschranke ist mit ihrem Abzugsverbot den *Unterkapitalisierungsnormen vom Typ* γ_2 zuzurechnen [vgl. Kap. 5.C.I.]. Insbesondere nimmt sie keine Umqualifizierung von Fremd- in Eigenkapital vor und rechnet damit nicht zum *Typ* β_2. In der Systematisierung nach dem Regelungszweck [vgl. Kap. 5.C.II.] handelt es sich um eine *direkte Unterkapitalisierungsnorm*, weil der Gesetzgeber mit ihr primär auf Gewinnverlagerungen über Finanzierungsentscheidungen zielt.

Im Einzelnen begrenzt § 4h Abs. 1 EStG den betrieblichen Zinsabzug innerhalb eines VZ zunächst auf die Zinserträge. Liegt ein negativer Zinssaldo vor, gewährt die Zinsschranke den Zinsabzug noch bis zu einer Höhe von 30% des steuerlichen EBITDA. Unter dieser Ergebnisgröße ist zunächst der nach einkommensteuerlichen Grundsätzen ermittelte Gewinn zu verstehen. Im Gegensatz zum bilanzanalytischen EBITDA fließen in die Ausgangsgröße damit auch

---

648 Nach *Hey*, DStR 2009, Beihefter zu Heft 34, 109, 116, „könnte [der Objektcharakter] den Abzug einer fiktiven Eigenkapitalverzinsung rechtfertigen, nicht aber die Besteuerung von Zinsaufwendungen."

649 Vgl. *Knobbe-Keuk*, Bilanz- und Unternehmenssteuerrecht, 1993, 737; vgl. ähnlich zur „Entkernung der Gewerbeertragsteuer infolge [...] der deutlich geminderten ‚verobjektivierenden' Hinzurechnungen" *Gosch*, DStZ 1998, 327, 328.

650 Vgl. für eine historische Ableitung des Fiskalzwecks als eigentlichen Grund der gewerbesteuerlichen Hinzurechnung von Schuldentgelten *Zitzelsberger*, Grundlagen der Gewerbesteuer, 1990, 122ff.

außerbilanzielle Korrekturen ein.[651] Für Körperschaftsteuersubjekte bestimmt § 8a Abs. 1 S. 1 KStG, dass statt des Gewinns das steuerliche Einkommen zu Grunde zu legen ist.[652] Um zum Zinsschranken-EBITDA zu gelangen, sind dem Gewinn bzw. Einkommen noch die Zinsaufwendungen sowie die AfA nach § 6 Abs. 2 S. 1 EStG, § 6 Abs. 2a S. 2 EStG und § 7 EStG hinzuzurechnen [Tab. 5].[653] Gleichzeitig sind die Zinserträge in Abzug zu bringen [Tab. 5]. Darüber hinaus ist das körperschaftsteuerliche Einkommen nach § 8a Abs. 1 S. 2 KStG um die bereits berücksichtigten Verlustabzüge und Spenden zu erhöhen [Tab. 5].[654] Abschließend möchte die Finanzverwaltung das EBITDA noch um die Gewinnanteile aus Mitunternehmerschaften reduzieren [Tab. 5].[655]

---

651 Vgl. bestätigend BMF-Schreiben vom 04.07.2008, IV C 7 – S 2745 – a/08/10001, BStBl. I 2008, 718, Rz. 41; vgl. kritisch zum Ergebnis bei Holdinggesellschaften *Rödder/Stangl*, DB 2007, 479, 484; *Kessler/Köhler/Knörzer*, IStR 2007, 418, 419; *Hoffmann*, Zinsschranke, 2008, Rz. 1241ff.; zustimmend *Möhlenbrock/Pung* in: Dötsch/ Jost/Pung u.a., KStG, § 8a, Rz. 154.

652 Vgl. zu daraus resultierenden rechtsformspezifischen Unterschieden bei ausländischen Körperschaften mit einer Betriebsstätte im Inland, welche gleichzeitig noch Überschusseinkünfte erzielen, *Schaden/Käshammer*, BB 2007, 2259, 2259.

653 Die Aufzählung ist abschließend. Nicht hinzuzurechnen sind bspw. Teilwertabschreibungen. Systematische Verwerfungen können sich insbesondere ergeben, falls Teilwertabschreibungen die Bezugsbasis der Regelabschreibung vermindern, vgl. den entsprechenden Hinweis von *Köhler*, Zinsschranke, in: Ernst & Young/BDI, Unternehmensteuerreform 2008, 2007, 106, 125.

654 Die Korrektur um den Verlustabzug nach § 10d EStG und den Spendenabzug nach § 9 Abs. 1 Nr. 2 EStG zielt auf eine möglichst weitgehende Rechtsformneutralität der Zinsschranke ab, weil bei Einkommensteuersubjekten beide Größen nicht im Gewinn enthalten sind, vgl. *Prinz* in: Herrmann/Heuer/Raupach, Jahresband 2008, § 8a KStG, Rz. J 07-8.

655 Vgl. BMF-Schreiben vom 04.07.2008, IV C 7 – S 2745 – a/08/10001, BStBl. I 2008, 718, Rz. 42; vgl. zustimmend *Förster* in: Breithecker/Förster/Förster u.a., UntStRefG 2008, § 4h EStG, Rz. 55; vgl. kritisch zur fehlenden Rechtsgrundlage *Hoffmann*, GmbHR 2008, 113, 117; *van Lishaut/Schumacher/Heinemann*, DStR 2008, 2341, 2343; die Finanzverwaltung addiert ferner den Gewinnanteil des persönlich haftenden Gesellschafters einer KGaA zu deren Zinsschranken-EBITDA, vgl. BMF-Schreiben vom 04.07.2008, IV C 7 – S 2745 – a/08/10001, BStBl. I 2008, 718, Rz. 44; a.A. *Rödder/Hageböke/Stangl*, DB 2009, 1561, 1562ff.

Tabelle 5: Berechnungsschema des Zinsschranken-EBITDA

	Steuerlicher Gewinn/Steuerliches Einkommen
+	Zinsaufwendungen
+	AfA (§ 6 Abs. 2 S. 1 EStG, § 6 Abs. 2a S. 2 EStG, § 7 EStG)
-	Zinserträge
+	*Nur bei Körperschaften:* Verlustabzug (§ 10d EStG) und Spendenabzug (§ 8 Abs. 1 S. 1 Nr. 2 KStG)
-	Gewinnanteile aus Mitunternehmerschaften
=	**Zinsschranken-EBITDA**

Übersteigt der negative Zinssaldo eines VZ die Höhe von 30% des darin erwirtschafteten steuerlichen EBITDA, kann als Folge des WaBeschG[656] u.U. zusätzlich das noch nicht ausgeschöpfte steuerliche EBITDA der fünf vorangegangenen VZ genutzt werden.[657] Soweit der verbliebene negative Zinssaldo auch diesen sog. EBITDA-Vortrag übersteigt, ist der Zinsaufwand zumindest temporär nicht abziehbar. Es entsteht ein Zinsvortrag, der unter den restriktiven[658]

656 Gesetz zur Beschleunigung des Wirtschaftswachstums vom 22.12.2009, BGBl. I 2009, 3950, 3950f.

657 Vgl. kritisch zur temporalen Begrenzung *Herzig/Bohn*, DStR 2009, 2341, 2344f.; *Kessler/Dietrich*, DB 2010, 240, 241ff.; vgl. kritisch zum Verzehr des EBITDA in Verlustsituationen *Herzig/Liekenbrock*, DB 2010, 690, 691; vgl. zum Anreiz, zusätzlichen Zinsaufwand zu generieren, weil ein EBITDA-Vortrag nur in VZ entsteht, in denen kein Ausnahmetatbestand des § 4h Abs. 2 S. 1 EStG greift, *Kessler/Lindemer*, DB 2010, 472; vgl. zur Frage, ob ein EBITDA-Vortrag auch in VZ mit einem Zinsertragsüberhang entsteht, *Rödder*, DStR 2010, 529, 530.

658 Vgl. kritisch zur latenten Gefahr eines Untergangs des Zinsvortrags *Köhler*, DStR 2007, 597, 600; *Hey*, BB 2007, 1303, 1305; *Schaden/Käshammer*, BB 2007, 2317, 2318ff.; *Korn*, KÖSDI 2008, 15866, 15878f.

Bedingungen des § 4h Abs. 5 EStG[659] erhalten bleibt und in den folgenden VZ genutzt werden kann. Dies steht allerdings unter dem Vorbehalt eines Gewinnsprungs oder einer signifikanten Verringerung des Zinsaufwands.[660] Der Übergang vom temporären zum dauerhaften Abzugsverbot erscheint umso wahrscheinlicher, als nach Auffassung der Finanzverwaltung[661] ein Zinsvortrag zu den Zinsaufwendungen der folgenden VZ rechnet und insofern ein Überschreiten der 30%-Grenze näher rücken lässt.

In § 4h Abs. 2 EStG sind drei Ausnahmen von der Grundregel normiert, dass der Zinsabzug nur in Höhe des Zinsertrages, darüber hinaus nur bis zu 30% des steuerlichen EBITDA zulässig ist. Erstens bleibt der Zinsabzug von der Zinsschranke unangetastet, falls der negative Zinssaldo im Wirtschaftsjahr[662] weniger als 3 Mio. € beträgt (*Freigrenze*, § 4h Abs. 2 S. 1a EStG). Zweitens bleibt der Zinsabzug von der Zinsschranke unangetastet, falls der jeweilige Betrieb nicht

---

659 Nach dem Gesetzeswortlaut geht der Zinsvortrag bei Aufgabe oder Übertragung des Betriebes unter. Gleiches gilt anteilig, soweit ein Mitunternehmer einer Personengesellschaft ausscheidet oder eine schädlich Anteilsübertragung i.S.d. § 8c KStG vorliegt. Die Finanzverwaltung geht zudem bei Teilbetriebsübertragungen von einen Untergang des Zinsvortrages aus, vgl. BMF-Schreiben vom 04.07.2008, IV C 7 – S 2745 - a/08/10001, BStBl. I 2008, 718, Rz. 47, a.A. *Köhler/Hahne*, DStR 2008, 1505, 1513; *Herzig/Liekenbrock*, DB 2009, 1949, 1952f.; *Bohn*, Zinsschranke, 2009, 243f.; *Loschelder* in: Schmidt, EStG, § 4h, Rz. 32. Eine eng begrenzte Ausnahme von § 4h Abs. 5 EStG ordnet allenfalls § 14 Abs. 3a S. 2 FMStFG an. Demnach geht der Zinsvortrag nicht unter, falls eine Abspaltung eine notwendige Vorbereitung von Stabilisierungsmaßnahmen nach §§ 6-8 FMStFG darstellt. Bei anderen Restrukturierungsmaßnahmen wie z.B. der Rekapitalisierung bleibt der Zinsvortrag vom Untergang bedroht, vgl. zur vermeintlich anders lautenden Absicht des Gesetzgebers *Gocksch/Gröger/Schuck*, DB 2009, 2668, 2670. Nach § 4h Abs. 5 S. 3 EStG i.d.F. des JStG 2009 geht auch der Zinsvortrag einer nachgeordneten Personengesellschaft unter, falls es bei der übergeordneten Körperschaft zu einer schädlichen Anteilsübertragung kommt, vgl. zum vorhergehenden Gestaltungsmodell *Schaden/Käshammer*, BB 2007, 2317, 2321; vgl. kritisch zur Neuregelung *Hoffmann*, DStR 2009, 257, 259.

660 Um 1 € Zinsvortrag geltend zu machen, bedarf es im Grundfall eines zusätzlichen Zinsschranken-EBITDA von 3,33 €, vgl. *Rödder/Stangl*, DB 2007, 479, 484; *Köhler*, DStR 2007, 597, 597; vgl. auch zum „prozyklische[n] Charakter“ des Zinsvortrages *Hoffmann/Rüsch*, DStR 2007, 2079, 2083.

661 Vgl. BMF-Schreiben vom 04.07.2008, IV C 7 – S 2745 – a/08/10001, BStBl. I 2008, 718, Rz. 46.

662 Vgl. zur Frage, ob die Freigrenze pro VZ oder Wirtschaftsjahr zu gewähren ist *Möhlenbrock/Pung* in: Dötsch/Jost/ Pung u.a., KStG, § 8a, Rz. 75.

mit anderen Unternehmungen konsolidiert wird[663] oder werden kann[664] (*Konzern-Klausel*, § 4h Abs. 2 S. 1b EStG). Zusätzlich darf auch seine Geschäftspolitik nicht mit anderen Betrieben einheitlich bestimmt werden.[665] Obwohl schon bei einer klassischen Betriebsaufspaltung sowie einer allein stehenden GmbH & Co. KG hiervon ausgegangen werden könnte, sieht die Finanzverwaltung in diesen Fällen regelmäßig keinen Konzern i.S.d. Zinsschranke.[666] Und drittens bleibt der Zinsabzug von der Zinsschranke unangetastet, falls die Eigenkapitalquote des jeweiligen Betriebs am Schluss des vorangegangenen Wirtschaftsjahres nicht um mehr als 2% geringer war als jene des Konzerns, zu dem der Betrieb gehört (*Escape-Klausel*, § 4h Abs. 2 S. 1c EStG). Maßgeblich sind hierbei die IFRS-Abschlüsse, nachrangig aber auch HGB- oder U.S.-GAAP-Abschlüsse.

Für letztgenannte *Escape-Klausel* sind die Bilanzansätze des jeweiligen Betriebs allerdings bestimmten Korrekturen zu unterwerfen (§ 4h Abs. 2 S. 4-7 EStG). Eine der materiell bedeutsamsten Veränderungen des Einzelabschlus-

---

663 Vgl. zum Konsolidierungskreis von IFRS *Lüdenbach* in: Lüdenbach/Hoffmann, IFRS-Kommentar, § 32, Rz. 8ff.

664 Damit verleiht sowohl die Nichtausübung von Einbeziehungswahlrechten wie § 296 Abs. 2 HGB als auch eine größenabhängige Befreiung von der Konzernrechnungslegungspflicht entsprechend § 293 HGB keinen Schutz vor der Zinsschranke, vgl. *Lüdenbach/Hoffmann*, DStR 2007, 636, 636; *Heintges/Kamphaus/Loitz*, DB 2007, 1261, 1261f.

665 Zumindest soweit der angewandte Konzernrechnungslegungsstandard dem *Control*-Prinzip folgt (z.B. IFRS) dürften sich für hierarchische Konzernstrukturen aus dieser Ausweitung des Konzernbegriffs regelmäßig keine Konsequenzen ergeben, vgl. *Bohn*, Zinsschranke, 2009, 273; demgegenüber können Einheiten eines Gleichordnungskonzerns dadurch sehr wohl im Anwendungsbereich der Zinsschranke verbleiben, vgl. so auch ausdrücklich BT-Drs. 16/4841, 50; vgl. kritisch zur Unbestimmtheit des erweiterten Konzernbegriffs *Töben/Fischer*, BB 2007, 974, 976.

666 Voraussetzung im Fall der Betriebsaufspaltung ist, dass sich die Gewerblichkeit des Besitzunternehmens nur auf Grund der sachlichen und personellen Verflechtung mit dem Betriebsunternehmen ergibt, vgl. BMF-Schreiben vom 04.07.2008, IV C 7 – S 2745 – a/08/10001, BStBl. I 2008, 718, Rz. 63; vgl. zweifelnd *Hoffmann*, Zinsschranke, 2008, Rz. 472; Voraussetzung im Fall der GmbH & Co. KG ist, dass sich die Tätigkeit der allein haftenden GmbH neben der Vertretungsbefugnis in der Übernahme von Haftung und Geschäftsführung für die KG erschöpft, vgl. BMF-Schreiben vom 04.07.2008, IV C 7 – S 2745 – a/08/10001, BStBl. I 2008, 718, Rz. 66; vgl. zustimmend *Loschelder* in: Schmidt, EStG, § 4h, Rz. 29; vgl. zum Zusammenspiel der Regelungen im Fall einer GmbH & Co. KG als Besitzunternehmen *Levedag*, GmbHR 2008, 281, 287f.; vgl. zu einer ähnlichen Regelung für Verbriefungszweckgesellschaften im Rahmen von ABS-Gestaltungen BMF-Schreiben vom 04.07.2008, IV C 7 – S 2745 – a/08/10001, BStBl. I 2008, 718, Rz. 67.

ses stellt die Kürzung des Eigenkapitals um Anteile an anderen Konzerngesellschaften dar, soweit diese einen Betrieb i.S.d. Zinsschranke unterhalten.[667] Zwar sind korrespondierend auch Kapitalforderungen gegenüber anderen Konzerngesellschaften aus der Bilanzsumme zu kürzen, doch insbesondere für Spitzeneinheiten läuft diese im Laufe des Gesetzgebungsverfahrens zum UntStRefG 2008[668] noch eingefügte Modifikation regelmäßig ins Leere. Schließlich zehrt die Beteiligungsbuchwertkürzung deren Eigenkapital bereits im Vorhinein auf.[669]

Anders als der Einzelabschluss ist für Zwecke der *Escape-Klausel* ein bestehender Konzernabschluss grundsätzlich unverändert zu übernehmen.[670] Probleme ergeben sich jedoch u.a. bei Gleichordnungskonzernen mit einer natürlichen Person an der Spitze. Hier kann die *Escape-Klausel* nicht auf einen Konzernabschluss aus der Rechnungslegung aufbauen. Als praktischen Ausweg befürworten *Köhler/Hahne*[671] eine additive Zusammenfassung der Einzelabschlüsse.

Sofern es sich um eine Körperschaft oder eine dieser nachgeordneten Mitunternehmerschaft[672] handelt, kann es im Fall der Gesellschafter-Fremdfinanzierung jedoch zu Rückausnahmen von der *Konzern-Klausel* wie *Escape-Klausel* kommen. Im Einzelnen setzt die *Konzern-Klausel* einen erfolgreichen Nachweis i.S.d. § 8a Abs. 2 KStG voraus. Demnach dürfen die Vergütungen für Fremdkapital des jeweiligen Betriebs an einen zu mehr als 25% unmittelbar oder mittelbar beteiligten Anteilseigner nicht mehr als 10% des Nettozinsaufwands betragen. Es wird also eine Brutto- mit einer Nettogröße vergli-

---

667 Die Beteiligungsbuchwertkürzung betrifft Anteile an Personen- und Kapitalgesellschaften gleichermaßen. Fraglich ist allerdings, ob das Sonderbetriebsvermögen von der Kürzung betroffen ist, vgl. bejahend *Möhlenbrock/Pung* in: Dötsch/Jost/Pung u.a., KStG, § 8a, Rz. 154; zweifelnd *Köhler/Hahne*, DStR 2008, 1505, 1516; *Korn*, KÖSDI 2008, 15866, 15874.

668 Unternehmensteuerreformgesetz 2008 vom 14.08.2007, BGBl. I 2007, 1912, 1913.

669 Vgl. *Kessler/Köhler/Knörzer*, IStR 2007, 418, 419; *Hoffmann*, Zinsschranke, 2008, Rz. 600.

670 Vgl. BMF-Schreiben vom 04.07.2008, IV C 7 – S 2745 – a/08/10001, BStBl. I 2008, 718, Rz. 72.

671 Vgl. *Köhler/Hahne*, DStR 2008, 1505, 1514; vgl. zustimmend *Hoffmann*, Zinsschranke, 2008, Rz. 576.

672 Vgl. zu den Besonderheiten bei nachgeordneten Mitunternehmerschaften *Hoffmann*, GmbHR 2008, 183, 183ff.; *van Lishaut/Schumacher/Heinemann*, DStR 2008, 2341, 2346ff.

chen.[673] Derselbe Nachweis muss nach § 8a Abs. 3 KStG auch für die *Escape-Klausel* erbracht werden. Im Gegensatz zur Rückausnahme von der *Konzern-Klausel* sind bei diesen Berechnungen aber nur Vergütungen für Fremdkapital zu berücksichtigen, die an zu mindestens 25% beteiligte, aber nicht zum Zinsschranken-Konzern gehörende Gesellschafter geleistet werden. Diese Einschränkung des § 8a Abs. 3 KStG auf konzernexterne Darlehen wird durch dessen sog. „globale Konzernbetrachtung“[674] allerdings mehr als auf den Kopf gestellt. Anders als für die *Konzern-Klausel* ist der sog. 10%-Test nämlich nicht nur vom betroffenen Betrieb, sondern für dessen Zinsabzug auch von allen anderen Betrieben im Konzernkreis zu bestehen. Im Unterschied zu den Voraussetzungen der *Konzern-Klausel* betrachtet es die Literatur[675] daher für größere internationale Konzerne als praktisch kaum möglich, der Nachweispflicht für die *Escape-Klausel* zu genügen. *Herzig/Lochmann/Liekenbrock*[676] bestätigen diesen Befund empirisch. Trotz genannter Unterschiede ist beiden Rückausnahmen gemeinsam, dass auch entsprechende Vergütungen an nahe stehende Personen i.S.d. § 1 Abs. 2 AStG, rückgriffsberechtigte Dritte sowie diesen nahe stehende Personen schädlich sind

b) Betroffene Konzerntypen

Offenbar ungeachtet der *Gutenberg'schen*[677] Unterscheidung zwischen Betrieb und Unternehmung knüpft der Gesetzgeber die Zinsschranke an einen nicht

---

673 Der Vergleich einer Brutto- mit einer Nettogröße hat in diesem Zusammenhang zur Folge, dass Zinserträge die Einschlägigkeit der Zinsschranke wahrscheinlicher machen, vgl. kritisch *Schaden/Käshammer*, BB 2007, 2259, 2261; *Hoffmann*, Zinsschranke, 2008, Rz. 1188; *Bohn*, Zinsschranke, 2009, 285.

674 *Köhler*, DStR 2007, 597, 600.

675 Vgl. zu § 8a Abs. 3 KStG *Korn*, KÖSDI 2008, 15866, 15877; *Bohn*, Zinsschranke, 2009, 310f.; *Förster* in: Breithecker/Förster/Förster u.a., UntStRefG 2008, § 8a KStG, Rz. 96; vgl. für die aus der fehlenden Praxistauglichkeit abgeleitete Forderung nach einer teleologischen Reduktion *Eisgruber*, Zinsschranke, in: Herzig, Unternehmensteuerreform 2008, 2008, 75, 90; vgl. für eine positivere Bewertung unter Verweis auf anderenfalls mögliche „Manipulationen“ *Möhlenbrock/Pung* in: Dötsch/Jost/Pung u.a., KStG, § 8a, Rz. 166.

676 Von 70 befragten Unternehmen sehen 77,8% keine Möglichkeit, den Nachweispflichten des § 8a KStG zu genügen, vgl. *Herzig/Lochmann/Liekenbrock*, DB 2008, 593, 596f.

677 Vgl. *Gutenberg*, Grundlagen der Betriebswirtschaftslehre, 1951, 332ff.

näher definierten Betrieb. Nach Auffassung der Finanzverwaltung[678] setzt ein Betrieb vorbehaltlich anderslautender gesetzlicher Regelungen[679] Gewinneinkünfte voraus. Indes soll die Gewinnermittlungsart keine Rolle spielen.[680] Damit stellt innerhalb der hier betrachteten Konzerntypen jede unbeschränkt steuerpflichtige Kapitalgesellschaft unabhängig von ihrer Tätigkeit wegen § 8 Abs. 2 KStG einen Betrieb i.S.d. Zinsschranke dar. Gleichsam gilt jede Mitunternehmerschaft inklusive dem zugehörigen Sonderbetriebsvermögen als Betrieb i.S.d. Zinsschranke[681], soweit unbeschränkt Steuerpflichtige daran beteiligt sind[682]. Im Unterschied zu Kapitalgesellschaften mit vergleichbaren Tätigkeiten bleiben rein vermögensverwaltende Personengesellschaften von der Zinsschranke aber unberührt.[683] Unter den hier nicht betrachteten Konzerntypen [vgl. Kap. 8.A.] befindet sich der kapitalistische Organschaftskonzern grundsätzlich[684] im Vorteil gegenüber personalistischen Unternehmungsgruppen. Nach § 15 S. 1 Nr. 3 KStG gilt der Organkreis als ein Betrieb.[685] Demgegenüber stellen

---

678 Vgl. BMF-Schreiben vom 04.07.2008, IV C 7 – S 2745 – a/08/10001, BStBl. I 2008, 718, Rz. 2; zustimmend *Förster* in: Gosch, KStG, Exkurs § 4h EStG, Rz. 9; *Loschelder* in: Schmidt, EStG, § 4h, Rz. 8.

679 Vgl. § 8a Abs. 1 S. 4 KStG.

680 Vgl. BMF-Schreiben vom 04.07.2008, IV C 7 – S 2745 – a/08/10001, BStBl. I 2008, 718, Rz. 4; zustimmend *Hoffmann*, Zinsschranke, 2008, Rz. 154; für eine Einschränkung im Fall der Gewinnermittlung nach § 5a und 13a EStG *Kaminski*, Stbg 2008, 196, 198; *Möhlenbrock/Pung* in: Dötsch/Jost/Pung u.a., KStG, § 8a KStG, Rz. 45.

681 Vgl. BMF-Schreiben vom 04.07.2008, IV C 7 – S 2745 – a/08/10001, BStBl. I 2008, 718, Rz. 6, 7. Die Finanzverwaltung äußerst sich zwar nicht zur gewerblich „infizierten" Personengesellschaft (§ 15 Abs. 3 Nr. 1 EStG), doch das Schrifttum geht in seiner Mehrheit von einer Anwendung der Zinsschranke auch in diesen Fällen aus, vgl. *van Lishaut/Schumacher/Heinemann*, DStR 2008, 2341, 2341; *Bohn*, Zinsschranke, 2009, 197; *Loschelder* in: Schmidt, EStG, § 4h, Rz. 8; a.A. *Winkler/Käshammer*, Ubg 2008, 478, 479; vgl. zur sog. Zebra-Gesellschaft *Kröner/Bolik*, DStR 2008, 1309, 1310f.

682 Vgl. zum Fall der Beteiligung beschränkt Steuerpflichtiger die tabellarische Übersicht von *Kröner/Bolik*, DStR 2008, 1309, 1315.

683 Vgl. BMF-Schreiben vom 04.07.2008, IV C 7 – S 2745 – a/08/10001, BStBl. I 2008, 718, Rz. 5; *Loschelder* in: Schmidt, EStG, 4h, Rz. 8.

684 Durch die zusammengefasste Sichtweise können sich allerdings auch Nachteile ergeben, wie bspw. in Bezug auf die Freigrenze nach § 4h Abs. 2 S. 1a EStG.

685 Vgl. zur Anwendung der Zinsschranke auf Organschaften *Herzig/Liekenbrock*, DB 2007, 2387, 2387ff.; *Herzig/Liekenbrock*, DB 2009, 1949, 1949ff.; *Herzig/Liekenbrock*, Ubg 2009, 750, 750ff.

die Einheiten eines Personengesellschaftskonzerns nach *Prinz*[686] immer „Zinsschranken-Inseln" dar.

Weitere rechtsformspezifische Unterschiede im Anwendungsbereich dieser Untersuchung tun sich bei beschränkter Steuerpflicht auf. Hier ordnet § 8a Abs. 1 S. 4 KStG die Anwendung der Zinsschranke auch bei entsprechenden Kapitalgesellschaften mit Überschusseinkünften an.[687] Demgegenüber findet die Zinsschranke nur Anwendung auf die gewerblichen Einkünfte der beschränkt steuerpflichtigen Mitunternehmer einer Personengesellschaft. Möglicherweise haben diese Unterschiede bei beschränkter Steuerpflicht durch § 49 Abs. 2 Nr. 1f EStG i.d.F. des JStG 2009[688] an Bedeutung verloren. Nunmehr gelten für Zwecke der beschränkten Steuerpflicht auch Einkünfte aus Vermietung und Verpachtung als solche aus Gewerbebetrieb.[689] Teile der Literatur[690] folgern daraus, dass damit unabhängig von der Rechtsform und auch unabhängig von § 8a Abs. 1 S. 4 KStG entsprechende Überschusseinkünfte einen Betrieb i.S.d. Zinsschranke begründen.

Während von der Zinsschranke im Ergebnis nationale wie internationale Kapital- und Personengesellschaftskonzerne betroffenen sind, wohl aber in unterschiedlichem Ausmaß, ist dem Gesetzeswortlaut kein Hinweis zu Betriebsstättenkonzernen zu entnehmen. Immerhin herrscht zwischen dem gesetzlich nicht definierten Begriff des Betriebs und der Betriebsstätte des § 12 AO schon eine gewisse sprachliche Nähe. Die Unklarheiten setzen sich in

---

686 *Prinz*, DB 2008, 368, 369; vgl. zur daraus abgeleiteten Forderung, im Personengesellschaftskonzern das Zinsschranken-EBITDA der mitunternehmerischen Einheiten nicht um das EBITDA der nachgeordneten Personengesellschaften zu kürzen *Köhler/Hahne*, DStR 2008, 1505, 1511.

687 Systematisch kaum begründbar gilt dies nur für Kapitalgesellschaften, weil in § 8a Abs. 1 S. 4 KStG im Gegensatz zum Rest der Norm nur von Kapitalgesellschaften und nicht von Körperschaften die Rede ist, vgl. *Schaden/Käshammer*, BB 2007, 2259, 2259f.; *Prinz* in: Herrmann/Heuer/Raupach, Jahresband 2008, Rz. J 07-10. Unter den Körperschaften analysiert vorliegende Untersuchung allerdings ohnehin nur die Kapitalgesellschaften [vgl. Kap. 1.E.].

688 Jahressteuergesetz 2009 vom 19.12.2008, BGBl. I 2008, 2794, 2803.

689 Vgl. zur fehlenden Fiktion einer Betriebsstätte *Wassermeyer*, IStR 2009, 238, 239f.

690 Vgl. *Hoffmann*, Zinsschranke, 2008, Rz. 1333; *van Lishaut/Schumacher/Heinemann*, DStR 2008, 2341, 2342; *Bohn*, Zinsschranke, 2009, 196; *Förster* in: Gosch, KStG, § 8a, Rz. 30; zweifelnd, weil für die Betriebseigenschaft nicht nur Einkünfte aus Gewerbebetrieb, sondern auch eine Betriebsstätte vorhanden sein müsse *Huschke/ Hartwig*, IStR 2009, 745; *Möhlenbrock/Pung* in: Dötsch/ Jost/Pung u.a., KStG, § 8a, Rz. 45.

der Verwaltungsauffassung fort.[691] Allenfalls in Tz. 9 des BMF-Schreibens vom 04.07.2008 ist der Hinweis zu finden, dass Betriebsstätten keine eigenständigen Betriebe i.S.d. Zinsschranke darstellen sollen.[692] Im Gegensatz zum (nichtorganschaftlichen) Kapital- und Personengesellschaftskonzern bilden die einzelnen Einheiten des Betriebsstättenkonzerns demnach keine „Zinsschranken-Inseln". Gewinnverlagerungen innerhalb eines solchen Verbundes bleiben grundsätzlich unberührt.

Soweit die Verwaltungsauffassung als zutreffend empfunden wird, gelänge über die *Konzern-Klausel* des § 4h Abs. 2 Satz 1b EStG auch der Gesamtheit eines reinen Betriebsstättenkonzerns regelmäßig der Weg aus dem Anwendungsbereich der Zinsschranke. Rückausnahmen sind jedoch insbesondere denkbar, wenn das Stammhaus als Kapitalgesellschaft firmiert. Falls die Zinszahlungen an Gesellschafter, nahestehende Personen und rückgriffsberechtigte Dritte dann mehr als 10% des Nettozinsaufwands von Stammhaus und Betriebsstätte ausmachen, könnte der Konzerngesamtheit das Abzugsverbot der Zinsschranke drohen.[693]

Bei der möglichen Anwendung der Zinsschranke auf die Gesamtheit des Betriebsstättenkonzerns ist nach dessen geographischer Ausdehnung zu differenzieren. Schließlich müssen Zinsen i.S.d. Zinsschranke nach § 4h Abs. 3 S. 2 EStG den maßgeblichen deutschen Gewinn gemindert haben. Soweit es sich um inländische Einheiten eines Betriebsstättenkonzerns oder ausländische Anrechnungsbetriebsstätten handelt, ist dieses Tatbestandsmerkmal erfüllt.[694] Demgegenüber dürften Fremdkapitalvergütungen, die einer ausländischen

---

691 So bereits zum Entwurf des BMF-Schreibens vom 20.02.2008 *Kaminski*, Stbg 2008, 196, 196f.

692 Vgl. BMF-Schreiben vom 04.07.2008, IV C 7 – S 2745 – a/08/10001, BStBl. I 2008, 718; a.A. *Mössner*, Zinsschranke, in: Lüdicke, Unternehmensteuerreform, 2008, 1, 13ff.; a.A. für den Inboundfall *Loschelder* in: Schmidt, EStG, § 4h, Rz. 9; a.A. für den Fall, dass die inländische Betriebsstätte Organträgerin i.S.d. § 18 KStG ist, *Möhlenbrock/ Pung* in: Dötsch/Jost/Pung u.a., KStG, § 8a, Rz. 49.

693 Vgl. *Kessler/Knörzer*, Steuerwettbewerb und Zinsabzug, in: Brähler/Lösel, FS Djanani, 2008, 161, 172f.; implizit *Prinz*, DB 2008, 368, 369.

694 Vgl. *Korn*, KÖSDI 2008, 15866, 15867; *Köhler/Hahne*, DStR 2008, 1505, 1511; a.A. in Bezug auf ausländische Anrechnungsbetriebsstätten *Schmidt-Fehrenbacher*, Ubg 2008, 469, 470; vgl. zu den Auswirkungen auf den Anrechnungshöchstbetrag *Mössner*, Zinsschranke, in: Lüdicke, Unternehmensteuerreform, 2008, 1, 16.

Freistellungsbetriebsstätte zuzuordnen sind, der Zinsschranke entgehen.[695] Quasi durch die Hintertür schränkt die Zinsschranke damit nicht mehr die Fremdfinanzierung des Gesamtkonzerns ein. Vielmehr stellt sie nun auf Gewinnverlagerungen von inländischen und ausländischen (Anrechnungs-) Einheiten hin zu ausländischen Freistellungsbetriebsstätten ab.

Fraglich bleibt jedoch, ob die Zinsschranken-relevanten Merkmale der ausländischen Freistellungsbetriebsstätten den deutschen Zinsabzug beeinflussen.[696] Einige Autoren[697] verneinen dies unter Verweis auf die Gesetzesbegründung. Diese möchte die Zinsschranke „auf die inländische Gewinnermittlung"[698] beschränken. Mit *Hoffmann*[699] kann aber zumindest für Einkommensteuersubjekte auf die deutsche Gewinnermittlung für Zwecke des Progressionsvorbehalts verwiesen werden. Es ergeben sich bislang unbeachtete, gleichwohl aber paradoxe Effekte auf die Möglichkeiten zur Gewinnverlagerung. Auch wenn vorstehend gezeigt werden konnte, dass die Zinsschranke einer Gewinnverlagerung in Freistellungsbetriebsstätten entgegen steht, hebelt die Berücksichtigung der Merkmale solcher Konzerneinheiten diese Wirkung zumindest teilweise wieder aus. Bspw. wirkt sich der verringerte Nettozinsaufwand einer Freistellungsbetriebsstätte auch auf das inländische Zinsabzugsvolumen aus. Dieser verringerte Nettozinsaufwand kann aber daher herrühren, dass ein größerer Anteil am Fremdkapital des Gesamtkonzerns in den deutschen Einheiten des Betriebsstättenkonzerns allokiert wird.

Im Ergebnis sind von der Zinsschranke alle drei hier analysierten Konzerntypen betroffen. Anders als im Fall der gewerbesteuerlichen Hinzurechnung geschieht dies aber nicht gleichmäßig. Erste Unterschiede sind zwischen Kapital- und Personengesellschaftskonzernen auszumachen. Noch deutlicher wird der unterschiedliche Betroffenheitsgrad aber beim reinen Betriebsstättenkonzern. Im Gegensatz zu kapitalistischen oder personalistischen Konzernstrukturen begrenzt die Zinsschranke hier konzerninterne Gewinnverlagerungen nur

---

695 Vgl. *Kessler/Knörzer*, Steuerwettbewerb und Zinsabzug, in: Brähler/Lösel, FS Djanani, 2008, 161, 172f.; *Köhler/Hahne*, DStR 2008, 1505, 1511; *Förster* in: Gosch, KStG, Exkurs § 4h EStG, Rz. 56; *Hick* in: Herrmann/Heuer/Raupach, Jahresband 2008, Rz. J 07-09.

696 Vgl. *Köhler/Hahne*, DStR 2008, 1505, 1506; *Loschelder* in: Schmidt, EStG, § 4h, Rz. 9.

697 Vgl. *Grotherr*, IWB 2007, Fach 3, Gruppe 3, 1489, 1494; vgl. zum Zinsschranken-EBITDA *Möhlenbrock*, Ubg 2008, 1, 5.

698 BT-Drs. 16/4841, 48.

699 Vgl. *Hoffmann*, Zinsschranke, 2008, Rz. 155f.; zustimmend *Korn*, KÖSDI 2008, 15866, 15867; *Möhlenbrock/Pung* in: Dötsch/Jost/Pung u.a., KStG, § 8a, Rz. 49.

im Fall von schädlicher Gesellschafter-Fremdfinanzierung und dann auch nur bei grenzüberschreitenden Konzernstrukturen mit Freistellungsbetriebsstätten.

c) Beurteilung

Ausweislich der Gesetzesbegründung[700] soll die Zinsschranke „verhindern, dass Konzerne mittels grenzüberschreitender konzerninterner Fremdkapitalfinanzierung in Deutschland erwirtschaftete Erträge ins Ausland transferieren." Sie zielt damit auf Generierungsstrategien. Weiterhin möchte der Gesetzgeber mit dieser Vorschrift der Praxis entgegen wirken, „dass Konzerne sich gezielt über ihre deutschen Töchter auf dem Kapitalmarkt verschulden und über die gezahlten Zinsen vor allem in Deutschland die Steuerbemessungsgrundlage verringern."[701] Folglich hat die Zinsschranke auch Allokationsstrategien im Visier.

Die weite Zielsetzung der Zinsschranke impliziert besondere Anforderung an deren sachgerechte Ausgestaltung. Zwar weisen einige Aspekte der Zinsschranke Analogien zum Realinvestitionskriterium auf, insgesamt muss aber bezweifelt werden, dass die Zinsschranke Gewinnverlagerungen zielgenau sanktioniert. Dieses gemischte Urteil resultiert jedoch nicht aus dem Bezug der Zinsschranke auf den Zinssaldo. Mit dieser Nettobetrachtung sichert 1 € an Zinsertrag unabhängig von den Realinvestitionen 1 € Zinsaufwand die Abziehbarkeit. Entgegen der Kritik von Teilen der Literatur[702] ist die 100%ige Berücksichtigung von Zinserträgen jedoch insofern einer sachlogischen Rechtfertigung zugänglich, als Gewinnverlagerungen *in* andere Jurisdiktionen zwar zugelassen werden, aber innerhalb eines VZ durch gleich hohe Gewinnverlagerungen *aus* anderen Jurisdiktionen kompensiert werden müssen. Dieser Bezug auf „Netto-Gewinnverlagerungen" löst die Zinsschranke zwar von einzelnen Finanzierungsentscheidungen, bewirkt aber zumindest aus deutscher Sicht[703] nicht automatisch eine ineffiziente Bekämpfung von Allokations- und Generierungsstrategien.

---

700 BT-Drs. 16/4841, 31.

701 BT-Drs. 16/4841, 31.

702 Vgl. *Bohn*, Zinsschranke, 2009, 212: „Unter dem Aspekt der Missbrauchstypisierung erscheint eine Bezugnahme auf die Bruttogröße ‚Zinsaufwendungen' sachgerechter [...]."

703 Aus Sicht ausländischer *Fisci* mögen sich aber gleichwohl Verteilungsprobleme ergeben, soweit das Herkunftsland der einfließenden Gewinnverlagerungen nicht dem Zielland der ausfließenden Gewinnverlagerungen entspricht.

Während es für die Beurteilung der Zinsschranke keine Rolle spielt, dass diese an den Zinssaldo anknüpft, stellt sich die Lage bei der anschließenden EBITDA-Grenze anders dar. Das steuerliche Ergebnis als Ausgangsgröße dieser Demarkationslinie weist keinen systematischen Zusammenhang mit einzelwirtschaftlichen Gewinnverlagerungen auf. Nicht zufällig wurde bei der Operationalisierung des Realinvestitionskriteriums ein Rekurs auf Erfolgsgrößen abgelehnt, weil diese gesamtwirtschaftlichen Schwankungen ausgesetzt sind und sich schon deshalb nicht als Detektionsmechanismus für einzelwirtschaftliche Gewinnverlagerungen eignen [vgl. Kap. 6.C.III.]. Die Kritik am Ergebnisbezug der Zinsschranke mildern auch die Änderungen des WaBeschG[704] nur wenig ab. Schließlich wird in einem verlustträchtigen VZ der ohnehin temporal begrenzte EBITDA-Vortrag aufgezehrt[705], während es in einem VZ mit positivem Ergebnis lohnend sein kann, den Zinsaufwand gezielt zu erhöhen, um über die Freigrenze zu springen und einen EBITDA-Vortrag zu generieren[706]. Hinzu kommen Unternehmungsspezifika, welche eine einheitliche Grenze von 30% des steuerlichen EBITDA noch deutlicher als verfehlten Detektionsmechanismus für Gewinnverlagerungen erscheinen lassen. Diesen theoretischen Befund unterstreichen empirische Untersuchungen, welche auf Basis eines (teilweise modifizierten) handelsrechtlichen EBITDA insbesondere größere Kapitalgesellschaften[707], Unternehmungen der Immobilienwirtschaft[708] und des Handels[709] sowie Krisenunternehmungen[710] als Anwendungsfälle der Zinsschranke identifizieren konnten.[711] Eine Korrelation zwischen Konzerneinheiten mit derartigen Charakteristika und Gewinnverlagerungsaktivitäten ist nicht ersichtlich.

---

704 Gesetz zur Beschleunigung des Wirtschaftswachstums vom 22.12.2009, BGBl. I 2009, 3950, 3950f.

705 Vgl. *Herzig/Liekenbrock*, DB 2010, 690, 691.

706 Vgl. *Kessler/Lindemer*, DB 2010, 472, 474ff.

707 Vgl. *Blaufus/Lorenz*, ZfB 2009, 503, 515; allerdings weisen *Watrin/Pott/Richter*, StuW 2009, 256, 264f. nach, dass kleineren Kapitalgesellschaften die Nutzung des Zinsvortrags schwerer fällt.

708 Vgl. *Herzig/Lochmann/Liekenbrock*, DB 2008, 593, 600; *Blaufus/Lorenz*, ZfB 2009, 503, 513; in Bezug auf die Betroffenheit von Energieunternehmen zeichnet die empirische Literatur ein uneinheitliches Bild: *Watrin/Pott/Richter*, StuW 2009, 256, 265ff. sehen hier wenig Chancen zur Nutzung eines Zinsvortages, *Blaufus/Lorenz*, ZfB 2009, 503, 513 sowie *Bohn*, Zinsschranke, 2009, 218 nur eine geringe Betroffenheit.

709 Vgl. *Herzig/Lochmann/Liekenbrock*, DB 2008, 593, 600; *Watrin/Pott/Richter*, StuW 2009, 256, 266f.; *Bohn*, Zinsschranke, 2009, 218; a.A. *Blaufus/Lorenz*, ZfB 2009, 503, 513.

710 Vgl. *Blaufus/Lorenz*, StuW 2009, 323, 327f.

711 Vgl. bestätigend mit Modellrechnungen *Hoffmann/Rüsch*, DStR 2007, 2079, 2080ff.

Die im Laufe des Gesetzgebungsverfahrens zum UntStRefG 2008 noch eingeführte Berücksichtigung bestimmter AfA und der damit einhergehende Bezug auf das EBITDA statt des EBIT wirkt zumindest in die richtige Richtung. So stellen diese Absetzungen wenigstens näherungsweise die entsprechende Flussgröße zur Bestandsgröße Realinvestitionen dar.[712] Allerdings kann der AfA-Bezug allenfalls zu einem gemischten Werturteil führen. Im Gegensatz zum Zinsertrag ermöglicht 1 € an Zinsschranken-relevanter AfA nämlich nicht 1 € Zinsabzug, sondern in Folge der 30%-EBITDA-Grenze nur 0,30 €.[713] Umgerechnet auf Bestandsgrößen schützen damit 30% der AfA-fähigen Realinvestitionen den Zinsabzug. Diese Größe erscheint willkürlich gewählt. Bspw. dürfte es nur wenig sachgerecht sein, den Zinsabzug einer Konzerneinheit auf 30% der AfA-fähigen Realinvestitionen zu begrenzen, wenn daneben noch signifikantes Grundvermögen vorliegt.

Vom Zufall hängt ab, ob die Ausnahmetatbestände der Zinsschranke dafür sorgen, dass trotz der gemischt zu bewertenden Grundregel Gewinnverlagerungen zielgenau erfasst werden. Die Freigrenze jedenfalls leistet nur dann einen Beitrag hierzu, wenn die Realinvestitionen einen Nettozinsabzug in Höhe von exakt 2.999.999 € begründen und die EBITDA-Grenze diesen nicht sicherzustellen vermag. Die Wahrscheinlichkeit eines solchen Glückstreffers steht allerdings in ausgesprochen schlechtem Verhältnis zu den möglichen Verwerfungen.[714] So bleibt der Zinsabzug bis unter 3 Mio. € auch dann unbehelligt, wenn die Realinvestitionen dies nicht rechtfertigen. Dies erscheint umso problematischer, als die Zinsschranke keine spezielle Regelung gegen den Gesellschafterfremdfinanzierten, konzerninternen Beteiligungserwerb enthält[715]. Es bestehen erhebliche Freiräume für Generierungsstrategien. Umgekehrt kann sich die Freigrenze als zu niedrig erweisen und dann (ihrer Natur entsprechend) kom-

---

712 Der Zusammenhang zwischen Abschreibungen und Realinvestitionen wird u.U. durch Teilwertabschreibungen getrübt, welche das Abzugsvolumen der Zinsschranke nicht vergrößern, wohl aber die Bezugsbasis der Regelabschreibung vermindern, vgl. zum Zusammenhang zwischen Teilwertabschreibung und Regel-AfA im Lichte der Zinsschranke insbesondere *Köhler*, Zinsschranke, in: Ernst & Young/BDI, Unternehmensteuerreform 2008, 2007, 106, 125.

713 Vgl. den entsprechenden, nicht-quantitativen Hinweis von *Schreiber/Overesch*, DB 2007, 813, 818.

714 Vgl. allgemein zur unangemessenen Typisierung durch die Freigrenze *Köhler*, DStR 2007, 597, 598.

715 Vgl. *Kessler/Knörzer*, Steuerwettbewerb und Zinsabzug, in: Brähler/Lösel, FS Djanani, 2008, 161, 171; *Kessler/Dietrich*, DB 2010, 240, 244; vgl. zu weiteren Gestaltungsansätzen *Eilers*, Ubg 2008, 197, 198ff.

plett fallen, obwohl der im Rahmen vorliegender Arbeit entwickelte Detektionsmechanismus für Gewinnverlagerung nicht einschlägig ist. Insbesondere die Verwaltungsauffassung[716], wonach Zinsvorträge zu den Zinsen i.S.d. Zinsschranke rechnen, macht dies wahrscheinlich.

Da die *Konzern-Klausel* in den hier ausschließlich betrachteten Konzernsituationen nie einschlägig sein wird, verbleibt der Eigenkapitalquotenvergleich, um die Zinsschranke auf Linie mit dem Realinvestitionskriterium zu bringen. Wie im Fall der Freigrenze offenbart sich jedoch auch hier ein oszillierendes Verhalten: Entweder die *Escape-Klausel* lässt weit mehr Zinsabzug zu als die Realinvestitionen nahe legen würden oder weit weniger. Einen u.U. ungerechtfertigt hohen Zinsabzug begründet die Möglichkeit, im VZ eines auch nach § 8a Abs. 3 KStG erfolgreichen Eigenkapitalvergleichs sämtlichen, ggf. über viele Jahre der Gewinnverlagerung akkumulierten Zinsvortrag zum Abzug zu bringen.[717] Umgekehrt, aber weit öfters[718] hebt der Eigenkapitalquotenvergleich den zulässigen Zinsabzug nicht auf die angemessene Höhe. Einer Gewinnverlagerung unverdächtige Finanzierungsstrukturen werden erfasst. Ursächlich hierfür ist zunächst der fehlende Bezug auf Realinvestitionen. Das stattdessen herangezogene Eigenkapital lässt nicht zuletzt auf Grund erheblicher Unterschiede zwischen Ländern[719] und Branchen[720] einen Konnex zu Gewinnverlagerungen vermissen. Hinzu kommen die nur wenig praxistauglichen Nachweispflichten des § 8a Abs. 3 EStG. Im Ergebnis bleibt das bedingte Werturteil über die Zinsschranke gemischt.

---

716 Vgl. BMF-Schreiben vom 04.07.2008, IV C 7 – S 2745 – a/08/10001, BStBl. I 2008, 718, Rz. 46; vgl. hierzu bereits kritisch *Köhler/Hahne*, DStR 2008, 1505, 1512.

717 Vgl. ähnlich *Bohn*, Zinsschranke, 2009, 232; allerdings argumentiert *Beußer*, FR 2009, 49, 50, dass zumindest bei international Konzernen eine Feinsteuerung, welche den deutschen Einheiten einmalig den vollen Zinsabzug erlaubt, kaum vorstellbar ist.

718 Vgl. die Unternehmungsbefragung von *Herzig/Lochmann/ Liekenbrock*, DB 2008, 593, 596f.

719 Vgl. *Kessler/Köhler/Knörzer*, IStR 2007, 418.

720 Vgl. *Köhler*, DStR 2007, 597, 601.

IV. Beschränkung des Schuldzinsenabzugs bei Überentnahmen (§ 4 Abs. 4a EStG)

a) Wirkungsweise

Trotz der tatbestandlichen Anknüpfung an den Eigenkapitaltransfer bleibt die Beschränkung des Schuldzinsenabzugs nach § 4 Abs. 4a EStG bei der Maßgeblichkeit zivilrechtlicher Wertungen. Insbesondere nimmt sie keine Umqualifizierung des Steuergutes vor und rechnet in der Folge nicht zu den *Unterkapitalisierungsnormen vom Typ* β_2. Vielmehr ist die Regelung unter den *Typ* γ_2 [vgl. Kap. 5.C.I.] zu subsumieren. So modifiziert sie die steuerlich disparate Behandlung von Eigen- und Fremdkapitalfinanzierung dadurch, dass die Fremdkapitalfinanzierung gegenüber dem *status quo* der Grundsatzentscheidungen schlechter gestellt wird.

Im Rahmen der Systematisierung nach dem Regelungszweck [vgl. Kap. 5.C.II.] zählt die Beschränkung des Schuldzinsenabzugs bei Überentnahmen zu den *direkten Unterkapitalisierungsnormen*. Schließlich möchte der Gesetzgeber damit dem Anreiz entgegen treten, einer transparent besteuerten Unternehmung steuerfrei Mittel zu entnehmen und die entstehende Finanzierungslücke durch Fremdkapital zu ersetzen.[721] Anderenfalls könnte durch eine solche „mittelbare Kreditbeanspruchung“[722] auf höchstrichterlich anerkannte Weise[723] das Abzugsverbot für privat veranlasste Aufwendungen umgangen werden.[724]

Im Einzelnen können betrieblich veranlasste[725] Schuldzinsen nicht abziehbar sein, soweit Überentnahmen getätigt wurden. Dies soll nach § 4 Abs. 4a

721 Vgl. zur Motivation des Gesetzgebers insbesondere BT-Drs. 14/2070, 16.

722 *Groh*, DStR 2001, 105, 106.

723 Vgl. insbesondere zum sog. Zwei-Konten-Modell BFH, Beschluss vom 08.12.1997, GrS 1-2/95, BStBl. II 1998, 193, 197ff.

724 Vgl. zu entsprechenden Gestaltungen *Söffing*, BB 2008, 417, 418; vgl. ebenfalls kritisch zu Rechtsentwicklung und Hintergrund der Norm *Heinicke* in: Schmidt, EStG, § 4, Rz. 522 („Armutszeugnis des Gesetzgebers“).

725 Privat veranlasste Schuldzinsen sind ohnehin nicht abzugsfähig und finden im Rahmen der Berechnungen des § 4 Abs. 4a EStG keine Berücksichtigung, vgl. BFH, Urteil vom 21.09.2005, X R 46/04, BStBl. II 2006, 125, 127; BMF-Schreiben vom 17.11.2005, IV B 2 – S 2144 – 50/05, BStBl. I 2005, 1019, Rz. 1; *Ley*, KÖSDI 2006, 15277, 15280f.; *Wied* in: Blümich, EStG/KStG/GewStG, § 4 EStG, Rz. 601; a.A. *Groh*, DStR 2001, 105, 106f.; derartige Fremdkapitalvergütungen befinden sich auch außerhalb des Anwendungsbereiches dieser Untersuchung.

S. 6 EStG unabhängig von der Gewinnermittlungsart gelten.[726] Hiervon ausgenommen sind jedoch Schuldzinsen für Darlehen zur Finanzierung von Wirtschaftsgütern des Anlagevermögens.[727] Eine Überentnahme definiert § 4 Abs. 4a S. 2 EStG als den Betrag, um den die Entnahmen die Summe aus Gewinn und Einlagen übersteigen. Als Rechtsfolge sind 6% der Überentnahme außerbilanziell dem Gewinn hinzuzurechnen, höchstens jedoch die tatsächlich angefallenen Schuldzinsen abzüglich eines Freibetrags von 2.050 €.[728] Anderes gilt zunächst nur, falls die jeweils aktuelle Überentnahme durch Unterentnahmen aus Wirtschaftsjahren ausgeglichen werden können, welche nach dem 31.12.1998 geendet haben.[729] Allerdings haben das FG Düsseldorf[730] und der BFH[731] Zweifel daran bekräftigt, dass es mit Art. 3 Abs. 1 GG vereinbar ist, Unterentnahmen aus weiter zurückliegenden Wirtschaftsjahren bei der Berechnung auszublenden. Unabhängig vom Bestand dieser strengen Stichtagsbetrachtung können sich nicht nur Unter-, sondern auch Überentnahmen vorangegangener Wirtschaftsjahre auf den jeweils aktuell zulässigen Schuldzinsenabzug auswirken. So perpetuieret sich gem. § 4 Abs. 4a S. 3 EStG das Ab-

---

726 Dies erscheint im Lichte des Grundsatzes der Identität der Totalgewinne sachgerecht, führt aber im Zusammenhang mit der Einnahmen-Überschussrechnung zu erheblichen praktischen Problemen, vgl. kritisch *Söffing*, BB 2008, 417, 421. Die Finanzverwaltung versucht diesen Schwierigkeiten mit der Pflicht zur Aufzeichnung aller Entnahmen und Einlagen zu begegnen, vgl. BMF-Schreiben vom 17.11.2005, IV B 2 – S 2144 – 50/05, BStBl. I 2005, 1019, Rz. 33f; vgl. eingrenzend zur Umsetzung der gesellschafterbezogenen Sichtweise des BFH [vgl. Kap. 8.D.IV.b)] jüngst BMF-Schreiben vom 04.11.2008, IV C 6 – S 2144/07/10001, BStBl. I 2008, 957; vgl. allgemein kritisch zu den Aufzeichnungspflichten *Korn*, KÖSDI 2000, 12548, 12556.

727 Vgl. kritisch zur Verfassungsmäßigkeit dieser Differenzierung *Söffing*, BB 2008, 417, 424; a.A. FG Nürnberg, Urteil vom 27.09.2005, I 231/2005, EFG 2006, 802, 804 („nicht willkürlich"), Revision anhängig unter BFH, X R 4/06; *Wied* in: Blümich, EStG/KStG/GewStG, § 4 EStG, Rz. 636.

728 Umstritten ist, ob die nach § 4 Abs. 4a S. 5 EStG begünstigen Zinsen zur Finanzierung von Wirtschaftsgütern des Anlagevermögens in den Höchstbetrag einfließen, vgl. *Wendt*, FR 2000, 417, 418; ablehnend *Ley*, KÖSDI 2006, 15277, 15278.

729 Vgl. hierzu § 52 Abs. 11 EStG sowie BMF-Schreiben vom 17.11.2005, IV B 2 – S 2144 – 50/05, BStBl. I 2005, 1019, Rz. 36.

730 FG Düsseldorf, Beschluss vom 23.06.2009, 11 V 1839/09 A (F), EFG 2009, 1817, 1818.

731 Vgl. jüngst BFH, Beschluss vom 21.05.2010, IV B 88/09, BFH/NV 2010, 1613, 1613ff.; ähnlich zu § 4 Abs. 4a EStG i.d.F. des StBereinG 1999 BFH, Urteil vom 21.09.2005 X R 47/03, BStBl. II 2006, 504, 508; vgl. hierzu *Ley*, DStR 2006, 301, 303ff. und die eng begrenzte Umsetzung der Finanzverwaltung im BMF-Schreiben vom 12.06.2006, IV B 2 – S 2144 – 39/06, BStBl. I 2006, 416; Rz. 1ff.; vgl. aber zu Praktikabiltätsgründen für eine „harte Zäsur" *Heinicke* in: Schmidt, EStG, § 4h, Rz. 530.

zugsverbot, solange vergangene Überentnahmen nicht durch Einlagen oder Gewinne ausgeglichen werden. In der Rechtsprechung des BFH[732] hat diese periodenübergreifende Betrachtungsweise jüngst ihre Bestätigung gefunden.

Nach dem Gesetzeswortlaut gelten keine besonderen Regelungen für Verluste. Ohne weitere Einlagen können Verluste zu Überentnahmen führen und das Abzugsverbot des § 4 Abs. 4a EStG auslösen. Um dies zu vermeiden, sind Verluste nach „relativ freier, nicht zwingender, aber sinnvoller"[733] Verwaltungsauffassung[734] vorrangig mit Unterentnahmen vergangener oder zukünftiger Wirtschaftsjahre zu verrechnen. Dann noch verbliebende Verluste sollen nicht die Überentnahmen erhöhen, sondern formlos festgehalten werden[735]

b) Betroffene Konzerntypen

Die Finanzverwaltung befürwortet bei der Anwendung des § 4 Abs. 4a EStG statt des betriebsübergreifenden- einen betriebsbezogenen Entnahme- und Einlagebegriff.[736] Im Fall von Mitunternehmerschaften sei auf den jeweiligen Gesamthandsgewinn unter Einbeziehung von Sonder- und Ergänzungsbilanzen abzustellen.[737] Seine dogmatische Rechtfertigung soll diese Auslegung in der partiellen Steuerrechtssubjektivität von Mitunternehmerschaften finden.[738] Der BFH[739] fordert zwar den Begriff der Überentnahme gesellschafterbezogen zu bestimmen, dies schließe aber „die Einbindung der Schuldzinsenkürzung in die betriebliche Gewinnermittlung der (jeweiligen) Mitunternehmerschaft [mithin

---

732 Vgl. BFH, Urteil vom 17.08.2010, VIII R 42/07, DB 2010, 2198, 2199.

733 *Heinicke* in: Schmidt, EStG, § 4, Rz. 526; vgl. ähnlich *Korn*, KÖSDI 2000, 12548, 12553; *Ley*, KÖSDI 2006, 15277, 15279; a.A. *Eggesiecker/Ellerbeck*, DB 2000, 594, 594ff.

734 Vgl. BMF-Schreiben vom 17.11.2005, IV B 2 – S 2144 – 50/05, BStBl. I 2005, 1019, Rz. 11.

735 Vgl. BMF-Schreiben vom 17.11.2005, IV B 2 – S 2144 – 50/05, BStBl. I 2005, 1019, Rz. 12.

736 Vgl. BMF-Schreiben vom 17.11.2005, IV B 2 – S 2144 – 50/05, BStBl. I 2005, 1019, Rz. 10; a.A. *Reiß* in: Kirchhof, EStG, § 15, Rz. 359.

737 Vgl. BMF-Schreiben vom 17.11.2005, IV B 2 – S 2144 – 50/05, BStBl. I 2005, 1019, Rz. 32ff.; vgl. zu den Auswirkungen auf Konzernfälle *Pyszka/Brauer*, Personengesellschaften, in: Kessler/Kröner/Köhler, Konzernsteuerrecht, 2008, 279, 294.

738 Vgl. für eine Rekonstruktion der Verwaltungsauffassung *Ley*, KÖSDI 2006, 15277, 15283; *Crezelius* in: Kirchhof, EStG, § 4, Rz. 170.

739 Vgl. BFH, Urteil vom 29.03.2007, IV R 72/02, BStBl. II 2008, 420, 423; vgl. zur Umsetzung durch die Finanzverwaltung BMF-Schreiben vom 07.05.2008, IV B 2 – S 2144/07/0001, BStBl. I 2008, 588, Rz. 25ff.

einen betriebsbezogenen Entnahme- und Einlagebegriff] nicht aus [...]." Im Ergebnis können Entnahmen und Einlagen, welche sich zwischen den Einheiten eines Personengesellschaftskonzerns abspielen, zum Abzugsverbot des § 4 Abs. 4a EStG führen.[740] Das FG Baden-Württemberg[741] hat diese Sichtweise jüngst bestätigt. Insbesondere *Ley*[742] wendet dagegen jedoch ein, dass in solchen Fällen „die private Sphäre einer einkommensteuerpflichtigen Person [...] nicht betroffen sein kann". Die Anwendung des § 4 Abs. 4a EStG auf bloße konzerninterne Vermögensverschiebungen entspreche nicht dessen Zweck. Darüber hinaus stelle nach Aufgabe der sog. finalen Entnahmetheorie durch den BFH[743] die konzerninterne Überführung oder Übertragung eines Wirtschaftsguts grundsätzlich keine Entnahme i.S.d. § 4 Abs. 1 S. 2 EStG mehr dar.[744]

Im besonders zweifelhaften Fall der Überführung oder Übertragung von Wirtschaftsgütern kommt dem SEStEG[745], seiner rückwirkenden[746] Kodifizierung der finalen Entnahmetheorie für alle VZ ab 2006 und vermeintlichen[747] Klarstellungen durch das JStG 2010 große Bedeutung zu. Nach Verwaltungsauffassung[748] soll die Entnahmefiktion des § 4 Abs. 1 S. 3 EStG i.d.F. des SEStEG[749] auf

---

740 Vgl. bspw. den Hinweis von *Köhler*, Konzernstruktur, in: Kessler/Kröner/Köhler, Konzernsteuerrecht, 2008, 303, 329f.

741 Vgl. den Leitsatz in FG Baden-Württemberg, Urteil vom 19.05.2008, 12 K 85/07, EFG 2009, 233, 233; Revision anhängig unter BFH, IV R 33/08.

742 *Ley*, KÖSDI 2009, 16333, 16334.; vgl. ähnlich *Ley*, KÖSDI 2006, 15277, 15284f.; *Reiß* in: Kirchhof, EStG, § 15, Rz. 361; a.A. *Wacker*, BB 2007, 1936, 1937.

743 Vgl. BFH, Urteil vom 17.07.2008, I R 77/06, BFH/NV 2008, 1941, 1946; vgl. aber als Nichtanwendungserlass das BMF-Schreiben vom 20.05.2009, IV C 6 – S 2134/07/ 100005, BStBl. I 2009, 671, Rz. 3.

744 Vgl. *Ley*, KÖSDI 2009, 16333, 16336.

745 Vgl. Gesetz über steuerliche Begleitmaßnahmen zur Einführung der Europäischen Gesellschaft und zur Änderung weiterer steuerrechtlicher Vorschriften vom 07.12.2006, BGBl. I 2006, 2782, 2783.

746 Vgl. kritisch zur Rückwirkung Heinicke in: *Schmidt*, EStG, § 4, Rz. 329.

747 Vgl. kritisch zu den Änderungen durch das JStG 2010 *Wissenschaftlicher Beirat des Fachbereichs Steuern der Ernst & Young AG*, DB 2010, 1776, 1776ff.

748 Vgl. BMF-Schreiben vom 17.11.2005, IV B 2 – S 2144 – 50/05, BStBl. I 2005, 1019, Rz. 10; vgl. ebenso *Heinicke* in: Schmidt, EStG, § 4, Rz. 524: „[A]uch die gewinnneutrale Verlagerung im Gewinnbereich [eines Steuerpflichtigen] führt zu Entnahmen und Einlagen [i.S.d. § 4 Abs. 4a EStG]."; *Wied* in: Blümich, EStG/KStG/GewStG, § 4 EStG, Rz. 619 adressiert diese Fragestellung nicht explizit, geht aber ebenfalls davon aus, dass „Entnahmen auch insoweit anzusetzen [sind], als sie mit einer Gewinn- oder Verlustrealisation verbunden sind."

§ 4 Abs. 4a EStG durchschlagen. Für den rein nationalen Personengesellschaftskonzern hat dies keine Bedeutung, weil das deutsche Besteuerungsrecht an übertragenen Wirtschaftsgütern bestehen bleibt. Hier dürfte die Überführung oder Übertragung von Wirtschaftsgütern kein Zinsabzugsverbot gem. § 4 Abs. 4a EStG nach sich ziehen. Falls es sich hingegen um einen internationalen Personengesellschaftskonzern handelt, kann in Folge der Ansicht der Finanzverwaltung auch die konzerninterne Übertragung oder Überführung von Wirtschaftsgütern zu einem Zinsabzugsverbot führen. Dies gilt jedenfalls, soweit es dem Gesetzgeber mit § 4 Abs. 1 S. 4 EStG i.d.F. des JStG 2010 tatsächlich gelungen ist, die finale Entnahmetheorie mit all ihren in der Literatur[750] dargelegten Inkonsistenzen gegen die Rechtsprechung des BFH zu verteidigen.

Während der Kapitalgesellschaftskonzern nicht von § 4 Abs. 4a EStG betroffen sein kann[751], stellt sich die Situation beim Betriebsstättenkonzern mit steuerlich transparentem Stammhaus ähnlich dar wie beim reinen Personengesellschaftskonzern. Mangels Realisationstatbestand können konzerninterne Übertragungen oder Überführungen von Wirtschaftsgütern hier ebenfalls nicht unter den Entnahmebegriff des § 4 Abs. 1 S. 2 EStG subsumiert werden.[752] Dies gilt unabhängig von der geographischen Ausdehnung des Betriebsstättenkonzerns.[753] Wie schon beim Personengesellschaftskonzern kommt damit der Frage entscheidende Bedeutung zu, ob auch die Entnahmefiktion des § 4 Abs. 1 S. 3, 4 EStG zur Beschränkung des Schuldzinsabzugs durch § 4 Abs. 4a EStG führen kann. Soweit dies mit der Finanzverwaltung[754] bejaht wird, dürften entspre-

---

749 Vgl. Gesetz über steuerliche Begleitmaßnahmen zur Einführung der Europäischen Gesellschaft und zur Änderung weiterer steuerrechtlicher Vorschriften vom 07.12.2006, BGBl. I 2006, 2782, 2783.

750 Vgl. zum möglichen Leerlaufen der Entnahmefiktion des § 4 Abs. 1 S. 3 EStG *Rödder/Schumacher*, DStR 2006, 1481, 1484ff.; *Wassermeyer*, DB 2006, 1176, 1180; *Wassermeyer*, IStR 2008, 176, 176ff.; offen lassend *Köhler*, Rechtsformwahl, in: Kessler/Förster/Watrin, FS Herzig, 2010, 953, 966; vgl. zur fehlenden Reaktion der Finanzverwaltung auf die Rechtsprechungsänderung *Ditz/ Schneider*, DStR 2010, 81, 85; vgl. zu den auch nach dem JStG 2010 weiterhin bestehenden Inkonsistenzen *Wissenschaftlicher Beirat des Fachbereichs Steuern der Ernst & Young AG*, DB 2010, 1776, 1776ff.

751 Vgl. *Wied* in: Blümich, EStG/KStG/GewStG, § 4 EStG, Rz. 605.

752 *Wassermeyer* in: Wassermeyer/Andresen/Ditz, Betriebsstätten-Handbuch, Rz. 3.4; *Köhler*, Internationale Konzernstruktur, in: Kessler/Kröner/Köhler, Konzernsteuerrecht, 2008, 702, 712.

753 Vgl. *Kessler/Huck*, StuW 2005, 193, 198f.

754 Vgl. BMF-Schreiben vom 17.11.2005, IV B 2 – S 2144 – 50/05, BStBl. I 2005, 1019, Rz. 10.

chende Vermögensverschiebungen im grenzüberschreitenden Betriebsstättenkonzern zum Zinsabzugsverbot des § 4 Abs. 4a EStG führen.

c) Beurteilung

Die Begrenzung des Schuldzinsabzugs durch § 4 Abs. 4a EStG zielt auf Generierungsstrategien. Zwar hängt die Einschlägigkeit der Norm nicht idealtypisch von einer künstlichen Fremdkapitalzufuhr durch Gesellschafter ab, doch greift sie beim ökonomischen Äquivalent einer Verringerung des Eigenkapitals über Entnahmen. Weil Generierungsstrategien auch innerhalb eines Personengesellschafts- oder Betriebsstättenkonzerns steuerplanerisch Sinn ergeben können [vgl. Kap. 4.C.], erscheint es trotz der Kritik in der Literatur sachgerecht, dass konzerninterne Vermögensverschiebungen erfasst werden. Dies gilt zumindest, soweit andere Unterkapitalisierungsnormen mit möglicherweise gleichem Anwendungsbereich ausgeblendet werden. Für eine weitere Einschränkung ist darauf hinzuweisen, dass bei Anrechnungsbetriebsstätten die Isolation von Bemessungsgrundlagen, mithin also eine der regelmäßigen Voraussetzungen für Generierungsstrategien, entfällt. Dessen ungeachtet kann auch die Übertragung oder Überführung von Wirtschaftsgütern in Anrechnungsbetriebsstätten zu einem (dann nicht mehr sachgerechten) Zinsabzugsverbot führen.[755]

Ein zumindest in Ansätzen positives Urteil über die Unterkapitalisierungsnorm rührt von der Ausnahme für Investitionsdarlehen in § 4 Abs. 4a S. 5 EStG her. Entsprechend dem Realinvestitionskriterium steigt der zulässige Zinsabzug in Abhängigkeit von den Realinvestitionen. Allerdings erscheint diese Ausnahme gleichzeitig zu eng und zu weit.

Einerseits fordert das Realinvestitionskriterium keinen Zusammenhang der Darlehensaufnahme mit dem jeweiligen Wirtschaftsgut. Schließlich kann wohl nur schwerlich von einer Gewinnverlagerung über Finanzierungsentscheidungen ausgegangen werden, wenn die jeweilige Konzerneinheit ihre Kredite zwar nicht nachweislich bestimmten Wirtschaftsgütern zuordnen kann, aggregiert jedoch ausreichend Eigenkapital vorhanden ist. Da die Finanzverwaltung[756] aber die Ausnahme für Investitionskredite an ein gesondertes Darlehen knüpfen will,

---

755 Vgl. allgemein kritisch zur Entstrickung bei Übertragung oder Überführung in Anrechnungsbetriebsstätten *Wassermeyer*, DB 2006, 2420, 2420ff.; *Heinicke* in: Schmidt, EStG, § 4, Rz. 329.

756 Vgl. BMF-Schreiben vom 17.11.2005, IV B 2 – S 2144 – 50/05, BStBl. I 2005, 1019, Rz. 27; vgl. kritisch zur Schädlichkeit von Kontokorrentkrediten *Crezelius* in: Kirchhof, EStG, § 4, Rz. 167.

erweist sich die Unterkapitalisierungsnorm insofern als zu eng. Andererseits stellt sich die Ausnahme für Investitionskredite aber als zu weitgehend dar, weil das Schuldendeckungspotenzial der Investitionsgüter keine Berücksichtigung findet. Entsprechend bleibt es dem Steuerplaner möglich, über den Zinsaufwand aus Krediten für längst abgeschriebene Wirtschaftsgüter Gewinnverlagerungen zu betreiben. Im Ergebnis muss das bedingte Werturteil über § 4 Abs. 4a EStG gemischt ausfallen.

E. Gesamtschau

Die vorangegangenen Ausführungen haben deutlich gemacht, dass die deutschen Regelungen gegen Gewinnverlagerungen über Finanzierungsentscheidungen keineswegs homogen sind. Vielmehr kommen je nach Konzerntyp und Steuergestaltungstechnik höchst unterschiedliche Unterkapitalisierungsnormen zur Anwendung. Die tabellarische Gesamtschau [Tab. 6] bestätigt dies eindrucksvoll.

Tabelle 6: Gesamtschau der Unterkapitalisierungsnormen

		Betriebsstätten-konzern				**Personen-gesellschaftskonzern**				**Kapital-gesellschaftskonzern**			
		National		**Inter-national**		**National**		**Inter-national**		**National**		**Inter-national**	
		G	**A**	**G**	**A**	**G**	**A**	**G**	**A**	**G**	**A**	**G**	**A**
α_1	**Hinzurechnungsbe-steuerung**											X	
α_1	**Hypothetische Hinzurechnungs-besteuerung**			X				X					

α_2	**Abzugsverbot bei steuerfreien Einnahmen**				X				X		X	X	X
β_1	**Dotationskapitalgrundsätze**				X				(X)				
β_1	**Zerlegungsgrundsätze**		X										
β_2	**Sondervergütungen**					X		X					
γ_1	**Thesaurierungsbegünstigung**	(X)	(X)	(X)	(X)	X	X	X	X				
γ_2	**Gewerbesteuerliche Hinzurechnung**	X		X	X	X		X	X	X		X	X
γ_2	**Zinsschranke**	(X)	(X)	X	X	X	X	X	X	X	X	X	X
γ_2	**Zinsabzugsverbot bei Überentnahmen**	X		X		X		X					

Legende: G = Generierungsstrategie; A = Allokationsstrategie

Die Inhomogenität der Unterkapitalisierungsnormen bringt erhebliche Inkonsistenzen mit sich. Selbst innerhalb eines (Unter-)Typus sind systematisch kaum begründbare Widersprüche auszumachen. Besonders markant erscheinen folgende Inkonsistenzen:

- Bei den *Unterkapitalisierungsnormen vom Typ* α durchbrechen die eigentliche [vgl. Kap. 8.B.I.] und hypothetische [vgl. Kap. 8.B.II.] Hinzurechnungsbesteuerung die Isolation von Bemessungsgrundlagen grundsätzlich nur bei entsprechenden passiven Einkünften, während das von seiner Wirkung her vergleichbare Abzugsverbot bei steuerfreien Einnahmen [vgl. Kap. 8.B.III.] auch im Falle aktiver Einkünfte greift.

- Innerhalb der *Unterkapitalisierungsnormen vom Typ* β_1 wird bei den Dotationskapitalgrundsätzen [vgl. Kap. 8.C.I.] der direkten Methode der Vorzug gegeben, um die Verteilung von Eigen- und Fremdkapital zu bestimmen. Die Zerlegungsgrundsätze [vgl. Kap. 8.C.II.] verteilen hingegen alle Kapitalüberlassungen implizit nach der indirekten Methode, welche auf Schlüsselgrößen zurückgreift.

- Unter den *Unterkapitalisierungsnormen vom Typ* γ_2 stellt die Zinsschranke [vgl. Kap. 8.D.III.] auf den Nettozinsaufwand ab, während sich die gewerbesteuerliche Hinzurechnung [vgl. Kap. 8.D.II.] und das Abzugsverbot bei Überentnahmen [8.D.IV.] entsprechender Bruttogrößen bedienen.

- Ebenfalls bei den *Unterkapitalisierungsnormen vom Typ* γ_2 gewährt die Finanzverwaltung im Zusammenhang mit dem Abzugsverbot bei Überentnahmen [8.D.IV.] eine Ausnahmeregelung für Verlustsituationen, wohingegen die Zinsschranke [8.D.III.] ebenso wie die gewerbesteuerliche Hinzurechnung [8.D.II.] in diesen Fällen ungemindert zur Anwendung kommen und ggf. eine Substanzbesteuerung mit sich bringen.

- Wiederum bei den *Unterkapitalisierungsnormen vom Typ* γ_2 setzt die Thesaurierungsbegünstigung [8.D.I.] einen Betriebsvermögensvergleich voraus. Demgegenüber sind die Zinsschranke [8.D.III.], die gewerbesteuerliche Hinzurechnung [8.D.II.] sowie das Abzugsverbot bei Überentnahmen [8.D.IV.] auch im Falle einer Einnahmen-Überschussrechnung anwendbar.

- Schließlich führt eine Übertragung oder Überführung von Wirtschaftsgütern in ausländische Einheiten desselben Betriebsstättenkonzerns oder in (nachgeordnete) ausländische Einheiten desselben Personengesellschaftskonzerns wohl zu keiner schädlichen Entnahme i.S.d. Thesaurierungsbegünstigung [vgl. Kap. 8.D.I.], eventuell jedoch zu einer schädlichen Entnahme i.S.d. § 4 Abs. 4a EStG [vgl. Kap. 8.D.IV.]. Dabei gehören beide Vorschriften zu den *Unterkapitalisierungsnormen vom Typ* γ_2.

Die Literatur hat sich dieser Inhomogenitäten und Inkonsistenzen bislang kaum angenommen. Als eine der wenigen Ausnahmen bemüht *Prinz*[757] das Bild eines „Dickicht der diversen unabgestimmten Finanzierungskostenbegrenzungen". Nach *Piltz*[758] kann „die Abteilung ‚Zinsabzugsverbote' [sogar] als ‚Chaos' qualifiziert werden." Analog zu *Wassermeyers*[759] Feststellungen betreffend die Aktivitätsklauseln in deutschen DBA erscheint auch der Begriff des „Wirrwarr[s]" passend.

Die Beurteilung der Unterkapitalisierungsnormen auf *stand alone*-Basis hat neben deren Vielfältigkeit aber auch sehr differenzierte Werturteile zu Tage gefördert [Tab. 7]. So sind die Zerlegungsgrundsätze [vgl. Kap. 8.C.II.] und die Thesaurierungsbegünstigung [vgl. Kap. 8.D.I.] aus Sicht des Realinvestitionskriteriums positiv zu beurteilen. Die eigentliche Hinzurechnungsbesteuerung [vgl. Kap. 8.B.I.], die Zinsschranke [vgl. Kap. 8.D.III.] und das Abzugsverbot bei Überentnahmen [vgl. Kap. 8.D.IV.] können zumindest noch gemischt bewertet werden. All diese Regelungen treten Gewinnverlagerungen über Finanzierungsentscheidungen absichtlich oder quasi als Beiprodukt dergestalt entgegen, dass sie zumindest in Teilaspekten auf Realinvestitionen bzw. das Schuldendeckungspotenzial der Realinvestitionen abstellen. Demgegenüber rekurrieren das Abzugsverbot bei steuerfreien Einnahmen [vgl. Kap. 8.B.III.], die Dotationskapitalgrundsätze [vgl. Kap. 8.C.I.] sowie die gewerbesteuerliche Hinzurechnung von Schuldentgelten [vgl. Kap. 8.D.II.] auf Größen ohne logischen Konnex zu Gewinnverlagerungen. Die hypothetische Hinzurechnungsbesteuerung [vgl. Kap. 8.B.I.] und das Konzept der Sondervergütungen [vgl. Kap. 8.C.III.] erfassen zwar grundsätzlich gewinnverlagerungsverdächtige Sachverhalte, dies aber höchst inkonsequent – nämlich entweder unter Auslassung der Gewerbesteuer als „dominierende[r] Unternehmensteuer"[760] oder unter Vernachlässi-

---

757 *Prinz*, FR 2009, 593, 593; vgl. ähnlich *Prinz*, Finanzierungsfreiheit, in: Kessler/Förster/Watrin, FS Herzig, 2010, 147, 152: „Die verschiedenen Abzugsbegrenzungen [für Zinsaufwand] sind nicht durchgängig aufeinander abgestimmt, sondern greifen mitunter parallel ein."

758 *Piltz*, Zinsabzug, in: Herzig/Günkel/Niemann, StbJb 2001/2002, 2002, 73, 104.

759 *Wassermeyer*, IStR 2000, 65, 65ff.

760 *Herzig*, DB 2007, 1541, 1541ff.

gung von *sidestream*- und *upstream*-Kapitalüberlassungen. Mithin sind auch sie negativ zu beurteilen.

Tabelle 7: Gesamtschau der bedingten Werturteile über die Unterkapitalisierungsnormen

		Bedingtes Werturteil aus Sicht des Realinvestitionskriteriums		
		Positiv	**Gemischt**	**Negativ**
α_1	**Hinzurechnungsbesteuerung**		X	
α_1	**Hypothetische Hinzurechnungsbesteuerung**			X
α_2	**Abzugsverbot bei steuerfreien Einnahmen**			X
β_1	**Dotationskapitalgrundsätze**			X
β_1	**Zerlegungsgrundsätze**	X		
β_2	**Sondervergütungen**			X
γ_1	**Thesaurierungsbegünstigung**	X		
γ_2	**Gewerbesteuerliche Hinzurechnung**			X
γ_2	**Zinsschranke**		X	
γ_2	**Zinsabzugsverbot bei Überentnahmen**		X	

F. Schlussfolgerungen für den Fortgang der Untersuchung

Mit ihrem ganzheitlichen Ansatz tragen vorangegangene Ausführungen nicht nur der allgemeinen Kritik von *Hey*[761] Rechnung, dass normenübergreifende Untersuchungen zu Missbrauchsvermeidungsvorschriften „rar" sind. Vielmehr werden durch die Erkenntnis, dass Unterkapitalisierungsnormen vielfältiger Natur sind, auch Interdependenzen zwischen diesen Regelungen einer Analyse zugänglich. Derartige Wechselwirkungen treten auf, soweit ein Konzerntyp von mehreren Unterkapitalisierungsnormen gleichzeitig erfasst wird. Der Gesetzgeber hat sich allenfalls des Spezialfalls einer nicht nur gleichzeitigen, sondern auch überlappenden Anwendung mehrerer derartiger Regelungen angenommen. Zumindest punktuell schließt er diese Untergruppe der Interdependenzen aus:

- Der Zinsschranke [vgl. Kap. 8.D.III.] unterliegen nach § 4h Abs. 3 S. 2 EStG nur Fremdkapitalvergütungen, die den maßgeblichen Gewinn gemindert haben. In der Folge ist eine überlappende Hinzurechnung außerhalb der Bilanz nach dieser Vorschrift und § 3c Abs. 1 EStG [vgl. Kap. 8.B.III.], dem Konzept der Sondervergütungen [vgl. Kap. 8.C.III.] bzw. § 4 Abs. 4a EStG [vgl. Kap. 8.D.IV.] ausgeschlossen.[762]

- Gewerbesteuerlich hinzugerechnet [vgl. Kap. 8.D.II.] werden entsprechend § 8 Nr. 1a GewStG nur einkommen- oder körperschaftsteuerlich abziehbare Zinsen. Mithin wird eine überlappende Anwendung dieser Regelung und des Konzepts der Sondervergütungen [vgl. Kap. 8.C.II.][763], der Zinsschranke [vgl. Kap. 8.D.III.] [764] bzw. des Abzugsverbots bei Überentnahmen [vgl. Kap. 8.D.IV.] verhindert.

---

761 *Hey*, StuW 2008, 167, 168.

762 Vgl. *Köhler*, DStR 2007, 597, 598; *Loschelder* in: Schmidt, EStG, § 4h, Rz. 4.

763 Vgl. Ländererlass vom 04.07.2008, BStBl. I 2008, 730, Rz. 2; *Hofmeister* in: Blümich, EStG/KStG/GewStG, § 8 GewStG, Rz. 36.

764 Vgl. zum Zusammenspiel der gewerbesteuerlichen Hinzurechnung mit der Zinsschranke *Hoffmann*, Zinsschranke, 2008, 26; vgl. aber zu den in dieser Untersuchung nicht betrachteten Unterschieden im Zinsbegriff [vgl. Kap. 6.A.] die tabellarische Übersicht von *Köhler/Hahne*, DStR 2008, 1505, 1506.

Kapitel 9: Systematisierende Beurteilung der Interdependenzen

A. Eingrenzung des Beurteilungsbereiches

Die Vielfalt der Unterkapitalisierungsnormen potenziert buchstäblich die damit verbundenen Interdependenzen. Freilich erlaubt es die Systematisierung der Steuergestaltungstechniken [vgl. Kap. 4.C.] den Beurteilungsbereich einzugrenzen, indem zwei Kategorien von Interdependenzen unterschieden werden:

- *Strategiegleiche Interdependenzen* resultieren aus Unterkapitalisierungsnormen, welche beim gleichen Konzerntyp (Rechtsform, geographische Ausdehnung) dieselbe Steuergestaltungstechnik (Generierungsstrategie, Allokationsstrategie) erfassen. In Tab. 6 [vgl. Kap. 8.E.] ist diese Kategorie von Wechselwirkungen daran zu erkennen, dass beim jeweiligen Konzerntyp die entsprechenden Unterkapitalisierungsnormen in derselben Spalte (G oder A) als potenziell einschlägig markiert sind.

- *Strategieungleiche Interdependenzen* sind die Folge von Unterkapitalisierungsnormen, welche beim gleichen Konzerntyp (Rechtsform, geographische Ausdehnung) unterschiedliche Steuergestaltungstechniken (Generierungsstrategie, Allokationsstrategie) treffen. In Tab. 6 [vgl. Kap. 8.E.] sind sie daran zu erkennen, dass beim jeweiligen Konzerntyp die entsprechenden Unterkapitalisierungsnormen in unterschiedlichen Spalten (G und A) als potenziell einschlägig markiert sind.

Erkenntnistheoretisch erscheint eine Beurteilung der *strategiegleichen Interdependenzen* besonders lohnend. Schließlich werden hier dieselben Gewinnverlagerungsvorgänge von mehreren, sich wechselseitig beeinflussenden Unterkapitalisierungsnormen getroffen. Demgegenüber tangieren *strategieungleiche Interdependenzen* zwar denselben Konzern, jedoch nicht dieselben Gewinnverlagerungsvorgänge. Bspw. kann im grenzüberschreitenden Personengesellschaftskonzern die hypothetische Hinzurechnungsbesteuerung nach § 20 Abs. 2 AStG Generierungsstrategien im Wege stehen, während das Abzugsverbot bei steuerfreien Einnahmen gem. § 3c Abs. 1 EStG Allokationsstrategien zu begrenzen sucht. Beide Vorschriften stärken oder schwächen sich nicht wechselseitig, sondern wirken allenfalls auf Ebene der Gesamtsteuerplanung zusammen. Insofern erscheint es gerechtfertigt, den Beurteilungsbereich auf *strategiegleiche Interdependenzen* einzugrenzen.

B. Kompensierende Interdependenzen

Kompensierende Interdependenzen stellen allgemein sicher, dass Unterkapitalisierungsnormen durch das Zusammenspiel mit anderen Unterkapitalisierungsnormen dem jeweils angelegten Beurteilungsmaßstab überhaupt erst oder in noch größerem Umfang entsprechen. Mithin sind kompensierende Interdependenzen positiv zu beurteilen. Dies gilt auch aus Perspektive des hier angelegten Realinvestitionskriteriums.

Kompensierende Interdependenzen sind unter den strategiegleichen Wechselwirkungen zunächst beim Zusammenspiel von § 4 Abs. 4a EStG mit § 34a EStG zu beobachten. Hier entfaltet das Abzugsverbot bei Überentnahmen eine teilweise Sperrwirkung für die steuergestalterische Entnahme von Altrücklagen vor erstmaliger Anwendung der Thesaurierungsbegünstigung.[765] Weil der Anreiz zur Vorab-Entnahme von Altrücklagen nicht mit dem Realinvestitionskriterium vereinbar ist [vgl. Kap. 8.D.I.c)], entspricht die Thesaurierungsbegünstigung durch das kompensierende Zusammenspiel mit § 4 Abs. 4a EStG (noch) besser diesem Beurteilungsmaßstab.

Ähnlich der kompensierenden Interdependenz zwischen der Thesaurierungsbegünstigung und dem Abzugsverbot bei Überentnahmen engen gleich mehrere Unterkapitalisierungsnormen die von der Zinsschranke gewährten Freiräume für Gewinnverlagerungen ein. Auch dieses Wechselspiel ist im Lichte des Realinvestitionskriteriums positiv zu beurteilen. Bspw. können Zinszahlungen an Gesellschafter im Zusammenhang mit einem konzerninternen Anteilserwerb zwar die Freigrenze des § 4h Abs. 2 S. 1a EStG passieren [vgl. Kap. 8.D.III.c)], unterliegen aber dann der gewerbesteuerlichen Hinzurechnung nach § 8 Nr. 1a GewStG. Wird der Kredit bei einer ausländischen Konzernfinanzierungsgesellschaft aufgenommen, ist überdies eine eigentliche oder hypothetische Hinzurechnungsbesteuerung nicht auszuschließen.

---

765 Vgl. *Schiffers*, GmbHR 2007, 841, 846.

C. Dekompensierende Interdependenzen

Dekompensierende Interdependenzen bewirken allgemein, dass Unterkapitalisierungsnormen durch das Zusammenspiel mit anderen Unterkapitalisierungsnormen dem jeweils angelegten Beurteilungsmaßstab (noch) weniger entsprechen. Sie sind damit negativ zu beurteilen. Dies gilt auch aus Perspektive des Realinvestitionskriteriums. Die Wirkungsrichtung des Wechselspiels weist dabei hin zu einem „Unterschießen".

Das Zusammenwirken von Sondervergütungen und Zinsschranke stellt das prominenteste Beispiel für strategiegleiche, dekompensierende Interdependenzen dar. So löst das Konzept der Sondervergütungen zunächst Zinszahlungen einer Personengesellschaft an ihre Mitunternehmer aus dem Anwendungsbereich der Zinsschranke heraus, erweist sich danach jedoch entsprechend einer Schrifttumsauffassung[766] als „zahnloser Tiger"[767]. Soweit die Zinsschranke entsprechende Generierungsstrategien aufgegriffen hätte und es sich beim Konzept der Sondervergütungen nicht doch um einen „Tiger mit scharfen Zähnen"[768] handelt, verliert die Regelung durch das Zusammenspiel mit dem Konzept der Sondervergütungen an Zielgenauigkeit.

---

766 Der Gesetzgeber hat versucht, die inländische Steuerpflicht von Sondervergütungen an ausländische Mitunternehmer durch § 50d Abs. 10 EStG zu regeln. Demnach gelten Sondervergütungen für Zwecke der Anwendung von DBA als Unternehmensgewinne, soweit keine explizit andere Vereinbarung getroffen wurde. Allerdings weisen *Boller/Eilinghoff/Schmidt*, IStR 2009, 109, 111 darauf hin, dass die überwiegende Zahl insbesondere älterer DBA diesen Begriff nicht kennt. Zudem wird von Rechtsprechung und Literatur gegen die Vorschrift eingewendet, dass sie nicht die Zugehörigkeit der Sondervergütungen zur Betriebsstätte regele und mithin ein deutsches Besteuerungsrecht schaffe, sondern nur auf nachgeordneter Ebene Unternehmensgewinne postuliere, vgl. FG Baden-Württemberg, Urteil vom 09.10.2009, 10 K 3312/ 08, EFG 2010, 238, 240; *Lohbeck/Wagner*, DB 2009, 423, 425f.; *Hils*, DStR 2009, 888, 890f.; differenzierend *Goebel/Boller/Ungemach*, IStR 2008, 643, 643ff.; a.A. FG München, Urteil vom 30.07.2009, 1 K 1816/09, EFG 2009, 1954, 1955; BMF-Schreiben vom 16.04.2010, IV B 2 – S1300/09/10003, Rz. 5.1; vgl. zur Frage, ob ein (unzulässiger) Treaty-Override vorliegt *Frotscher*, IStR 2009, 593, 595f.; *Kessler/Eicke*, Tax Notes International 2009, Vol. 56, No. 11, 871, 875; vgl. zur Frage, ob betriebsstättenlose Einkünfte aus Gewerbebetrieb nach deutschem Recht überhaupt denkbar sind *Kramer*, IStR 2010, 239, 239ff. sowie die Replik von *Wassermeyer*, IStR 2010, 241, 241f.

767 *Boller/Eilinghoff/Schmidt*, IStR 2009, 109, 109 und erneut *Boller/Schmidt*, IStR 2009, 852, 852.

768 *Mitschke*, DB 2010, 303, 303.

Eine ebenfalls dekompensierende Wirkung auf eine ganze Reihe von Unterkapitalisierungsnormen kann von der Thesaurierungsbegünstigung ausgehen. Bei systematischer Betrachtung ist ursächlich hierfür, dass § 34a EStG zwar die disparate Behandlung von Eigen- und Fremdkapitalfinanzierung reduziert, unter bestimmten Annahmen jedoch eine zusätzliche Isolation der Bemessungsgrundlagen bewirkt [vgl. Kap. 8.D.I.c)]. Innerhalb der strategiegleichen Interdependenzen ist das Zusammenspiel mit der Zinsschranke hervorzuheben. So erscheint es für den Steuerplaner umso attraktiver, die Gestaltungsspielräume der Zinsschranke für Allokationsstrategien zu nutzen, wenn dadurch Gewinne von einer nicht begünstigten Konzerneinheit zu einer begünstigt besteuerten Parallelpersonengesellschaft verlagert werden. Ein analoges Argument kann für die hypothetische Hinzurechnungsbesteuerung gemacht werden.[769] Soweit hiervon eine Parallelpersonengesellschaft betroffen ist, kann die ohnehin nur einkommen- oder körperschaftsteuerliche Wirkung dieser Unterkapitalisierungsnorm dadurch weiter dekompensiert werden, dass für die von § 20 Abs. 2 AStG betroffene Einheit zur begünstigten Besteuerung einbehaltener Gewinne nach § 34a EStG optiert wird.

D. Überkompensierende Interdependenzen

Überkompensierende Interdependenzen führen allgemein dazu, dass Unterkapitalisierungsnormen durch das Zusammenspiel mit anderen Unterkapitalisierungsnormen dem jeweils angelegten Beurteilungsmaßstab (noch) weniger entsprechen. Sie sind damit negativ zu beurteilen. Dies gilt nicht zuletzt bei Anwendung des Realinvestitionskriteriums. Im Gegensatz zu dekompensierenden Interdependenzen weist die Wirkungsrichtung des überkompensierenden Wechselspiels dabei hin zu einem „Überschießen".

Vom Schrifttum[770] mit besonderer Aufmerksamkeit bedacht wird die mögliche Anwendung von § 8bAbs. 5 KStG auf tatsächliche Ausschüttungen nach er-

---

769 Vgl. allgemein zur Möglichkeit, die Thesaurierungsbegünstigung auch im Fall der hypothetischen Hinzurechnungsbesteuerung anzuwenden, die Hinweise von *Goebel/Ungemach/Schmidt* u.a., IStR 2007, 877, 883; *Kessler/Jüngling/Pfuhl*, Ubg 2008, 741, 741; *Köhler*, Rechtsformwahl, in: Kessler/Förster/Watrin, FS Herzig, 2010, 953, 972.

770 Vgl. für eine Anwendung der Schachtelstrafe *Dötsch/Pung* in: Dötsch/Jost/Pung u.a., KStG, § 8b, Rz. 228; a.A. *Schönfeld*, DStR 2006, 1216, 1217ff.; *Köhler*, Ausländische Kapitalgesellschaften, in: Kessler/Kröner/Köhler, Konzernsteuerrecht, 2008, 570, 626.

folgter Hinzurechnungsbesteuerung [vgl. Kap. 8.B. III.a)]. Die von *Gosch*[771] für diesen Fall konzedierten „Doppelbelastungen" stellen sich im Lichte der hier entwickelten Systematik als überkompensierende Interdependenzen dar. Gleiches kann für die Anwendung der Hinzurechnung nach § 8 Nr. 1a GewStG auf Zinszahlungen an Zwischengesellschaften gelten. Soweit §§ 7-14 AStG einschlägig ist, werden Generierungsstrategien doppelt, mithin überschießend, belastet. Anders als bei § 20 Abs. 2 AStG, welcher eine Kürzung nach § 9 Nr. 2, 3 GewStG auslöst [vgl. Kap. 8.B.II.a)], hätte im Fall von kapitalistischen Zwischengesellschaften die Anwendung der Hinzurechnungsbesteuerung genügt, um auch die gewerbesteuerlichen Anreize zu Generierungsstrategien zu tilgen.

Zwischen dem Abzugsverbot bei steuerfreien Einnahmen und der Zinsschranke kann es zu weiteren strategiegleichen Interdependenzen mit überkompensierender Wirkung kommen. Dies spiegelt sich auch in der Feststellung von *Möhlenbrock/Pung*[772] wider, die einräumen, dass „die parallele Anwendung beider Vorschriften [...] ungünstig ist." Insbesondere laufen Allokationsstrategien Gefahr, additiv nach § 4h EStG, § 8a KStG einerseits und § 8b Abs. 5 KStG andererseits nicht abziehbaren Zinsaufwand zu schaffen. Im Extremfall kann es sogar zu einer außerbilanziellen Hinzurechnung von 105% des Zinsaufwandes kommen, was eindeutig als überschießend zu werten ist.

E. Gesamtschau

Die vorangegangenen Ausführungen haben aufgezeigt, dass die Vielfältigkeit an Unterkapitalisierungsnormen noch vielfältigere Interdependenzen hervorbringt. Sowohl Gesetzgeber als auch Schrifttum haben sich diesem Phänomen bislang nur punktuell angenommen. Um die Interdependenzen dennoch einer Analyse zugänglich zu machen, wurden zunächst strategiegleiche von strategieungleichen Wechselwirkungen unterschieden [vgl. Kap. 9.A., Tab. 8]. Darauf aufbauend systematisierte vorliegende Untersuchung die strategiegleichen Wechselwirkungen in kompensierende, dekompensierende und überkompensierende Interdependenzen [vgl. Kap. 9.B.; Kap. 9.C.; Kap. 9.D.]. Kasuistisch wurden den einzelnen Fallgruppen Beispiele zugeordnet [Tab. 8].

---

771 *Gosch* in: Gosch, KStG, § 8b, Rz. 25.

772 *Möhlenbrock/Pung* in: Dötsch/Jost/Pung u.a., KStG, § 8a, Rz. 27; nach *Prinz* in: Herrmann/Heuer/Raupach, Jahresband 2008, Rz. J07-6 wird die Zinsschranke durch § 8b Abs. 5 KStG „unterlaufen".

Tabelle 8: Gesamtschau der Interdependenzen

Interdependenzen	**Strategiegleich**	**Strategieungleich**
Kompensierend	• Thesaurierungsbegünstigung – Abzugsverbot bei Überentnahmen • Zinsschranke – gewerbesteuerliche Hinzurechnung	
Dekompensierend	• Sondervergütungen – Zinsschranke • Thesaurierungsbegünstigung – Zinsschranke • Thesaurierungsbegünstigung – hypothetische Hinzurechnungsbesteuerung	
Überkompensierend	• Abzugsverbot bei steuerfreien Einnahmen – Hinzurechnungsbesteuerung • Gewerbesteuerliche Hinzurechnung – Hinzurechnungsbesteuerung • Zinsschranke – Abzugsverbot bei steuerfreien Einnahmen	

Dieser abstrakte Ansatz erscheint umso wichtiger, als sich situativ die Wirkung einer Interdependenz verändern kann. Bspw. entfaltet das Abzugsverbot bei steuerfreien Einnahmen im Zusammenspiel mit der Zinsschranke zwar grundsätzlich eine überschießende Wirkung [vgl. Kap. 9.D.], solange aber die steuergestalterischen Freiräume der Zinsschranke für Gewinnverlagerungen genutzt werden, käme auch eine kompensierende Wirkung in Betracht.

Im Lichte des Realinvestitionskriteriums fallen die bedingten Werturteile über die strategiegleichen Interdependenzen höchst unterschiedlich aus. So sind kompensierende Interdependenzen positiv zu werten [Tab. 9], während die übrigen Ausprägungen des Wechselspiels zwischen Unterkapitalisierungsnormen einer zielgenauen Sanktionierung von Gewinnverlagerungen im Wege stehen. Mithin sind dekompensierende ebenso wie überkompensierende Interdependenzen negativ zu beurteilen [Tab. 9].

Tabelle 9: Gesamtschau der bedingten Werturteile über die Interdependenzen

	Bedingtes Werturteil aus Sicht des Realinvestitionskriteriums		
	Positiv	**Gemischt**	**Negativ**
Kompensierende Interdependenzen	X		
Dekompensierende Interdependenzen			X
Überkompensierende Interdependenzen			X

F. Schlussfolgerungen für den Fortgang der Untersuchung

Die zentrale Erkenntnis der vorangegangenen Ausführungen für den Fortgang der Untersuchung besteht darin, dass steuerplanerische und steuerrechtspolitische Handlungsempfehlungen nicht wie bislang üblich für einzelne Unterkapitalisierungsnormen getrennt ausgesprochen werden dürfen. Vielmehr müssen auch Interdependenzen zwischen diesen Vorschriften Berücksichtigung finden. Einerseits vermögen derartige Wechselwirkungen steuerplanerischen oder steuerrechtspolitischen Handlungsbedarf zu tilgen, welcher aus einer ungenauen Sanktionierung von Gewinnverlagerungen durch die entsprechende Unterkapitalisierungsnorm auf *stand alone*-Basis resultiert. Und andererseits können solche Interdependenzen steuerplanerischen oder steuerrechtspolitischen Handlungsbedarf schaffen, weil sie die Zieladäquanz einzelner Unterkapitalisierungsnormen stören. Das bedingte Werturteil aus Perspektive des Realinvestitionskriteriums erlaubt es dabei, die entsprechenden Wirkungen griffig zu erfassen.

Kapitel 10: Steuerplanerische Entscheidungshilfen

Der Steuergesetzgeber versucht mit Unterkapitalisierungsnormen dem Bestreben der Steuerpflichtigen entgegen zu treten, über Gewinnverlagerungen ihren relativen Steuerbarwert zu minimieren. Damit werden auch die Unterkapitalisierungsnormen selbst sowie die mit ihnen einhergehenden Interdependenzen zum Gegenstand der Steuerplanung. Ob der Vielfältigkeit dieser Vorschriften und ihrer Wechselwirkungen stehen die betrieblichen Entscheidungsträger aber vor erheblichen Informationsproblemen.[773] Mithin fällt eine originär quantitative Steuerplanung schwer. Die systematisierenden Beurteilungen der Unterkapitalisierungsnormen [vgl. Kap. 8] und ihrer Interdependenzen [vgl. Kap. 9] können jedoch dazu beitragen, das Informationsproblem auf qualitative Weise zu verringern.

Ursächlich für die hilfreiche Rolle der systematisierenden Beurteilungen ist deren doppelte Komplexitätsreduktion des steuerplanerischen Ausgangsproblems. Innerhalb der Steuerplanung [vgl. Kap. 4.B.] kann dabei wie folgt zwischen den Implikationen für die *Steuereinplanung* und jenen für die *Steuergestaltung* unterschieden werden:

- Erstens erlaubt es die Systematik der Unterkapitalisierungsnormen [vgl. Kap. 8], die *Steuereinplanung* auf einen Teil dieser Vorschriften einzugrenzen und damit Steuerrisiken entgegen zu treten. *Rose*[774] unterteilt derartige Gefahren in Sachverhaltsrisiken, Beurteilungsrisiken und Rechtsänderungsrisiken. Ob der Vielfalt der Unterkapitalisierungsnormen ist für den Steuerplaner inbesondere das Risko evident, Finanzierungssachverhalte nicht auf alle steuerrechtlich bedeutsamen Elemente hin zu untersuchen. Die hier entwickelte Systematisierung kann dazu beitragen, derartige Sachverhaltsrisiken zu verringern. So können aus Tab. 6 [vgl. Kap. 8.E.] bereits mit dem Wissen um den Konzerntyp (Betriebsstätten-, Personengesellschafts- oder Kapitalgesellschaftskonzern, jeweils national oder international) und um die Steuergestaltungstechnik (Generierungs-

773 Vgl. allgemein zu Informationskosten als Grenzen quantitativer Entscheidungsmodelle *Wagner*, BFuP 1984, 201, 219f.; vgl. analog zur Steuerplanung mit Holdinggesellschaften *Kessler*, Euro-Holding, 1996, 279f.

774 *Rose*, Steuerrechtsrisiken, in: Elschen/Siegel/Wagner, FS Schneider, 1995, 479, 483ff.

oder Allokationsstrategie) zuverlässig die möglicherweise einschlägigen Unterkapitalisierungsnormen abgelesen werden.

- Zweitens erlaubt es die Systematik der Interdependenzen [vgl. Kap. 9], Ansatzpunkte der *Steuergestaltung* zu lokalisieren. Entsprechend der Systematisierung von *Rödder*[775] ist dabei zwischen *Steuergestaltungsimpulsen* und *Steuergestaltungsanreizen* zu differenzieren. So gehen von überkompensierenden Interdependenzen *Steuergestaltungsimpulse* aus, weil „bestimmte als ‚zu hoch' empfundene Steuerbelastungen [...] zu einem (Unzufriedenheits-)Impuls führen [können]."[776] Umgekeht setzen dekompensierende Interdependenzen *Steuergestaltunganreize*, weil sie die Möglichkeit eröffnen, „mit Hilfe von Steuergestaltungen die Steuerbelastung beeinflussen zu können."[777]

Als konkrete Entscheidungshilfe lässt sich aus der doppelten Komplexitätsreduktion damit folgendes Prüfungsschema für die Steuerplanung mit Unterkapitalisierungsnormen kondensieren:

- Um welchen *Konzerntyp* (Betriebsstätten-, Personengesellschafts- oder Kapitalgesellschaftskonzern, jeweils national oder international) und um welche *Gewinnverlagerungstechnik* (Generierungs- oder Allokationsstrategie) handelt es sich?

- Welche der in diesen Fällen potenziell anwendbaren *Unterkapitalisierungsnormen* [vgl. Tab. 6 in Kap. 8.E.] sind tatsächlich einschlägig?

---

775 Vgl. *Rödder*, Gestaltungssuche, 1991, 20ff.

776 *Rödder*, Gestaltungssuche, 1991, 21 (allgemein zu Steuergestaltungsimpulsen); ähnlich stellt *Rose*, Kautelarjurisprudenz, in: Jakobs/Knobbe-Keuk/Picker/Wilhelm, FS Flume, 1978, 257, 278 zur „Anregungsfunktion" der Teilsteuerrechnung fest: „Nicht selten folgt aus der Erkenntnis einer beachtlichen Steuerbelastungshöhe bzw. eines größeren Steuerwirkungsunterschiedes die Anregung, gestalterische Maßnahmen zur Verminderung der Belastungen zu planen bzw. durchzuführen."

777 *Rödder*, Gestaltungssuche, 1991, 23 (allgemein zu Steuergestaltungsanreizen).

- Entfalten sich zwischen den tatsächlich einschlägigen Unterkapitalisierungsnormen *überkompensierende Interdependenzen*?

- Wird den *Steuergestaltungsimpulsen* dieser überkompensierenden Interdependenzen nachgegangen?

- Können *dekompensierende Interdependenzen* erzeugt werden?

- Wird den *Steuergestaltungsanreizen* dieser dekompensierenden Interdependenzen nachgegangen?

Kapitel 11: Steuerrechtspolitische Entscheidungshilfen

In Anlehnung an die Feststellung von *Kessler*[778] zur Abzugsfähigkeit von Beteiligungsaufwand kann die Inhomogenität und Inkonsistenz der Unterkapitalisierungsnormen als „deutliches Indiz für die bislang fehlende theoretische Aufarbeitung der steuerökonomischen Zusammenhänge" gewertet werden. Nachdem die vorangegangenen Kapitel versucht haben, diese Aufarbeitung nachzuholen, können zwei Ebenen unterschieden werden, die dem Gesetzgeber offen stehen, um sein Ziel einer treffsicheren Bekämpfung von Gewinnverlagerungen [vgl. Kap. 6.B.] zu erreichen:

- Der Gesetzgeber kann sein Ziel einer treffsicheren Bekämpfung von Gewinnverlagerungen *auf Ebene der einzelnen Unterkapitalisierungsnormen* erreichen.

- Der Gesetzgeber kann sein Ziel einer treffsicheren Bekämpfung von Gewinnverlagerungen *auf Ebene der Interdependenzen zwischen den Unterkapitalisierungsnormen* erreichen.

Als steuerrechtspolitische Entscheidungshilfe kann auf Grundlage der Erkenntnisse vorliegender Untersuchung formuliert werden, dass der Gesetzgeber versuchen sollte, bereits *auf Ebene der einzelnen Unterkapitalisierungsnormen* sein Ziel einer treffsicheren Bekämpfung von Gewinnverlagerungen zu erreichen. Die Wechselwirkungen erscheinen zu vielfältig, als dass der richtige „Mix" aus kompensierenden, dekompensierenden und überkompensierenden Interdependenzen gefunden werden könnte. Zudem kann sich situativ die Wirkung einer Interdependenz verändern [vgl. Kap. 9.E.]. Eine über den Einzelfall hinausgehende, generelle Zielerreichung durch „Manipulation" der Interdependenzen wird damit unmöglich.

Die Zielerreichung auf Ebene der Unterkapitalisierungsnormen selbst bedingt aber deren Vereinheitlichung. Damit werden Interdependenzen jeder Art vermieden, welche letztlich gesetzgeberisch nicht steuerbar sind und als Konsequenz drohen, auch zieladäquate Einzelregelungen in der Wirkung umzukeh-

---

778 *Kessler*, Euro-Holding, 1996, 188.

ren oder zu überspitzen [vgl. Kap. 9]. Diese Handlungsempfehlung bestätigt die Forderung von *Prinz*[779], wonach „der Gesetzgeber [...] eine Bestandsaufnahme der zinsabzugsbegrenzenden Normen durchführen, bestehende Konkurrenzen beseitigen, zumindest Abgrenzungen vornehmen und das ganze ‚Normengestrüpp' schließlich auf das wirklich erforderliche Maß zurückschneiden [sollte]."

Soweit die Unterkapitalisierungsregelungen vereinheitlicht werden, stellt sich aber die Frage nach der Reichweite dieser Empfehlung. Die im Rahmen vorliegender Arbeit entwickelte Systematisierung nach dem Regelungszweck [vgl. Kap. 5.C.II.] ermöglicht es, auch diesbezüglich eine klare Entscheidungshilfe abzuleiten. So stellen *indirekte Unterkapitalisierungsnormen* nicht ausschließlich auf Gewinnverlagerungen über Finanzierungsentscheidungen ab. Sie dienen vielmehr gänzlich oder überwiegend anderen Regelungszwecken, welche nach einer Vereinheitlichung eventuell nicht mehr ausreichend zum Tragen kommen würden. Daher sind diese ggf. von der Handlungsempfehlung auszunehmen. Demgegenüber haben *direkte Unterkapitalisierungsnormen* primär künstliche Kapitalstrukturen im Fokus. Zu dieser Gruppe zählen die Dotationskapitalgrundsätze, die Zinsschranke und die Begrenzung des Schuldzinsenabzugs bei Überentnahmen [Tab. 10]. Einer Harmonisierung derartiger Vorschriften stehen in weit geringerem Umfange Restriktionen aus anderen Regelungszwecken entgegen. Im Ergebnis kann als steuerrechtspolitische Entscheidungshilfe formuliert werden, dass mindestens die *direkten Unterkapitalisierungsnormen* vereinheitlicht werden sollten.

---

779 *Prinz*, FR 2009, 593, 598; ebenso *Prinz*, Finanzierungsfreiheit, in: Kessler/Förster/Watrin, FS Herzig, 2010, 147, 165; ähnlich für den speziellen Fall der Dotationskapitalgrundsätze auch *Kroppen*, Authorized OECD Approach, in: Kessler/Förster/Watrin, FS Herzig, 2010, 1071, 1092: „Ist ein nationaler Gesetzgeber der Auffassung, dass einer Betriebsstätte zu wenig oder zu viel Dotationskapital zugewiesen wurde, kann er eine nationale Regelung gegen Unterkapitalisierung von Betriebsstätten (vgl. § 8a KStG a.F.) bzw. zur Anwendung von CFC-Regelungen auf Betriebsstätten (vgl. § 20 Abs. 2 AStG) schaffen [...]. Es ist aber nicht sachgerecht, bereits auf Ebene der Aufteilung [von Dotationskapital] zwischen Stammhaus und Betriebsstätte quasi durch die Hintertür zu Missbrauchsverhinderungsregelungen zu kommen und deshalb eine Gewinnaufteilung vorzuschreiben, die nur schwer zu fassen, wenig praktikabel und in sich teilweise inkonsequent ist."

Tabelle 10: Gesamtschau der nach dem Regelungszweck systematisierten Unterkapitalisierungsnormen

Unterkapitalisierungsnorm		*Direkt*	*Indirekt*
α_1	**Hinzurechnungsbesteuerung**		X
α_1	**Hypothetische Hinzurechnungsbesteuerung**		X
α_2	**Abzugsverbot bei steuerfreien Einnahmen**		X
β_1	**Dotationskapitalgrundsätze**	X	
β_1	**Zerlegungsgrundsätze**		X
β_2	**Sondervergütungen**		X
γ_1	**Thesaurierungsbegünstigung**		X
γ_2	**Gewerbesteuerliche Hinzurechnung**		X
γ_2	**Zinsschranke**	X	
γ_2	**Zinsabzugsverbot bei Überentnahmen**	X	

Bei der Frage, wie zumindest die *direkten Unterkapitalisierungsnormen* vereinheitlicht werden sollen, kann auf den hier entwickelten Detektionsmechanismus für Gewinnverlagerungen [vgl. Kap. 6.C.I.] zurückgegriffen werden. Dies gilt umso mehr, als im Rahmen der Beurteilung der Unterkapitalisierungsregelungen auf *stand alone*-Basis [vgl. Kap. 8.] offenbar wurde, dass Teilaspekte existenter Vorschriften dem daraus abgeleiteten Realinvestitionskriterium bereits genügen. Hierzu zählen u.a. die Berücksichtigung der AfA bei der Zinsschranke und die Ausnahme für Investitionsdarlehen im Falle schädlicher Überentnahmen. Als steuerrechtspolitische Handlungsempfehlung kann demnach formuliert werden, den dort beschrittenen Weg konsequent weiter zu gehen. Der Zielsetzung des Gesetzgebers dürften schließlich Unterkapitalisierungsnormen am besten entsprechen, die grundsätzlich dann und nur dann einschlägig sind, wenn der Bestand an Fremdkapital einer Konzerneinheit das Schuldendeckungspotenzial ihrer Realinvestitionen übersteigt.

Mit der Empfehlung, Unterkapitalisierungsnormen zu vereinheitlichen und am Realinvestitionskriterium auszurichten, geht freilich noch keine Präferenz für einen bestimmten Typ dieser Vorschriften einher. Im Lichte der Systematisierung nach dem Ansatzpunkt [vgl. Kap. 5.C.I.] besteht vielmehr die Wahl zwischen Vorschriften, die die Isolation von Bemessungsgrundlagen (*Typ* α), die Maßgeblichkeit zivilrechtlicher Wertungen (*Typ* β) oder die disparate Behandlung von Eigen- und Fremdkapitalfinanzierung (*Typ* γ) fallweise durchbrechen.

Gegen die Möglichkeit, die einheitliche *Unterkapitalisierungsnorm als Typ* α auszugestalten, sprechen jedoch administrative Gründe. So erscheint das Trennungsprinzip insbesondere bei Publikumsaktiengesellschaften unverzichtbar.[780] Darüber hinaus lassen es systematische Überlegungen nur wenig attraktiv erscheinen, sich von der Maßgeblichkeit zivilrechtlicher Wertungen bezüglich der Einordnung des Steuergutes zu lösen (*Typ* β_2). Schließlich können Gewinnverlagerungen nicht nur über Generierungs-, sondern gleichsam über Allokationsstrategien verwirklicht werden [vgl. Kap. 4.C.]. Damit muss der sachliche Anwendungsbereich einer einheitlichen Unterkapitalisierungsnorm aber auch Fremdkapitalüberlassungen von fremden Dritten erfassen. Würde sich der Gesetzgeber für eine Umqualifizierung von Fremd- in Eigenkapital entscheiden, wäre systematisch jedoch nur schwer bestimmbar, welchem Gläubiger der unschädliche Teil der Fremdkapitalausstattung zuzurechnen und daher eine reguläre Zinsbesteuerung abzuverlangen ist und welcher Gläubiger in den Genuss der regelmäßig günstigeren Eigenkapitalfiktion käme.[781]

---

780 Vgl. *U.S.Department of Treasury*, Integration, 1992, 35; ebenso *McLure*, Harvard Law Review 1975, Vol. 88, No. 3, 532, 562ff.; *Pratt*, Vanderbild Law Review 2000, Vol. 53, 1055, 1121ff.

781 Vgl. implizit ähnlich *Herzig/Bohn*, IStR 2009, 253, 259: „Der internationale Trend zu einem ausschließlichen Betriebsausgabenabzugsverbot ohne weitergehende Umqualifizierung der Zinsaufwendungen dürfte auch dem bereits beschriebenen Trend zur Ausweitung des sachlichen Anwendungsbereichs auf die Fremdfinanzierung von fremden Dritten geschuldet sein.“

Im Ergebnis kristallisiert sich die Adaption einer einheitlichen, am Schuldendeckungspotenzial der Realinvestitionen ausgerichteten *Unterkapitalisierungsnorm vom Typ* β_1 *oder* γ als steuerrechtspolitische Handlungsempfehlung heraus. Jede hierauf aufbauende Entscheidung folgt weniger theoretischen Einsichten denn realpolitischen Zwängen. Allerdings handelt es sich bei Gewinnverlagerungen über Finanzierungsentscheidungen um ein Problem, welches mehrere Jurisdiktionen berührt und daher auch interjurisdiktionell abgestimmt gelöst werden sollte.[782] Eine besondere Sachgerechtigkeit ist somit *Unterkapitalisierungsnormen vom Typ* β_1 zuzumessen, die interjurisdiktionell abgestimmt Steuergut entsprechend der Realinvestitionen zuordnen. Während die gewerbesteuerlichen Zerlegungsgrundsätze [vgl. Kap. 8.C.II.] bestätigen, dass dies innerstaatlich auch umsetzbar ist, lassen für internationale Gewinnverlagerungen realpolitische Zwänge eine solche Regelung nur schwer erreichbar erscheinen.[783] Im Ergebnis bleibt damit nur der *Typ* γ als kurzfristig gangbarer Weg zu einer unabhängig von der geographischen Ausdehnung des Konzerns einheitlichen Unterkapitalisierungsregelung. Dies entspricht zugleich der allgemeinen Einsicht von *Schön*[784], dass die Steuerwissenschaften „eine Kultur der ‚Second-Best-Lösungen' entwickeln müssen."

Ob innerhalb der *Second-Best-Unterkapitalisierungsnormen vom Typ* γ die Wahl auf eine Besserstellung des Eigenkapitals (γ_1) oder ein Schlechterstellung des Fremdkapitals (γ_2) fällt, darf wiederum als politische Entscheidung bezeichnet werden. Gegen den *Typ* γ_1 spricht jedenfalls, dass in der Realität des Wettbewerbs um Gewinnverlagerungen ein steuermindernder Ansatz tatsächlicher oder fiktiver Eigenkapitalvergütungen eventuell durch *subject to tax*-Klauseln anderer Staaten kompensiert werden könnte.[785] Eine einheitliche *Unterkapitalisierungsnorm vom Typ* γ_2 vermeidet diese Abhängigkeiten.

---

782 Vgl. *Menck*, IStR 1994, 569, 577; *Kessler*, DB 2003, 2507, 2507; *Obser*, Gesellschafter-Fremdfinanzierung im europäischen Konzern, 2005, 163ff.; *Bohn*, Zinsschranke, 2009, 369f.; *Kessler/Lindemer*, DB 2010, 472, 476.

783 Vgl. zu den „Gründe[n] des voraussichtlichen Scheiterns" der CCCTB *Herzig*, FR 2009, 1037, 1037f.

784 *Schön*, DStR 2008, Beihefter zu Heft 17, 10, 17.

785 Z.Zt. gilt § 8b Abs. 1 KStG und die darin zum Ausdruck kommende Isolation von Bemessungsgrundlagen durch die Bundesrepublik wohl auch in diesen Fällen vorbehaltlos, vgl. im Zusammenhang mit der fiktiven Eigenkapitalverzinsung des brasilianischen Steuerrechts *Köhler*, Hybride Finanzierungen, in: Piltz/Schaumburg, Internationale Unternehmensfinanzierung, 2006, 137, 172ff.; *Morlock*, Betriebsprüfung Eigenkapitalver-

Entsprechend dem hier entwickelten Detektionsmechanismus für Gewinnverlagerungen [vgl. Kap. 6.C.I.] sollte eine einheitliche *Unterkapitalisierungsnorm vom Typ* γ_2 die Fremdkapitalfinanzierung einer Unternehmung grundsätzlich auf die Höhe des Schuldendeckungspotenzials ihrer Realinvestitionen begrenzen. Um der Erkenntnis von *Liefmann*[786] Rechnung zu tragen, dass „das Mittel der Effektensubstitution [...] das Finanzieren von Unternehmungen nicht nur objektiv erleichtert, sondern auch Gegenstand einer spezialisierten Tätigkeit bestimmter Unternehmungen werden [kann]", bedarf diese Grundregel bei den damit betrauten Holdinggesellschaften einer Modifikation. Hier wäre das Schuldendeckungspotenzial der Beteiligungsbuchwerte ebenfalls zu berücksichtigen oder eine Gesamtbetrachtung mit den übrigen inländischen Konzerneinheiten anzustellen.

Die empfohlene Ausgestaltung der einheitlichen Unterkapitalisierungsnorm ist grundsätzlich mit den Vorgaben höherrangigen Rechts vereinbar. Schließlich befindet sich das dahinter stehende Realinvestitionskriterium in einem Komplementär- oder Substitutionsverhältnis zu Verfassungs-, EU- und DBA-Recht [vgl. Kap. 7.A.]. Allenfalls bedürfte es noch der Möglichkeit eines entlastenden Drittvergleiches [vgl. Kap. 7.A.IV.]. Für die Zinsschranke als Teil der zu vereinheitlichenden Regelungen wurde eine Reformoption, welche der hier vorgebrachten Entscheidungshilfe verwandt ist, bereits von *Kessler/Köhler/Knörzer*[787] in das Schrifttum eingebracht. *Thiel*[788] und *Bohn*[789] haben sich diesem Vorschlag (in teils modifizierter Form) angeschlossen. Die steuerrechtspolitische Ent-

---

zinsung, in: Grundmann/ Drüen, JbFSt 2007/2008, 2008, 697, 699ff.; *Baier/Schmid*, IStR 2010, 20, 20ff.

786 *Liefmann*, Beteiligungs- und Finanzierungsgesellschaften, 1909, 451; vgl. zur Transformation von Finanzmitteln als (wichtigen) Anwendungsfall der Effektensubstitution *Kessler*, Euro-Holding, 1996, insbesondere 19, Fn. 2.

787 *Kessler/Köhler/Knörzer*, IStR 2007, 418, 421f.

788 *Thiel*, FR 2007, 729, 732 : „[Die] Gefahr [einer nicht zieladäquaten Zinsabzugsbeschränkung] ist geringer, wenn statt der Eigenkapitalquote entsprechend dem Vorschlag von Kessler ein Freibetrag nach amerikanischem Vorbild eingeführt wird, der an das finanzierte Aktivvermögen anknüpft (underlying asset safe harbor)."

789 *Bohn*, Zinsschranke, 2009, 369 fordert den „Ersatz des Eigenkapitalquotenvergleichs durch Einführung einer differenzierten Aktivagrenze." Zusätzlich zur Beschränkung der Fremdkapitalfinanzierung auf das Schuldendeckungspotenzial aller Aktiva befürwortet er aber noch eine Ergebnisgrenze, um Generierungsstrategien über Zuführung von Liquidität zu vermeiden, vgl. *Bohn*, Zinsschranke, 2009, 345; demgegenüber stellt vorliegende Entscheidungshilfe nicht auf alle Aktiva ab, sondern nur auf jene, die als Realinvestitionen qualifizieren; damit wird die Forderung nach einer Kombination mit einer Ergebnisgrenze obsolet.

scheidungshilfe vorliegender Untersuchung darf damit auch als *konsequent-steuerwissenschaftliche* Bestätigung dieser Forderungen verstanden werden.

Kapitel 12: Zusammenfassung

Die Ergebnisse der Untersuchung lassen sich als Antwort auf die eingangs gestellten Forschungsfragen [vgl. Kap. 1.B.] wie folgt zusammenfassen:

- **Forschungsfrage 1:**

  Wie sieht die Anatomie des Steuerwettbewerbs aus? Auf welchen Ebenen des deutschen Staatsaufbaus sind bei einem interdisziplinären Gesamtbild Gewinnverlagerungen grundsätzlich denkbar?

- **Antwort 1:**

  Für die Bundesrepublik Deutschland ist Steuerwettbewerb auf Bundes-, Länder- und Gemeindeebene auszumachen. Weitergehend setzen Gewinnverlagerungen jedoch einen Preiswettbewerb voraus, welcher anders als in den bisherigen Untersuchungen vom steuerlichen Produktwettbewerb abzugrenzen ist. Die Bundes- und Gemeindeebene befinden sich jeweils in einem solchen Preiswettbewerb. Ob des kommunalen Finanzausgleiches gilt dies für die Gemeinden jedoch nur, soweit die wohlfahrtsökonomische Sichtweise eines Teils der Finanzwissenschaft abgelehnt wird. Vielmehr setzt der empirisch belegbare Gewerbesteuerwettbewerb voraus, dass das betriebswirtschaftliche Axiom der Eigennutzmaximierung konsequent von den Zensiten auch auf die Zensoren übertragen wird.

- **Forschungsfrage 2:**

  Welche steuerrechtspolitischen Grundsatzentscheidungen bereiten den Weg von der grundsätzlichen zur tatsächlichen Möglichkeit, Gewinne über Finanzierungsentscheidungen zu verlagern? Auf Konzerne welcher geographischen Ausdehnung und welcher Rechtsform erstreckt sich die Wirkung dieser Entscheidungen?

- **Antwort 2:**

  Der Preiswettbewerb auf Bundes- und Gemeindeebene führt nicht automatisch zu künstlichen Kapitalstrukturen. Vielmehr bereiten erst die steuerrechtspolitischen Grundsatzentscheidungen für eine Isolation der Bemessungsgrundlagen, eine Maßgeblichkeit zivilrechtlicher Wertungen und eine disparate Behandlung von Eigen- und Fremdkapitalvergütungen den Weg hierzu. Die Wirkung dieser Grundsatzentscheidungen erstreckt sich über den bislang meist betrachteten internationalen Kapitalgesellschaftskonzern hinaus. So entfalten sie ihre befruchtende Wirkung auf Gewinnverlagerungen unabhängig von der geographischen Ausdehnung des Konzerns sowie der Rechtsform der einzelnen Einheiten.

- **Forschungsfrage 3:**

  Wie sind Gewinnverlagerungen über Finanzierungsentscheidungen vor dem Hintergrund der Anatomie des Steuerwettbewerbs und der steuerrechtspolitischen Grundsatzentscheidungen zu bewerten? Wie können sie eingeordnet und systematisiert werden?

- **Antwort 3:**

  Gewinnverlagerungen über Finanzierungsentscheidungen sind als grundsätzlich legitim zu qualifizieren. Schließlich bringt das autarke Entscheidungskalkül der Zensiten in der steuerlich unverzerrten Welt von *Modigliani/Miller* noch keine künstlichen Kapitalstrukturen mit sich. Gewinnverlagerungen über Finanzierungsentscheidungen sind vielmehr das Resultat der keineswegs alternativlosen Grundsatzentscheidungen des Gesetzgebers. Innerhalb der Steuerplanung bewegen sich die Steuerpflichtigen damit im Bereich der Steuergestaltung. Die im Schrifttum bislang beschriebenen, höchst unterschiedlichen Wege zu künstlichen Kapitalstrukturen können in Anlehnung an *Kessler* systematisch auf zwei Grundtechniken reduziert werden: Generierungs- und Allokationsstrategien. Diese Dichotomie der Gewinnverlagerungstechniken lässt sich auch empirisch validieren.

- **Forschungsfrage 4:**

  Inwiefern stellen Unterkapitalisierungsnormen eine notwendige gesetzgeberische Reaktion auf Gewinnverlagerungen dar? Wie lautet eine der geographischen, rechtsformmäßigen und technischen Vielfältigkeit der Gewinnverlagerungen angemessene Definition von Unterkapitalisierungsnormen? Wie können diese Normen systematisiert werden, um sie trotz der breiten Definition einer Analyse zugänglich zu machen?

- **Antwort 4:**

Unterkapitalisierungsnormen stellen sich unabhängig von der steuerwissenschaftlichen Teildisziplin als notwendiges Mittel gegen Gewinnverlagerungen über Finanzierungsentscheidungen dar. Die Finanzwissenschaft verweist auf Wohlfahrtsgewinne durch abgestimmte Regelungen. Demgegenüber ziehen die Staats- und Steuerrechtswissenschaft sowie die Betriebswirtschaftliche Steuerlehre den Fiskalzweck zur Begründung heran. Um der Dichotomie der Gewinnverlagerungstechniken Rechnung zu tragen, muss sich eine *konsequent*-steuerwissenschaftliche Begriffsbestimmung von jenen Teilen der Literatur und der OECD lösen, welche diese Unterkapitalisierungsnormen auf Regelungen gegen Gesellschafter-Fremdfinanzierung verengen wollen. Im Lichte der Anatomie des Steuerwettbewerbs sowie der steuerrechtspolitischen Grundsatzentscheidung darf eine angemessene Definition von Unterkapitalisierungsnormen zudem keine Beschränkung auf grenzüberschreitende Sachverhalte oder bestimmte Rechtsformen enthalten. Sinnvolle Systematisierungen sind insbesondere nach dem Ansatzpunkt und nach dem Regelungszweck möglich. In Bezug auf den Ansatzpunkt können Unterkapitalisierungsnormen dahingehend unterschieden werden, welche steuerrechtspolitische Grundsatzentscheidung sie fallweise durchbrechen. Hinsichtlich des Regelungszwecks kann zwischen Unterkapitalisierungsnormen differenziert werden, die primär auf Gewinnverlagerungen über Finanzierungsentscheidungen zielen, und derartigen Regelungen, welche ausschließlich oder überwiegend einem anderen Zweck dienen sollen.

- **Forschungsfrage 5:**

Welche erkenntnistheoretischen Anforderungen sind an Beurteilungsmaßstäbe für Unterkapitalisierungsnormen zu richten? Welcher Beurteilungsmaßstab lässt sich unter Berücksichtigung dieser Vorgaben aus den Steuerwissenschaften destillieren?

- **Antwort 5:**

Die Betriebswirtschaftliche Steuerlehre widmet sich weit ausführlicher den erkenntnistheoretischen Vorgaben für die Bewertung von Steuernormen als die anderen Teildisziplinen der Steuerwissenschaften. Ein „Binnen-Konsens“ konnte freilich (noch) nicht erreicht werden. Allerdings erlaubt die Position von *Wöhe* eine Synthese mit den klassischen Einsichten von *Weber* und *Albert*. Im Ergebnis ist von Beurteilungsmaßstäben zu fordern, dass sie explizit gemacht und aus den selbst gesteckten Zielen des Gesetzgebers abgeleitet werden. Eine weitere Operationalisierung durch den Forscher bleibt möglich. Grundsätzlich sind Unterkapitalisierungsnormen daher am gesetzgeberischen Ziel einer treffsicheren Sanktionierung von Gewinnverlagerungen zu messen. Einen bis dato ungenutzten Detektionsmechanismus für Gewinnverlagerungen eröffnet die unterschiedliche Steuersensibilität von Realinvestitionen und Gewinnverlagerungen. So können die zu bekämpfenden Gewinnverlagerungen über Finanzierungsentscheidungen als Auseinanderfallen von realwirtschaftlicher Aktivität und finanzwirtschaftlicher Kapitalverteilung verstanden werden. Um diesen Detektionsmechanismus hin zu einem sicheren Beurteilungsmaßstab zu operationalisieren, bedarf es noch eines Rekurses auf unabhängige Kreditgeber. Mithin sollten Unterkapitalisierungsnormen immer dann einschlägig sein, wenn der Bestand an Fremdkapital einer Konzerneinheit das Schuldendeckungspotenzial ihrer Realinvestitionen übersteigt. Dieser Beurteilungsmaßstab kann auch als Realinvestitionskriterium bezeichnet werden.

- **Forschungsfrage 6:**

  In welchem Verhältnis steht der hier entwickelte, steuerwissenschaftliche Beurteilungsmaßstab zu den bisher verwendeten, disziplinspezifischen Kriterien?

- **Antwort 6:**

  Die bisherige Literatur verwendet nahezu ausschließlich staats- und steuerrechtswissenschaftliche Kriterien, um Unterkapitalisierungsnormen zu bewerten. Dabei eignen sich Verfassungs-, EU-Sekundär- und DBA-Recht aber nur zur Beurteilung ganz bestimmter Typen von Unterkapitalisierungsnormen. Soweit es sich um derartige Regelungen handelt, ergänzt das hier entwickelte Realinvestitionskriterium die Anforderungen von Verfassungs-, EU-Sekundär- und DBA-Recht regelmäßig im Sinne einer Konkretisierung (Komplementärverhältnis). Soweit Unterkapitalisierungsnormen eines anderen Typs vorliegen, muss das Realinvestitionskriterium an die Stelle dieser Maßstäbe treten, um überhaupt eine Beurteilung möglich zu machen (Substitutionsverhältnis). Im Gegensatz zu Verfassungs-, EU-Sekundär- und DBA-Recht definiert das EU-Primärrecht Anforderungen an alle Typen von Unterkapitalisierungsnormen. Weil die Rechtsprechung des EuGH aber teilweise für exegetisch nicht belastbar gehalten wird, kann dem Realinvestitionskriterium komplementäre Bedeutung zukommen. Inwiefern aus der Finanzwissenschaft oder Betriebswirtschaftlichen Steuerlehre geeignete Beurteilungsmaßstäbe abzuleiten sind, erscheint noch weitgehend unerforscht. Ein hier erschlossener erster Zugang deutet jedoch darauf hin, dass insbesondere das Kriterium der Wettbewerbsneutralität sowie die Optimalsteuertheorie zur Bewertung von Unterkapitalisierungsnormen herangezogen werden können. In beiden Fällen kommt dem Realinvestitionskriterium die Rolle einer notwendigen Konkretisierung zu (Komplementärverhältnis).

- **Forschungsfrage 7:**

  Welche Unterkapitalisierungsnormen weist das deutsche Steuerrecht auf? Wie sind diese jeweils für sich genommen aus der Perspektive des hier entwickelten, steuerwissenschaftlichen Beurteilungsmaßstabes zu bewerten?

- **Antwort 7:**

  Das deutsche Steuerrecht weist eine Vielzahl inhomogener und teilweise inkonsistenter Unterkapitalisierungsnormen auf. Systematisch kaum begründbare Widersprüchlichkeiten können als Folge paralleler Anwendung bereits innerhalb eines Konzernsachverhaltes auftreten. Entsprechend der Vielfalt der Regelungen fallen auch die bedingten Werturteile, welche mit Hilfe des Realinvestitionskriteriums gefällt werden, äußerst differenziert aus. Auf *stand alone*-Basis sind die Zerlegungsgrundsätze sowie die Thesaurierungsbegünstigung positiv zu bewerten. Zumindest gemischt fällt das Urteil über die Hinzurechnungsbesteuerung, die Zinsschranke und das Abzugsverbot bei Überentnahmen aus. In ihrer Haupt- oder Nebenfunktion als Unterkapitalisierungsnorm negativ zu bewerten sind die Regelungen über die hypothetische Hinzurechnungsbesteuerung, über das Abzugsverbot bei steuerfreien Einnahmen, über die Dotationskapitalgrundsätze, über das Konzept der Sondervergütungen sowie über die gewerbesteuerliche Hinzurechnung von Schuldentgelten.

- **Forschungsfrage 8:**

  Welche Interdependenzen können sich zwischen Unterkapitalisierungsnormen ergeben? Wie sind diese aus Perspektive des hier entwickelten, steuerwissenschaftlichen Beurteilungsmaßstabes zu beurteilen?

- **Antwort 8:**

  Die steuerwissenschaftlich fundierte Erkenntnis, dass Unterkapitalisierungsnormen inhomogen und inkonsistent sind, macht erstmals auch Wechselwirkungen zwischen diesen Regelungen einer systematischen Analyse zugänglich. Der Gesetzgeber hat ein derartiges Zusammenspiel nur punktuell ausgeschlossen. Als erkenntnistheoretisch besonders aufschlussreich erweisen sich strategiegleiche Interdependenzen. Im Gegensatz zu strategie*un*gleichen Interdependenzen werden hier dieselben Gewinnverlagerungsvorgänge von mehreren, sich wechselseitig beeinflussenden Unterkapitalisierungsnormen betroffen. Die Wirkung dieses Zusammenspiels kann sich zwar situativ ändern, auf systematisierend-abstrakter Ebene kann innerhalb der strategiegleichen Interdependenzen jedoch zwischen kompensierenden, dekompensierenden und überkompensierenden Ausprägungen unterschieden werden. Im Lichte des Realinvestitionskriteriums fällt das bedingte Werturteil über kompensierende Interdependenzen positiv aus, während dekompensierende und überkompensierende Interdependenzen negativ zu beurteilen sind.

- **Forschungsfrage 9:**

  Welche steuerplanerischen Entscheidungshilfen lassen sich aus vorliegender Untersuchung kondensieren?

- **Antwort 9:**

  Die Erkenntnisse vorliegender Untersuchung können helfen, Informationsprobleme im Rahmen der Steuerplanung mit Unterkapitalisierungsnormen zu verringern. Als ersten Schritt einer doppelten Komplexitätsreduktion erlauben es die normenübergreifenden Systematisierungen bereits mit dem Wissen um den Konzerntyp und die Gewinnverlagerungstechnik, die potenziell einschlägigen Regelungen zu erkennen. Weil die *Steuereinplanung* damit auf einen Teil der Unterkapitalisierungsnormen begrenzt werden kann, gehen Sachverhaltsrisiken zurück. Im zweiten Schritt lassen sich aus den systematisierenden Beurteilungen der

Wechselwirkungen auch Entscheidungshilfen für die *Steuergestaltung* ableiten. Demnach gehen von überkompensierenden Interdependenzen *Steuergestaltungsimpluse* aus, während dekompensierende Interdependenzen *Steuergestaltunganreize* setzen.

- **Forschungsfrage 10:**

  Welche steuerrechtspolitischen Entscheidungshilfen lassen sich aus vorliegender Untersuchung kondensieren?

- **Antwort 10:**

  Über die bisherigen Erkenntnisse des Schrifttums hinausgehend, offenbart die Vielfältigkeit und Wechselhaftigkeit der Interdependenzen, dass eine zielsichere Bekämpfung von Gewinnverlagerungen eine möglichst weitgehende Vereinheitlichung der Unterkapitalisierungsnormen bedingt. Die Systematisierung nach dem Regelungszweck erlaubt die Reichweite dieser Entscheidungshilfe klar abzustecken. So sollten mindestens die *direkten Unterkapitalisierungsnormen* harmonisiert werden. Um entsprechend der gesetzgeberischen Intention Gewinnverlagerungen treffsicher zu sanktionieren, sollte die vereinheitlichte Unterkapitalisierungsnorm am Realinvestitionskriterium ausgerichtet werden. Dabei erscheint es theoretisch am überzeugendsten, interjurisdiktionell abgestimmt die Maßgeblichkeit zivilrechtlicher Wertungen bezüglich der Zuordnung des Steuergutes zu durchbrechen. Schließlich handelt es sich bei Gewinnverlagerungen über Finanzierungsentscheidungen um ein Problem, das mehrere Jurisdiktionen berührt. Soweit politische Hindernisse dieser Reformoption im Wege stehen, sollte die Fremdkapitalfinanzierung grundsätzlich auf das Schuldendeckungspotenzial der Realinvestitionen begrenzt werden. Damit würden Teilaspekte bereits bestehender Unterkapitalisierungsnormen *konsequent*-steuerwissenschaftlich weiterentwickelt.

Literaturverzeichnis

Akerlof, George A.: The economics of "tagging" as applied to the optimal income tax, welfare programs, and manpower planning, American Economic Review 1978, Vol. 68, No. 1, 8-19

Albert, Hans: Wertfreiheit als methodisches Prinzip - Zur Frage der Notwendigkeit einer normativen Sozialwissenschaft, in: Topitsch (Hrsg.), Logik der Sozialwissenschaften, 1. Auflage, Köln 1965, 181-210

Albert, Hans: Der Mythos der totalen Vernunft - Dialektische Ansprüche im Lichte undalektischer Kritik, in: Adorno/ Dahrendorf/Pilot/Albert/Habermas/Popper (Hrsg.), Der Positivismusstreit in der deutschen Soziologie, 1. Auflage, Neuwied 1969, 193-234

Aleth, Franz/Reichel, Georg: Eigenkapitalfinanzierung durch die Gesellschafter, in: Eilers/Rödding/Schmalenbach (Hrsg.), Unternehmensfinanzierung: Gesellschaftsrecht - Steuerrecht - Rechnungslegung, 1. Auflage, München 2008, 75-139

Altmeppen, Holger: Das neue Recht der Gesellschafterdarlehen in der Praxis, NJW 2008, 3601-3607

Andresen, Ulf in: Wassermeyer/Andresen/Ditz, Betriebsstätten-Handbuch: Gewinnermittlung und Besteuerung in- und ausländischer Betriebsstätten: Kommentar, 1. Auflage, Köln 2006

Ashworth, John/Heyndels, Bruno: Politicians' preferences on local tax rates: An empirical analysis, European Journal of Political Economy 1997, Vol. 13, No. 3, 479-502

Auerbach, Alan J./Hines, James R.: Perfect Taxation With Imperfect Information, NBER Working Paper 2001, No. 8138

Avi-Yonah, Reuven S.: The structure of international taxation: A proposal for simplification, Texas Law Review 1996, Vol. 74, 1301-1358

Avi-Yonah, Reuven S.: Globalization, Tax Competition, And The Fiscal Crisis Of The Welfare State, Harvard Law Review 2000, Vol. 113, 1575-1676

Baier, Jens/Schmid, Thomas: Qualifikation der Verzinsung des Eigenkapitals einer brasilianischen Kapitalgesellschaft, IStR 2010, 20-23

Baldwin, Richard E./Krugman, Paul: Agglomeration, integration and tax harmonisation, European Economic Review 2004, Vol. 48, No. 1, 1-23

Bareis, Peter: Das Postulat der Werturteilsfreiheit in der Diskussion um die Steuerreform 2008, BFuP 2007, Vol. 59, No. 5, 421-442

Baretti, Christian: Wird gute Standortpolitik bestraft? Die Anreizeffekte des kommunalen Finanzsystems, ifo Schnelldienst 2002, Nr. 7, 10-16

Bartone, Roberto: Gesellschafterfremdfinanzierung - Die Frage der Vereinbarkeit des § 8a KStG mit Verfassungs-, Europa- und Völkerrecht, 1. Auflage, Bielefeld 2000, zugl. Diss. Univ. Saarbrücken

Bauer, Anna: Unterkapitalisierungsregelungen in Europa - eine Analyse, StuW 2009, 163-183

Baumhoff, Hubertus/Ditz, Xaver/Greinert, Markus: Die Besteuerung von Funktionsverlagerungen nach der Funktionsverlagerungsverordnung vom 12.8.2008, DStR 2008, 1945-1952

Bayer, Hermann-Wilfried Steuerlehre: Steuerverfassung - Steuergesetz - Steuergericht, 1. Auflage, Berlin 1998

Becker, Helmut: Die Besteuerung von Betriebsstätten, DB 1989, 10-16

Becker, Helmut: Zur Änderung des Außensteuerrechts, DStR 1972, 359-367

Becker, Jan Dierk/Kempf, Andreas/Schwarz, Martin: Neue Steuerfallen im internationalen Steuerrecht - Zum überschießenden Regelungsgehalt des neuen Korrespondenzprinzips im Körperschaftsteuerrecht, DB 2008, 370-378

Becker, Johannes/Fuest, Clemens/Hemmelgarn, Thomas: How does FDI react to corporate taxation? A comment, Universität Köln Discussion Papers 2006

Becker, Johannes/Fuest, Clemens/Spengel, Christoph: Konzernsteuerquote und Investitionsverhalten, zfbf 2006, 730-742

Beckert, Daniel/Schilling, Julia J.: Jahressteuergesetz 2009: Leasingunternehmen und das Bankenprivileg, BB 2009, 360-365

Beisse, Heinrich: Die Betriebsaufspaltung als Rechtsinstitut, in: Raupach/Uelner (Hrsg.), Ertragsbesteuerung: Zurechnung, Ermittlung, Gestaltung - Festschrift für Ludwig Schmidt zum 65. Geburtstag, 1. Auflage, München 1993, 455-469

Bellak, Christian/Leibrecht, Markus: Corporate Income Tax Competition and the Scope for National Tax Policy in the Enlarged Europe, in: Andersson/Eberhartinger/Oxelheim (Hrsg.), National Tax Policy in Europe, 1. Auflage, 2007, 11-43

Bénassy-Quéré, Agnès/Fontagné, Lionel/Lahrèche-Révil, Amina: How does FDI react to corporate taxation?, International Tax and Public Finance 2005, Vol. 12, No. 5, 583-603

Benshalom, Ilan: The quest to tax interest income in a global economy: Stages in the development of international income taxation, Virginia Tax Review 2008, Vol. 27, No. 3, 631-708

Bergemann, Achim/Markl, Richard/Althof, Michael: Die Gewerbesteuer im Lichte des Regierungsentwurfs zur Unternehmensteuerreform 2008, DStR 2007, 693-700

Bergemann, Annette/Fitzenberger, Bernd/Speckesser, Stefan: Evaluating the dynamic employment effects of training programs in East Germany using conditional differences-in-differences, Journal of Applied Econometrics 2009, Vol. 24, No. 5, 797-823

Besley, Timothy/Case, Anne: Incumbent Behavior: Vote-Seeking, Tax-Setting, and Yardstick Competition, American Economic Review 1995, Vol. 85, No. 1, 25-45

Beußer, Thomas: Der Zinsvortrag bei der Zinsschranke, FR 2009, 49-55

Bieber, Roland: Die Europäische Union - Europarecht und Politik, in: Bieber/Epiney/Haag (Hrsg.), Die Europäische Union, 8. Auflage, Baden-Baden 2009, 89-108

Biglaiser, Gary/Mezzetti, Claudio: Politicians' decision making with re-election concerns, Journal of Public Economics 1997, Vol. 66, 425-447

Birk, Dieter: Das Leistungsfähigkeitsprinzip als Maßstab der Steuernormen - Ein Beitrag zu den Grundfragen des Verhältnisses Steuerrecht und Verfassungsrecht, 1. Auflage, Köln 1983, zugl. Habil. Univ. München

Birk, Dieter: Besteuerungsgleichheit in der Europäischen Union, in: DStJG (Hrsg.), Steuerrecht im Europäischen Binnenmarkt - Einfluß des EG-Rechts auf die nationalen Steuerrechtsordnungen, 1. Auflage, Köln 1996, 63-80

Birker, Christian/Seidel, Philipp: Neue Auslegung des DBA-Schachtelprivilegs bei Einkünften aus typisch stillen Beteiligungen, BB 2009, 244-247

Black, Dan A./Hoyt, William H.: Bidding for Firms, American Economic Review 1989, Vol. 79, No. 5, 1249-1256

Blankart, Charles B.: Öffentliche Finanzen in der Demokratie, 7. Auflage, München 2008

Blasweiler, Karl Heinz: Ist die Gewerbesteuerzerlegung tatsächlich verfassungswidrig?, DB 1996, 1648-1649

Blaufus, Kay/Lorenz, Daniela: Wem droht die Zinsschranke? Eine empirische Untersuchung zur Identifikation der Einflussfaktoren, ZfB 2009, 503-526

Blaufus, Kay/Lorenz, Daniela: Die Zinsschranke in der Krise, StuW 2009, 323-332

Blumenberg, Jens: Die Besteuerung der Gesellschafter-Fremdfinanzierung unter besonderer Berücksichtigung der Unternehmensverhältnisse in den USA, 1. Auflage, Baden-Baden 1997, zugl. Diss. Univ. Hamburg

Blumenberg, Jens/Lausterer, Martin: Staatliche Beihilfen im Bereich der direkten Unternehmensbesteuerung, in: Breuninger/Müller/Strobl-Haarmann (Hrsg.), Steuerrecht und Europäische Integration, 1. Auflage, München 1999, 1-32

Böhm, Franz: Privatrechtsgesellschaft und Marktwirtschaft, ORDO 1966, 75-151

Bohn, Alexander: Zinsschranke und Alternativmodelle zur Beschränkung des steuerlichen Zinsabzugs, 1. Auflage, Wiesbaden 2009, zugl. Diss. Univ. Köln

Boller, Tino/Eilinghoff, Karolina/Schmidt, Sebastian: § 50d Abs. 10 EStG i.d.F. des JStG 2009 - ein zahnloser Tiger?, IStR 2009, 109-115

Boller, Tino/Schmidt, Sebastian: § 50d Abs. 10 EStG ist doch ein zahnloser Tiger - Replik zu Frotscher (IStR 2009, 593), IStR 2009, 852-852

Borstell, Thomas/Brüninghaus, Dirk in: Vögele/Borstell/Engler, Handbuch der Verrechnungspreise: Kommentar, 2. Auflage, München 2004

Borstell, Thomas/Schäperclaus, Jens: Was ist eigentlich eine Funktion?, IStR 2008, 275-284

Borstell, Thomas/Wellens, Ludger in: Vögele/Borstell/Engler, Handbuch der Verrechnungspreise: Betriebswirtschaft - Steuerrecht - OECD- und US-Verrechnungspreisrichtlinien: Kommentar, 2. Auflage, München 2004

Breinsdorfer, Stefan/Schütz, Michael: German Real Estate Investment Trust (G-REIT) - ein Problemaufriss aus Sicht des Fiskus, DB 2007, 1487-1495

Brennan, Geoffrey/Buchanan, James M.: The Power to Tax: Analytical foundations of a fiscal constitution, 1. Auflage, Cambridge 1980

Breuninger, Gottfried E.: Die "Zentralfunktion des Stammhauses" bei grenzüberschreitenden Verschmelzungen, in: Spindler/Tipke/Rödder (Hrsg.), Steuerzentrierte Rechtsberatung - Festschrift für Harald Schaumburg zum 65. Geburtstag, 1. Auflage, Köln 2009, 587-608

Briesemeister, Simone: Hybride Finanzinstrumente im Ertragsteuerrecht, 1. Auflage, Düsseldorf 2006, zugl. Diss. Univ. Köln

Brombach-Krüger, Monika: Treaty Override aus europarechtlicher und verfassungsrechtlicher Sicht, Ubg 2008, 324-330

Bron, Jan Frederik: Der G-REIT: Eine rechtsökonomische Analyse mit steuerlichem Fokus, 1. Auflage, Baden-Baden 2007, zugl. Diss. Univ. Halle-Wittenberg

Bron, Jan Frederik: Das Treaty-Override im deutschen Steuerrecht vor dem Hintergrund aktueller Entwicklungen, IStR 2007, 431-436

Brüninghaus, Dirk/Bodenmüller, Ralph: Tatbestandsvoraussetzungen der Funktionsverlagerung, DStR 2009, 1285-1290

Bucovetsky, Sam/Wilson, John D.: Tax competition with two tax instruments, Regional Science and Urban Economics 1991, Vol. 21, No. 3, 333-350

Bundesministerium der Finanzen: Kassenmäßige Steuereinnahmen nach Steuerarten und Gebietskörperschaften, http://www.bundesfinanzministerium.de/nn_4158/DE/BMF__Startseite/Service/Downloads/Abt__I/0901221a6003,templateId=raw,property=publicationFile.pdf, 8.4.2009

Bundesministerium der Finanzen: Eckdaten zur Entwicklung und Struktur der Kommunalfinanzen 1998 bis 2007, http://www.bundesfinanzministerium.de/nn_4486/DE/Wirtchaft__und__Verwaltung/Finanz__und__Wirtschaftspolitik/Foederale__Finanzbeziehungen/Kommunalfinanzen/K_C3_B6__Eckdaten_20zur_20Entwicklung_20und_20Struktur_20der_20Kommunalfinanzen,templateId=raw,property=publicationFile.pdf, 8.4.2009

Bundesrechnungshof: Probleme beim Vollzug von Steuergesetzen - Empfehlungen des Präsidenten des Bundesrechnungshofes als Bundesbeauftragter für Wirtschaftlichkeit in der Verwaltung zur Verbesserung des Vollzuges der Steuergesetze in Deutschland, 1. Auflage, Stuttgart 2006

Burmester, Gabriele: Probleme der Gewinn- und Verlustrealisierung - insbesondere bei grenzüberschreitenden Transaktionen zwischen inländischem Stammhaus und ausländischer Betriebstätte, 1. Auflage, Baden-Baden 1986, zugl. Diss. Univ. Hamburg

Burmester, Gabriele: Steuerliche Aspekte der Finanzierung international tätiger Unternehmen, in: Klein/Stihl/Wassermeyer (Hrsg.), Unternehmen Steuern - Festschrift für Hans Flick zum 70. Geburtstag, 1. Auflage, Köln 1997, 659-678

Burmester, Gabriele: Begriff und Funktionen des Steuergutes im Steuerrecht, StuW 1993, 221-230

Büschgen, Hans E.: Bankbetriebslehre: Bankgeschäfte und Bankmanagement, 5. Auflage, Wiesbaden 1998

Butler, David/Adonis, Andrew/Trawers, Tony: Failure in British government: the politics of the poll tax, 1. Auflage, Oxford 1994

Büttner, Thiess: Determinants of Tax Rates in Local Income Taxation: A Theoretical Model and Evidence from Germany, Finanzarchiv 1999, Vol. 56, No. 3-4, 363-388

Büttner, Thiess: Local business taxation and competition for capital: the choice of the tax rate, Regional Science and Urban Economics 2001, Vol. 31, 215-245

Büttner, Thiess: Zur Aufkommens- und Budgetwirkung der gemeindlichen Steuerpolitik: Empirische Ergebnisse für Baden-Württembergische Gemeinden, Jahrbuch für Regionalwissenschaft 2005, 27-43

Büttner, Thiess: The incentive effect of fiscal equalization transfers on tax policy, Journal of Public Economics 2006, Vol. 90, No. 3, 477-497

Büttner, Thiess/Holm-Hadulla, Frédéric/Parsche, Rüdiger/Starbatty, Christiane: ifo Forschungsbericht Nr. 41 - Analyse und Weiterentwicklung des kommunalen Finanzausgleichs in Nordrhein-Westfalen, 1. Auflage, München 2008

Büttner, Thiess/Overesch, Michael/Schreiber, Ulrich/Wamser, Georg: The impact of thin-capitalization rules on multinationals' financing and investment decisions, Bundesbank Discussion Paper 2008, Reihe 1, No. 03/2008

Chamberlin, Edward: The Theory of Monopolistic Competition, 1. Auflage, Cambridge 1933

Coase, Ronald H.: The problem of social cost, Journal of Law and Economics 1960, Vol. 3, 1-44

Cordewener, Axel: Europäische Grundfreiheiten und nationales Steuerrecht - "Konvergenz" des Gemeinschaftsrechts und "Kohärenz" der direkten Steuern in der Rechtsprechung des EuGH, 1. Auflage, Köln 2002, zugl. Diss. Univ. Bonn

Cox, David/Harris, David: Trade Liberalization and Industrial Liberalization: Some Estimates for Canada, Journal of Political Economy 1985, Vol. 93, No. 1, 115-145

Crezelius, Georg in: Kirchhof, EStG-Kompaktkommentar: Einkommensteuergesetz: Kommentar, 8. Auflage, Heidelberg 2008

Crezelius, Georg: Personengesellschaftsverträge und Thesaurierungsbegünstigung, in: Wachter (Hrsg.), Festschrift für Sebastian Spiegelberger zum 70. Geburtstag: Vertragsgestaltung im Zivil- und Steuerrecht, 1. Auflage, Bonn 2009, 65-72

Culbertson, Robert E./King, Jamie E.: U.S. rules on earnings stripping: Background, structure, and treaty interaction, Tax Notes International 2003, Vol. 29, 1161-1180

Dahms, Hans-Joachim: Positivismusstreit: die Auseinandersetzungen der Frankfurter Schule mit dem logischen Positivismus, dem amerikanischen Pragmatismus und dem kritischen Rationalismus, 1. Auflage, Frankfurt a.M. 1994

Dallwitz, Holger/Mattern, Oliver/Schnitger, Arne: Beeinträchtigung grenzüberschreitender Finanzierungen durch das JStG 2007, DStR 2007, 1697-1702

Dautzenberg, Norbert: Europäische "Agenda" für das Ertragsteuerrecht im Jahr 2004: Die Richtlinien vom Juni 2003, BB 2004, 17-21

Debatin, Helmut: Neugestaltung der deutsch-schweizerischen Steuerbeziehungen, DStZ 1971, 385-402

Debatin, Helmut: Außensteuerreformgesetz, DStZ 1972, 265-278

Debatin, Helmut: Der deutsch-schweizerische Steuervertrag (III), DB 1972, 2030-2035

Debatin, Helmut: Das Betriebsstättenprinzip der deutschen Doppelbesteuerungsabkommen (Teil II), DB 1989, 1739-1745

Desai, Mihir A./Foley, Fritz C./Hines, James R.: A Multinational Perspective on Capital Structure Choice and Internal Capital Markets, Journal of Finance 2004, Vol. 59, No. 6, 2451-2487

Desens, Marc in: Herrmann/Heuer/Raupach, Einkommensteuer- und Körperschaftsteuergesetz - Kommentar: Kommentar, 231. Erg. Loseblatt, Köln

Deutsche Börse AG: Deutsche Börse plant neues Bürogebäude in Eschborn, http://deutscheboerse.com/dbag/dispatch/de/listcontent/gdb_navigation/investor_relations/60_News/10_Press_Releases/Content_Files/13_press/January_2008/pm_news_umzug_110108.htm, 11.1.2008

Devereux, Michael P.: Buisiness taxation in a globalized world, Oxford Review of Economic Policy 2008, Vol. 24, No. 4, 625-638

Devereux, Michael P./Freeman, Harold: The Impact of Tax on Foreign Direct Investment: Empirical Evidence and the Implications for Tax Integration Schemes, International Tax and Public Finance 1995, Vol. 2, No. 1, 85-106

Devereux, Michael P./Griffith, Rachel: Taxes and the location of production: evidence from a panel of US multinationals, Journal of Public Economics 1998, Vol. 68, No. 3, 335-367

Devereux, Michael P./Griffith, Rachel: The Taxation of Discret Investment Choices, The Institute for Fiscal Studies Working Paper 1999, No. W98/16

Devereux, Michael P./Griffith, Rachel/Klemm, Alexander: Corporate income tax: Reforms and tax competition, Economic Policy 2002, Vol. 17, No. 35, 450-495

Di Fabio, Udo: Steuern und Gerechtigkeit - Das Freiheits- und Gleichheitsgebot im Steuerrecht, JZ 2007, 749-755

Diamond, Peter A./Mirrlees, James A.: Optimal Taxation and Public Production I Production Efficiency: American Economic Review 1971, Vol. 61, No. 1, 8-27

Dietrich, Marcel/Krakowiak, Marta: Deutschland - Ein Steuerparadies für Kapitalgesellschaften? Optimierungspotenzial der Gewerbesteuerlast am Beispiel einer Kapitalgesellschaft mit Betriebstätten in mehreren Gemeinden, DStR 2009, 661-666

Ditz, Xaver: Internationale Gewinnabgrenzung bei Betriebstätten - Ableitung einer rechtsformneutralen Auslegung des Fremdvergleichgrundsatzes im internationalen Steuerrecht, 1. Auflage, Berlin 2004, zugl. Diss. Univ. Hamburg

Ditz, Xaver in: Wassermeyer/Andresen/Ditz, Betriebsstätten-Handbuch: Gewinnermittlung und Besteuerung in- und ausländischer Betriebsstätten: Kommentar, 1. Auflage, Köln 2006

Ditz, Xaver/Schneider, Markus: Änderungen des Betriebstättenerlasses durch das BMF-Schreiben vom 25.8.2009, DStR 2010, 81-87

Dixit, Avinash K./Stiglitz, Joseph E.: Monopolistic Competition and Optimal Product Diversitiy, American Economic Review 1977, Vol. 67, No. 3, 297-308

Djanani, Christiana/Brähler, Gernot: Internationale Steuerplanung durch Ausnutzung von Qualifikationskonflikten - dargestellt am Verhältnis Deutschland-USA, StuW 2007, 53-63

Doernberg, Richard L.: International taxation in a nutshell, 7. Auflage, St. Paul 2007

Döllerer, Georg: Die Steuerbilanz der Personengesellschaft als konsolidierte Bilanz einer wirtschaftlichen Einheit, DStZ 1974, 211-220

Dötsch, Ewald/Pung, Alexandra in: Dötsch/Jost/Pung/Witt, Die Körperschaftsteuer: Kommentar zum Körperschaftsteuergesetz, Umwandlungssteuergesetz und zu den einkommensteuerrechtlichen Vorschriften der Anteilseignerbesteuerung: Kommentar, 63. Erg. Loseblatt, Stuttgart

Downs, Anthony: An Economic Theory of Democracy, 1. Auflage, New York 1957

Downs, Anthony: Nonmarket Decision Making - A Theory of Bureaucracy, American Economic Review 1965, Vol. 55, No. 1-2, 439-446

Dreier, Horst: Rechtslehre, Staatssoziologie und Demokratietheorie bei Hans Kelsen, 1. Auflage, Baden-Baden 1986, zugl. Diss. Univ. Hannover

Dreier, Horst in: Dreier, Grundgesetz - Kommentar: Kommentar, 1. Auflage, Tübingen 1996

Drüen, Klaus-Dieter: Konzernbetriebsprüfung im föderalen Steuerstaat, StuW 2007, 112-121

Drüen, Klaus-Dieter: Die Bruttobesteuerung von Einkommen als verfassungsrechtliches Vabanquespiel, StuW 2008, 3-14

Drüen, Klaus-Dieter: Die föderale Steuerverwaltung aus Sicht des Grundgesetzes, FR 2008, 295-302

Drüen, Klaus-Dieter: Unternehmensbesteuerung und Verfassung im Lichte der jüngsten Rechtsprechung des BVerfG - Anmerkungen zum Beschluss der BVerfG vom 17.11.2009 zur Verfassungswidrigkeit von Umgliederungsverlust bei körperschaftsteuerminderungspotenzial, DStR 2010, 513-520

Düll, Sebastian: Gesellschafter-Fremdfinanzierung bei verbundenen Unternehmen, 1. Auflage, Düsseldorf 2005, zugl. Diss. Univ. Freiburg

Egger, Peter/Köthenbürger, Marko/Smart, Michael: Do Fiscal Transfers Alleviate Business Tax Competition? Evidence From Germany, CESifo Working Paper 2007, No. 1955

Eggert, Wolfgang: Capital taxation with socially wasteful government consumption, European Journal of Political Economy 2001, Vol. 17, No. 3, 517-529

Eggert, Wolfgang/Genser, Bernd: Is tax harmonization useful?, International Tax and Public Finance 2001, Vol. 8, No. 4, 511-527

Eggert, Wolfgang/Sorensen, Peter Birch: The effects of tax competition when politicians creat rents to buy public support, Journal of Public Economics 2008, Vol. 92, No. 5-6, 1142-1163

Eggesiecker, Fritz/Ellerbeck, Eike: Verluste als Überentnahmen? - Auslegungsproblem beim neuen § 4 Abs. 4a EStG, DB 2000, 594-596

Eicke, Rolf: Repatriierungsstrategien für U.S.-Investoren in Deutschland - Steuerplanung mit Holdinggesellschaften, 1. Auflage, Baden-Baden 2008, zugl. Diss. Univ. Freiburg

Eigelshoven, Axel in: Vogel/Lehner, Doppelbesteuerungsabkommen der Bundesrepublik Deutschland auf dem Gebiet der Steuern vom Einkommen und Vermögen: Kommentar, 5. Auflage, München 2008

Eilers, Stephan: Grundlagen der Unternehmensfinanzierung, in: Eilers/Rödding/Schmalenbach (Hrsg.), Unternehmensfinanzierung: Gesellschaftsrecht - Steuerrecht - Rechnungslegung, 1. Auflage, München 2007, 2-25

Eilers, Stephan: Finanzierungsformen und Kapitalstruktur eines Unternehmens, in: Eilers/Rödding/Schmalenbach (Hrsg.), Unternehmensfinanzierung: Gesellschaftsrecht - Steuerrecht - Rechnungslegung, 1. Auflage, München 2007, 2-5

Eilers, Stephan: Zinsschrankenerfahrungen - Sub-prime crisis; Reaktionsgestaltungen; Private Equity Strukturen, Ubg 2008, 197-201

Eilers, Stephan/Bühring, Franziska: Das Ende des Schönwetter-Steuerrechts - Die Finanzmarktkrise gebietet Änderungen im deutschen Sanierungssteuerrecht, DStR 2009, 137-141

Eisgruber, Thomas: Handbuch Unternehmensteuerreform 2008, in: Herzig (Hrsg.), Handbuch Unternehmensteuerreform 2008, 1. Auflage, Münster 2008, 75-105

Elschen, Rainer: Entscheidungsneutralität, Allokationseffizienz und Besteuerung nach der Leistungsfähigkeit - Gibt es ein gemeinsames Fundament der Steuerwissenschaften?, StuW 1991, 99-115

Endres, Dieter: Konzernbesteuerung in wichtigen Industriestaaten, in: Herzig (Hrsg.), Organschaft - laufende und aperiodische Besteuerung; nationale und internationale Aspekte; Hinweise zum EG-Recht, 1. Auflage, Stuttgart 2003, 461-482

Endres, Dieter: Zur Quellensteuerentlastung bei ausländischen Gesellschaften, PIStB 2007, 285-291

Englisch, Joachim: IFSt-Schrift Nr. 449: Aufteilung der Besteuerungsbefugnisse - Rechtfertigungsgrund für die Einschränkung von EG-Grundfreiheiten?, 1. Auflage, Bonn 2008

Englisch, Joachim: Verfassungsrechtliche Grundlagen und Grenzen des objektiven Nettoprinzips, DStR 2009, Beihefter zu Heft 34, 92-100

Enß, Petra/Schwager, Robert: Kommunaler Finanzausgleich und Gewerbesteuerhebesätze in Niedersachsen, Universität Göttingen Discussion Paper 2006, No. 127

Epiney, Astrid in: Calliess/Blanke, Das Verfassungsrecht der Europäischen Union mit Europäischer Grundrechtecharta: Kommentar, 3. Auflage, München 2007

Erb, Markus: Das Dotationskapital von Betriebsstätten international tätiger Kreditinstitute: Offene Fragen bei der Anwendung der Verwaltungsansätze in der Praxis, IStR 2008, 608-615

Erhard, Gerd in: Blümich, Einkommensteuer, Körperschaftsteuer, Gewerbesteuer - Kommentar: Kommentar, 96. Erg. Loseblatt, München

Esser, Clemens: Internationaler Steuerwettbewerb: Vorteile und Gefahren, 1. Auflage, Bonn 2004, IFSt-Schrift Nr. 422

Eucken, Walter: Grundsätze der Wirtschaftspolitik, 1. Auflage, Bern/Tübingen 1952

Eynatten, Wim: European holding company tax regimes: A comparative study, ET 2007, 562-570

Feld, Lars P.: Steuerwettbewerb und seine Auswirkungen auf Allokation und Distribution: Eine empirische Analyse für die Schweiz, 1. Auflage, Bamberg 1999, zugl. Diss. Univ. St. Gallen

Feld, Lars P./Schnellenbach, Jan: Begünstigt fiskalischer Wettbewerb die Politikinnovation und -diffusion? Theoretische Anmerkungen und erste Befunde aus Fallstudien, in: Schaltegger/Schaltegger (Hrsg.), Perspektiven der Wirtschaftspolitik: Festschrift zum 65. Geburtstag von René L. Frey, 1. Auflage, Zürich 2004, 259-277

Findeisen, Franz: Unternehmung und Steuer, 1. Auflage, Stuttgart 1923

Fischer, Brigitte: Thesaurierungsbegünstigung nach § 34a EStG - Bewertung aus Sicht eines international tätigen deutschen Personengesellschaftskonzerns, in: Spindler/Tipke/Rödder (Hrsg.), Steuerzentrierte Rechtsberatung: Festschrift für Harald Schaumburg zum 65. Geburtstag, 1. Auflage, Köln 2009, 319-344

Fischer, Lutz: Die Finanzierungsneutralität der Besteuerung als Forderung der Betriebswirtschaftslehre, ZfB 1970, 313-328

Fischer, Peter: Überlegungen zum fraus-legis-Gedanken nach deutschem und europäischem Recht, in: Kirchhof/ Nieskens (Hrsg.), Festschrift für Wolfram Reiss zum 65. Geburtstag, 1. Auflage, Köln 2008, 621-644

Flämig, Christian: Die Ausgestaltung der Gewerbesteuer als verfassungsrechtliches Problem, in: Friauf (Hrsg.), Steuerrecht und Verfassungsrecht (DStJG Band 12), 1. Auflage, Köln 1989, 33-59

Flämig, Christian: Der Steuerstaat auf dem Weg in den Überwachungsstaat - Stellungnahme zu dem Entwurf zur Anzeigepflicht von Steuergestaltungen, DStR 2007, Beihefter zu Heft 44, 2-12

Förster, Guido: Die Änderungen durch das StVergAbG bei der Einkommensteuer und Körperschaftsteuer, DB 2003, 899-905

Förster, Guido in: Breithecker/Förster/Förster/Klapdor, Unternehmensteuerreformgesetz 2008 - Kommentar: Kommentar, 1. Auflage, Berlin 2007

Förster, Guido in: Gosch, Körperschaftsteuergesetz - Kommentar: Kommentar, 2. Auflage, München 2009

Förster, Guido: Wirtschaftliche Wirkungen des Progressionsvorbehalts bei ausländischen Betriebsstätteneinkünften, ZfB 2010, Special Issue 2/2010, 99-122

Förster, Hartmut/Naumann, Manfred: Erlass zur Dotation von Bankbetriebsstätten - Regulatorischer Hochseilakt im steuerlicher Randgebiet oder Auftakt zu weit reichenden Änderungen der allgemeinen Betriebsstättenbesteuerung in Deutschland - Anmerkungen zu dem BMF-Schreiben vom 29.9.2004, DB 2004, 2337-2340

Förster, Ursula: Anrechnung der Gewerbesteuer auf die Einkommensteuer nach der Unternehmensteuerreform 2008, DB 2007, 760-764

Forsthoff, Ulrich: Die eigenständige Behandlung des sekundären Gemeinschaftsrechts, IStR 2006, 698-701

Forsthoff, Ulrich: EuGH versus Europäischer Gesetzgeber - oder Freiheiten über alles? Urteil in der Rs. C-471/04, Keller Holding vom 23.2.2006, IStR 2006, 222-224

Frenkel, Jacob A./Razin, Assaf/Sadka, Efraim: International taxation in an integrated world, 1. Auflage, Cambridge 1991

Friedrich, Werner: Schuldzinsenabzug bei Darlehen im Zusammenhang mit Schachtelbeteiligungen, StuW 1955, 511-516

Fritzmann, Thomas: Internationale Konzernfinanzierung - Entscheidungshilfen zur steuerlichen Optimierung der Finanzierung ausländischer Tochtergesellschaften unter Anwendung der Teilsteuerrechnung, 1. Auflage, Aachen 2003, zugl. Diss. Univ. Bayreuth

Frotscher, Gerrit: Treaty Override und § 50d Abs. 10 EStG, IStR 2009, 593-600

Frotscher, Gerrit: Zur Zulässigkeit des "Treaty Override", in: Spindler/Tipke/Rödder (Hrsg.), Steuerzentrierte Rechtsberatung: Festschrift für Harald Schaumburg zum 65. Geburtstag, 1. Auflage, Köln 2009, 687-714

Frotscher, Marion: Die Branch profits tax und das DBA-USA, IStR 2009, 51-54

Fuest, Clemens: Internationale Koordination der Fiskalpolitik: Wohlfahrtsökonomische versus Politökonomische Sicht, Jahrbuch für Wirtschaftswissenschaften 1997, Vol. 48, 174-192

Fuest, Clemens: Ist Deutschland dem internationalen Steuerwettbewerb gewachsen?, in: Lüdicke (Hrsg.), Wo steht das deutsche Internationale Steuerrecht: Steuerwettbewerb - Schranken der Verfassung - Revisionen des OECD-Musterabkommens - Missbrauchsvorschriften - Internationale Personengesellschaften, 1. Auflage, Köln 2009, 1-18

Fuest, Clemens: Volkswirtschaftliche Aspekte der Besteuerung von Auslandsgewinnen multinationaler Unternehmen, in: Kessler/Förster/Watrin (Hrsg.), Unternehmensbesteuerung - Festschrift für Norbert Herzig zum 65. Geburtstag, 1. Auflage, München 2010, 867-877

Fuest, Clemens/Hemmelgarn, Thomas: Corporate tax policy, foreign firm ownership and thin capitalization, Regional Science and Urban Economics 2005, Vol. 35, No. 5, 508-526

Führich, Gregor: Auswirkungen der Zins- und Lizenzrichtlinie auf Abzugsbeschränkungen im deutschen Steuerrecht, Ubg 2009, 30-42

***G**andenberger, Otto*: Der Einfluß der Einkommen- und Körperschaftsteuer auf die internationalen Wirtschaftströme, in: DStJG (Hrsg.), Grundfragen des Internationalen Steuerrechts, 1. Auflage, Köln 1985, 33-48

Garfinkle, Steven J.: Shepards, merchants, and credit: Some observations on lending practices in Ur III Mesopotamia, Journal of the Economic and Social History of the Orient 2004, Vol. 47, No. 1, 1-30

Gehrig, Thomas P.: Competing Markets, European Economic Review 1998, Vol. 42, No. 2, 277-310

Gehrig, Thomas P.: Location of and competition between financial centres, in: Freixas/Hartmann/Mayer (Hrsg.), Handbook of European financial markets and institutions, 1. Auflage, Oxford 2008, 619-642

Gérard, Marcel: A Closer Look at Belgium's Notional Interest Deduction, Tax Notes International 2006, Vol. 41, 449-453

Gerken, Lüder/Märkt, Jörg/Schick, Gerhard: Internationaler Steuerwettbewerb, 1. Auflage, Tübingen 2000

Gocksch, Sebastian/Gröger, Heike/Schuck, Karsten: Steuerliche Aspekte der Inanspruchnahme von Rettungsmaßnahmen des Finanzmarktstabilisierungsgesetzes, DB 2009, 2668-2673

Goebel, Sören/Boller, Tino/Ungemach, Markus: Die Zuordnung von Beteiligungen zum Betriebsvermögen im nationalen und internationalen Kontext, IStR 2008, 643-651

Goebel, Sören/Eilinghoff, Karolina: Rechtsvergleichende Analyse der deutschen und amerikanischen Unterkapitalisierungsregelungen unter besonderer Berücksichtigung der Zinsschranke, IStR 2008, 233-242

Goebel, Sören/Jacobs, Claudia: Unmittelbare Anwendbarkeit der ZLRL trotz Umsetzung in § 50g EStG?, IStR 2009, 87-92

Goebel, Sören/Ungemach, Markus/Schmidt, Sebastian/Siegmund, Olaf: Outbound-Investitionen über ausländische Personengesellschaften im DBA-Fall unter Inanspruchnahme des Thesaurierungsmodells i.S. des § 34a EStG, IStR 2007, 877-883

Gosch, Dietmar: Einige aktuelle und zugleich grundsätzliche Bemerkungen zur Gewerbesteuer, DStZ 1998, 327-334

Gosch, Dietmar: Praxis-Hinweise zu BFH, Urteil v. 22.2.2006, I R 30/05, BFH-PR 2006, 362-363

Gosch, Dietmar: Vielerlei Gleichheiten - Das Steuerrecht im Spannungsfeld von bilateralen, supranationalen und verfassungsrechtlichen Anforderungen, DStR 2007, 1553-1561

Gosch, Dietmar: Über das Treaty Overriding - Bestandsaufnahme - Verfassungsrecht - Europarecht, IStR 2008, 413-421

Gosch, Dietmar: Die Zwischengesellschaft nach "Hilversum I und II", "Cadbury Schweppes" und den Jahressteuergesetzen 2007 und 2008, in: Kirchhof/Nieskens (Hrsg.), Festschrift für Wolfram Reiss zum 65. Geburtstag, 1. Auflage, Köln 2008, 597-620

Gosch, Dietmar in: Gosch, Körperschaftsteuergesetz - Kommentar: Kommentar, 2. Auflage, München 2009

Gosch, Dietmar in: Blümich, Einkommensteuergesetz - Körperschaftsteuergesetz - Gewerbesteuergesetz: Kommentar, 103. Erg. Loseblatt, München 2009

Gosch, Dietmar: Entwicklung und Rezeption der Rechtsprechung dess EuGH aus Sicht des BFH, Ubg 2010, 73-80

Graetz, Michael J.: The David R. Tillinghast lecture taxing international income: Inadequate principles, outdated concepts, and unsatisfactory policies, Tax Law Review 2001, Vol. 54, 261-336

Graetz, Michael J.: A multilateral solution for the income tax treatment of interest expenses, Bulletin for International Taxation 2009, Vol. 62, 486-493

Graham, Frank: Some Aspects of Protection Further Considered, Quarterly Journal of Economics 1923, Vol. 37, No. 2, 199-227

Groh, Manfred: Der missverstandene Schuldzinsenabzug - Anmerkungen zum BMF-Schreiben vom 22.5.2000, DStR 2001, 105-109

Gropp, Reint E.: Local taxes and capital structure choice, International Tax and Public Finance 2002, Vol. 9, No. 1, 51-71

Grotherr, Siegfried: Ausländische Unterkapitalisierungsregelungen, in: Piltz/Schaumburg (Hrsg.), Unternehmensfinanzierung im Internationalen Steuerrecht, 1. Auflage, Köln 1995, 49-87

Grotherr, Siegfried: Grundlagen der internationalen Steuerplanung, in: Grotherr (Hrsg.), Handbuch der internationalen Steuerplanung, 2. Auflage, Herne/Berlin 2003, 1-28

Grotherr, Siegfried: Überlegungen zur Ausgestaltung von speziellen Verfahrensregelungen für Advance Pricing Agreements, IStR 2005, 350-360

Grotherr, Siegfried: Advance Pricing Agreements - Verfahren zur Vermeidung von Verrechnungspreiskonflikten, BB 2005, 855-867

Grotherr, Siegfried: Funktionsweise und Zweifelsfragen der neuen Zinsschranke 2008, IWB 2007, Fach 3, Gruppe 3, 1489-1508

Günkel, Manfred/Lieber, Bettina: Anmerkung zu BFH, Urteil v. 21.12.2005, I R 4/05, IStR 2006, 459-461

Günkel, Manfred/Lieber, Bettina: Auslegungsfragen im Zusammenhang mit § 50d Abs. 10 EStG i.d.F. des JStG 2009, Ubg 2009, 301-308

Güroff, Georg in: Glanegger/Güroff, Gewerbesteuergesetz: Kommentar, 7. Auflage, München 2009

Gutenberg, Erich: Grundlagen der Betriebswirtschaftslehre - Band 1: Die Produktion, 1. Auflage, Berlin 1951

Habermas, Jürgen: Analytische Wissenschaftstheorie und Dialektik, in: Adorno/Dahrendorf/Pilot/Albert/Haber-mas/ Popper (Hrsg.), Der Positivismusstreit in der deutschen Soziologie, 1. Auflage, Neuwied 1969, 155-192

Haberstock, Lothar: Die steuerliche Planung der internationalen Unternehmung, BFuP 1984, 260-278

Hageböke, Jens: Zum Konkurrenzverhältnis von DBA-Schachtelprivileg und § 8b KStG, IStR 2009, 473-481

Hannemann, Susanne/Peffermann, Petra: IAS-Konzernsteuerquote: Begrenzte Aussagekraft für die steuerliche Performance eines Konzerns, BB 2003, 727-733

Harberger, Arnold C.: The Measurement of Waste, American Economic Review 1964, Vol. 54, No. 3, 58-76

Harberger, Arnold C.: Taxation, Resource Allocation, and Welfare, in: NBER (Hrsg.), The Role of Direct and Indirect Taxes in the Federal Revenue System, 1. Auflage, Princeton 1964, 25-70

Hartmann-Wendels, Thomas/Pfingsten, Andreas/Weber, Martin: Bankbetriebslehre, 4. Auflage, Berlin 2007

Haufler, Andreas/Runkel, Marco: Firm's financial choices and thin capitalization rules under corporate tax competition, Universität Oxford Center for Business Taxation Working Paper 2008, No. 08/15

Haufler, Andreas/Wooton, Ian: Country size and tax competition for foreign direct investment, Journal of Public Economics 1999, Vol. 71, No. 1, 121-139

Häuselmann, Holger: Hybride Finanzierungsformen, in: Kessler/Kröner/Köhler (Hrsg.), Konzernsteuerrecht: National - International, 2. Auflage, München 2008, 900-921

Häußermann, Roland in: Ernst & Young, Verdeckte Gewinnausschüttungen und verdeckte Einlagen: Grundlagen - Problemfelder von A bis Z - Vermeidungsstrategien: Kommentar, 16. Erg. Loseblatt, Bonn

Hayek, Friedrich August von: Freiburger Studien - Gesammelte Aufsätze von F.A. von Hayek, 1. Auflage, Tübingen 1969

Head, Keith/Ries, John/Swenson, Deborah: Agglomeration benefits and location choice: Evidence from Japanese manufacturing investments in the United States, Journal of International Economics 1995, Vol. 38, No. 3-4, 223-247

Heckemeyer, Jost H./Spengel, Christoph: Ausmaß der Gewinnverlagerung multinationaler Unternehmen - empirische Evidenz und Implikationen für die deutsche Steuerpolitik, Perspektiven der Wirtschaftspolitik 2008, 37-61

Heckemeyer, Jost H./Spengel, Christoph: Gewinnverlagerung multinationaler deutscher Unternehmen ins Ausland - eine Klarstellung, DB 2009, 133-135

Heinicke, Wolfgang in: Schmidt, Einkommensteuergesetz: Kommentar, 28. Auflage, München 2009

Heintges, Sebastian/Kamphaus, Christine/Loitz, Rüdiger: Jahresabschluss nach IFRS und Zinsschranke, DB 2007, 1261-1266

Heinz, Gerhard/Schäfer-Elmayer, Pascal: JStG 2009: Erweiterung des sog. Bankenprivilegs (§ 19 GewStDV) auf Finanzierungsleasing- und Factoringesellschaften, BB 2009, 365-369

Heller, Walter Perrin/Shell, Karl: An Optimal Taxation with Costly Administration, American Economic Review 1974, Vol. 64, No. 2, 338-345

Helpman, Elhanan/Krugman, Paul: Market Structure and Foreign Trade - Increasing Returns, Imperfect Competition, and the International Economy, 1. Auflage, Brighton 1985

Hemmelgarn, Thomas: Steuerwettbewerb in Europa - Die Rolle multinationaler Unternehmen und Wirkungen einer Koordination, 1. Auflage, Tübingen 2007, zugl. Diss. Univ. Köln

Hemmelrath, Alexander in: Vogel/Lehner, Doppelbesteuerungsabkommen der Bundesrepublik Deutschland auf dem Gebiet der Steuern vom Einkommen und Vermögen: Kommentar, 5. Auflage, München 2008

Hensel, Albert: Zur Dogmatik des Begriffs "Steuerumgehung", in: Universität zu Bonn (Hrsg.), Bonner Festgabe für Ernst Zitelmann zum fünfzigjährigen Doktorjubiläum, 1. Auflage, München 1923, 217-288

Herdegen, Matthias in: Maunz/Düring, Grundgesetz - Kommentar: Kommentar, 46. Erg. Loseblatt, 53. Auflage, München 2006

Herlinghaus, Andreas: Anmerkung, EFG 2004, 141-141

Herzig, Norbert: Gesellschafter-Fremdfinanzierung von Kapitalgesellschaften - Bericht aus einer Arbeitsgruppe, StuW 1993, 237-248

Herzig, Norbert: Spannungsverhältnis zwischen Finanzierungsfreiheit und fehlender Finanzierungsneutralität der Besteuerung, FR 1994, 589-602

Herzig, Norbert: Besteuerung der Unternehmen in Europa - Harmonisierung im Wettbewerb der Systeme, in: DStJG (Hrsg.), Steuerrecht im Europäischen Binnenmarkt - Einfluß des EG-Rechts auf die nationalen Steuerrechtsordnungen, 1. Auflage, Köln 1996, 121-149

Herzig, Norbert: Advance Pricing Agreements - ein instrument zur Vermeidung von Doppelbesteuerungen?, in: Burmester/Endres (Hrsg.), Außensteuerrecht, Doppelbesteuerungsabkommen und EU-Recht im Spannungsverhältnis - Festschrift für Helmut Debatin zum 70. Geburtstag, 1. Auflage, München 1997, 107-120

Herzig, Norbert: Gesellschafter-Fremdfinanzierung - Analyse und Perspektiven, WPg-Sonderheft 2003, 191-205

Herzig, Norbert: Aktuelle Entwicklungen bei § 8b KStG und § 3c EStG, DB 2003, 1459-1468

Herzig, Norbert: Die Gewerbesteuer als dominierende Unternehmensteuer, DB 2007, 1541-1543

Herzig, Norbert: CCCTB-Projekt und Zukunft der Konzernbesteuerung (III), FR 2009, 1037-1042

Herzig, Norbert: Steuerliche Unterkapitalisierungsregeln - Rechtsentwicklung und Perspektiven, IStR 2009, 870-873

Herzig, Norbert/Bohn, Alexander: Internationale Vorschriften zur Zinsabzugsbeschränkung - Systematisierung möglicher Alternativen zur Zinsschranke, IStR 2009, 253-261

Herzig, Norbert/Bohn, Alexander: Das Wachstumsbeschleunigungsgesetz als Umsetzung des Sofortprogramms der Koalitionsparteien zum Unternehmensteuerrecht, DStR 2009, 2341-2349

Herzig, Norbert/Bohn, Alexander/Fritz, Gunnar: Alternativmodelle zur Zinsschranke, DStR 2009, Beihefter zu Heft 29, 61-68

Herzig, Norbert/Dempfle, Urs: Konzernsteuerquote, betriebliche Steuerpolitik und Steuerwettbewerb, DB 2002, 1-8

Herzig, Norbert/Liekenbrock, Bernhard: Zinsschranke im Organkreis - Systematisierung und Analyse der gesetzlichen Neuregelungen, DB 2007, 2387-2395

Herzig, Norbert/Liekenbrock, Bernhard: Konzernabgrenzung und Konzernbilanzierung nach §§ 4h EStG, 8a KStG bei Organschaft, Ubg 2009, 750-760

Herzig, Norbert/Liekenbrock, Bernhard: Zum Zinsvortrag bei der Organschaft, DB 2009, 1949-1956

Herzig, Norbert/Liekenbrock, Bernhard: Zum EBITDA-Vortrag der Zinsschranke, DB 2010, 690-695

Herzig, Norbert/Lochmann, Uwe: Unternehmensteuerreform 2008 - Wirkung des neuen Systems zur Entlastung gewerblicher Personenunternehmen von der Gewerbesteuer, DB 2007, 1037-1044

Herzig, Norbert/Lochmann, Uwe/Liekenbrock, Bernhard: Die Zinsschranke im Lichte einer Unternehmensbefragung, DB 2008, 593-602

Herzig, Norbert/Watrin, Christoph: Betriebswirtschaftliche Anforderungen an eine Unternehmensteuerreform, StuW 2000, 378-388

Heurung, Rainer/Seidel, Philipp: Vermeidung doppelter Nichtbesteuerung ausländischer Einkünfte aus typisch stillen Beteiligungen, in: Brähler/Lösel (Hrsg.), Deutsches und internationales Steuerrecht: Gegenwart und Zukunft - Festschrift für Christiana Djanani zum 60. Geburtstag, 1. Auflage, Wiesbaden 2008, 313-362

Heurung, Rainer/Seidel, Philipp: Steuerplanung bei Finanzunternehmen mit ausländischen GmbH-Anteilen, GmbHR 2009, 1084-1092

Heurung, Rainer/Seidel, Philipp: Anrechnung ausländischer Steuern auf Gewerbesteuer und Solidaritätszuschlag?, IWB 2009, Fach 5, Gruppe 3, 75-84

Hey, Johanna: Steuerplanungssicherheit als Rechtsproblem, 1. Auflage, Köln 2002, zugl. Habil. Univ. Köln

Hey, Johanna: Kommunale Einkommen- und Körperschaftsteuer - Zugleich ein Beitrag zur Bedeutung des Äquivalenzprinzips für die Ausgestaltung kommunaler Steuern, StuW 2002, 314-325

Hey, Johanna: Erosion nationaler Besteuerungsprinzipien im Binnenmarkt - zugleich zu den Rechtfertigungsgründen der "Europatauglichkeit" und "Wettbewerbsfähigkeit" des Steuersystems, StuW 2005, 317-326

Hey, Johanna: Steuerwettbewerb in Deutschland, in: Kirchhof/Lambsdorff/Pinkwart (Hrsg.), Perspektiven eines modernen Steuerrechts - Festschrift für Hermann Otto Solms, 1. Auflage, Berlin 2005, 35-44

Hey, Johanna: Verletzung fundamentaler Besteuerungsprinzipien durch die Gegenfinanzierungsmaßnahmen des Unternehmensteuerreformgesetzes 2008, BB 2007, 1303-1309

Hey, Johanna: Unternehmensteuerreform: das Konzept der Sondertarifierung nach § 34a EStG-E: Was will der Gesetzgeber und was hat er geregelt?, DStR 2007, 925-931

Hey, Johanna: Spezialgesetzliche Missbrauchsgesetzgebung aus steuersystematischer, verfassungs- und europarechtlicher Sicht, StuW 2008, 167-183

Hey, Johanna: Die Zinsschranke als Maßnahme zur Sicherung des inländischen Steuersubstrats aus europa- und verfassungsrechtlicher Sicht, in: Brähler/Lösel (Hrsg.), Deutsches und internationales Steuerrecht - Gegenwart und Zukunft - Festschrift für Christiana Djanani zum 60. Geburtstag, 1. Auflage, Wiesbaden 2008, 109-128

Hey, Johanna: Körperschaft- und Gewerbesteuer und objektives Nettoprinzip, DStR 2009, Beihefter zu Heft 34, 109-117

Hey, Johanna: Steuerrechtliche Gewinnermittlung (Bilanzsteuerrecht), in: Tipke/Lang (Hrsg.), Steuerrecht, 20. Auflage, Köln 2010, 743-818

Hey, Johanna: Unternehmensteuerrecht, in: Tipke/Lang (Hrsg.), Steuerrecht, 20. Auflage, Köln 2010, 819-851

Hey, Johanna in: Herrmann/Heuer/Raupach, Einkommensteuer- und Körperschaftsteuergesetz - Kommentar: Kommentar, 196. Erg. Loseblatt, Köln

Hey, Johanna/Bauersfeld, Heide: Die Besteuerung der Personen(handels)gesellschaften in den Mitgliedstaaten der Europäischen Union, der Schweiz und den USA, IStR 2005, 649-657

Hick, Christian in: Herrmann/Heuer/Raupach, Einkommensteuer- und Körperschaftsteuergesetz - Kommentar - Jahresband 2008: Kommentar, Lfg. Jb. 2008. Erg. Loseblatt, Köln 2008

Hidien, Jürgen: § 8 Nr. 1 GewStG n.F. verstößt gegen die europäische Zins-/Lizenzgebühren-Richtlinie!, DStZ 2008, 131-133

Hils, Michael: Neuregelung internationaler Sondervergütungen nach § 50d Abs. 10 EStG, DStR 2009, 888-892

Hines, James R.: Lessons from Behvioral Responses to International Taxation, National Tax Journal 1999, Vol. 52, No. 2, 305-322

Hoffmann, Wolf-Dieter: Anmerkung zum BFH-Urteil v. 05.02.1992, I R 127/90, BB 1992, 680-681

Hoffmann, Wolf-Dieter: Die einer Körperschaft nachgeordnete Mitunternehmerschaft bei der Zinsschranke, GmbHR 2008, 183-188

Hoffmann, Wolf-Dieter: Die Zinsschranke bei mitunternehmerischen Personengesellschaften, GmbHR 2008, 113-119

Hoffmann, Wolf-Dieter: Zinsschranke - Fremdfinanzierung nach dem Unternehmensteuerreformgesetz 2008, 1. Auflage, Stuttgart 2008

Hoffmann, Wolf-Dieter: Weitere Verlustvernichtung im JStG 2009, DStR 2009, 257-259

Hoffmann, Wolf-Dieter/Rüsch, Christian: Die effektiven Steuersätze nach der Zinsschranke, DStR 2007, 2079-2084

Hofmeister, Ferdinand in: Blümich, Einkommensteuergesetz, Körperschaftsteuergesetz, Gewerbesteuergesetz: Kommentar, 91. Erg. Loseblatt, München 2008

Homburg, Stefan: Die Abgeltungsteuer als Instrument der Unternehmensfinanzierung, DStR 2007, 686-690

Homburg, Stefan Allgemeine Steuerlehre, 5. Auflage, München 2007

Homburg, Stefan: Die Zinsschranke - eine beispiellose Steuerinnovation, FR 2007, 717-728

Homer, Sidney: A history of interest rates, 2. Auflage, New Brunswick 1977

Höninger, Matthias/Levedag, Christian: Zur formellen Verfassungsmäßigkeit der Änderungen des ErbStG durch das HBeglG 2004, FR 2004, 739-748

Hopt, Klaus J. in: Hopt/Merkt, Beck'scher Kurzkommentare: Handelsgesetzbuch: Kommentar, 33. Auflage, München 2008

Hotelling, Harold: The General Welfare in Relation to Problems of Taxation andof Railway and Utility Rates, Econometrica 1938, Vol. 6, No. 3, 242-269

Hoyt, William H./Jensen, Richard A.: Precommitment in a system of hierarchical governments, Regional Science and Urban Economics 1996, Vol. 26, No. 5, 481-504

Hudson, Michael: How interest rates were set, 2500 BC - 1000 AD, Journal of the Economic and Social History of the Orient 2000, Vol. 43, No. 2, 132-161

Huizinga, Harry/Laeven, Luc: International profit shifting within multinationals: A multicountry perspective, Journal of Public Economics 2008, Vol. 92, No. 5-6, 1164-1182

Huizinga, Harry/Laeven, Luc/Nicodeme, Gaetan: Capital structure and international debt shifting, Journal of Financial Economics 2008, Vol. 88, No. 1, 80-118

Hundsdoerfer, Jochen/Kiesewetter, Dirk/Sureth, Caren: Forschungsergebnisse in der Betriebswirtschaftlichen Steuerlehre - eine Bestandsaufnahme, ZfB 2008, Vol. 78, No. 1, 61-139

Huschke, Christian/Hartwig, Sybille: Das geplante Jahressteuergesetz 2009: Auswirkungen auf Vermietungseinkünfte beschränkt steuerpflichtiger Kapitalgesellschaften, IStR 2009, 745-750

Husken, Carl-Josef/Schmidt, Sebastian/Siegmund, Olaf: Steuerfreie Einnahmen jetzt mehr als steuerfrei?! - Steuerfreie Einnahmen sowie nicht abziehbare Betriebsausgaben und der neue § 34a EStG, BB 2008, 1204-1209

Institut Finanzen und Steuern: Entwicklung der Realsteuerhebestätze der Gemeinden mit 50000 und mehr Einwohnern im Jahr 2008 gegenüber 2007 (IFSt-Schrift Nr. 452), 1. Auflage, Bonn 2008

Internal Revenue Service: Internal Revenue Bulletin 2005-50: Announcement 2005-87 - Compliance Assurance Process, http://www.irs.gov/irb/2005-50_IRB/ar14.html#d0e4363, 29.12.2005

Jachmann, Monika: Grundthesen zu einer Verbesserung der Akzeptanz der Besteuerung insbesondere durch Vereinfachung des Einkommensteuerrechts, StuW 1998, 193-207

Jachmann, Monika: Gewerbesteuer verfassungsgemäß? - Das BverfG hat noch nicht das letzte Wort gesprochen!, NJW 2001, 1840-1841

Jackstein, Claus-Dieter: Das deutsche Steuerrecht im Wettbewerb mit ausländischen Steuersystemen, in: Burmester/Endres (Hrsg.), Aussensteuerrecht, Doppelbesteuerungsabkommen und EU-Recht im Spannungsverhältnis - Festschrift für Helmut Debatin zum 70. Geburtstag, 1. Auflage, München 1997, 179-206

Jacob, Friedhelm/Scheifele, Matthias: § 8b Abs. 7 S. 2 KStG auf dem Prüfstand des BFH: Welche Auswirkungen ergeben sich für ausländische Holdinggesellschaften mit Beteiligung an inländischen (Grundstücks-)Kapitalgesellschaften? - Zugleich Besprechung des BFH-Urteils v. 14.01.2009, I R 36/08, IStR 2009, 304-312

Jacobs, Otto H.: Steuerliche Vorteilhaftigkeit des Einsatzes von Eigen- oder Fremdkapital bei der internationalen Konzernfinanzierung, StuW 1996, 26-42

Jacobs, Otto H.: Internationale Unternehmensbesteuerung - Deutsche Investitionen im Ausland - Ausländische Investitionen im Inland, 6. Auflage, München 2007

Jacobs, Otto H./Spengel, Christoph: European Tax Analyzer: EDV-gestützter Vergleich der Steuerbelastung von Kapitalgesellschaften in Deutschland, Frankreich und Großbritannien, 1. Auflage, Baden-Baden 1996

Janeba, Eckhard: International Tax Competition, 1. Auflage, Tübingen 1997

Jankowiak, Ingo: Doppelte Nichtbesteuerung im Internationalen Steuerrecht, 1. Auflage, Baden-Baden 2009, zugl. Diss. Univ. Bayreuth

Janssen, Bernhard: § 8a KStG - Zweck der Vorschrift und Kritik ihrer Ausgestaltung, 1. Auflage, Göttingen 1997, zugl. Diss. Univ. Köln

Jochum, Heike: Das Bundesverfassungsgericht als Hüter der Gewerbesteuer?, StB 2005, 254-261

Kaminski, Bert: Entwurf eines BMF-Schreibens zur Zinsschranke (§ 4h EStG, § 8a KStG), Stbg 2008, 196-211

Kaminski, Bert/Strunk, Günther: Die steuerliche Behandlung von Aufwand im Zusammenhang mit Kapitalgesellschaftsbeteiligungen nach Änderung des § 8b KStG zum 1.1.2004, BB 2004, 689-695

Kaminski, Bert/Strunk, Günther/Haase, Florian: Anmerkung zu § 20 Abs. 2 AStG in der Entwurfsfassung des Jahressteuergesetzes 2008, IStR 2007, 726-728

Kaplow, Louis: How Tax Complexity And Enforcement Affect The Equity And Efficiency Of The Income Tax, National Tax Journal 1996, Vol. 49, No. 1, 135-150

Keen, Michael/Piekkola, Hannu: Simple rules for the optimal taxation of capital income, Scandinavian Journal of Economics 1999, Vol. 99, No. 3, 447-461

Kelders, Christian: ifo Beiträge zur Wirtschaftsforschung Nr. 24 - Besteuerungsanreize in den deutschen Kommunalfinanzen, 1. Auflage, München 2006, zugl. Diss. Univ. München

Kelsen, Hans: Reine Rechtslehre: Einleitung in die rechtswissenschaftliche Problematik, 1. Auflage, Leipzig 1934

Kempermann, Michael: Grenzen des Sonderbetriebsvermögens, in: Klein/Stihl/Wassermeyer (Hrsg.), Unternehmen - Steuern - Festschrift für Hans Flick zum 70. Geburtstag, 1. Auflage, Köln 1997, 445-456

Kempf, Andreas/Straubinger, Peter: Besonderheiten des Doppelbesteuerungsabkommens zwischen der Bundesrepublik Deutschland und der Russischen Föderation, IStR 1998, 564-567

Kempf, Andreas/Straubinger, Peter: Nochmals: Die EU-Zins-/ Lizenzrichtlinie und § 8 Nr. 1 GewStG, IStR 2005, 773-775

Keß, Thomas: Kommentar zu BVerfG, Beschluss v. 15.01.2008 - 1 BvL 2/04, FR 2008, 829-831

Kessler, Wolfgang: Typologie der Betriebsaufspaltung - Treuhandschaft, Mitunternehmerschaft und Vermögensverwaltung, 1. Auflage, Wiesbaden 1989, zugl. Diss. Univ. Köln

Kessler, Wolfgang: Internationale Organschaft in Dänemark, IStR 1993, 303-310

Kessler, Wolfgang: DBA-Schachtelprivileg und § 3c EStG - Steuerwirkungen der unterschiedlichen Lösungsalternativen, IStR 1994, 299-304

Kessler, Wolfgang: Die Euro-Holding: Steuerplanung, Standortwahl, Länderprofile, 1. Auflage, München 1996, Köln, Univ., Habil.-Schr. 1995/96

Kessler, Wolfgang: Die Konzernfinanzierung im nationalen Steuerrecht, in: Lutter/Scheffler/ Schneider (Hrsg.), Handbuch der Konzernfinanzierung, 1. Auflage, Köln 1998, 1137-1185

Kessler, Wolfgang: Die Gesellschafter-Fremdfinanzierung im Spannungsfeld zum Recht der Doppelbesteuerungsabkommen und Europarecht, DB 2003, 2507-2514

Kessler, Wolfgang: Das Holdingparadoxon in § 8a Abs. 4 KStG n.F. - Holdingprivileg oder Holdingdiskriminierung, DStR 2004, 386-390

Kessler, Wolfgang: Die Thesaurierungsbegünstigung nach § 34a EStG, in: Herzig (Hrsg.), Handbuch Unternehmensteuerreform 2008, 1. Auflage, Münster 2007, 51-74

Kessler, Wolfgang: Gruppenbesteuerungssysteme im internationalen Vergleich, in: Wiesner/Kirchmayr/Mayr (Hrsg.), Gruppenbesteuerung - Praxiskommentar, 2. Auflage, Wien 2008, 491-506

Kessler, Wolfgang: Konzernbesteuerung in Deutschland, in: Kessler/Kröner/Köhler (Hrsg.), Konzernsteuerrecht: National - International, 2. Auflage, München 2008, 2-18

Kessler, Wolfgang/Dietrich, Marie-Louise: Die Zinsschranke nach dem WaBeschG - la dolce vita o il dolce far niente?, DB 2010, 240-244

Kessler, Wolfgang/Dietrich, Marie-Louise: Auf den zweiten Blick: Warum § 3c EStG auf Schachteldividenden nicht anwendbar ist, IStR 2010, 696-701

Kessler, Wolfgang/Eicke, Rolf: Treaty-Shopping - Quo vadis? Kritische Anmerkungen zu § 50d Abs. 3 EStG-E, IStR 2006, 577-582

Kessler, Wolfgang/Eicke, Rolf: Doppel-Holdingstruktur als Schutz vor der Anti-Treaty-Shopping-Regelung des § 50d Abs. 3 EStG, IStR 2007, 526-530

Kessler, Wolfgang/Eicke, Rolf: Neue Gestaltungshürden in der Anti-Treaty-Shopping-Regelung des § 50d Abs. 3 EStG, DStR 2007, 781-786

Kessler, Wolfgang/Eicke, Rolf: Zur mittelbaren Entlastungsberechtigung in der Anti-Treaty-Shopping Regelung, PIStB 2007, 317-319

Kessler, Wolfgang/Eicke, Rolf: Is Germany a 'Holding Haven'?, Tax Notes International 2008, Vol. 50, No. 8, 687-691

Kessler, Wolfgang/Eicke, Rolf: Gedanken zur grenzüberschreitenden Verlustberücksichtigung nach Lidl Belgium, IStR 2008, 581-584

Kessler, Wolfgang/Eicke, Rolf: The egg of Columbus Container: German budget sunny side up, not scrambled, Tax Notes International 2008, Vol. 49, 587-589

Kessler, Wolfgang/Eicke, Rolf: Germany's statutory treatment of special payments, Tax Notes International 2009, Vol. 56, No. 11, 871-875

Kessler, Wolfgang/Eicke, Rolf: Gedanken zur Verfassungs- und Europarechtskonformität des Steuerhinterziehungsbekämpfungsgesetzes, DB 2009, 1314-1317

Kessler, Wolfgang/Eicker, Klaus/Schindler, Jörg: Hinzurechung von Dauerschuldzinsen nach § 8 Nr. 1 GewStG verstößt gegen die Zins-/Lizenzgebühren-Richtlinie, IStR 2004, 678-680

Kessler, Wolfgang/Huck, Friederike: Grenzüberschreitender Transfer von Betriebsvermögen - Die Verlagerung von Einzelwirtschaftsgütern, Betriebsstätten und Betrieben ins Ausland, StuW 2005, 193-215

Kessler, Wolfgang/Jehl, Melanie: Kritische Analyse der Zentralfunktion des Stammhauses, IWB 2007, Fach 10, Gruppe 2, 1977-1988

Kessler, Wolfgang/Jepp, Silvia: Tu felix Austria? Lehren aus der österreichischen Gruppenbesteuerung, DB 2010, 2737-2741

Kessler, Wolfgang/Jüngling, Friederike/Pfuhl, Andreas: Internationale Aspekte der Thesaurierungsbegünstigung nach § 34a EStG: Steuersatz- und Anrechnungseffekte bei grenzüberschreitender Geschäftstätigkeit, Ubg 2008, 741-747

Kessler, Wolfgang/Knörzer, Daniel: Die Verschärfung der gewerbesteuerlichen Schachtelstrafe - erneute Diskriminierung inländischer Holdinggesellschaften?, IStR 2008, 121-124

Kessler, Wolfgang/Knörzer, Daniel: The Implications of the (Reverse) Ban on Interest, Tax Notes International 2008, Vol. 50, 427-431

Kessler, Wolfgang/Knörzer, Daniel: Steuerwettbewerb und Zinsabzug: Eine Bestandsaufnahme, in: Brähler/Lösel (Hrsg.), Deutsches und internationales Steuerrecht: Gegenwart und Zukunft - Festschrift für Christiana Djanani zum 60. Geburtstag, 1. Auflage, Wiesbaden 2008, 161-176

Kessler, Wolfgang/Köhler, Stefan/Knörzer, Daniel: Die Zinsschranke im Rechtsvergleich: Problemfelder und Lösungsansätze, IStR 2007, 418-422

Kessler, Wolfgang/Lindemer, Jörg: Die Zinsschranke nach dem Wachstumsbeschleunigungsgesetz: Neues Prüfschema, fiktiver EBITDA-Vortrag und EBITDA-Puffer, DB 2010, 472-476

Kessler, Wolfgang/Naumann, Stephan/Eicke, Rolf/Otter, Jan Philipp: Steuerliche Anreize zur Stimulierung von Forschung und Entwicklung in Deutschland - Teil 1 - Politische und rechtliche Rahmenbedingungen für die Einführung eines steuerlichen F&E-Regimes in Deutschland, DB 2008, 1172-1176

Kessler, Wolfgang/Obser, Ralph: Überblick zur Gesellschafter-Fremdfinanzierung in den Mitgliedstaaten der Europäischen Union, IStR 2004, 187-191

Kessler, Wolfgang/Pfuhl, Andreas: Steuergesetzgeberische Bemühungen zur Förderung der Eigenkapitalbildung bei Personenunternehmen - Eine Analyse der Thesaurierungsbegünstigung nach § 34a EStG, Den Mittelstand begleiten: Wege zu Eigenkapital und gelungener Nachfolge - Festschrift für Horst Kary zum 65. Geburtstag am 1. November 2009, 1. Auflage, 2009, 59-77

Kessler, Wolfgang/Reitsam, Michael: § 3c Abs. 1 EStG und Vorteilsgewährung im Konzern, DB 2003, 2139-2143

Kessler, Wolfgang/Schiffers, Joachim/Teufel, Tobias: Rechtsformwahl - Rechtsformoptimierung, 1. Auflage, München 2002

Kessler, Wolfgang/Teufel, Tobias: Gesellschafter-Fremdfinanzierung nach der Unternehmensteuerreform, DB 2001, 1955-1962

Keuchel, Jan: Ein Bier für Herrn Seis!, Handelsblatt 14.8.2007

Kiesewetter, Dirk: Theoretische Leitbilder einer Reform der Unternehmensbesteuerung - Eine vergleichende Analyse der Reformmodelle Kroatiens, Österreichs und Skandinaviens, StuW 1997, 24-34

Kind, Hans Jarle/Knarvik, Karen Helene Midelfart/Schjelderup, Guttorm: Competing for capital in a 'lumpy' world, Journal of Public Economics 2000, Vol. 78, No. 3, 253-274

King, Mervyn A./Fullerton, Don: The Taxation of Income from Capital: A Comparative Study of the United States, the United Kingdom, Sweden, and West Germany, 1. Auflage, Chicago 1984

Kirchhof, Paul: Freiheit im ausgleichenden Finanzstaat - Verdienst und Bedarf in einer verteilenden, mechanisierten, geldwirtschaftlich gesteuerten Erwerbswirtschaft, in: Rüthers/Stern (Hrsg.), Freiheit und Verantwortung im Verfassungsstaat - Festgabe zum 10jährigen Jubiläum der Gesellschaft für Rechtspolitik, 1. Auflage, München 1984, 157-176

Kirchhof, Paul in: Isensee/Kirchhof, Handbuch des Staatsrechts der Bundesrepublik Deutschland: Kommentar, 1. Auflage, Heidelberg 1992

Kirchhof, Paul: Freiheitlicher Wettbewerb und staatliche Autonomie - Solidarität, ORDO 2005, Vol. 56, 39-45

Klapdor, Ralf in: Breithecker/Förster/Förster/Klapdor, Unternehmensteuerreformgesetz 2008 - Kommentar: Kommentar, 1. Auflage, Berlin 2007

Klassen, Kenneth J./Shackelford, Douglas A.: State and provincial corporate tax planning: income shifting and sales apportionment factor management, Journal of Accounting and Economics 1998, Vol. 25, No. 3, 385-406

Klinger, Felix/Schmitt, Bernd in: Vögele/Borstell/Engler, Handbuch der Verrechnungspreise: Betriebswirtschaft - Steuerrecht - OECD- und US-Verrechnungspreisrichtlinien: Kommentar, 2. Auflage, München 2003

Knieps, Günter: Wettbewerbsökonomie, 3. Auflage, Berlin 2008

Knobbe-Keuk, Brigitte: Die Betriebsaufspaltung - ein "Rechtsinstitut"?, in: Hörstmann/Niemann/Rose (Hrsg.), Steuerberater-Jahrbuch 1980/81, 1. Auflage, Köln 1981, 335-357

Knobbe-Keuk, Brigitte: Niederlassungsfreiheit: Diskriminierungs- oder Beschränkungsverbot?, DB 1990, 2573-2584

Knobbe-Keuk, Brigitte: Wieder einmal ein Entwurf zu § 8a KStG - Wiederauflage einer Regelung zur Gesellschafter-Fremdfinanzierung im Standortsicherungsgesetz, DB 1993, 60-66

Knobbe-Keuk, Brigitte: Bilanz- und Unternehmenssteuerrecht, 9. Auflage, Köln 1993

Knoll, Leonhard: Unternehmensgewinnbesteuerung in Kroatien, Italien und Österrreich - Umsetzungsbeispiele für betriebswirtschaftliche Neutralitätspostulate, DBW 2001, 335-348

Köhler, Stefan: Die Steuerpolitik der deutschen internationalen Unternehmung im Einflußbereich der Hinzurechnungsbesteuerung, 1. Auflage, Frankfurt 1994, zugl. Diss. Uni Gießen

Köhler, Stefan: Unternehmensteuerreform 2001: Auswirkungen des Steuersenkungsgesetzes auf deutsche Auslandsinvestitionen, DStR 2000, 1849-1857

Köhler, Stefan: Aktuelles Beratungs-Know-how Internationales Steuerrecht, IStR 2005, 227-232

Köhler, Stefan: Hybride Finanzierungen über die Grenze, in: Piltz/Schaumburg (Hrsg.), Internationale Unternehmensfinanzierung, 1. Auflage, Köln 2006, 137-177

Köhler, Stefan: Erste Gedanken zur Zinsschranke nach der Unternehmensteuerreform, DStR 2007, 597-604

Köhler, Stefan: Einführung einer Zinsschranke, in: Ernst & Young/BDI (Hrsg.), Unternehmensteuerreform 2008: Änderungen - Zweifelsfragen - Gestaltungsmöglichkeiten, 1. Auflage, 2007, 106-126

Köhler, Stefan: Beteiligung an ausländischen Kapitalgesellschaften, in: Kessler/Kröner/Köhler (Hrsg.), Konzernsteuerrecht: National - International, 2. Auflage, München 2008, 570-646

Köhler, Stefan: Internationale Konzernstruktur und Rechtsformwahl, in: Kessler/Kröner/Köhler (Hrsg.), Konzernsteuerrecht: National - International, 2. Auflage, München 2008, 702-721

Köhler, Stefan: Konzernstruktur, in: Kessler/Kröner/Köhler (Hrsg.), Konzernsteuerrecht: National - International, 2. Auflage, München 2008, 303-348

Köhler, Stefan: Sind neue Steuerstrategien gefordert?, in: Lüdicke (Hrsg.), Unternehmensteuerreform 2008 im internationalen Umfeld, 1. Auflage, Köln 2008, 145-191

Köhler, Stefan: Rechtsformwahl aus steuerlicher Sicht für EU-Investments deutscher gewerblicher Investoren unter besonderer Berücksichtigung jüngerer EuGH-Rechtsprechung, in: Kessler/Förster/Watrin (Hrsg.), Unternehmensbesteuerung - Festschrift für Norbert Herzig zum 65. Geburtstag, 1. Auflage, München 2010, 953-975

Köhler, Stefan/Eicker, Klaus: Aktuelles Beratungs-Know-how Internationales Steuerrecht - § 8a KStG n.F.: Eckpunkte der grenzüberschreitenden Relevanz, DStR 2004, 672-676

Köhler, Stefan/Eicker, Klaus: Wichtige EuGH-Entscheidungen zur Hinzurechnungs- und Wegzugsbesteuerung, DStR 2006, 1871-1875

Köhler, Stefan/Eicker, Klaus: Kritische Anmerkungen zum BMF-Schreiben Cadbury Schweppes vom 8.1.2007, DStR 2007, 331-334

Köhler, Stefan/Hahne, Klaus D.: BMF-Schreiben zur Anwendung der steuerlichen Zinsschranke und zur Gesellschafter-Fremdfinanzierung bei Kapitalgesellschaften, DStR 2008, 1505-1516

Köhler, Stefan/Haun, Jürgen: Kritische Analyse der Änderungen der Hinzurechnungsbesteuerung durch das JStG 2008, Ubg 2008, 73-88

Kollruss, Thomas: Fiktive Anrechnung ausländischer Steuern im System der neuen Hinzurechnungsbesteuerung: Lässt sich die Hinzurechnung durch Gewinnausschüttungen der ausländischen Zwischengesellschaft vermeiden?, IStR 2006, 513-521

Konrad, Kai A.: Mobile tax base as a global common, International Tax and Public Finance 2008, Vol. 15, No. 4, 395-414

Kormann, Helmut: Die Steuerpolitik der internationalen Unternehmung, 2. Auflage, Düsseldorf 1970

Korn, Klaus: Einschränkung des betrieblichen Schuldzinsenabzugs nach § 4 Abs. 4a EStG, KÖSDI 2000, 12548-12562

Korn, Klaus: Die Zinsschranke nach § 4h EStG, KÖSDI 2008, 15866-15883

Köthenbürger, Marko: Der Einfluss des kommunalen Finanzausgleichs auf die Hebesatzpolitik der Gemeinden, in: Napp (Hrsg.), Finanzwissenschaft im Wandel - Festschrift für Bernd Rahmann, 1. Auflage, Frankfurt 2005, 171-185

KPMG/HHL: IFRS und HGB in der Praxis - Zur Bedeutung von IFRS-Abschlüssen bei der Kreditvergabe von Banken an mittelständische Unternehmen, http://www.kpmg.de/docs/IFRS_und_HGB_in_der_Praxis.pdf, 2008

Kramer, Jörg-Dietrich: APA - Vorabverständigungsverfahren und Vorabzusagen über Verrechnungspreise, IStR 2007, 174-177

Kramer, Jörg-Dietrich: Nochmal: Das Darlehen des ausländischen Mitunternehmers an seine deutsche Personengesellschaft und § 50d Abs. 10 EStG, IStR 2010, 239-241

Kreft, Michael/Schmitt-Homann, Fabian: Der Rückgriff als schädliche Gesellschafterfremdfinanzierung unter der Zinsschranke, BB 2008, 2099-2104

Kröner, Ilse/Bolik, Andreas: Die Anwendung der Zinsschranke bei vermögensverwaltenden und gewerblichen Personengesellschaften, DStR 2008, 1309-1315

Kröner, Michael: Verrechnungsbeschränkte Verluste im Ertragsteuerrecht - materiellrechtliche Grundlagen und systematische Gestaltungssuche, 1. Auflage, Wiesbaden 1986, zugl. Diss. Univ. Köln

Kröner, Michael/Benzel, Ute: Konzernsteuerquote - die Ertragsteuerbelastung in der Wahrnehmung durch die Kapitalmärkte, in: Kessler/Kröner/Köhler (Hrsg.), Konzernsteuerrecht: National - International, 2. Auflage, München 2008, 1091-1130

Kroppen, Heinz-Klaus: Der "Authorized OECD Approach" zur Gewinnaufteilung zwischen Stammhaus und Betriebsstätte, in: Kessler/Förster/Watrin (Hrsg.), Unternehmensbesteuerung - Festschrift für Norbert Herzig zum 65. Geburtstag, 1. Auflage, München 2010, 1071-1094

Krugman, Paul: Increasing Returns, Monopolistic Competition, And International Trade, Journal of International Economics 1979, Vol. 9, No. 4, 469-479

Krugman, Paul: Increasing returns and economic geography, Journal of Political Economy 1991, Vol. 99, No. 3, 483-499

Krugman, Paul: Geography and Trade, 1. Auflage, Leuven 1991

Kudert, Stephan/Husmann, Sven: Transnationale Ergebnisausweispolitik bei unter Progressionsvorbehalt freigestellten ausländischen Einkünften, StuW 2006, 165-172

Kula, Erhun: Is contemporary interest rate in conflict with islamic ethics?, Kyklos 2008, Vol. 61, No. 1, 45-64

Kumpf, Wolfgang/Roth, Andreas: Einzelfragen der Ergebniszuordnung nach den neuen Betriebsstätten-Verwaltungsgrundsätzen, DB 2000, 787-793

Lambrecht, Claus in: Kirchhof, Kompaktkommentar Einkommensteuergesetz: Kommentar, 7. Auflage, Heidelberg 2007

Lammersen, Lothar: Investitionsentscheidungen und Steueraufkommen bei zinsbereinigter Besteuerung, RIW 2003, 938-945

Lammersen, Lothar: Steuerbelastungsvergleiche - Anwendung und Grenzen in der Steuerplanung und Steuerwirkungslehre, 1. Auflage, Wiesbaden 2005, zugl. Diss. Univ. Mannheim

Lang, Joachim: Die Bemessungsgrundlage der Einkommensteuer - Rechtssystematische Grundlagen steuerlicher Leistungsfähigkeit im deutschen Einkommensteuerrecht, 1. Auflage, Köln 1988, zugl. Habil. Univ. Köln

Lang, Joachim: Zur Subjektfähigkeit von Personengesellschaften im Einkommensteuerrecht, in: Raupach/Uelner (Hrsg.), Ertragsbesteuerung: Zurechnung, Ermittlung, Gestaltung - Festschrift für Ludwig Schmidt zum 65. Geburtstag, 1. Auflage, München 1993, 291-306

Lang, Joachim: Besteuerung der Unternehmen in Staaten der europäischen Union - Resümee, in: DStJG (Hrsg.), Unternehmensbesteuerung in EU-Staaten, 1. Auflage, Köln 1994, 295-317

Lang, Joachim: Steuergerechtigkeit und Globalisierung, in: Spindler/Tipke/Rödder (Hrsg.), Steuerzentrierte Rechtsberatung - Festschrift für Harald Schaumburg zum 65. Geburtstag, 1. Auflage, Köln 2009, 45-64

Lang, Joachim: Kirchensteuer, in: Tipke/Lang (Hrsg.), Steuerrecht, 20. Auflage, Köln 2010, 417-422

Lang, Joachim: Einkommensteuerrecht, in: Tipke/Lang (Hrsg.), Steuerrecht, 20. Auflage, Köln 2010, 233-416

Lang, Joachim: Grundlagen der Steuerrechtsordnung, in: Tipke/ Lang (Hrsg.), Steuerrecht, 20. Auflage, Köln 2010, 1-172

Lang, Michael: Unterkapitalisierung, in: Gassner/Lang/Lechner (Hrsg.), Aktuelle Entwicklungen im internationalen Steuerrecht - Das neue Musterabkommen der OECD, 1. Auflage, Wien 1994, 127-156

Leffson, Ulrich: Die Grundsätze ordnungsgemäßer Buchführung, 7. Auflage, Düsseldorf 1987

Lehner, Moris: Streitbeilegung im Internationalen Steuerrecht, in: Kirchhof/Nieskens (Hrsg.), Festschrift für Wolfram Reiss zum 65. Geburtstag, 1. Auflage, Köln 2008, 665-678

Leitner, Reinhard: Die deutsche Unternehmensteuerreform 2008 und ihre Auswirkungen auf das Doppelbesteuerungsabkommen zwischen Deutschland und Österreich, in: Spindler/Tipke/Rödder (Hrsg.), Steuerzentrierte Rechtsberatung - Festschrift für Harald Schaumburg zum 65. Geburtstag, 1. Auflage, Köln 2009, 889-911

Lennert, Philipp: Deutschland schließt Abkommen über die Zusammenarbeit und den Informationsaustausch in Steuersachen mit Liechtenstein, IStR 2009, Länderbericht Heft 21/09, 85-86

Levedag, Christian: Die Betriebsaufspaltung im Fadenkreuz der Unternehmensteuerreform 2008 und des Jahressteuergesetzes 2008 - eine Bestandsaufnahme, GmbHR 2008, 281-291

Levedag, Christian in: Herrmann /Heuer/Raupach, Jahresband: Kommentar, Köln 2008

Ley, Ursula: Zur steuerlichen Behandlung von Gesellschafterkapitalkonten sowie der Forderungen und Verbindlichkeiten zwischen einer gewerblichen Personengesellschaft und ihren Gesellschaftern, KÖSDI 2002, 13459-13471

Ley, Ursula: Gesellschafterkonten bei Doppelstock- und Schwestermitunternehmerschaften, KÖSDI 2003, 13573-13577

Ley, Ursula: Die Beschränkung des Schuldzinsenabzugs bei Mitunternehmerschaften, KÖSDI 2006, 15277-15292

Ley, Ursula: Der BFH zum betrieblichen Schuldzinsenabzug (§ 4 Abs. 4a EStG) - Folgerungen für die Praxis, DStR 2006, 301-305

Ley, Ursula: Behandlung des Transfers von Wirtschaftsgütern zwischen Betrieben im Rahmen des § 4 Abs. 4a EStG, KÖSDI 2009, 16333-16336

Ley, Ursula: Zur Thesaurierungsbegünstigung von Personengesellschaften unter besonderer Berücksichtigung von doppelstöckigen Personengesellschaften und von ausländischen Betriebsstätten, in: Kessler/Förster/Watrin (Hrsg.), Unternehmensbesteuerung - Festschrift für Norbert Herzig zum 65. Geburtstag, 1. Auflage, München 2010, 469-494

Ley, Ursula/Brandenberg, Hermann B.: Unternehmensteuerreform 2008: Thesaurierung und Nachversteuerung bei Personenunternehmen, FR 2007, 1085-1109

Lieber, Bettina: Ei des Columbus gefunden - BFH beendet das mehrschichtige Verfahren zu Columbus Container Services, IStR 2010, 142-144

Liefmann, Robert: Beteiligungs- und Finanzierungsgesellschaften - eine Studie über den modernen Kapitalismus und das Effektenwesen (in Deutschland, den Vereinigten Staaten, England, Frankreich, Belgien und der Schweiz), 1. Auflage, Jena 1909

Lind, Stephen A./Schwarz, Stephen/Lathrope, Daniel J./Rosenberg, Joshua D.: Fundamentals of Business Enterprise Taxation - Cases and Materials, 3. Auflage, New York 2005

Linn, Alexander: Die Anwendung des Beihhilfeverbots im Unternehmenssteuerrecht, IStR 2008, 601-607

Löffler, Christoph/Hansen, Christian: Zur Reichweite von § 8b Abs. 7 S. 2 KStG nach dem BFH-Urteil vom 14.1.2009, I R 36/08, DStR 2009, 1135-1138

Loh, Alexander/Peters, Holger M.: Die neuen Regelungen zu Advance Pricing Agreements im deutschen Steuerrecht, RIW 2007, 116-120

Lohbeck, Allit/Wagner, Thomas: § 50d Abs. 10 EStG - Uneingeschränktes Besteuerungsrecht für Sondervergütungen im Inbound-Fall?, DB 2009, 423-426

Lohr, Andreas: Das Gesetz über deutsche Immobilienaktiengesellschaften mit börsennotierten Anteilen (REITG), in: Piltz/Günkel/Niemann (Hrsg.), Steuerberater-Jahrbuch 2007/2008, 1. Auflage, Köln 2008, 99-116

Lorenz, Anja: Die Suspendierung von § 8b Abs. 5 KStG durch EG- und DBA-Günstigerprüfung - zur Entwicklung des Betriebsausgabenabzugs beim Dividendenbezug von Kapitalgesellschaften, IStR 2009, 437-445

Loschelder, Friedrich in: Schmidt, EStG: Kommentar, 28. Auflage, München 2009

Loukota, Helmut: Internationale Probleme mit der deutschen Zinsschranke, SWI 2008, 105-111

Löwenstein, Ulrich/Heinsen, Oliver: Anwendung der Grundsätze zum Dotationskapital auch bei grenzüberschreitenden mitunternehmerischen Beteiligungen an Personengesellschaften?, IStR 2007, 301-306

Luckey, Jörg in: Strunk/Kaminski/Köhler, Außensteuergesetz - Doppelbesteuerungsabkommen: Kommentar, Bonn

Lüdenbach, Nobert/Hoffmann, Wolf-Dieter: Der IFRS-Konzernabschluss als Bestandteil der Steuerbemessungsgrundlage für die Zinsschranke nach § 4h EStG-E, DStR 2007, 636-642

Lüdenbach, Nobert in: Lüdenbach/Hoffmann, Haufe IFRS-Kommentar: Kommentar, 6. Auflage, Freiburg 2008

Lüdicke, Jürgen: Überlegungen zur deutschen DBA-Politik, 1. Auflage, Baden-Baden 2008

Lüdicke, Jürgen/Hummel, Lars: Zum Primat des primären Gemeinschaftsrechts, IStR 2006, 694-698

Lupia, Arthur: Shortcuts versus Encyclopedias: Information and voting behavior in California insurance reform elections, American Political Science Review 1994, Vol. 88, No. 1, 63-76

Maier, Nina: Die Regelungen zur Gesellschafter-Fremdfinanzierung im internationalen Vergleich, 1. Auflage, Würzburg 2006, zugl. Diss. Univ. Würzburg

Maiterth, Ralf: Der Einfluss der Besteuerung auf die internationale Wettbewerbsfähigkeit von Unternehmen, StuW 2005, 47-60

Maiterth, Ralf/Wirth, Henriette: Anmerkungen zur unendlichen Diskussion über Beteiligungsaufwendungen bei Kapitalgesellschaften aus steuersystematischer Sicht, DStR 2004, 433-438

Märkt, Jörg: Steuern als Preise: Zur Notwendigkeit einer Besteuerung ohne Trittbrettfahrer angesichts des Steuerwettbewerbs, 1. Auflage, Freiburg 2003, zugl. Diss

Mattern, Oliver/Schnitger, Arne: Die neue Hinzurechnungsbesteuerung des Gewerbesteuergesetzes (Teil I), DStR 2003, 1321-1328

Maunz, Theodor in: Maunz/Düring, Grundgesetz: Kommentar: Kommentar, München 2006

Mäusli-Allenspach, Peter/Oertli, Mathias: Das schweizerische Steuerrecht: Ein Grundriss mit Beispielen, 5. Auflage, Bern 2008

McLure, Charles E.: Integration of the personal and corporate income taxes: The missing element in recent tax reform proposals, Harvard Law Review 1975, Vol. 88, No. 3, 532-581

McLure, Charles E.: Tax Competition: Is What´s Good For The Private Goose Also Good For The Public Gander?, National Tax Journal 1986, Vol. 39, No. 3, 341-348

Mellinghoff, Rudolf: Verfassungsgebundenheit des Steuergesetzgebers - unter besonderer Berücksichtigung der neueren Rechtsrechung des Bundesverfassungsgerichts, in: Siegel/Kirchhof/Schneeloch/Schramm (Hrsg.), Steuertheorie, Steuerpolitik und Steuerpraxis - Festschrift für Peter Bareis zum 65. Geburtstag, 1. Auflage, Stuttgart 2005, 171-195

Menck, Thomas: Welteinkommen und Territorialität der Besteuerung nach deutschem Recht und in deutscher Sicht, in: Vogel (Hrsg.), Münchener Schriften zum Internationalen Steuerrecht, Heft 7: Steuern auf ausländische Einkünfte, 1. Auflage, München 1985, 28-41

Menck, Thomas: "Fremdfinanzierung" als Mehrstaatenproblem, IStR 1994, 569-578

Mintz, Jack/Smart, Michael: Income shifting, investment, and tax competition: theory and evidence from provincial taxation in Canada, Journal of Public Economics 2004, Vol. 88, No. 6, 1149-1168

Mintz, Jack/Weichenrieder, Alfons J.: Taxation and the financial structure of German outbound FDI, CESifo Working Paper 2005, No. 1612

Mirrlees, James A.: An exploration in the theory of optimum income taxation, Review of Economic Studies 1971, Vol. 38, No. 2, 175-208

Mitschke, Wolfgang: Streitpunkt § 50d Abs. 10 EStG - ein Tiger mit scharfen Zähnen, DB 2010, 303-306

Modigliani, Franco/Miller, Merton H.: The cost of capital, corporation finance and the theory of investment, American Economic Review 1958, Vol. 48, No. 3, 261-297

Möhlenbrock, Rolf: Detailfragen der Zinsschranke aus Sicht der Finanzverwaltung, Ubg 2008, 1-12

Möhlenbrock, Rolf/Pung, Alexandra in: Dötsch/Jost/Pung/Witt, Die Körperschaftsteuer: Kommentar zum Körperschaftsteuergesetz, Umwandlungssteuergesetz und zu den einkommensteuerrechtlichen Vorschriften der Anteilseignerbesteuerung: Kommentar, 65. Erg. Loseblatt, Stuttgart

Montag, Heinrich: Die Steuerquote in der Krise, in: Kessler/Förster/Watrin (Hrsg.), Unternehmensbesteuerung - Festschrift für Norbert Herzig zum 65. Geburtstag, 1. Auflage, München 2010, 555-576

Montag, Heinrich: Gewerbesteuerrecht, in: Tipke/Lang (Hrsg.), Steuerrecht, 20. Auflage, Köln 2010, 467-487

Morlock, Günter: Aktuelle Fragen aus der Betriebsprüfung - Behandlung der Eigenkapitalverzinsung bei brasilianischen Tochterkapitalgesellschaften, in: Grundmann/ Drüen (Hrsg.), Jahrbuch der Fachanwälte für Steuerrecht 2007/2008, 1. Auflage, Herne 2008, 697-708

Morlock, Günter: Aktuelle Fragen aus der Betriebsprüfung - Sondervergütungen an Mitunternehmer in der Schweiz bei Bezahlung über Dritte, in: Grundmann/Drüen (Hrsg.), Jahrbuch der Fachanwälte für Steuerrecht 2007/2008, 1. Auflage, Herne 2008, 680-697

Mössner, Jörg Manfred: Die Methoden zur Vermeidung der Doppelbesteuerung: Vorzüge, Nachteile, aktuelle Probleme, in: DStJG (Hrsg.), Grundfragen des Internationalen Steuerrechts, 1. Auflage, Köln 1985, 135-169

Mössner, Jörg Manfred: International-steuerrechtliche Aspekte der Zinsschranke, in: Lüdicke (Hrsg.), Unternehmensteuerreform 2008 im internationalen Umfeld, 1. Auflage, Köln 2008, 1-54

Musgrave, Peggy B.: United States taxation of foreign investment income: Issues and arguments, 1. Auflage, Cambridge 1969

Musgrave, Richard A.: The theory of public finance: A study in public economy, 1. Auflage, New York 1959

Musgrave, Richard A.: A brief history of fiscal doctrin, in: Auerbach/Feldstein (Hrsg.), Handbook of Public Economics - Vol. I, 1. Auflage, Amsterdam u.a. 1985, 1-59

Musil, Andreas: Deutsches Treaty Overriding und seine Vereinbarkeit mit Europäischem Gemeinschaftsrecht, 1. Auflage, Berlin 2001, zugl. Diss. Univ. Berlin

Musil, Andreas/Leibohm, Thomas: Die Forderung nach Entscheidungsneutralität der Besteuerung als Rechtsproblem, FR 2008, 807-814

Musil, Andreas/Volmering, Björn: Systematische, verfassungsrechtliche und europarechtliche Probleme der Zinsschranke, DB 2008, 12-16

Müßig, Anke: Bilanzielle Risikovorsorge und außerbilanzielle Risikoberichterstattung - Das Verhältnis von Lagebericht und management commentary zum Jahresabschluss nach HGB und IFRS, 1. Auflage, Wiesbaden 2006, zugl. Diss. Univ. Frankfurt

Myers, Stewart C.: The capital structure puzzle, Journal of Finance 1984, Vol. 39, No. 3, 575-592

***N**adal, Lisa M.*: U.S. earnings stripping rules - A loophole to close?, Tax Notes International 2008, Vol. 51, 713-715

Nawrath, Axel: Entscheidungskompetenz des Gesetzgebers und gleichheitsrechtliche Sicherung des Steueraufkommens, DStR 2009, 2-4

Neumark, Fritz: Grundsätze gerechter und ökonomisch rationaler Steuerpolitik, 1. Auflage, Tübingen 1970

Neumärker, Karl Justus Bernhard: Finanzverfassung und Staatsgewalt in der Demokratie: Ein Beitrag zur konstitutionellen Finanztheorie, 1. Auflage, Frankfurt a. M. 1995, zugl. Diss. Univ. Bochum

Niehus, Ulrich/Wilke, Helmut: Anmerkungen zur Thesaurierungsbegünstigung in Umstrukturierungsfällen unter Berücksichtigung des Anwendungsschreibens zu § 34a EStG und der durch das JStG 2009 nicht umgesetzten gesetzgeberischen Änderungsüberlegungen, DStZ 2009, 14-29

Nierhaus, Michael: Verfassungsrechtlicher Anspruch der Kommunen auf finanzielle Mindestausstattung, in: Nierhaus (Hrsg.), KWI Arbeitshefte 9: Kommunalfinanzen - Beiträge zur aktuellen Debatte, 1. Auflage, Potsdam 2009, 9-23

Niskanen, William A.: Nonmarket Decision Making - The Peculiar Economics of Bureaucracy, American Economic Review 1968, Vol. 58, No. 2, 293-305

o.V.: Kirchensteuersätze 2008, NWB 2008, Fach 12, 1159-1164

Obser, Ralph: Gesellschafter-Fremdfinanzierung im europäischen Konzern: Länderprofile - Doppelbesteuerungsabkommen - Europäisches Gemeinschaftsrecht, 1. Auflage, Düsseldorf 2005, zugl. Diss. Univ. Freiburg

Obser, Ralph: Anmerkung zu BFH, Beschluss v. 27.05.2009, I R 30/08, IStR 2009, 783-784

OECD: Issues in international taxation, No. 2: Thin capitalisation - Taxation of entertainers, artistes and sportsmen, 1. Auflage, Paris 1987

OECD: Report on the attribution of profits on permanent establishments, http://www.oecd.org/dataoecd/20/36/4103 1455.pdf, 2008

OECD: Revenue Statistics 1965-2007, http://masetto.sourceoecd.org/vl=4768142/cl=39/nw=1/rpsv/cgibin/fulltextew.pl?prpsv=/ij/oecdthemes/99980169/v2008n4/s1/p1l.idx, 2008

Oestreicher, Andreas/Spengel, Christoph: Gemeinsame (konsolidierte) Körperschaftsteuerbemessungsgrundlage in der EU und Umsetzungsfragen, DStR 2009, 773-781

Olbrich, Christian: Ist die Gewerbesteuerzerlegung verfassungswidrig?, DB 1996, 958-959

Overesch, Michael: The Effect of Multinational Profit Shifting Activities on Real Investments, National Tax Journal 2009, Vol. 62, No. 1, 5-23

Overesch, Michael/Wamser, Georg: German Inbound Investment, Corporate Tax Planning, and Thin Capitalization Rules - A Difference-in-Difference Approach, ZEW Discussion Paper 2006, No. 06-075

Papier, Hans-Jürgen: Steuerrecht im Wandel - Verfassungsrechtliche Grenzen der Steuerpolitik, DStR 2007, 973-978

Pezzer, Heinz-Jürgen: Kritik des Halbeinkünfteverfahrens, StuW 2000, 144-150

Pezzer, Heinz-Jürgen: Zur Umsetzung von EuGH-Entscheidungen durch nationale Gerichte, in: Kessler/Förster/Watrin (Hrsg.), Unternehmensbesteuerung - Festschrift für Norbert Herzig zum 65. Geburtstag, 1. Auflage, München 2010, 915-931

Piltz, Detlev J.: Steuerlicher Zinsabzug - Chaos oder System?, in: Herzig/Günkel/Niemann (Hrsg.), Steuerberater-Jahrbuch 2001/2002, 1. Auflage, Köln 2002, 73-116

Piltz, Detlev J.: Wirtschaftliche oder sonst beachtliche Gründe in § 50d Abs. 3 EStG, IStR 2007, 793-799

Plümper, Thomas/Schulze, Günther G.: Steuerwettbewerb und Steuerreformen, Politische Vierteljahresschrift 1999, 445-457

Pohlhausen, Carlo/Beck, Karin: Der Zinsbegriff im islamischen Finanzrecht und deutschen Steuerrecht, IStR 2010, 225-234

Pöllath, Reinhard/Lohbeck, Allit in: Vogel/Lehner, Doppelbesteuerungsabkommen der Bundesrepublik Deutschland auf dem Gebiet der Steuern vom Einkommen und Vermögen: Kommentar, 5. Auflage, München 2008

Pöllath, Reinhard/Rädler, Albert J.: Gewinnberichtigung zwischen verbundenen Unternehmen ohne Rücksicht auf Abkommensrecht? - Bemerkungen zur Auslegung des Art. 9 OECD-MA in der deutschen Diskussion zur Einführung des § 8a KStG (Teil I), DB 1982, 561-565

Portner, Rosemarie: Vereinbarkeit des § 8a KStG mit den Doppelbesteuerungsabkommen (Teil I), IStR 1996, 23-30

Posner, Richard A.: Economic Analysis of Law, 7. Auflage, Austin 2007

Pratt, Katherine: The debt-equity distinction in a second-best world, Vanderbild Law Review 2000, Vol. 53, 1055-1158

Prinz, Ulrich: Zinsschranke und Organisationsstruktur: Rechtsformübergreifend, aber nicht rechtsformneutral anwendbar, DB 2008, 368-370

Prinz, Ulrich in: Herrmann/Heuer/Raupach, Einkommensteuer- und Körperschaftsteuergesetz - Kommentar - Jahresband 2008: Kommentar, 21. Auflage, Köln 2008

Prinz, Ulrich: Finanzierungsfreiheit im Steuerrecht - Plädoyer für einen wichtigen Systemgrundsatz, FR 2009, 593-599

Prinz, Ulrich: Körperschaftsteuerliche Sonderregelungen für Gesellschafterdarlehen und Finanzunternehmen auf dem "BFH-Prüfstand", StuB 2009, 350-353

Prinz, Ulrich: Bedeutung der Finanzierungsfreiheit im Steuerrecht, in: Kessler/Förster/Watrin (Hrsg.), Unternehmensbesteuerung - Festschrift für Norbert Herzig zum 65. Geburtstag, 1. Auflage, München 2010, 147-165

Prinz, Ulrich: Wirren der Rechtsprechung im Columbus Container Fall - Gesetzgeberischer Handlungsbedarf bei der Hinzurechnungsbesteuerung!, FR 2010, 378-381

Pyszka, Tillmann/Brauer, Michael: Investitionen in ausländische Personengesellschaften, in: Kessler/Kröner/Köhler (Hrsg.), Konzernsteuerrecht: National - International, 2. Auflage, München 2008, 683-698

Pyszka, Tillmann/Brauer, Michael: Personengesellschaften im Konzernverbund, in: Kessler/Kröner/Köhler (Hrsg.), 2. Auflage, München 2008, 279-301

***Q**uaghebeur, Marc*: Belgium to fight European Commission over notional interest deduction, Worldwide Tax Daily 2009, 82-4

***R**ainer, Anno*: Anmerkung zu EuGH, Urteil v. 16.06.1994, C-132/93 (Volker Steen), EWS 1994, 271-274

Rainer, Anno: Anmerkung zu EuGH, Urteil v. 6.12.2007, C-298/05 (Columbus Container Services), IStR 2008, 65-66

Ramb, Fred/Weichenrieder, Alfons J.: Taxes and the financial structure of German inward FDI, Review of World Economics 2005, Vol. 141, No. 4, 670-692

Ramp, Ernst: Das Zinsproblem - Eine historische Untersuchung, 1. Auflage, Zürich 1949, zugl. diss. Univ. Zürich

L

Ramsey, Frank Plumpton: A contribution to the theory of taxation, Economic Journal 1927, Vol. 37, No. 145, 47-61

Raupach, Arndt: Perspektiven für den Steuerstandort Deutschland, StuW 2000, 341-368

Raupach, Arndt: Der Durchgriff im Steuerrecht, 1. Auflage, München 1968

Rawls, John: A theory of justice, 1. Auflage, Cambridge 1971

Rehkugler, Heinz: Grundzüge der Finanzwirtschaft, 1. Auflage, München 2007

Rehm, Helmut/Nagler, Jürgen: Anmerkungen zum nachstehenden EuGH-Urteil "Burda", IStR 2008, 511-514

Reimer, Ekkehart: Das objektive Nettoprinzip aus gemeinschaftsrechtlicher, abkommensrechtlicher und rechtsvergleichender Sicht, DStR 2009, Beihefter zu Heft 34, 122-128

Reiß, Wolfram in: Kirchhof, Kompaktkommentar Einkommensteuergesetz: Kommentar, 8. Auflage, Heidelberg 2008

Remmert, Barbara in: Maunz/Düring, Grundgesetz: Kommentar: Kommentar, 53. Auflage, München 2009

Ricardo, David: On the principles of political economy, and taxation, 1. Auflage, London 1817

Richman, Peggy B.: Taxation of foreign investment income, 1. Auflage, Baltimore 1963

Richter, Lutz: Kritische Beurteilung der gewerbesteuerlichen Auswirkungen von § 8b Abs. 5 KStG durch das Jahressteuergesetz 2007, BB 2007, 751-754

Risse, Robert: Rechtsformen im Konzern, in: Kessler/Kröner/Köhler (Hrsg.), Konzernsteuerrecht: National - International, 2. Auflage, München 2008, 87-139

Robinson, Joan: The Economics of Imperfect Competition, 1. Auflage, London 1933

Rödder, Thomas: Gestaltungssuche im Ertragsteuerrecht, 1. Auflage, Wiesbaden 1991, zugl. Diss. Univ. Köln

Rödder, Thomas: Perspektiven der Konzernbesteuerung, ZHR 2007, 380-408

Rödder, Thomas: Unternehmensteuerreformgesetz 2008, DStR 2007, Beihefter zu Heft 40, 2-17

Rödder, Thomas: Ist der Hinzurechnungsbetrag gewerbesteuerpflichtig?, IStR 2009, 873-877

Rödder, Thomas: Entsteht ein EBITDA-Vortrag in Jahren mit einem Zinsertragsüberhang?, DStR 2010, 529-530

Rödder, Thomas: Wo steht und wohin entwickelt sich das Europäische Unternehmensteuerrecht?, in: Kessler/Förster/ Watrin (Hrsg.), Unternehmensbesteuerung - Festschrift für Norbert Herzig zum 65. Geburtstag, 1. Auflage, München 2010, 349-364

Rödder, Thomas/Hageböke, Jens/Stangl, Ingo: Zur Anwendung der Zinsschranke bei der KGaA und ihrem persönlich haftenden Gesellschafter, DB 2009, 1561-1566

Rödder, Thomas/Schumacher, Andreas: Unternehmensteuerfortentwicklungsgesetz: Wesentliche Änderungen des verkündeten Gesetzes gegenüber dem Regierungsentwurf, DStR 2002, 105-113

Rödder, Thomas/Schumacher, Andreas: Das Steuergünstigungsabbaugesetz, DStR 2003, 805-819

Rödder, Thomas/Schumacher, Andreas: Erster Überblick über die geplanten Steuerverschärfungen und -entlastungen für Unternehmen zum Jahreswechsel 2003/2004, DStR 2003, 1725-1736

Rödder, Thomas/Schumacher, Andreas: Das kommende SEStEG - Teil I: Die geplanten Änderungen des EStG, KStG und AStG - Der Regierungsentwurf eines Gesetzes über steuerliche Begleitmaßnahmen zur Einführung der Europäischen Gesellschaft und zur Änderung weiterer steuerrechtlicher Vorschriften, DStR 2006, 1481-1494

Rödder, Thomas/Stangl, Ingo: Zur geplanten Zinsschranke, DB 2007, 479-485

Rodi, Michael: Internationaler Steuerwettbewerb, StuW 2008, 327-336

Rogall, Matthias: Thesaurierungsbegünstigung für Personenunternehmen, in: Schaumburg/Rödder (Hrsg.), Unternehmensteuerreform 2008: Gesetze - Materialien - Erläuterungen, 1. Auflage, München 2007, 409-446

Roin, Julie A.: Adding insult to injury: The enhancement" of § 163(j) and the tax treatment of foreign investors in the United States, Tax Law Review 1994, Vol. 49, 269-304

Rose, Gerd: Verwaltungsaufwendungen bei Schachtelbeteiligungen - Probleme des Zusammenhangs zwischen § 9 Abs. 1 und § 13 KStG, DB 1962, 448-452

Rose, Gerd: Gegenwartsprobleme bei der Besteuerung von Kapitalgesellschaften, in: Thoma/Zacharias/Niemann (Hrsg.), Steuerberater-Jahrbuch 1965/1966, 1. Auflage, Köln 1966, 245-306

Rose, Gerd: Steuerberatung und Wissenschaft - Gedanken anläßlich des 50jährigen Bestehens der Betriebswirtschaftlichen Steuerlehre, in: Thoma/Zacharias/Niemann (Hrsg.), Steuerberater-Jahrbuch 1969/1970, 1. Auflage, Köln 1970, 31-70

Rose, Gerd: Was heißt und zu welchem Ende studiert man Steuerwissenschaften?, DStZ 1976, 174-181

Rose, Gerd: Zur Anwendung der Teilsteuerrechnung bei praktischen Aufgabenstellungen aus dem Bereich der Kautelarjurisprudenz, in: Jakobs/Knobbe-Keuk/Picker/ Wilhelm (Hrsg.), Festschrift für Werner Flume zum 70. Geburtstag: 12. September 1978 - Band II, 1. Auflage, Köln 1978, 257-279

Rose, Gerd: Überlegungen zur Steuergerechtigkeit aus betriebswirtschaftlicher Sicht, StuW 1985, 330-344

Rose, Gerd: Der Bundesfinanzhof und die betriebswirtschaftliche Steuerplanung, in: Klein/Vogel (Hrsg.), Der Bundesfinanzhof und seine Rechtsprechung: Grundfragen - Grundlagen - Festschrift für Hugo von Wallis zum 75. Geburtstag, 1. Auflage, Bonn 1985, 275-289

Rose, Gerd: Betriebswirtschaftliche Steuerlehre - Eine Einführung für Fortgeschrittene, 3. Auflage, Wiesbaden 1992

Rose, Gerd: Ein Grundgerüst planungsrelevanter Steuerrechtsrisiken, in: Elschen/Siegel/ Wagner (Hrsg.), Unternehmenstheorie und Besteuerung - Festschrift zum 60. Geburtstag von Dieter Schneider, 1. Auflage, Wiesbaden 1995, 479-493

Rose, Gerd: Über die Entstehung von "Dummensteuern" und ihre Vermeidung, in: Lang (Hrsg.), Die Steuerrechtsordnung in der Diskussion - Festschrift für Klaus Tipke, 1. Auflage, Köln 1995, 153-164

Rose, Gerd: Gelungene Klärung des Bilanzierungsproblems bei Schwesterpersonengesellschaften, FR 1995, 763-765

Rose, Gerd: Internationales Steuerrecht: Doppelbesteuerung, Internationale Minderbesteuerung, Unternehmensaktivitäten im Ausland, 6. Auflage, Berlin 2004

Rose, Gerd/Glorius-Rose, Cornelia: Unternehmensformen und -verbindungen - Rechtsformen, Beteiligungsformen, Konzerne, kooperationen, Umwandlungen (Formwechsel, Verschmelzungen und Spaltungen) in betriebswirtschaftlicher, rechtlicher und steuerlicher Sicht, 2. Auflage, Köln 1995

Rosenthal, Eduard: Steuerliche Privilegien der "Schachtelgesellschaften", DStZ 1923, 32-34

Roser, Paul B.: Biblical roots of modern consumer credit law, Journal of Law and Religion 1993, Vol. 10, No. 1, 157-192

Ruf, Martin/Wohlfahrt, Heike: Gewerbesteuerliche Folgen der Hinzurechnungsbesteuerung, Ubg 2009, 496-501

Ruffert, Matthias in: Calliess/Blanke, Das Verfassungsrecht der Europäischen Union mit Europäischer Grundrechtecharta: Kommentar, 3. Auflage, München 2007

Rupp, Thomas in: Haase, Heidelberger Kommentar: Außensteuergesetz - Doppelbesteuerungsabkommen: Kommentar, 1. Auflage, Heidelberg 2009

Russo, Raffaele: The 2008 OECD model: an overview, ET 2008, 459-466

Rust, Alexander in: Vogel/Lehner, Doppelbesteuerungsabkommen der Bundesrepublik Deutschland auf dem Gebiet der Steuern vom Einkommen und Vermögen: Kommentar, 5. Auflage, München 2008

Sandmo, Agnar: Optimal taxation - an introduction to the literature, Journal of Public Economics 1976, Vol. 6, No. 1-2, 37-54

Schaden, Michael/Franz, Matthias: Qualifikationskonflikte und Steuerplanung - einige Beispiele, Ubg 2008, 452-461

Schaden, Michael/Käshammer, Daniel: Die Neuregelung des § 8a KStG im Rahmen der Zinsschranke, BB 2007, 2259-2266

Schaden, Michael/Käshammer, Daniel: Der Zinsvortrag im Rahmen der Regelungen zur Zinsschranke, BB 2007, 2317-2323

Schanz, Deborah/Schanz, Sebastian: Maßgeblichkeit der Handelsbilanz für die Steuerbilanz in Europa und in den USA, StuW 2009, 311-322

Schanz, Georg: Zur Frage der Steuerpflicht, Finanzarchiv 1892, Vol. 9, No. 2, 1-74

Schanz, Sebastian/Kollruss, Thomas/Zipfel, Lars: Zur Vorteilhaftigkeit der Thesaurierungsbegünstigung für Personenunternehmen: Stand der Diskussion und Beispiele, DStR 2008, 1702-1706

Schaumburg, Harald: Internationales Steuerrecht: Außensteuerrecht - Doppelbesteuerungsrecht, 2. Auflage, Köln 1998

Schaumburg, Harald: Außensteuerrecht und europäische Grundfreiheiten, DB 2005, 1129-1137

Schenke, Ralf P.: Das Koch-Steinbrück-Papier, das Haushaltsbegleitgesetz 2004 und die Grenzen der Änderungsbefugnis des Vermittlungsausschusses, FR 2004, 638-643

Schick, Gerhard: Standortwettbewerb und Besteuerung - Zur Notwendigkeit regulierender Spielregeln für den Fiskalwettbewerb, in: Seiler/Dallmann (Hrsg.), Freiburger Anregungen zu Wirtschaft und Gesellschaft, Bd. 2: Standortwettbewerb und Standortmarketing, 1. Auflage, Stuttgart 2007, 93-107

Schiffers, Joachim: Leistungen zwischen Personengesellschaft und Gesellschafter, GmbH-StB 2004, 334-339

Schiffers, Joachim: Unternehmensteuerreform 2008: Sondertarif für nicht entnommene Gewinne nach § 34a EStG - Fluch oder Segen?, GmbHR 2007, 841-847

Schiffers, Joachim: Anmerkungen zum Anwendungsschreiben zur Begünstigung des nicht entnommenen Gewinns nach § 34a EStG, DStR 2008, 1805-1814

Schmidt, Karsten in: Scholz, Kommentar zum GmbH-Gesetz mit Anhang Konzernrecht: Kommentar, 10. Auflage, Köln 2006

Schmidt, Karsten: Gesellschaftsrecht, 4. Auflage, Köln 2002

Schmidt, Sebastian/Boller, Tino: Gewerbesteuerfalle - Streubesitzbeteiligungen an ausländischen Kapitalgesellschaften, PIStB 2008, 270-278

Schmidt-Fehrenbacher, Volker: Zinsschranke und "Mantelkauf" aus Sicht der Praxis, Ubg 2008, 469-477

Schmiel, Ute: Werturturteilsfreiheit als Postulat für die Betriebswirtschaftliche Steuerlehre?, zfbf 2005, Vol. 57, 525-545

Schmiel, Ute: Forschungsziele der Betriebswirtschaftlichen Steuerlehre in der Kritik, ZfB 2009, Vol. 79, No. 10, 1193-1214

Schmitz, Thorsten: Die Gemeindefinanzreform - Interkommunaler Steuerwettbewerb und der betriebliche Standortentscheidungsprozess, 1. Auflage, Frankfurt 2004, zugl. Diss. Univ. Marburg

Schneeloch, Dieter: Bilanzpolitik und Grundsätze der Maßgeblichkeit, DStR 1990, 96-102

Schneeloch, Dieter: Gedanken zum Stand und zum Selbstverständnis der Betriebswirtschaftlichen Steuerlehre, in: Siegel/Kirchhof/Schneeloch/Schramm (Hrsg.), Steuertheorie, Steuerpolitik und Steuerpraxis - Festschrift für Peter Bareis zum 65. Geburtstag, 1. Auflage, Stuttgart 2005, 251-274

Schneider, Dieter: Rechtssichere Gesetzesanwendung und Steuerplanung - ein Beitrag zur ökonomischen Analyse des Rechts, in: DStJG (Hrsg.), Grenzen der Rechtsfortbildung durch Rechtsprechung und Verwaltungsvorschriften im Steuerrecht, 1. Auflage, Köln 1982, 85-98

Schneider, Dieter: Betriebswirtschaftliche Steuerlehre als Steuerplanungslehre oder als ökonomische Analyse des Steuerrechts, in: Fischer (Hrsg.), Unternehmung und Steuer - Festschrift zur Vollendung des 80. Lebensjahres von Peter Scherpf, 1. Auflage, Wiesbaden 1983, 21-37

Schneider, Dieter: Wachstumsneutrale Unternehmensbesteuerung bei Wettbewerb und als Principal-Agent-Problem, zfbf 1987, Vol. 39, 431-454

Schneider, Dieter: Investition, Finanzierung und Besteuerung, 7. Auflage, Wiesbaden 1992

Schneider, Dieter: Grundzüge der Unternehmensbesteuerung, 6. Auflage, Wiesbaden 1994

Schneider, Dieter: Steuervermeidung - ein Kavaliersdelikt?, DB 1997, 485-490

Schneider, Dieter: "Finanzierungsneutralität der Besteuerung" als politischer Wunsch und als Widersprüchlichkeit in der erklärenden Theorie, oder: quo vadis, Arqus?, zfbf 2009, 126-137

Schnitger, Arne: Internationale Aspekte des Entwurfes eines Gesetzes zum Abbau von Steuervergünstigungen und Ausnahmeregelungen (Steuervergünstigungsabbaugesetz - StVergAbG), IStR 2003, 73-78

Schnitger, Arne: Die Grenzen der Einwirkung der Grundfreiheiten des EG-Vertrags auf das Ertragsteuerrecht, 1. Aufl. Auflage, Düsseldorf 2006, zugl. Diss. Univ. Freiburg

Schoch, Friedrich: Die finanzverfassungsrechtlichen Grundlagen der kommunalen Selbstverwaltung, in: Ehlers/Krebs (Hrsg.), Grundfragen des Verwaltungsrechts und des Kommunalrechts, 1. Auflage, Berlin 2000, 93-136

Schön, Wolfgang: Gestaltungsmissbrauch im europäischen Steuerrecht, IStR 1996, Beihefter zu Heft 2, 1-16

Schön, Wolfgang: Der "Wettbewerb" der europäischen Steuerordnungen als Rechtsproblem, in: Pelka (Hrsg.), Veröffentlichungen der Deutschen Steuerjuristischen Gesellschaft e.V., Band 23: Europa- und verfassungsrechtliche Grenzen der Unternehmensbesteuerung, 1. Auflage, Köln 2000, 191-226

Schön, Wolfgang: Die Abzugsschranken des § 3c EStG zwischen Verfassungs- und Europarecht, FR 2001, 381-392

Schön, Wolfgang: Tax competition in Europe - General Report, in: Schön (Hrsg.), Tax Competition in Europe, 1. Auflage, Amsterdam 2003, 1-42

Schön, Wolfgang: Rechtsmissbrauch und europäisches Steuerrecht, in: Kirchhof/Nieskens (Hrsg.), Festschrift für Wolfram Reiss, 1. Auflage, Köln 2008, 571-596

Schön, Wolfgang: Perspektiven der Konzernbesteuerung, in: Schön/Schreiber/Spengel (Hrsg.), A Common Consolidated Tax Base for Europe - Eine einheitliche Körperschaftsteuer-Bemessungsgrundlage für Europa, 1. Auflage, Berlin 2008, 49-84

Schön, Wolfgang: Steuerpolitik 2008 - Das Ende der Illusionen?, DStR 2008, Beihefter zu Heft 17, 10-20

Schön, Wolfgang: Zurück in die Zukunft? Gesellschafter-Fremdfinanzierung im Lichte der EuGH-Rechtsprechung, IStR 2009, 882-889

Schönfeld, Jens: Verweist § 8 Abs. 1 KStG auch auf § 3 Nr. 41 EStG (Steuerbefreiung von Ausschüttungen ausländischer Zwischengesellschaften)? Merkwürdigkeiten im Zusammenhang mit der Anwendung von R 32 Abs. 1 Nr. 1 KStR 2004, DStR 2006, 1216-1219

Schönfeld, Jens: Erklärungspflicht trotz "Cadbury-Schutz" in Gestalt des § 8 Abs. 2 AStG - zu den Problemen im Zusammenhang mit der Anwendung des neuen § 18 Abs. 3 S. 1 Halbsatz 2 AStG, IStR 2008, 763-765

Schönfeld, Jens: Ausgewählte internationale Aspekte der neuen Regelungen über die Kapitalertragsteuer, IStR 2009, 850-853

Schönfeld, Jens in: Flick/Wassermeyer/Baumhoff, Außensteuerrecht - Kommentar: Kommentar, 63. Erg. Loseblatt, Köln 2009

Schreiber, Ulrich: Unternehmensbesteuerung im Europäischen Binnenmarkt, StuW 1994, 238-254

Schreiber, Ulrich: Internationale Gewinnverlagerungen - Bestandsaufnahme und Perspektiven, DBW 2009, 535-550

Schreiber, Ulrich/Overesch, Michael: Reform der Unternehmensbesteuerung, DB 2007, 813-820

Schumpeter, Joseph A.: Das Wesen und der Hauptinhalt der theoretischen Nationalökonomie, 1. Auflage, Leipzig 1908

Schwarz, Peter: Zur Notwendigkeit einer Zinsschranke: Empirische Befunde und Probleme, IStR 2008, 11-14

Schwenke, Michael: Kapitalertragsteuer bei Streubesitzdividenden gemeinschaftswidrig?, IStR 2008, 473-478

Sedemund, Jan: Europarechtliche Bedenken gegen den neuen § 8 Abs. 2 AStG, BB 2008, 696-699

Sedemund, Jan: Kommentar - "Der EuGH verwirft eine wirtschaftliche Betrachtungsweisee für die Anwendung der Mutter-Tochterrichtlinie", BB 2008, 1830-1831

Sedemund, Jan: EU: Der Vertrag von Lissabon - Auswirkungen auf die direkten Steuern, IStR 2010, Länderbericht Heft 3, 9-10

Seer, Roman in: Tipke/Kruse, Abgabenordnung - Finanzgerichtsordnung: Kommentar, 116. Erg. Loseblatt, Köln 2008

Seer, Roman: Zeitnahe Außenprüfung bei Groß- und Konzernbetrieben, Ubg 2009, 673-679

Selling, Heinz-Jürgen: Deutschland im Steuerwettbewerb der Staaten - Einige steuerpolitische Überlegungen, IStR 2000, 225-232

Seyfert, Wolfgang: Zins und wirtschaftliche Entwicklung, 1. Auflage, Köln 1985, zugl. Diss. Univ. Saarland

Shackelford, Douglas A./Shevlin, Terry: Empirical tax research in accounting, Journal of Accounting and Economics 2001, Vol. 31, No. 1-3, 321-387

Shaviro, Daniel: The 2008-09 financial crisis: Implications for income tax reforms, New York University School of Law Working Paper 2009, No. 09-35

Silver, Morris: Karl Polanyi and markets in the Ancient Near East: The challenge of the evidence, Journal of Economic History 1983, Vol. 43, No. 4, 795-829

Sinn, Hans-Werner: Deutschland im Steuerwettbewerb, Jahrbücher für Nationalökonomie und Statistik 1997, Vol. 216, No. 6, 673-692

Sinn, Hans-Werner: Capital income taxation and resource allocation, 1. Auflage, Amsterdam 1987

Sinn, Hans-Werner: Tax harmonisation and tax competition in Europe, European Economic Review 1990, 489-504

Sinn, Hans-Werner: Der neue Systemwettbewerb, Perspektiven der Wirtschaftspolitik 2002, 391-407

Sinz, Andreas/Kubaile, Heiko: Der Entwurf des Steuerhinterziehungsbekämpfungsgesetzes: Steinbrücks 7. Kavallerie, IStR 2009, 401-406

Slemrod, Joel: Optimal Taxation and Optimal Tax Systems, Journal of Economic Perspectives 1990, Vol. 4, No. 1, 157-178

Söffing, Günter: Mitunternehmerische Betriebsaufspaltung - Zum BMF-Schreiben v. 28.04.1998, BB 1998, 1973-1978

Söffing, Günter: Einschränkung der Abziehbarkeit betrieblich veranlasster Schuldzinsen - zur Verfassungsmäßigkeit des § 4 Abs. 4a EStG, BB 2008, 417-424

Spengel, Christoph: Seminar I: Gemeinsame konsolidierte Körperschaftsteuer-Bemessungsgrundlage (GKKB) und Drittstaatenfragen, IStR 2008, 556-561

Spengel, Christoph: Norbert Herzig und die europäische Steuerharmonisierung, in: Kessler/Förster/Watrin (Hrsg.), Unternehmensbesteuerung - Festschrift für Norbert Herzig zum 65. Geburtstag, 1. Auflage, München 2010, 879-895

Spitaler, Armin: Das Doppelbesteuerungsproblem bei den direkten Steuern, 2. Auflage, Köln 1967, zugl. Habil. Univ. Prag

Staff of Joint Committee on Taxation: Report of investigation of Enron corporation and related enteties regarding federal tax and compensating issues, and policy recommendations, 1. Auflage, Washington 2003, JCS 3-03, Vol. I

Staff of Joint Committee on Taxation: Description of revenue provisions contained in the President's fiscal year 2010 budget proposal - Part three: Provisions related to the taxation of cross-border income and investment, 1. Auflage, Washington 2009, JCS-4-09

Stangl, Ingo/Hageböke, Jens in: Schaumburg/Rödder, Unternehmensteuerreform 2008: Gesetze - Materialien - Erläuterungen: Kommentar, 1. Auflage, München 2007

Statistisches Bundesamt: Finanzen und Steuern: Realsteuervergleich - Realsteuern, kommunale Einkommen- und Umsatzsteuerbeteiligungen, 1. Auflage, Wiesbaden 2007

Stein, Thorsten: Völkerrecht und nationales Steuerrecht im Widerstreit?, IStR 2006, 505-509

Stiglitz, Joseph E./Dasgupta, Partha: Differential Taxation, Public Goods, and Economic Efficiency, The Review of Economic Studies 1971, Vol. 38, No. 2, 151-174

Strahl, Martin: Umgekehrte und mitunternehmerische Betriebsaufspaltung als Gestaltungsmodelle unter besonderer Berücksichtigung der Unternehmensteuerreform 2008, in: Spindler/Tipke/Rödder (Hrsg.), Steuerzentrierte Rechtsberatung - Festschrift für Harald Schaumburg zum 65. Geburtstag, 1. Auflage, Köln 2009, 493-514

Striegel, Andreas: Generalthema II: Grenzüberschreitende Zinszahlungen unter Körperschaften, IStR 2008, 530-536

Strunk, Günther/Kaminski, Bert: Anmerkungen zum Betriebsstättenerlaß, IStR 2000, 33-42

Stuhrmann, Gerd in: Blümich, Einkommensteuergesetz - Körperschaftsteuergesetz - Gewerbesteuergesetz: Kommentar: Kommentar, 104. Erg. Loseblatt, München

Suck, Jendrik: Das Auskunfts- und Teilnahmerecht der Gemeinden nach 21 Abs. 3 FVG am Beispiel der Gewerbesteuer - Zahnloser Tiger oder geeignetes Instrument zur Sicherung des Gewerbesteueraufkommens in Zeiten defizitärer gemeindlicher Haushalte?, DStZ 2009, 402-407

Sureth, Caren/Halberstadt, Alexander/Bischoff, Dennis: Der Einfluss von Internationalisierung, Vermögens- und Kapitalstruktur auf die Konzernsteuerquote im Branchenvergleich, StuW 2009, 50-62

Swoboda, Peter: Einflüsse der Besteuerung auf die Ausschüttungs- und Investitionspolitik von Kapitalgesellschaften, zfbf 1967, 1-16

Sydow, Sabine: Anmerkung zur BFH-Entscheidung I R 114/08 vom 21.10.2009 (Nachfolge "Columbus Container"), IStR 2010, 174-177

Teufel, Tobias/Hasenberg, Rudi: Keine DBA-Schachtelfreistellung für Einkünfte aus typisch stiller Beteiligung an Luxemburger AG - Anmerkungen zum Urteil des BFH v. 4.6.2008, I R 62/06, IStR 2008, 724-728

Thiel, Jochen: Die steuerliche Behandlung von Fremdfinanzierungen im Unternehmen, FR 2007, 729-733

Thiel, Jochen: Die doppelstöckige Personengesellschaft - Beteuerung im Widerstreit von Steuergesetzgebung und Rechtsprechung, in: Wachter (Hrsg.), Festschrift für Sebastian Spiegelberger zum 70. Geburtstag - Vertragsgestaltung im Zivil- und Steuerrecht, 1. Auflage, Bonn 2009, 504-517

Thiel, Jochen/Sterner, Ingo: Entlastung der Personenunternehmen durch Begünstigung des nicht entnommenen Gewinns, DB 2007, 1099-1107

Tiebout, Charles M.: A Pure Theory of Local Expenditures, Journal of Political Economy 1956, No. 4, 416-424

Tipke, Klaus: Die Steuerrechtsordnung - Band I: Wissenschaftsorganisatorische, systematische und grundrechtlich-rechtsstaatliche Grundlagen, 2. Auflage, Köln 2000

Tipke, Klaus: Steuergerechtigkeit unter besonderer Berücksichtigung des Folgerichtigkeitsgebots, StuW 2007, 201-220

Tipke, Klaus: Zu Gerd Roses Bemühen um mehr Steuerplanungssicherheit - Ein Beitrag aus juristischer Sicht, in: Herzig (Hrsg.), Betriebswirtschaftliche Steuerlehre und Steuerberatung - Gerd Rose zum 65. Geburtstag, 1. Auflage, Wiesbaden 1991, 91-110 *Tipke, Klaus*: Prinzipien der Verkehr- und Verbrauchsteuern, in: Kirchhof/Nieskens (Hrsg.), Festschrift für Wolfram Reiss zum 65. Geburtstag, 1. Auflage, Köln 2008, 9-23

Tischbirek, Wolfgang in: Vogel/Lehner, Doppelbesteuerungsabkommen der Bundesrepublik Deutschland auf dem Gebiet Steuern vom Einkommen und vom Vermögen - Kommentar auf Grundlage der Musterabkommen: Kommentar, 5. Auflage, München 2008

Töben, Thomas/Fischer, Hardy: Die Zinsschranke - Regelungskonzept und offene Fragen, BB 2007, 974-978

Tröger, Michael: Reform der Gewerbesteuer und Finanzausgleich, 1. Auflage, Frankfurt a.M. 2007, zugl. Dissertation Univ. Würzburg

Tulloch, Anthony/Wellisch, Dietmar: Die Bedeutung von Ergebnisverteilungsabreden für die Gesellschafter von vermögensverwaltenden Personengesellschaften - Anmerkung zum BFH-Urteil vom 13.10.1998, VIII R 4/98, DStR 1999, 1093-1097

U*.S.Department of Treasury*: Report of the Department of the Treasury on Integration of the Individual and Corporate Tax System, http://www.ustreas.gov/offices/taxpolicy/ library/integration-paper/integration.pdf, 1992

U.S.Department of Treasury: Approaches to Improve the Competitiveness of the U.S. Business Tax System for the 21st Century, http://www.ustreas.gov/press/releases/reports/hp749_approachesstudy.pdf, 2007

Ulrich, Hans G.: Zinsnehmen in der christlichen Ethik - Historische und gegenwärtige Perspektiven, in: Vollkommer (Hrsg.), Der Zins in Recht, Wirtschaft und Ethik, 1. Auflage, Erlangen 1989, 53-73

v*an Lishaut, Ingo/Schumacher, Andreas/Heinemann, Peter*: Besonderheiten der Zinsschranke bei Personengesellschaften, DStR 2008, 2341-2348

Vanberg, Viktor: Die zwei Soziologien: Individualismus und Kollektivismus in der Sozialtheorie, 1. Auflage, Tübingen 1975, zugl. Diss. Berlin 1974

Vanberg, Viktor: Die normativen Grundlagen von Ordnungspolitik, ORDO 1997, 707-726

Vanberg, Viktor: Globalization, Democracy, and Citizens' Sovereignty: Can Competition Among Governments Enhance Democracy?, Constitutional Political Economy 2000, Vol. 11, No. 1, 87-112

Vanberg, Viktor: Standortwettbewerb und Demokratie, in: Frick/Penz/Weiß (Hrsg.), Der freundliche Staat - Kooperative Politik im institutionellen Wettbewerb, 1. Auflage, Marburg 2001, 15-75

Vanberg, Viktor: The Freiburg School: Walter Eucken and Ordoliberalism, Freiburger Diskussionspapiere zur Ordnungsökonomik 2004, No. 04/11

Vanberg, Viktor: Auch Staaten tut der Wettbewerb gut: Eine Replik auf Paul Kirchhof, ORDO 2005, Vol. 56, 47-53

Vanberg, Viktor: Bürgersouveränität und wettbewerblicher Föderalismus: Das Beispiel der EU, in: Goldschmidt/ Wohlgemuth (Hrsg.), Wettbewerb und Regelordnung, 1. Auflage, Tübingen 2008, 117-151

Vinnitskiy, Danil: Russian Double Taxation Conventions: Investment Opportunities and Anti-avoidance Provisions, Intertax 2008, 450-454

Vogel, Frank E./Hayes, Samuel L.: Islamic law and finance: Religion, risk, and return, 1. Auflage, Den Haag 1998

Vogel, Holger: Ungleichheiten beim Vollzug von Steuergesetzen im Bundesstaat: Juristische und ökonomische Aspekte, 1. Auflage, Frankfurt a.M. 2000, zugl. Diss. Univ. Hohenheim

Vogel, Klaus: Perfektionismus im Steuerrecht, StuW 1980, 206-212

Vogel, Klaus: Die Besteuerung von Auslandseinkünften: Prinzipien und Praxis, in: DStJG (Hrsg.), Grundfragen des Internationalen Steuerrechts, 1. Auflage, Köln 1985, 3-31

Vogel, Klaus: Harmonisierung des Internationalen Steuerrechts in Europa als Alternative zur Harmonisierung des (materiellen) Körperschaftsteuerrechts, StuW 1993, 380-388

Vogel, Klaus in: Vogel/Lehner, Doppelbesteuerungsabkommen der Bundesrepublik Deutschland auf dem Gebiet der Steuern vom Einkommen und Vermögen: Kommentar, 5. Auflage, München 2008

Vogt, Gabriele in: Blümich, Einkommensteuergesetz - Körperschaftsteuergesetz - Gewerbesteuergesetz: Kommentar: Kommentar, München

Wacker, Roland: Anmerkung zu BFH, Urteil v. 29.3.2007, IV R 72/02, BB 2007, 1936-1938

Wacker, Roland in: Schmidt, Einkommensteuergesetz: Kommentar, 28. Auflage, München 2009

Wacker, Wilhelm H.: Steuerplanung im nationalen und transnationalen Unternehmen, 1. Auflage, Berlin 1979

Wagner, Anton in: Debatin/Wassermeyer, Doppelbesteuerung: Kommentar, 92. Erg. Loseblatt, München

Wagner, Franz W.: Zum gegenwärtigen Forschungsprogramm der betriebswirtschaftlichen Steuerlehre, DB 1974, 393-398

Wagner, Franz W.: Grundfragen und Entwicklungstendenzen der betriebswirtschaftlichen Steuerplanung, BFuP 1984, 201-222

Wagner, Franz W.: Der gesellschaftliche Nutzen einer Steuervermeidungslehre, Finanzarchiv 1986, 32-54

Wagner, Franz W.: Neutralität und Gleichmäßigkeit als ökonomische und rechtliche Kriterien steuerlicher Normkritik, StuW 1992, 2-13

Wagner, Franz W.: Leitlinien steuerlicher Rechtskritik als Spiegel betriebswirtschaftlicher Theoriegeschichte, in: Elschen/Siegel/Wagner (Hrsg.), Unternehmenstheorie und Besteuerung - Festschrift zum 60. Geburtstag von Dieter Schneider, 1. Auflage, Wiesbaden 1995, 723-746

Wagner, Franz W.: Steuervereinfachung und Entscheidungsneutralität - konkurrierende oder komplementäre Leitbilder für Steuerreformen?, StuW 2005, 93-108

Walras, Léon: Éléments d'économie politique pure ou théorie de la richesse social - Section I: Objet et divisionsde l'économie politique et social, 1. Auflage, Lausanne 1874

Walz, Simone/Süß, Stefan: Verfassungwidrigkeit der gewerbesteuerlichen Änderungen durch das Steuervergünstigungsabbaugesetz? - Gemeinde und Unternehmer als Spielball des Gesetzgebers, DStR 2003, 1637-1641

Wamser, Georg: The impact of thin-capitalization rules on external debt usage - a propensity score matching approach, CESifo Working Paper 2008, No. 62

Wang, Chen Ki: International double taxation of income: Relief through international agreement 1921-1945, Harvard Law Review 1945, Vol. 59, No. 1, 73-116

Wassermeyer, Franz: Anmerkung zu BFH, Urteil v. 29.05.1996, I R 167/94, IStR 1996, 338-338

Wassermeyer, Franz: Der Wirrwarr mit den Aktivitätsklauseln im deutschen Abkommensrecht, IStR 2000, 65-70

Wassermeyer, Franz in: Debatin/Wassermeyer, Doppelbesteuerung: Kommentar, 87. Erg. Loseblatt, München 2002

Wassermeyer, Franz: Entstrickung durch Beschränkung des deutschen Besteuerungsrechts, DB 2006, 2420-2424

Wassermeyer, Franz in: Wassermeyer/Andresen/Ditz, Betriebsstätten-Handbuch: Gewinnermittlung und Besteuerung in- und ausländischer Betriebsstätten: Kommentar, 1. Auflage, Köln 2006

Wassermeyer, Franz: Verliert Deutschland im Fall der Überführung von Wirtschaftsgütern in eine ausländische Betriebsstätte das Besteuerungsrecht?, DB 2006, 1176-1180

Wassermeyer, Franz: Entstrickung versus Veräußerung und Nutzungsüberlassung steuerrechtlich gesehen, IStR 2008, 176-180

Wassermeyer, Franz: Gesetzliche Neuregelung der Vermietung inländischen Grundbesitzes in § 49 Abs. 1 Nr. 2 Buchst. f EStG, IStR 2009, 238-240

Wassermeyer, Franz: Nochmal: Das Darlehen des ausländischen Mitunternehmers an seine deutsche Personengesellschaft und § 50d Abs. 10 EStG - Kritik an den Ausführungen von Kramer, IStR 2010, 241-242

Wassermeyer, Franz: Ist die deutsche Quellenbesteuerung von Dividenden gegenüber Gesellschaftern in EU-Mitgliedstaaten EG-rechtswidrig?, EuZW 2010, 1-1

Wassermeyer, Franz in: Flick/Wassermeyer/Baumhoff, Außensteuerrecht - Kommentar: Kommentar, Köln

Wassermeyer, Franz/Schönfeld, Jens in: Flick/Wassermeyer/ Baumhoff, Außensteuerrecht - Kommentar: Kommentar, 59. Erg. Loseblatt, Köln 2006

Wassermeyer, Franz/Schönfeld, Jens: Die EuGH-Entscheidung in der Rechtssache "Cadbury Schweppes" und deren Auswirkungen auf die deutsche Hinzurechnungsbesteuerung, GmbHR 2006, 1065-1073

Wassermeyer, Franz/Schönfeld, Jens: Die Niedrigbesteuerung i.S. des § 8 Abs. 3 AStG vor dem Hintergrunfd eines inländischen KSt-Satzes von 15%, IStR 2008, 496-499

Watrin, Christoph: Zukunft der steuerlichen Gewinnermittlung in Deutschland, der EU und den USA: Ergebnisse der empirischen Forschung, in: Kessler/Förster/Watrin (Hrsg.), Unternehmensbesteuerung - Festschrift für Norbert Herzig zum 65. Geburtstag, 1. Auflage, München 2010, 495-507

Watrin, Christoph/Pott, Christiane/Richter, Frank: Auswirkungen der Zinsschranke auf die steuerliche Bemessungsgrundlage, StuW 2009, 256-268

Weber, Alfred: Ueber den Standort der Industrien - Erster Teil: Reine Theorie des Standorts, 1. Auflage, Tübingen 1909

Weber, Ludwig: Der Schuldzinsenabzug beim Schachtelprivileg. (Ein Beitrag zur Abwägung wirtschaftlicher gegenüber steuertechnischen Belangen), DStZ 1929, 411-413

Weber, Max: Die "Objektivität" sozialwissenschaftlicher und sozialpolitischer Erkenntnis, Archiv für Sozialwissenschaft und Sozialpolitik 1904, 22-87

Weber-Grellet, Heinrich: Neu-Justierung der EuGH-Rechtsprechung, DStR 2009, 1229-1236

Wehrheim, Michael/Haussmann, Katrin: Darlehensvergabe im Konzernverbund und Zinsschranke, StuW 2009, 269-279

Weichenrieder, Alfons J.: Profit shifting in the EU: evidence from Germany, International Tax and Public Finance 2009, Vol. 16, No. 3, 281-297

Weitbrecht, Götz: Zuordnung von Gewinnen zu Betriebsstätten: Ausgewählte Themen für Finanzinstitute, IStR 2006, 548-550

Welling, Berthold: Die Zinsschranke - Übersteigerte politische Zielvorgabe an eine Neuordnung der Regelung zur Gesellschafter-Fremdfinanzierung, FR 2007, 735-739

Welling, Berthold/Richter, Andreas: Tagungsbericht 21. Berliner Steuergespräch: Reform des Steuervollzugs, FR 2007, 261-264

Wendt, Michael: Mehrkontenmodelle - Zweiter Versuch einer gesetzlichen Regelung in § 4 Abs. 4a EStG, FR 2000, 417-433

Wernsmann, Rainer in: Schulze/Zuleeg, Europarecht - Handbuch für die deutsche Rechtspraxis: Kommentar, 1. Auflage, Baden-Baden 2006

Wied, Edgar in: Blümich, Einkommensteuer, Körperschaftsteuer, Gewerbesteuer - Kommentar: Kommentar, 91. Erg. Loseblatt, München

Wilson, John Douglas: A Theory of Interregional Tax Competition, Journal of Urban Economics 1986, Vol. 19, 296-315

Wilson, John Douglas: Theories of Tax Competition, National Tax Journal 1999, Vol. 52, No. 2, 269-304

Wilson, John Douglas/Wildasin, David E.: Capital tax competition: bane or boon?, Journal of Public Economics 2004, Vol. 88, No. 6, 1065-1091

Winkeljohann, Nobert/Weihmann, Lars-Volkmar: Finanzierungseinkünfte in Belgien und den Niederlanden aus Sicht deutscher Unternehmen, Ubg 2008, 161-168

Winkler, Hartmut/Käshammer, Daniel: Betrieb und Konzern im Sinne der Zinsschranke (§ 4h EStG) - Überlegungen zur Abgrenzung des für die Zinsschranke relevanten Konsolidierungskreis, Ubg 2008, 478-484

Wissenschaftlicher Beirat des Fachbereichs Steuern der Ernst & Young AG: Die Bundesgesetze werden vom Bundestage beschlossen (Art. 77 Abs. 1 GG), BB 2004, 695-697

Wissenschaftlicher Beirat des Fachbereichs Steuern der Ernst & Young AG: Grundsätzliche Überlegungen zu einem T-Modell zur Tarifbegünstigung des nicht entnommenen Gewinns bei Personenunternehmen, BB 2005, 1653-1660

Wissenschaftlicher Beirat des Fachbereichs Steuern der Ernst & Young AG: Die Systematik der sog. Entstrickungsbesteuerung - eine kritische Gesamtbetrachung anhand von praktischen Einzelfällen, DB 2010, 1776-1789

Wittkowski, Ansas: Grenzüberschreitende Verlustverrechnung in Deutschland und Europa - Eine ökonomische, europa- und verfassungsrechtliche Analyse, 1. Auflage, Wiesbaden 2008, zugl. Diss. Univ. Münster

Woerner, Lothar: Mitunternehmerbegriff und Bilanzbündeltheorie bei der Gewerbesteuer - Probleme und Tendenzen der Rechtsprechung, BB 1974, 592-598

Wöhe, Günter: Die Aufgaben der Betriebswirtschaftlichen Steuerlehre und das Postulat der Wertfreiheit, in: Fischer (Hrsg.), Unternehmung und Steuer - Festschrift zur Vollendung des 80. Lebensjahres durch Peter Scherpf, 1. Auflage, Wiesbaden 1983, 5-20

Wöhe, Günter: Betriebswirtschaftliche Steuerlehre, Band I, 1. Halbband: Die Steuern des Unternehmens - Das Besteuerungsverfahren, 6. Auflage, München 1988

Wöhe, Günter: Einführung in die Allgemeine Betriebswirtschaftslehre, 23. Auflage, München 2008

Wollman, Diana L.: Recent U.S. earnings stripping proposals: Why were the doctors called and is the medicine worse than the disease?, Tax Notes International 2003, Vol. 30, 483-521

Wolter, Hartmut/Pitzal, Christian: Der Begriff der "Funktion" in den neuen Regelungen zur Funktionsverlagerung in § 1 Abs. 3 AStG, IStR 2008, 793-800

Zielke, Rainer: Internationale Steuerplanung nach der Unternehmensteuerreform 2008, DB 2007, 2781-2791

Zimmermann, Horst: Stärkung der kommunalen Finanzautonomie, Staatswissenschaften und Staatspraxis 1995, 659-674

Zimmermann, Horst: Kommunalfinanzen: Eine Einführung in die finanzwissenschaftliche Analyse der kommunalen Finanzwirtschaft, 2. Auflage, Baden-Baden 2009

Zitzelsberger, Heribert: Grundlagen der Gewerbesteuer: Eine steuergeschichtliche, rechtsvergleichende, steuersystematische und verfassungsrechtliche Untersuchung, 1. Auflage, Köln 1990, zugl. Habil. Univ. Regensburg

Zodrow, George R./Mieszkowski, Peter: Pigou, Tiebout, Property Taxation, and the Underprovision of Local Public Goods, Journal of Urban Economics 1986, Vol. 19, 356-370

Rechtsquellenverzeichnis

1. Supranationales Recht

EMRK	Konvention zum Schutz der Menschenrechte und Grundfreiheiten in der Fassung der Bekanntmachung vom 17.05.2002 (BGBl. II 2002, 1055), zuletzt geändert durch die Bekanntmachung über die vorläufige Anwendung von Bestimmungen des Protokolls Nr. 14 zur Konvention zum Schutz der Menschenrechte und Grundfreiheiten über die Änderung des Kontrollsystems der Konvention vom 06.07.2009 (BGBl. II 2009, 823)
EUV	Vetrag über die Europäische Union vom 07.02.1992, zuletzt geändert durch den Vertrag von Lissabon vom 13.12.2007 (ABl. EU 2008, Nr. C 115, 13-46)
AEUV	Vertrag über die Arbeitsweise der Europäischen Union vom 07.02.1992, zuletzt geändert durch den Vertrag von Lissabon vom 13.12.2007 (ABl. EU 2008, Nr. C 115, 47-200)
MTRL	Richtlinie 90/435/EWG des Rates vom 23.07.1990 über das gemeinsame Steuersystem der Mutter- und Tochtergesellschaften verschiedener Mitgliedstaaten, ABl. EG 1990, Nr. L 225, 6-9, zuletzt geändert durch die Richtlinie 2006/98/EG des Rates vom 20.11.2006 zur Anpassung bestimmter Richtlinien im Bereich des Steuerwesens anlässlich des Beitritts Bulgariens und Rumäniens (ABl. EU 2006, Nr. L 363, 129-136)
ZLRL	Richtlinie 2003/49/EG des Rates vom 03.06.2003 über eine gemeinsame Steuerregelung für Zahlungen von Zinsen und Lizenzgebühren zwischen verbundenen Unternehmen verschiedener Mitgliedstaaten, ABl. EU 2003, Nr. L 157, 49-54, zuletzt geändert durch die Richtlinie 2006/98/EG des Rates vom 20.11.2006 zur Anpassung bestimmter Richtlinien im Bereich des Steuerwesens anlässlich des Beitritts Bulgariens und Rumäniens (ABl. EU 2006, Nr. L 363, 129-136)

2. Bilaterales Recht

DBA USA-Grossbritannien vom 16.04.1945, 91. Cong. Rec. 1945, 3919-3922
DBA Deutschland-Russland vom 25.05.1996 (BGBl. II 1996, 2710)
DBA Deutschland-Österreich vom 24.08.2000 (BGBl. II 2002, 734)
DBA Deutschland-Kanada vom 19.04.2001 (BGBl. II 2002, 671)

3. Nationales Recht der Bundesrepublik Deutschland

AO	Abgabenordnung in der Fassung der Bekanntmachung vom 01.10.2002 (BGBl. I 2002, 3866), zuletzt geändert durch das Gesetz über die Internetversteigerung in der Zwangsvollstreckung und zur Änderung anderer Gesetze vom 30.07.2009 (BGBl. I 2009, 2474)
AStG	Gesetz über die Besteuerung bei Auslandsbeziehungen in der Fassung der Bekanntmachung vom 08.09.1972 (BGBl. I 1972, 1713), zuletzt geändert durch das Gesetz zur Umsetzung steuerlicher EU-Vorgaben sowie zur Änderung steuerlicher Vorschriften vom 08.04.2010 (BGBl. I 2010, 386)
BGB	Bürgerliches Gesetzbuch in der Fassung der Bekanntmachung vom 02.01.2002 (BGBl. I 2002, 42), zuletzt geändert durch das Gesetz zur Änderung krankenversicherungsrechtlicher und anderer Vorschriften vom 24.07.2010 (BGBl. I 2010, 977)
EStG	Einkommensteuergesetz in der Fassung der Bekanntmachung vom 08.10.2009 (BGBl. I 2009, 3366), zuletzt geändert durch das Gesetz zur Umsetzung steuerlicher EU-Vorgaben sowie zur Änderung steuerlicher Vorschriften vom 08.04.2010 (BGBl. I 2010, 386)
EUUmG	Gesetz zur Umsetzung steuerlicher EU-Vorgaben und zur Änderung sonstiger steuerlicher Vorschriften vom 08.042010 (BGBl. I 2010, 386)

FMStFG	Gesetz zur Errichtung eines Finanzmarktstabilisierungsfonds in der Fassung der Bekanntmachung vom 17.10.2008 (BGBl. I 2008, 1982), zuletzt geändert durch das Gesetz zur Fortentwicklung der Finanzmarktstabilisierung vom 17.07.2009 (BGBl. I 2009, 1980)
FödBeglG	Föderalismusreform-Begleitgesetz vom 05.09.2009 (BGBl. I 2006, 2098)
FVG	Gesetz über die Finanzverwaltung in der Fassung der Bekanntmachung vom 04.04.2006 (BGBl. I 2006, 846), zuletzt geändert durch den Versorgungslastenteilungs-Staatsvertrag vom 05.09.2010 (BGBl. I 2010, 1288)
GewStändG	Gesetz zur Änderung des Gewerbesteuergesetzes und anderer Gesetze vom 23.12.2003 (BGBl. I 2003, 2922)
GewStDV	Gewerbesteuer-Durchführungsverordnung in der Fassung der Bekanntmachung vom 15.10.2002 (BGBl. I 2002, 4180), zuletzt geändert durch Verordnung vom 17.11.2010 (BGBl. I 2010, 1544)
GewStG	Gewerbesteuergesetz in der Fassung der Bekanntmachung vom 15.10.2002 (BGBl. I 2002, 4167), zuletzt geändert durch das Gesetz zur Umsetzung steuerlicher EU-Vorgaben sowie zur Änderung steuerlicher Vorschriften vom 08.04.2010 (BGBl. I 2010, 386)
GG	Grundgesetz in der Fassung der Bekanntmachung vom 23.05.1949, zuletzt geändert durch das Gesetz zur Änderung des Grundgesetzes (Art. 91e) vom 21.07.2010 (BGBl. I 2010, 944)
GmbHG	Gesetz betreffend die Gesellschaften mit beschränkter Haftung in der Fassung der Bekanntmachung vom 20.04.1892 (RGBl. I 1892, 477), zuletzt geändert durch das Gesetz zur Angemessenheit der Vorstandsvergütung vom 31.07.2009 (BGBl. I 2009, 2509)
HBeglG	Haushaltbegleitgesetz vom 29.12.2003 (BGBl. I 2003, 3076)

HGB	Handelsgesetzbuch in der Fassung der Bekanntmachung vom 10.05.1987 (RGBl. I 1897, 219), zuletzt geändert durch das Gesetz zur Umsetzung der geänderten Bankenrichtlinie und der geänderten Kapitaladäquanzrichtlinie vom 19.11.2010 (BGBl. I 2010, 1592)
InsO	Insolvenzordnung in der Fassung der Bekanntmachung vom 05.10.1994 (BStBl. I 1994, 2866), zuletzt geändert durch das Gesetz zur Umsetzung der geänderten Bankenrichtlinie und der geänderten Kapitaladäquanzrichtlinie vom 19.11.2010 (BGBl. I 2010, 1592)
JStG 2007	Jahressteuergesetz 2007 vom 13.12.2006 (BGBl. I 2006, 2878)
JStG 2008	Jahressteuergesetz 2008 vom 20.12.2007 (BGBl. I 2007, 3150)
JStG 2009	Jahressteuergesetz 2009 vom 19.12.2008 (BGBl. I 2008, 2794)
JStG 2010	Jahressteuergesetz 2010 (in der vom Bundesrat am 26.11.2010 zugestimmten Fassung)
KStG	Körperschaftsteuergesetz in der Fassung der Bekanntmachung vom 15.10.2002 (BGBl. I 2002, 4144), zuletzt geändert durch das Gesetz zur Umsetzung steuerlicher EU-Vorgaben sowie zur Änderung steuerlicher Vorschriften vom 08.04.2010 (BGBl. I 2010, 386)
KWG	Gesetz über das Kreditwesen in der Fassung der Bekanntmachung vom 09.09.1998 (BStBl. I 1998, 2776), zuletzt geändert durch das Gesetz zur Umsetzung der geänderten Bankenrichtlinie und der geänderten Kapitaladäquanzrichtlinie vom 19.11.2010 (BGBl. I 2010, 1592)
Maßnahmen-paketG	Gesetz zur Umsetzung steuerrechtlicher Regelungen des Maßnahmenpakets „Beschäftigungssicherung durch Wachstumsstärkung" vom 21.12.2008 (BGBl. I 2008, 2896)
MoMiG	Gesetz zur Modernisierung des GmbH-Rechts und zur Bekämpfung von Missbräuchen vom 23.10.2008 (BGBl. I 2008, 2026)
ReichsGewStG	Reichsgewerbesteuergesetz vom 01.12.1936 (RGBl. I 1936, 979)

REITG	Gesetz über deutsche Immobilien-Aktiengesellschaften mit börsennotierten Anteilen in der Fassung der Bekanntmachung vom 29.05.2007, zuletzt geändert durch das Jahressteuergesetz 2009 vom 19.12.2008 (BGBl. I 2008, 2794)
SEStEG	Gesetz über steuerliche Begleitmaßnahmen zur Einführung der Europäischen Gesellschaft und zur Änderung weiterer steuerrechtlicher Vorschriften vom 07.12.2006 (BGBl. I 2006, 2782)
SolVV	Verordnung über die angemessene Eigenmittelausstattung von Instituten, Institutsgruppen und Finanzholding-Gruppen in der Fassung der Bekanntmachung vom 14.12.2006 (BGBl. I 2006, 2926), zuletzt geändert durch Verordnung vom 05.10.2010 (BGBl. I 2010, 1330)
StandOG	Gesetz zur Verbesserung der steuerlichen Bedingungen zur Sicherung des Wirtschaftsstandorts Deutschland im Europäischen Binnenmarkt vom 13.09.1993 (BGBl. I 1993, 1569)
StEntlG 1999/ 2000/ 2002	Steuerentlastungsgesetz vom 19.12.1998 (BGBl. 1998, 3779)
StHBekG	Gesetz zur Bekämpfung der Steuerhinterziehung vom 29.07.2009 (BGBl. I 2009, 2302)
StRefG	Steuerformgesetz 1990 vom 02.08.1998 (BGBl. I 1988, 1093)
StSenkG	Gesetz zur Senkung der Steuersätze und zur Reform der Unternehmensbesteuerung vom 23.10.2000 (BGBl. I 2000, 1433)
StVergAbG	Gesetz zum Abbau von Steuervergünstigungen und Ausnahmeregelungen vom 16.05.2003 (BGBl. I 2003, 660)
TIEA Liechtenstein	Gesetz zu dem Akommen vom 02.03.2009 zwischen der Regierung der Bundesrepublik Deutschland und der Regierung des Fürstentums Liechtenstein über die Zusammenarbeit und den Informationsaustausch in Steuersachen vom 18.08.2010 (BGBl. II 2010, 950)

UmwStG	Umwandlungssteuergesetz in der Fassung der Bekanntmachung vom 07.12.2006 (BGBl. I 2006, 2782), zuletzt geändert durch das Wachstumsbeschleunigungsgesetz vom 22.12.2009 (BGBl. I 2009, 3950)
UntStRefFG	Gesetz zur Fortsetzung der Unternehmensteuerreform vom 29.10.1997 (BGBl. I 1997)
UntStRefG 2008	Unternehmensteuerreformgesetz 2008 vom 14.08.2007 (BGBl. I 2007, 1912)
WaBeschG	Gesetz zur Beschleunigung des Wirtschaftswachstums vom 22.12.2009 (BGBl. I 2009, 3950)
WRV	Verfassung des Deutschen Reiches vom 11.08.1919 (RGBl. I 1919, 1383)

4. Nationales Recht der Vereinigten Staaten von Amerika

IRC	Internal Revenue Code vom 16.08.1954, Title 26 des United States Code Annotated, zuletzt geändert durch Health Care and Education Reconciliation Act vom 30.03.2010, P.L. 111-52.
AJCA	American Jobs Creation Act vom 22.10.2004 (P.L. 108-357)
WHBA	Worker, Homeownership, and Business Assistance Act vom 06.11.2009 (P.L. 111-92)

Rechtsprechungsverzeichnis

1. Supranationale Rechtsprechung des Europäischen Gerichtshofs (EuGH)

Datum	Aktenzeichen	Rechtsache	Fundstelle
15.07.1964	6/64	Flaminio Costa v. E.N.E.L.	Slg. 1964, I-1251-1306
11.07.1974	8/74	Staatsanwaltschaft v. Benoît und Gustave Dassonville	Slg. 1974, I-837-855
28.01.1986	270/84	Kommission der Europäischen Gemeinschaften v. Französische Republik (Avoir fiscal)	Slg. 1986, I-273-308
26.01.1993	C-112/91	Hans Werner v. Finanzamt Aachen-Innenstadt	Slg. 1993, I-429-472
04.10.2001	C-294/99	Athinaïki Zythopoiïa AE v. Elliniko Dimosio	Slg. 2001, I-6797-6830
12.12.2002	C-324/00	Lankhorst-Hohorst GmbH v. Finanzamt Steinfurt	Slg. 2002, I-11779-11816
13.12.2005	C-446/03	Marks & Spencer plc v. David Halsey (Her Majesty's Inspector of Taxes)	Slg. 2005, I-10837-10886
12.09.2006	C-196/04	Cadbury Schweppes plc und Cadbury Schweppes Overseas Ltd v. Commissioners of Inland Revenue	Slg. 2006, I-7995-8054
13.03.2007	C-524/04	Test Claimants in the Thin Cap Group Litigation v. Commissioners of Inland Revenue	Slg. 2007, I-2107-2212

29.03.2007	C-347/04	Rewe Zentralfinanz eG als Gesamtrechtsnachfolgerin der ITS Reisen GmbH v. Finanzamt Köln-Mitte	Slg. 2007, I-2647-2695
06.12.2007	C-298/05	Columbus Container Services BVBA & Co v. Finanzamt Bielefeld-Innenstadt	Slg. 2007, I-10451-10516
15.05.2008	C-414/06	Lidl Belgium GmbH & Co. KG v. Finanzamt Heilbronn	Slg. 2008, I-3601-3634
26.06.2008	C-284/06	Finanzamt Hamburg-Am Tierpark v. Burda GmbH, früher Burda Verlagsbeteiligungen GmbH	Slg. 2008, I-4571-4634

2. Nationale Rechtsprechung deutscher Gerichte

2.1. Bundesverfassungsgericht (BVerfG)

Datum	**Urteil/ Beschluss**	**Aktenzeichen**	**Fundstelle**
26.03.1957	Urteil	2 BvG 1/55	BVerfGE 6, 309-367
24.06.1958	Urteil	2 BvF 1/57	BVerfGE 8, 51-71
10.05.1962	Urteil	1 BvL 31/58	BVerfGE 14, 76-105
28.01.1970	Beschluss	1 BvL 4/67	BVerfGE 27, 375-390
03.11.1982	Urteil	1 BvR 620/78, 1 BvR 1335/78, 1 BvR 1104/79, 1 BvR 363/80	BVerfGE 61, 319-357
10.01.1995	Urteil	1 BvF 1/90, 1 BvR 342/90, 1 BvR 348/90	BVerfGE 92, 26-53

10.04.1997	Beschluss	2 BvL 77/92	BVerfG 96, 1-10
07.05.1998	Urteil	2 BvR 1991/95, 2 BvR 2004/95	BVerfGE 98, 106-134
30.09.1998	Beschluss	2 BvR 1818/91	BVerfGE 99, 88-100
14.07.1999	Urteil	1 BvR 2226/94, 1 BvR 2420/95, 1 BvR 2437/95	BVerfGE 100, 313-403
06.03.2002	Urteil	2 BvL 17/99	BVerfGE 105, 73-135
04.12.2002	Beschluss	2 BvR 400/98, 2 BvR 1735/00	BVerfGE 107, 27-58
14.10.2004	Beschluss	2 BvR 1481/04	BVerfGE 111, 307-332
13.06.2006	Beschluss	1 BvR 1160/03	BVerfGE 116, 135-163
21.06.2006	Beschluss	2 BvL 2/99	BVerfGE 116, 164-202
07.11.2006	Beschluss	1 BvL 10/02	BVerfGE 117, 1-70
15.01.2008	Beschluss	1 BvL 2/04	BverfGE 120, 1-55
15.01.2008	Beschluss	2 BvL 12/01	BVerfGE 120, 56-81
09.12.2008	Urteil	2 BvL 1/07, 2 BvL 2/07, 2 BvL 1/08, 2 BvL 2/08	BVerfGE 122, 210-248
09.12.2008	Urteil	2 BvL 1/07, 2 BvL 2/07, 2 BvL 1/08, 2 BvL 2/08	BVerfGE 122, 210-248

04.02.2009	Beschluss	1 BvL 8/05	BverfGE 123, 1-39
30.06.2009	Urteil	2 BvE 2/08, 2 BvE 5/08, 2 BvR 1010/08, 2 BvR 1022/08, 2 BvR 1259/08, 2 BvR 182/09	BVerfGE 123, 267-437
27.01.2010	Beschluss	2 BvR 2185/04, 2 BvR 2189/04	BB 2010, 665-666
09.02.2010	Beschluss	2 BvR 2221/07	BB 2010, 873-873
12.10.2010	Beschluss	1 BvL 12/07	DStR 2010,2393-2401

2.2. Bundesgerichtshof (BGH)

Datum	**Urteil/ Beschluss**	**Aktenzeichen**	**Fundstelle**
24.11.1951	Urteil	II ZR 26/51	BGHZ 4, 62-68
14.12.1959	Urteil	II ZR 187/57	BGHZ 31, 258-279

2.3. Bundesverwaltungsgericht (BVerwG)

Datum	**Urteil/ Beschluss**	**Aktenzeichen**	**Fundstelle**
27.01.1995	Urteil	BVerwG 8 C 30.92	BStBl. II 1995, 522-526

2.4. Reichsfinanzhof (RFH)

Datum	Urteil/ Beschluss	Aktenzeichen	Fundstelle
16.11.1937	Urteil	II 70/37	JW 1938, 862-865
26.10.1937	Urteil	I 9/37	RStBl. 1938, 46-47

2.5. Bundesfinanzhof (BFH)

Datum	Urteil/ Beschluss	Aktenzeichen	Fundstelle
11.02.1958	Beschluss	I B 23/57 U	BStBl. III 1958, 182-182
27.07.1965	Urteil	I 110/63 S	BStBl. III 1966, 24-28
06.11.1980	Urteil	IV R 5/77	BStBl. II 1981, 307-309
19.02.1981	Urteil	IV R 141/77	BStBl. II 1981, 433-435
12.11.1985	Urteil	VIII R 253/80	BFH/NV 1985/86, 360-362
25.06.1986	Urteil	II R 213/83	BStBl. II 1986, 785-787
07.04.1987	Urteil	IX R 103/85	BStBl. II 1987, 707-710
05.02.1992	Urteil	I R 127/90	BStBl. II 1992, 532-537
26.02.1992	Urteil	I R 16/90	BFH/NV 1992, 836-838
16.12.1992	Urteil	I R 105/91	BStBl. II 1993, 792-795
16.06.1994	Urteil	IV R 48/93	BStBl. II 1996, 82-85
23.04.1996	Urteil	VIII R 13/95	BStBl. II 1998, 325-328

09.05.1996	Urteil	IV R 64/93	BStBl. II 1996, 642-645
29.05.1996	Urteil	I R 167/94	BStBl. II 1997, 60-62
29.05.1996	Urteil	I R 21/95	BStBl. II 1997, 63-68
12.12.1996	Urteil	IV R 77/93	BStBl. II 1998, 180-183
08.12.1997	Beschluss	GrS 1-2/95	BStBl. II 1998, 193-200
24.03.1999	Urteil	I R 114/97	BStBl. II 2000, 399-403
06.07.1999	Urteil	VIII R 46/94	BStBl. II 1999, 720-722
28.03.2000	Urteil	VIII R 13/99	BStBl. II 2000, 612-614
19.12.2001	Urteil	I R 63/00	BStBl. II 2003, 302-306
12.02.2004	Urteil	IV R 29/02	BStBl. II 2004, 602-607
14.07.2004	Beschluss	I R 17/03	BStBl. II 2005, 53-56
15.07.2005	Beschluss	I R 21/04	BStBl. II 2005, 716-718
21.09.2005	Urteil	X R 46/04	BStBl. II 2006, 125-128
21.09.2005	Urteil	X R 47/03	BStBl. II 2006, 504-509
21.12.2005	Urteil	I R 4/05	BStBl. II 2006, 555-557
25.01.2006	Urteil	I R 104/04	BFH/NV 2006, 1022-1024
22.02.2006	Urteil	I R 30/05	BFH/NV 2006, 1659-1661
29.03.2007	Urteil	IV R 72/02	BStBl. II 2008, 420-425
19.06.2007	Urteil	VIII R 69/05	BStBl. II 2008, 551-555

23.04.2008	Urteil	X R 32/06	BStBl. II 2009, 7-11
17.07.2008	Urteil	I R 77/06	BFH/NV 2008, 1941-1947
14.01.2009	Urteil	I R 36/08	BFH/NV 2009, 852-854
14.01.2009	Urteil	I R 47/08	BFH/NV 2009, 854-856
27.05.2009	Beschluss	I R 30/08	BFH/NV 2009, 2059-2062
21.10.2009	Urteil	I R 114/08	BFH/NV 2010, 279-283
21.05.2010	Beschluss	IV B 88/09	BFH/NV 2010, 1613-1616
23.06.2010	Urteil	I R 71/09	BFHE 2010, 177-182
17.08.2010	Urteil	VIII R 42/07	DB 2010, 2198-2199

2.6. Finanzgerichte (FG)

Gericht	**Datum**	**Urteil/ Beschluss**	**Akten-zeichen**	**Fundstelle**
FG Baden-Württemberg	21.02.2008	Urteil	12 K 85/07	EFG 2009, 233-233
FG Baden-Württemberg	09.10.2009	Urteil	10 K 3312/08	EFG 2010, 238-240
FG Düsseldorf	23.06.2009	Beschluss	11 V 1839/09 A (F)	EFG 2009, 1817-1819
FG Hamburg	07.11.2007	Beschluss	5 K 53/06	EFG 2008, 236-241

FG Hamburg	30.07.2009	Urteil	1 K 1816/09	EFG 2009, 1954-1956
FG Köln	14.03.2000	Urteil	8 K 543/99	EFG 2000, 1006-1009
FG Köln	16.10.2003	Urteil	7 K 1371/01	EFG 2004, 138-141
FG Münster	22.02.2008	Urteil	9 K 5143/06	EFG 2008, 968-971
FG Nürnberg	27.09.2005	Urteil	I 31/2005	EFG 2006, 802-804

3. Nationale Rechtsprechung U.S.-amerikanischer Gerichte

3.1. United States Supreme Court

Datum	**Rechtsache**	**Fundstelle**
07.01.1935	*Gregory v. Helvering*	293 U.S. 465

3.2. United States Court of Appeals

Datum	**Rechtsache**	**Fundstelle**
01.08.1956	*Gooding Amusement Co. v. Commissioner*	236 F.2d 159 (6th Circuit)
20.06.1968	*Fin Hay Reality Co. v. United States*	398 F.2d 694 (3rd Circuit)

Verzeichnis sonstiger Quellen

1. OECD-Musterabkommen/-kommentar (OECD-MA/-MK)

OECD-MA	OECD-Musterabkommen zur Vermeidung der Doppelbesteuerung auf dem Gebiet der Steuern vom Einkommen und Vermögen vom 17.07.2008
OECD-MK	Musterkommentar zum OECD-Musterabkommen zur Vermeidung der Doppelbesteuerung auf dem Gebiet der Steuern vom Einkommen und Vermögen vom 17.07.2008

2. Mitteilungen der EU-Kommission

Datum	**Name**	**Fundstelle**
10.12.1998	Mitteilung der Kommission über die Anwendung der Vorschriften über staatliche Beihilfen auf Maßnahmen im Bereich der direkten Unternehmensbesteuerung vom 10.12.1998, ABl. 1998, C 384, 4.	ABl. EG 1998, Nr. C 384, 3-9.

3. Bundestags-/Bundesratsdrucksachen (BT-/BR-Drs.)

BT-Drs. 14/2070
BT-Drs. 15/1517
BT-Drs. 15/1518
BT-Drs. 16/2712
BT-Drs. 16/4841

BT-Drs. 16/1089
BT-Drs. 16/11108
BR-Drs. 107/10

4. Gesetzesbegründungen des Reichstags

Datum	Gesetz	Fundstelle
01.12.1936	ReichsGewStG	RStBl. 1937, 693

5. Schreiben des Bundesministeriums der Finanzen (BMF-Schreiben)

Datum	Aktenzeichen	Fundstelle
16.03.1987	IV B 7 S 2742 – 3/87	BStBl. I 1987, 373-374
20.01.1997	IV C 5 – S 1300 – 176/96	BStBl. I 1997, 99-100
28.04.1998	IV B 2 – S 2241 – 42/98	BStBl. I 1998, 583-586
24.12.1999	IV B 4 - S 1300 - 111/99	BStBl. I 1999, 1076-1120
18.10.2001	IV B 3 – S 1301 Russ – 19/01	BStBl. I 2001, 777-778
29.09.2004	IV B 4 – S 1300 – 269/04	BStBl. I 2004, 917-922
17.11.2005	IV B 2 – S 2144 – 50/05	BStBl. I 2005, 1019-1024
12.06.2006	IV B 2 – S 2144 – 39/06	BStBl. I 2006, 416-416
05.10.2006	IV B 4 - S 1341 - 38/06	BStBl. I 2006, 594-603

08.01.2007	IV B 4 – S 1351 – 1/07	BStBl. I 2007, 99-100
07.05.2008	IV B 2 – S 2144/07/0001	BStBl. I 2008, 588-589
04.07.2008	IV C 7 – S 2745 - a/08/10001	BStBl. I 2008, 718-729
11.08.2008	IV C 6 – S 2290/a/10001	BStBl. I 2008, 838-845
30.09.2008	IV C 7 – S 2750 - a/07/10001	BStBl. I 2008, 940-941
04.11.2008	IV C 6 – S 2144/07/10001	BStBl. I 2008, 957-957
20.05.2009	IV C 6 – S 2134/07/100005	BStBl. I 2009, 671-672
16.04.2010	IV B 2 – S 1300/09/10003	BStBl. I 2010, 354-364

6. Gleich lautende Erlasse der obersten Finanzbehörden der Länder (Ländererlass)

Datum	**Fundstelle**
04.07.2008	BStBl. I 2008, 730-735

7. Richtlinien

Datum	**Name**	**Fundstelle**
21.12.1998	GewStR 1998	BStBl. I 1998, Sondernummer 2, 91-143
13.12.2004	KStR 2004	BStBl. I 2004, Sondernummer 2, 2-10

8. Mitteilungen des U.S.-amerikanischen *Department of Treasury*

Datum	Aktenzeichen	Fundstelle
06.07.1983	L-R-75-81	48 Fed.Reg. 31054

Freiburger Steuerforum

Herausgegeben von Wolfgang Kessler

Band 1 Andreas Sinz: Stützungsmaßnahmen im transnationalen Konzern. Steuerwirkungen von Zuschuss und Forderungsverzicht im Verhältnis Deutschland, Frankreich und Schweiz. 2001.

Band 2 Christian Gastl: Betriebe gewerblicher Art im Körperschaftsteuerrecht. Abgrenzung – Einkommensermittlung – Steuerbelastung. 2002.

Band 3 Tobias Teufel: Steuerliche Rechtsformoptimierung. Gestaltungssuche im Gesellschaft-Gesellschafter-Verhältnis. 2002.

Band 4 Markus Peter: Fortentwicklung des Betriebsstättenprinzips. 2002.

Band 5 Ingmar Schörck: Veränderungen der Kommunikation in der Steuerberatung durch den Einsatz internetbasierter Technologien. 2003.

Band 6 Ralph-Erich Schmidt: Die Umsatzbesteuerung der Bankleistung im Einlagen- und Kreditgeschäft. Mängel und Alternativen unter besonderer Berücksichtigung einer Cash-Flow Umsatzbesteuerung (TCA-Modell). 2003.

Band 7 Claudia Pischetsrieder: Einkünftequalifikation bei Immobiliendirektinvestitionen in Ungarn und Tschechien unter Einschaltung von haftungsbeschränkten Personengesellschaften. 2004.

Band 8 Michael Muchenberger: Die Entwicklung der Besteuerung und deren Ausrichtung am Leistungsfähigkeitsprinzip. Historische Bedeutung, theoretischer Erklärungsansatz und neuere Implikationsanalyse für die BRD. 2004.

Band 9 Michael A. Müller: Die GmbH & Co. KG als Europa-Holding. 2004.

Band 10 Ralf Adam: Einlage, Tausch und tauschähnlicher Vorgang im Zivilrecht und im Steuerrecht. 2005.

Band 11 Charlotte Achilles: CFC-Regeln und unfairer Steuerwettbewerb. Eine Untersuchung anhand der deutschen und der französischen CFC-Regelung. 2005.

Band 12 Michael Pelchen: Verdeckte Gewinnausschüttungen im französischen und deutschen Steuerrecht. 2007.

Band 13 Stefan Lammel: Besteuerung bei Gründung der Societas Europaea (SE) durch Verschmelzung. Vorgaben der Fusionsrichtlinien und des Primärrechts, deutsches Recht de lege lata und die de lege ferenda notwendigen Anpassungen. 2010.

Band 14 Anna Gersbacher: Konzernsteuerquote – Performance Messung von Steuerabteilungen und die damit verbundenen Anforderungen. 2011.

Band 15 Daniel Knörzer: Unterkapitalisierungsnormen. Eine *konsequent*-steuerwissenschaftliche Untersuchung für die Bundesrepublik Deutschland. 2012.

Band 16 Dominik Trachte: Problematik des Vorsteuerabzuges bei Holdinggesellschaften. 2012.